MÉMOIRES

TOUCHANT

LA VIE ET LES ÉCRITS

DE MARIE DE RABUTIN-CHANTAL

DAME DE BOURBILLY

MARQUISE DE SÉVIGNÉ

SIXIÈME PARTIE

DE 1676 A 1680

SUIVIS

De Notes et d'Éclaircissements

PAR

M. AUBENAS

CHEVALIER DE LA LÉGION D'HONNEUR
PROCUREUR GÉNÉRAL A PONDICHÉRY
AUTEUR DE L'*Histoire de madame de Sévigné, de sa famille et de ses amis*

PARIS

LIBRAIRIE DE FIRMIN-DIDOT ET Cie

IMPRIMEURS DE L'INSTITUT DE FRANCE

RUE JACOB, 56

MÉMOIRES

SUR MADAME

DE SÉVIGNÉ

SIXIÈME PARTIE

TYPOGRAPHIE DE H. FIRMIN DIDOT. — MESNIL (EURE).

MÉMOIRES

TOUCHANT

LA VIE ET LES ÉCRITS

DE MARIE DE RABUTIN-CHANTAL

DAME DE BOURBILLY

MARQUISE DE SÉVIGNÉ

SIXIÈME PARTIE

DE 1676 A 1680

SUIVIS

De Notes et d'Éclaircissements

PAR

M. AUBENAS

CHEVALIER DE LA LÉGION D'HONNEUR
PROCUREUR GÉNÉRAL A PONDICHÉRY
AUTEUR DE L'*Histoire de madame de Sévigné, de sa famille et de ses amis*

———◦◦◦———

PARIS

LIBRAIRIE DE FIRMIN DIDOT FRÈRES, FILS ET Cⁱᵉ

IMPRIMEURS DE L'INSTITUT, RUE JACOB, 56

1865

PRÉFACE.

La mort de M. Walckenaer avait interrompu la suite des *Mémoires touchant la vie et les écrits de Mᵐᵉ de Sévigné,* au grand regret du public qui a su apprécier le mérite de cette œuvre historique si consciencieuse, si intéressante, et qui nous introduit auprès de Mᵐᵉ de Sévigné dans ce grand siècle où cette femme illustre occupe dans le genre épistolaire le même rang que Corneille dans la tragédie, Molière dans la comédie et La Fontaine dans l'apologue.

M. Monmerqué était, par ses études spéciales, appelé à continuer cette œuvre si bien commencée ; mais tout occupé d'une nouvelle et grande édition des Lettres de Mᵐᵉ de Sévigné, il ne put accepter cette tâche que son ami lui léguait, et la mort qui vint aussi bientôt le frapper l'aurait laissé inachevée.

M. Aubenas, qui s'était fait connaître dès 1842 par une *Histoire de Madame de Sévigné, de sa famille et de ses amis, suivie d'une Notice historique sur Madame de Grignan,* voulut bien se charger de cette continuation ; une longue maladie, puis sa nomination aux fonctions de procureur général à

Pondichery l'ont forcé d'interrompre son travail, après toutefois avoir achevé le VIe volume, qui s'arrête à l'année 1680.

M. Aubenas, se conformant au plan adopté par M. Walckenaer, s'est efforcé, tout en s'astreignant à la plus grande exactitude, à donner à ses appréciations historiques et littéraires, ce tour élégant qui rend si attachante la lecture de l'ouvrage de M. Walckenaer.

La continuation de ces Mémoires jusqu'à la mort de Mme de Sévigné, en 1694, sera publiée avec le concours d'un ami de MM. Walckenaer et Monmerqué, et qui, comme eux, s'est voué à l'étude et au culte de Mme de Sévigné.

A. F. D.

MÉMOIRES

TOUCHANT LA VIE ET LES ÉCRITS

DE

MARIE DE RABUTIN-CHANTAL,

DAME DE BOURBILLY,

MARQUISE DE SÉVIGNÉ.

CHAPITRE PREMIER.

1676.

Madame de Sévigné revient de Bretagne à Paris; accueil qui lui est fait. — Sa guérison marche lentement. — Elle trouve Paris tout occupé des préparatifs de la nouvelle guerre. — Elle *repleure* Turenne avec le chevalier de Grignan. — Retour sur cette perte. — Madame de Sévigné est le plus complet historien de cette *grande mort*. — Ses divers récits; ses appréciations du caractère et des vertus *du héros*. — Turenne l'honorait de son amitié; elle reste l'amie de sa famille. — Madame de Sévigné assiste à ses obsèques à Saint-Denis et console le cardinal de Bouillon. — Effet produit par la mort de Turenne : consternation en France; mouvement offensif des coalisés. — L'armée française repasse le Rhin. — Belle conduite du chevalier de Grignan à Altenheim. — Défaite du maréchal de Créqui; M. de La Trousse, cousin de madame de Sévigné, est fait prisonnier. — Louis XIV cherche à relever l'esprit public. — Condé est envoyé pour remplacer Turenne et arrêter les Impériaux. — Patriotisme de madame de Sévigné. — Le coadjuteur d'Arles harangue le roi au nom du clergé; le roi lui adresse des félicitations. — Leçon donnée par Louis XIV aux courtisans qui veulent dissimuler nos échecs. —

Il admirait Turenne, mais l'aimait peu. — Turenne haï par Louvois. — Louis XIV et son ministre se préparent à prouver que l'on peut sans Turenne et Condé remporter des victoires.

A son retour des Rochers à Paris, dans les premiers jours d'avril 1676, madame de Sévigné reçut un accueil plus affectueux encore que par le passé, de ses nombreux amis, qui, l'ayant sue gravement malade en Bretagne, avaient craint de la perdre. Malgré son désir de courir aux nouvelles pour les mander à sa fille, elle se résigna, sur l'ordonnance des médecins, à garder encore la chambre, et elle y resta huit jours « à faire l'entendue[1]. » Pendant ce temps, ce fut chez elle une véritable assemblée. Chacun venait la féliciter et se féliciter de sa convalescence. Faisant la part de sa curiosité bien connue, et par tous comprise et pardonnée, on la mettait à l'envi au courant de ce qui s'était passé pendant son absence; on lui redonnait tous ces mille petits riens, alors l'existence de la ville et de la cour, détails qui importent à l'histoire des mœurs et de la société, et que l'illustre épistolaire a recueillis avec un soin de chaque jour pour le charme de la postérité, en ne songeant qu'à l'amusement de sa fille. Madame de Sévigné se loue auprès de celle-ci de l'empressement et des soins dont elle est l'objet. Mais c'est surtout aux amies de madame de Grignan qu'elle rend meilleure et plus facile justice : « Vos amies, lui mande-t-elle, vous ont fait leur cour par les soins qu'elles ont eus de moi[2]. »

---

[1] SÉVIGNÉ, *Lettres* (18 avril 1676), t. IV, p. 243 édition de M. Monmerqué.

[2] SÉVIGNÉ, *Lettres* (22 avril 1676), t. IV, p. 267, éd. Monmerqué.

Madame de Sévigné avait été si rudement éprouvée qu'elle eut de la peine à se rétablir entièrement. De son rhumatisme articulaire il lui était resté une enflure des mains et une roideur surtout dans les mouvements de la main droite qui pendant quelque temps encore lui rendirent l'écriture excessivement pénible. Se figure-t-on bien madame de Sévigné ne pouvant tenir une plume, et surtout ne pouvant écrire à sa fille! Son fils, son cousin Coulanges, le fidèle Corbinelli, comme l'avait fait une jeune voisine des Rochers, qu'elle avait pour cela affectionnée dans ce dernier voyage, s'empressent « de soulager cette main tremblante[1]. » Mais elle est gênée, dit-elle, pour dicter, elle habituée *à laisser galoper sa plume la bride sur le cou.*

Sauf cette incommodité des mains, toutefois, la santé de madame de Sévigné s'améliorait de jour en jour. C'est ce qu'elle répète sur tous les tons et par chaque courrier à sa fille, prenant à tâche de la convaincre de sa prudence et de sa docilité. Ces assurances et ces précautions indiquent combien avaient été vives les craintes de madame de Grignan, et combien tendres étaient ses recommandations. Son malheureux caractère, si peu ouvert, si dénué d'entrain et de spontanéité, n'ôtait rien à la profonde tendresse qu'elle nourrissait pour sa mère. Les grands sentiments, les droites affections étaient en elle. Elle manquait seulement de cette cordialité toujours prête, de cette communication de soi naïve et franche, qui forment la douceur des rapports sociaux et le charme de la vie de famille, et que madame de Sévigné possédait à un si haut degré.

[1] Sévigné, *Lettres*, t. IV, p. 245.

Madame de Grignan n'avait point encore vu sa mère
malade à ne pouvoir écrire : son effroi et sa douleur, en ne
recevant plus de cette écriture si connue et tant aimée,
furent extrêmes. Elle était grosse de huit mois ; on peut
croire que cette agitation fut cause de son accouchement
prématuré d'un enfant qui, malgré tous les soins, ne
vécut pas. « Je crains, lui dit sa mère, qu'une si grande
émotion n'ait contribué à votre accouchement. Je vous
connois ; vos inquiétudes m'en donnent beaucoup.....
J'ai vu M. Périer, qui m'a conté comme vous apprîtes,
en jouant, la nouvelle de mon rhumatisme, et comme
vous en fûtes touchée jusqu'aux larmes. Le moyen de
retenir les miennes quand je vois des marques si naturelles de votre tendresse ? mon cœur en est ému, et je ne
puis vous représenter ce que je sens. Vous mîtes toute la
ville dans la nécessité de souhaiter ma santé, par la tristesse que la vôtre répandoit partout. Peut-on jamais trop
aimer une fille comme vous, dont on est aimée ? Je crois
aussi, pour vous dire le vrai, que je ne suis pas ingrate ;
du moins je vous avoue que je ne connois nul degré de
tendresse au delà de celle que j'ai pour vous[1]. » Il
n'est pas inutile, pour la réputation de madame de
Grignan, dont on a été jusqu'à nier l'affection filiale, de
reproduire de pareilles attestations : on y voit bien aussi
ce naïf égoïsme de l'amour maternel, poussé jusqu'à la
passion, et qui, comme l'autre amour, se plaît à lire dans
les souffrances de l'objet aimé, la certitude d'une mutuelle tendresse.

Tous les secours de la science d'alors, qu'elle retrouva
en revenant à Paris, ne purent achever la guérison de

---

[1] SÉVIGNÉ, *Lettres*, t IV, p. 248 et 270.

madame de Sévigné, et on lui prescrivit d'aller aux eaux de Bourbon ou de Vichy, qui seules, disait-on, devaient lui redonner l'usage tant souhaité de ses mains. Non-seulement cette maladie était la première, mais elle fut la seule que madame de Sévigné eût à subir jusqu'à celle qui termina sa vie; aussi, pendant quelques mois, sa correspondance est, en grande partie, consacrée à ce sujet, qui tient tant au cœur de sa fille, et sur lequel elle ne s'étend que pour lui complaire : comme tout ce qu'elle écrit, cela est dit avec un agrément qu'elle seule peut apporter en une semblable matière.

..... « Elle a perdu la jolie chimère de se croire immortelle; elle commence présentement à se douter de quelque chose, et se trouve humiliée jusqu'au point d'imaginer qu'elle pourroit bien, un jour, passer dans la barque comme les autres, et que Caron ne fait point de grâce [1]. »

..... « Je ne sors point, il fait un vent qui empêche la guérison de mes mains; elles écrivent pourtant mieux, comme vous voyez. Je me tourne la nuit sur le côté gauche; je mange de la main gauche; voilà bien du gauche. Mon visage n'est quasi pas changé; vous trouveriez fort aisément que vous avez vu ce *chien de visage-là quelque part :* c'est que je n'ai point été saignée, et que je n'ai qu'à me guérir de mon mal, et non pas des remèdes [2]. »

..... « Pour ma santé (ajoute-t-elle quelques jours après, voulant complétement rassurer sa fille, qui avait appréhendé tous les maux les plus graves), elle est toujours

---

[1] SÉVIGNÉ, *Lettres* (10 avril 1676), t. IV, p. 250.
[2] SÉVIGNÉ, *Lettres* (15 avril, 1676), t. IV, p. 256.

très-bonne ; je suis à mille lieues de l'hydropisie, il n'en a
jamais été question ; mais je n'espère la guérison de mes
mains et de mes épaules, et de mes genoux qu'à Vichy,
tant mes pauvres nerfs ont été rudement affligés du
rhumatisme..... J'ai vu les meilleurs ignorants d'ici, qui
me conseillent de petits remèdes si différents pour mes
mains, que pour les mettre d'accord je n'en fais aucun ;
et je me trouve encore trop heureuse que sur Vichy ou
Bourbon ils soient d'un même avis. Je crois qu'après
ce voyage vous pourrez reprendre l'idée de santé et de
gaieté que vous avez conservée de moi. Pour l'embonpoint, je ne crois pas que je sois jamais comme j'ai été :
je suis d'une taille si merveilleuse, que je ne conçois point
qu'elle puisse changer, et pour mon visage, cela est ridicule d'être encore comme il est [1]. » Depuis deux mois,
madame de Sévigné avait atteint la cinquantaine ; mais,
tous les contemporains en déposent, sa conservation
était telle qu'on pouvait lui ôter dix ans au moins sans
invraisemblance et sans flatterie.

   Il y a ici un trait qui en annonce d'autres, sur le
compte de la médecine et des médecins, et que le lecteur
doit retenir, car il nous servira à établir la parfaite indépendance d'opinion de madame de Sévigné sur ce sujet
délicat, et qui tient une si grande place dans les mœurs
et les conversations du dix-septième siècle.

   La grande affaire, lorsque madame de Sévigné rentra
à Paris, celle qui, au commencement de ce printemps de
1676, préoccupait tout le monde, les mères, les épouses,
les filles, les sœurs et les maîtresses, c'était la guerre,
cette guerre de la France contre l'Europe, qui durait

-----

[1] SÉVIGNÉ, *Lettres* (22 avril), t. IV, p. 265.

déjà depuis huit ans et causait la gêne excessive, si ce n'est la ruine, de la noblesse, obligée (c'est un mérite qu'on ne lui a pas assez reconnu) de servir entièrement à ses frais, et à très-grands frais. C'était un moment solennel. La campagne allait s'ouvrir sous le commandement personnel du roi, qui tenait à prouver à ses sujets et à l'Europe, et voulait, sans s'en douter, se prouver aussi à lui-même qu'il n'avait pas besoin de Turenne, mort l'année précédente, ni de Condé, retenu par la goutte à Chantilly, pour résister à ses adversaires et pour les vaincre.

Tout le monde s'empressait donc pour la campagne de Flandre, où il s'agissait de soutenir l'honneur de la France et la réputation du roi. Successivement, madame de Sévigné vit partir le marquis de La Trousse, son cousin, et de plus colonel des gendarmes-Dauphin, où Sévigné, à son mortel regret, était toujours cornette ou guidon, « guidon éternel, guidon à barbe grise[1], » le chevalier de Grignan, et enfin son fils, lequel ne resta que peu de jours avec elle. La veille du départ du chevalier, madame de Sévigné eut un long entretien avec ce Grignan préféré, et, revenant sur un passé toujours vivant, « ils repleurèrent ensemble M. de Turenne[2], » qui avait distingué, comme un homme d'avenir, le frère du gouverneur de la Provence.

On était toujours sous l'impression de la perte faite par la France neuf mois auparavant. *Cette grande mémoire,* pour parler comme madame de Sévigné, « n'avoit point été entraînée par ce fleuve qui entraîne tout. »

---

[1] SÉVIGNÉ, *Lettres*, t. IV, p. 252.

[2] SÉVIGNÉ, *Lettres* (10 avril 1676), t. IV, p. 244.

Voyant le grand Condé retourné dans ses terres, après avoir réparé, autant que son génie pouvait le faire, le désastre de la mort de celui qui seul avait été son rival, le peuple n'en regrettait que plus le capitaine si glorieusement tué à Sasbach.

Amie du héros, estimée de lui, madame de Sévigné avait encore cette plaie toute saignante dans le cœur. L'amitié de Turenne pour elle, son culte pour lui, sont dans la vie de la femme un grand honneur : les pages données à cette illustre mémoire par l'épistolaire émérite du dix-septième siècle sont un des titres les plus sérieux de l'écrivain. Quel que soit notre désir de ne point nous attarder en des digressions inutiles, il nous paraît impossible décrire l'histoire de madame de Sévigné sans la décorer de ces quelques pages magistrales qui n'ont pu trouver place dans l'ordonnance des volumes publiés par M. le baron Walckenaer, et où, mieux qu'aucun des contemporains de Turenne (je n'en excepte pas ses deux panégyristes sacrés), cette femme éloquente a su parler des vertus du héros, de l'émotion trop fugitive de la cour, de l'affliction durable de la France. Cela est nécessaire, au reste, pour l'intelligence de ce qui doit suivre. Il n'y aura ici à introduire dans le texte ni longues réflexions, ni commentaire inopportun : il suffira presque de réunir en un récit animé, saisissant, les divers passages consacrés par madame de Sévigné, dans le courant de juillet et d'août 1675, à ce deuil national [1].

Transportons-nous donc à neuf mois en arrière.

---

[1] Conférez M. Walckenaer, *Mémoires touchant la vie et les écrits de madame de Sévigné*, t. V, p. 247.

Après avoir, avec sa science ordinaire, rendu vaines toutes les entreprises du plus habile général de l'Empire, l'Italien Montecuculli, Turenne, à la tête d'une armée trop réduite par le mauvais vouloir de Louvois, manœuvrait pour arriver à une bataille décisive, sur un terrain choisi par lui. On attendait, par chaque courrier, dans Paris, la nouvelle d'une grande victoire; tout le monde la présageait; chacun y comptait, quand tout d'un coup la fatale nouvelle tombe comme la foudre à Versailles, où était la cour. Madame de Sévigné pleure d'abord, puis prend la plume, et, pleine du malheur public, en écrit à son gendre, à sa fille, à Bussy, ne laissant partir aucun courrier, pendant ces deux mois, sans revenir sur ce lamentable sujet; véritable page d'histoire où se déploie une âme à la fois tendre et virile, et qui vibre à l'unisson de la douleur nationale.

Les premiers mots se lisent dans une lettre à madame de Grignan, du 31 juillet 1675 : « Vous parlez des plaisirs de Versailles, et dans le temps qu'on alloit à Fontainebleau s'abîmer dans la joie, voilà M. de Turenne tué, voilà une consternation générale; voilà M. le Prince qui court en Allemagne, voilà la France désolée. Au lieu de voir finir la campagne et d'avoir votre frère, on ne sait plus où l'on en est. Voilà le monde dans son triomphe, et voilà des événements surprenants, puisque vous les aimez : je suis assurée que vous serez bien touchée de celui-ci... Tout le monde se cherche pour parler de M. de Turenne; on s'attroupe; tout étoit hier en pleurs dans les rues, le commerce de toute chose étoit suspendu [1]. »
Le peuple, ajoute-t-elle en reproduisant une allusion

_____
[1] Sévigné, *Lettres*, t. III, p. 346.

populaire à la justice et à la colère divines, *dit que c'est
à cause de Quantova* (madame de Montespan, que le
roi n'avait point sérieusement quittée, ainsi qu'il l'avait
promis à Bossuet quelques mois auparavant).

Mais c'est à un homme qu'une pareille nouvelle devait
être annoncée. Madame de Sévigné, dans cette grave
circonstance, choisit son gendre pour correspondant.
Voici la lettre qu'elle lui envoie le même jour qu'elle a
écrit à sa fille, au château de Grignan, où le lieutenant-général de la Provence se trouvait en ce moment
seul avec sa femme :

« Paris, le 31 juillet 1675.

« C'est à vous que je m'adresse, mon cher comte,
pour vous écrire une des plus fâcheuses pertes qui pût
arriver en France ; c'est la mort de M. de Turenne, dont
je suis assurée que vous serez aussi touché et aussi désolé
que nous le sommes ici. Cette nouvelle arriva lundi (29) à
Versailles : le roi en a été affligé comme on doit l'être de
la mort du plus grand capitaine et du plus honnête
homme du monde ; toute la cour fut en larmes, et M. de
Condom pensa s'évanouir [1]. On étoit près d'aller se divertir à Fontainebleau, tout a été rompu ; jamais un
homme n'a été regretté si sincèrement ; tout ce quartier
où il a logé [2], et tout Paris, et tout le peuple étoit dans
le trouble et dans l'émotion ; chacun parloit et s'attroupoit
pour regretter ce héros. Je vous envoie une très-bonne
relation de ce qu'il a fait quelques jours avant sa mort.

[1] C'est Bossuet, on le sait, qui avait eu l'honneur de la conversion
de Turenne.
[2] Le Marais.

C'est après trois mois d'une conduite toute miraculeuse,
et que les gens du métier ne se lassent point d'admirer,
qu'arrive le dernier jour de sa gloire et de sa vie. Il avoit
le plaisir de voir décamper l'armée des ennemis devant
lui ; et le 27, qui étoit samedi, il alla sur une petite
hauteur, pour observer leur marche : son dessein étoit
de donner sur l'arrière-garde, et il mandoit au roi, à
midi, que, dans cette pensée, il avoit envoyé dire à
Brissac qu'on fît les prières de quarante heures. Il mande
la mort du jeune d'Hocquincourt, et qu'il enverra un
courrier pour apprendre au roi la suite de cette entreprise : il cachette sa lettre et l'envoie à deux heures. Il
va sur cette petite colline avec huit ou dix personnes :
on tire de loin à l'aventure un malheureux coup de canon,
qui le coupe par le milieu du corps, et vous pouvez penser
les cris et les pleurs de cette armée : le courrier part à
l'instant, il arriva lundi, comme je vous ai dit ; de
sorte qu'à une heure l'une de l'autre, le roi eut une
lettre de M. de Turenne, et la nouvelle de sa mort. Il
est arrivé depuis un gentilhomme de M. de Turenne,
qui dit que les armées sont assez près l'une de l'autre ;
que M. de Lorges commande à la place de son oncle,
et que rien ne peut être comparable à la violente affliction de toute cette armée. Le roi a ordonné en même
temps à M. le Duc d'y courir en poste, en attendant M. le
Prince, qui doit y aller [1] ; mais comme sa santé est assez
mauvaise, et que le chemin est long, tout est à craindre
dans cet entre-temps : c'est une cruelle chose que cette
fatigue pour M. le Prince ; Dieu veuille qu'il en revienne...
Nous avons passé tout l'hiver à entendre conter les di-

[1] Le prince de Condé et son fils.

vines perfections de ce héros [1] : jamais un homme n'a été si près d'être parfait; et plus on le connoissoit, plus on l'aimoit, et plus on le regrette. Adieu, monsieur et madame, je vous embrasse mille fois. Je vous plains de n'avoir personne à qui parler de cette grande nouvelle ; il est naturel de communiquer tout ce qu'on pense là-dessus [2]. »

Le surlendemain, vendredi, autre lettre à madame de Grignan, presque entièrement remplie de la *grande nouvelle :*

« Je pense toujours, ma fille, à l'étonnement et à la douleur que vous aurez de la mort de M. de Turenne. Le cardinal de Bouillon [3] est inconsolable : il apprit cette nouvelle par un gentilhomme de M. de Louvigny, qui voulut être le premier à lui faire son compliment; il arrêta son carrosse, comme il revenoit de Pontoise à Versailles : le cardinal ne comprit rien à ce discours ; comme le gentilhomme s'aperçut de son ignorance, il s'enfuit ; le cardinal fit courre après, et sut ainsi cette terrible mort; il s'évanouit; on le ramena à Pontoise, où il a été deux jours sans manger, dans les pleurs et dans des cris continuels. Je viens de lui écrire un billet qui m'a paru bon : je lui dis par avance votre affliction, et par l'intérêt que vous prenez à ce qui le touche, et par l'admiration que vous aviez pour le héros... On paroît fort touché dans Paris de cette grande mort. Nous attendons avec transissement le courrier d'Allemagne; Montécuculli, qui s'en alloit, sera bien revenu sur ses pas, et prétendra bien profiter de cette conjoncture. On

[1] Turenne : on pourrait confondre.
[2] SÉVIGNÉ, *Lettres*, t. III, p. 347.
[3] Neveu de Turenne.

dit que les soldats faisoient des cris qui s'entendoient de deux lieues ; nulle considération ne les pouvoit retenir ; ils crioient qu'on les menât au combat ; qu'ils vouloient venger la mort de leur père, de leur général, de leur protecteur, de leur défenseur ; qu'avec lui ils ne craignoient rien, mais qu'ils vengeroient bien sa mort ; qu'on les laissât faire, qu'ils étoient furieux, et qu'on les menât au combat. Ceci est d'un gentilhomme qui étoit à M. de Turenne, et qui est venu parler au roi ; il a toujours été baigné de larmes en racontant ce que je vous dis et les détails de la mort de son maître. M. de Turenne reçut le coup au travers du corps ; vous pouvez penser s'il tomba de cheval et s'il mourut ! Cependant le reste des esprits fit qu'il se traîna la longueur d'un pas, et que même il serra la main par convulsion ; et puis on jeta un manteau sur son corps. Ce Boisguyot, c'est ce gentilhomme, ne le quitta point qu'on ne l'eût porté sans bruit dans la plus prochaine maison. M. de Lorges étoit à près d'une demi-lieue de là ; jugez de son désespoir ; c'est lui qui perd tout, et qui demeure chargé de l'armée et de tous les événements jusqu'à l'arrivée de M. le Prince, qui a vingt-deux jours de marche. Pour moi, je pense mille fois le jour au chevalier de Grignan, et je ne m'imagine pas qu'il puisse soutenir cette perte sans perdre la raison : tous ceux qu'aimoit M. de Turenne sont fort à plaindre... Je reviens à M. de Turenne, qui, en disant adieu à M. le cardinal de Retz, lui dit : « Monsieur, je ne suis point un *diseur ;* mais je « vous prie de croire sérieusement que, sans ces affaires- « ci, où peut-être on a besoin de moi, je me retirerois « comme vous ; et je vous donne ma parole que, si j'en « reviens, je ne mourrai pas sur le coffre, et je mettrai,

« à votre exemple, quelque temps entre la vie et la mort. »
Je tiens cela de d'Hacqueville, qui ne l'a dit que depuis
deux jours. Notre cardinal [1] sera sensiblement touché
de cette perte. Il me semble, ma fille, que vous ne vous
lassez point d'en entendre parler : nous sommes convenus
qu'il y a des choses dont on ne peut trop savoir de détails. J'embrasse M. de Grignan : je vous souhaiterois
quelqu'un à tous deux avec qui vous pussiez parler de
M. de Turenne [2]. »

7 août, à la même : « ... J'ai retourné depuis à Versailles avec madame de Verneuil pour faire ce qui
s'appelle sa cour. M. de Condom n'est point encore
consolé de M. de Turenne. Le cardinal de Bouillon n'est
pas connoissable ; il jeta les yeux sur moi, et, craignant de pleurer, il se détourna : j'en fis autant de mon
côté, car je me sentis fort attendrie. » Amenant une
description de la cour et du triomphe de la favorite,
un instant ébranlée, qui forme un amer contraste avec
l'affliction publique : « Toutes les dames de la reine,
ajoute-t-elle, sont précisément celles qui font la compagnie de madame de Montespan : on y joue tour à tour,
on y mange ; il y a des concerts tous les soirs ; rien n'est
caché, rien n'est secret ; les promenades en triomphe :
cet air déplairoit encore plus à une femme qui seroit un
peu jalouse ; mais tout le monde est content... Il y a une
grande femme [3] qui pourroit bien vous en mander si
elle vouloit, et vous dire à quel point la perte du héros
a été promptement oubliée dans cette maison [4] ; ç'a été

---

[1] Le cardinal de Retz.
[2] SÉVIGNÉ, *Lettres* (2 août 1675), t. III, p. 352 et 354.
[3] Madame d'Heudicourt (mademoiselle de Pons).
[4] Versailles.

une chose scandaleuse. Savez-vous bien qu'il nous faudroit quelque manière de chiffre [1] ? » Un chiffre eût été nécessaire, en effet, pour aborder ce triste sujet des courts regrets accordés à la perte de Turenne par les courtisans, qui savaient trop que le roi ne l'aimait guère et que Louvois le haïssait.

Bussy-Rabutin, toujours exilé en Bourgogne, était de ceux qui furent vite consolés, plutôt par l'effet de ses sentiments propres que pour se conformer à l'attitude du maître, qui peut-être, dans sa politique, n'avait que le dessein de relever les cœurs, en opposant, le premier moment de stupeur passé, la sérénité à l'affliction populaire et une froide assurance au découragement chaque jour croissant.

A l'affût, l'un et l'autre, de tous les grands événements, pour s'en dire leur façon de penser, Bussy et sa cousine ne pouvaient laisser passer celui-ci sans échanger leurs réflexions. C'est madame de Sévigné qui commence en une tirade vraiment éloquente, digne de figurer dans l'oraison funèbre du héros : « Vous êtes un très-bon almanach : vous avez prévu en homme du métier tout ce qui est arrivé du côté de l'Allemagne ; mais vous n'avez pas vu la mort de M. de Turenne, ni ce coup de canon tiré au hasard, qui le prend seul entre dix ou douze. Pour moi, qui vois en tout la Providence, je vois ce canon chargé de toute éternité ; je vois que tout y conduit M. de Turenne, et je n'y trouve rien de funeste pour lui, en supposant sa conscience en bon état. Que lui faut-il ? il meurt au milieu de sa gloire. Sa réputation ne pouvoit plus augmenter ; il jouissoit même, en ce moment,

[1] SÉVIGNÉ, *Lettres* (7 août 1675), t. III, p. 361 et 363.

du plaisir de voir retirer les ennemis, et voyoit le fruit de sa conduite depuis trois mois. Quelquefois, à force de vivre, l'étoile pâlit. Il est plus sûr de couper dans le vif, principalement pour les héros, dont toutes les actions sont si observées. Si le comte d'Harcourt fût mort après la prise des îles Sainte-Marguerite ou le secours de Casal, et le maréchal du Plessis-Praslin après la bataille de Rethel, n'auroient-ils pas été plus glorieux? M. de Turenne n'a point senti la mort; comptez-vous encore cela pour rien? Vous savez la douleur générale pour cette perte, et les huit maréchaux de France nouveaux [1]. » Ces maréchaux nommés pour réparer la perte que la patrie venait de faire furent appelés par madame Cornuel *la monnoie de M. de Turenne*. Si l'on en croit un contemporain, madame de Sévigné aurait eu la primeur de ce mot : « Après la mort de M. de Turenne, écrit l'abbé de Choisy, le roi fit huit maréchaux de France, et madame de Sévigné dit qu'il avoit changé un louis d'or en pièces de quatre sous [2]. »

Dans sa lettre, Bussy proteste qu'il est pour le moins aussi affligé que sa cousine de la mort de Turenne : « Je ne dis pas seulement comme un bon François, je dis même en mon particulier. » Et il lui apprend que, quelques mois auparavant, le premier président de Lamoignon l'avait raccommodé avec son ancien général, qui, on le sait, professait pour lui fort peu de sympathie.

---

[1] SÉVIGNÉ, *Lettres* (6 août 1675), t. III, p. 372. — *Correspondance de Roger de Rabutin, comte de Bussy,* édit. de M. Ludovic Lalanne; Paris, 1858, chez Charpentier, t. III, p. 69.

[2] *Mélanges inédits* de l'abbé de Choisy, cités par M. Monmerqué dans une note à la lettre du 31 juillet 1675 (t. III, p. 349 de son édition).

Ayant appris que Turenne, dans une conversation, avait montré au premier président de meilleurs sentiments à son égard : « J'écrivis à ce grand homme, ajoute-t-il, une lettre pleine de reconnoissance, d'estime et de louanges, enfin une lettre où sa gloire trouvoit son compte, cette gloire que vous savez qu'il aimoit tant. J'en reçus une réponse qui, dans sa manière courte et sèche, étoit peut-être une des plus honnêtes lettres qu'il ait jamais écrites. Je perds donc un ami puissant, qui m'auroit servi, ou pour le moins, mon fils ; j'en suis au désespoir[1]. »

Ce nom d'ami donné à Turenne, cette douleur, ce désespoir, autant d'exagérations familières à l'esprit et à la plume de Bussy. S'il était au désespoir de quelque chose, c'était de n'avoir point été nommé maréchal, dans cette occasion si opportune. Une telle profusion l'offense et le console à la fois : « Pour peu qu'on augmente, dit-il, la première promotion qu'on en fera, ce seront véritablement des maréchaux *à la douzaine...* Si le roi m'a fait tort en me privant des honneurs que méritoient mes services, il m'a, en quelque façon, consolé, en ne me donnant pas le bâton de maréchal de France, par le rabais où il l'a mis : je dis *en quelque façon consolé*, car, tel qu'il est, je le voudrois avoir, quand ce ne seroit que parce qu'il est toujours office de la couronne, et qu'il est une marque des bonnes grâces du prince[2]... »

Répondant de nouveau, quelques jours après, à la lettre de madame de Sévigné, Bussy s'exprime ainsi, louant sans réserve sa cousine, mais mettant les plus singulières restrictions à l'éloge de Turenne : « Rien n'est mieux dit,

[1] Bussy-Rabutin, *Lettres*, t. III, p. 66. édit. Ludovic Lalanne.
[2] *Ibid.*, p. 67.

2.

plus agréablement ni plus juste, que ce que vous dites
de la Providence sur la mort de M. de Turenne,
que vous voyez *ce canon chargé de toute éternité*. Il est
vrai que c'est un coup du ciel. Dieu, qui laisse ordinairement agir les causes secondes, veut quelquefois agir
lui seul. Il l'a fait, ce me semble, en cette occasion :
c'est lui qui a pointé cette pièce. Ne vous souvenez-
vous point, Madame, de la physionomie funeste de
ce grand homme? Du temps que je ne l'aimois pas, je
disois que c'étoit une physionomie *patibulaire*... Tout
ce que vous me mandez de son bonheur de n'avoir pas
survécu à sa réputation, comme cela se pouvoit... est admirable; et il n'y a qu'une chose qui me déplaît, c'est
que vous me mettez en état que je n'en saurois rien dire,
si je n'en dis moins. Je m'en tiens donc à ce que vous
avez dit en l'honneur de sa mémoire... Vous avez raison, Madame, de compter pour un bonheur à M. de Turenne de n'avoir pas senti la mort. Cependant il n'y a
que deux sortes de gens à qui la mort imprévue soit la
meilleure, les saints et les athées. Véritablement M. de
Turenne n'étoit pas de ces derniers, mais aussi n'étoit-
il pas un saint : je doute fort que la gloire du monde,
pour qui il avoit une si violente passion, soit un sentiment qui sauve les chrétiens[1]. »

Madame de Sévigné ne laisse point passer ce panégyrique aigre-doux sans répondre, et elle le fait avec un
mélange d'éloquence et de persiflage qui réduisent
Bussy au silence : « Vous faites une très-bonne remarque
sur la mort prompte et imprévue de M. de Turenne;

---

[1] BUSSY-RABUTIN, *Lettres*, t. III, p. 77, éd. L. Lalanne. — SÉVI-
GNÉ, *Lettres*, t. III, p. 377.

mais il faut bien espérer pour lui, car enfin les dévots, qui sont toujours dévorés d'inquiétude pour le salut de tout le monde, ont mis, comme d'un commun accord, leur esprit en repos sur le salut de M. de Turenne. Pas un d'eux n'a gémi sur son état; ils ont cru sa conversion sincère et l'ont prise pour un baptême; et il a si bien caché toute sa vie sa vanité sous des airs humbles et modestes, qu'ils ne l'ont pas découverte; enfin ils n'ont pas douté que cette belle âme ne fût retournée tout droit au ciel, d'où elle étoit venue [1]. »

Le ton de Bussy n'allait point à l'admiration sans réserve, à l'émotion sincère de madame de Sévigné : elle se hâte de sortir de cette correspondance discordante et elle se remet exclusivement à son commerce avec sa fille, où elle trouve un parfait unisson pour son culte et sa douleur.

« Parlons un peu de M. de Turenne, reprend-elle le 9 août, en annonçant à madame de Grignan notre retraite en deçà du Rhin, il y a longtemps que nous n'en avons parlé. N'admirez-vous point que nous nous trouvions heureux d'avoir repassé le Rhin, et que ce qui auroit été un dégoût, s'il étoit au monde, nous paroisse une prospérité parce que nous ne l'avons plus : voyez ce que fait la perte d'un seul homme. Écoutez, je vous prie, une chose qui est, à mon sens, fort belle; il me semble que je lis l'histoire romaine. Saint-Hilaire, lieutenant général de l'artillerie, fit donc arrêter M. de Turenne qui avoit toujours galopé, pour lui faire voir une batterie; c'étoit comme s'il eût dit : Monsieur, arrêtez-vous un peu, car c'est ici que vous devez être tué. Le coup de canon

---

[1] Sévigné, *Lettres* (27 août 1675), t. III, p. 431.

vient donc et emporte le bras de Saint-Hilaire, qui montroit cette batterie, et tue M. de Turenne : le fils de Saint-Hilaire se jette à son père, et se met à crier et à pleurer : « Taisez-vous, mon enfant, lui dit-il; voyez (en « lui montrant M. de Turenne roide mort), voilà ce qu'il « faut pleurer éternellement, voilà ce qui est irrépa- « rable. » Et, sans faire nulle attention sur lui, il se met à crier et à pleurer cette grande perte. M. de la Rochefoucauld pleure lui-même, en admirant la noblesse de ce sentiment[1]. »

Le 12 août, madame de Sévigné transmet à sa fille, avide de tout savoir, ces détails rétrospectifs sur la vie du héros, cette belle vie que ses amis aiment à se redire quand ils ont assez parlé de sa glorieuse mort : « Je viens de voir le cardinal de Bouillon ; il est changé à n'être pas connoissable : il m'a fort parlé de vous : il ne doutoit pas de vos sentiments : il m'a conté mille choses de M. de Turenne qui font mourir. Son oncle, apparemment, étoit en état de paroître devant Dieu, car sa vie étoit parfaitement innocente : il demandoit au cardinal, à la Pentecôte, s'il ne pourroit pas bien communier sans se confesser : son neveu lui dit que non, et que depuis Pâques il ne pouvoit guère s'assurer de n'avoir point offensé Dieu. M. de Turenne lui conta son état; il étoit à mille lieues d'un péché mortel. Il alla pourtant à confesse, pour la coutume; il disoit : « Mais faut-il dire à ce « récollet comme à M. de Saint-Gervais[2]? Est-ce tout « de même? » En vérité, une telle âme est bien digne du ciel ; elle venoit trop droit de Dieu pour n'y pas retourner

[1] SÉVIGNÉ, *Lettres*, t. III, p. 388.
[2] A la fois son curé et son confesseur.

s'étant si bien préservée de la corruption du monde. Il
aimoit tendrement le fils de M. d'Elbeuf[1] ; c'est un prodige de valeur à quatorze ans. Il l'envoya l'année passée
saluer M. de Lorraine, qui lui dit : « Mon petit cousin,
« vous êtes trop heureux de voir et d'entendre tous les
« jours M. de Turenne ; vous n'avez que lui de parent
« et de père : baisez les pas par où il passe, et faites-
« vous tuer à ses pieds. » Ce pauvre enfant se meurt de
douleur ; c'est une affliction de raison et d'enfance, à quoi
l'on craint qu'il ne résiste pas[2]. » Mais voici dans cette
même lettre un détail d'un tout autre genre : « On vint
éveiller M. de Reims (Le Tellier) à cinq heures du matin,
pour lui dire que M. de Turenne avoit été tué. Il demanda
si l'armée étoit défaite : on lui dit que non : il gronda qu'on
l'eût éveillé, appela son valet de chambre *coquin*, fit retirer le rideau et se rendormit. Adieu, mon enfant, que
voulez-vous que je vous dise ? » Et que dire, en effet, si ce
n'est que c'était là un heureux prélat !

La mort de Turenne, nous le répétons, avait fait
naître chez madame de Grignan les mêmes regrets,
les mêmes pensées que dans l'âme de sa mère. Celle-ci
se montre heureuse de cette conformité de sentiments,
et loue sa fille de si bien louer le héros, dans des lettres
malheureusement perdues : « Je voudrois mettre tout ce
que vous m'écrivez de M. de Turenne dans une oraison
funèbre. Vraiment votre style est d'une énergie et d'une
beauté extraordinaire ; vous étiez dans les bouffées d'é-
loquence que donne l'émotion de la douleur. Ne croyez
point, ma fille, que son souvenir soit déjà fini dans ce

[1] Neveu de Turenne, par sa mère.
[2] SÉVIGNÉ, t. III, p. 391.

pays-ci; ce fleuve qui entraîne tout n'entraîne pas sitôt une telle mémoire, elle est consacrée à l'immortalité. J'étois, l'autre jour, chez M. de la Rochefoucauld avec madame de Lavardin, madame de la Fayette et M. de Marsillac. M. le Premier y vint [1] : la conversation dura deux heures sur les divines qualités de ce véritable héros : tous les yeux étoient baignés de larmes, et vous ne sauriez croire comme la douleur de sa perte étoit profondément gravée dans les cœurs : vous n'avez rien par-dessus nous que le soulagement *de soupirer tout haut* et d'écrire son panégyrique. Nous remarquions une chose, c'est que ce n'est pas depuis sa mort que l'on admire la grandeur de son cœur, l'étendue de ses lumières et l'élévation de son âme ; tout le monde en étoit plein pendant sa vie, et vous pouvez penser ce que fait sa perte par-dessus ce qu'on étoit déjà ; enfin ne croyez point que cette mort soit ici comme celle des autres. Vous pouvez en parler tant qu'il vous plaira, sans croire que la dose de votre douleur l'emporte sur la nôtre. Pour son âme, c'est encore un miracle qui vient de l'estime parfaite qu'on avoit pour lui ; il n'est pas tombé dans la tête d'aucun dévot qu'elle ne fût pas en bon état ; on ne sauroit comprendre que le mal et le péché pussent être dans son cœur ; sa conversion si sincère nous a paru comme un baptême ; chacun conte l'innocence de ses mœurs, la pureté de ses intentions, son humilité, éloignée de toute sorte d'affectation, la solide gloire dont il étoit plein sans faste et sans ostentation, aimant la vertu pour elle-même, sans se soucier de l'approbation des hommes ; une charité généreuse et chrétienne... Il y avoit de

---

[1] Le comte de Beringhen, premier écuyer.

jeunes soldats qui s'impatientoient un peu dans les marais, où ils étoient dans l'eau jusqu'aux genoux ; et les vieux soldats leur disoient : « Quoi ! vous vous plaignez ; « on voit bien que vous ne connoissez pas M. de Turenne ; il est plus fâché que nous quand nous sommes « mal ; il ne songe, à l'heure qu'il est, qu'à nous tirer « d'ici ; il veille quand nous dormons ; c'est notre père, « on voit bien que vous êtes jeunes ; » et ils les rassuroient ainsi. Tout ce que je vous mande est vrai ; je ne me charge point des fadaises dont on croit faire plaisir aux gens éloignés ; c'est abuser d'eux, et je choisis bien plus ce que je vous écris que ce que je vous dirois, si vous étiez ici...[1] » Madame de Sévigné revient souvent sur ce point du salut de Turenne : époque de foi, où la préoccupation de l'autre vie se retrouve sous toutes les distractions mondaines, et même au milieu des plus fâcheux écarts. Ceux qu'on aime et qu'on admire, on veut les savoir au ciel, où l'on espère bien aller aussi afin de se réunir à eux.

Ces extraits sont déjà longs ; mais cependant nous ne pouvons quitter un pareil sujet, sans demander à madame de Sévigné le récit émouvant des funérailles du grand capitaine, et de cette longue marche de deuil commencée sur les bords du Rhin, aux cris de douleur de toute une armée, et terminée dans la basilique de Saint-Denis, aux pleurs d'un groupe de parents et d'amis chargés de recevoir les glorieuses dépouilles, en attendant la pompe funèbre que le roi leur préparait à Notre-Dame. Dans ce que nous allons reproduire, on lit encore des circonstances nouvelles, des variantes sur la

[1] SÉVIGNÉ, *Lettres* (16 août 1675), t. III, p. 397.

mort de Turenne, que madame de Sévigné, ne craignant que d'être incomplète, transmet avec un soin religieux a sa fille, et que sa correspondance seule a conservées à l'histoire.

...(19 août) « Le corps du héros n'est point porté à Turenne, comme on me l'avoit dit : on l'apporte à Saint-Denis, au pied de la sépulture des Bourbons; on destine une chapelle pour les tirer du trou où ils sont, et c'est M. de Turenne qui y entre le premier : pour moi, je m'étois tant tourmentée de cette place, que, ne pouvant comprendre qui peut avoir donné ce conseil, je crois que c'est moi. Il y a déjà quatre capitaines aux pieds de leurs maîtres [1] ; et, s'il n'y en avoit point, il me semble que celui-ci devroit être le premier. Partout où passe cette illustre bière, ce sont des pleurs et des cris, des presses, des processions qui ont obligé de marcher et d'arriver de nuit : ce sera une douleur bien grande s'il passe par Paris [2]... »

(28 août) « Vraiment, ma fille, je m'en vais bien encore vous parler de M. de Turenne. Madame d'Elbeuf, qui demeure pour quelques jours chez le cardinal de Bouillon, me pria hier de dîner avec eux deux, pour parler de leur affliction : madame de la Fayette y vint : nous fîmes bien précisément ce que nous avions résolu ; les yeux ne nous séchèrent pas. Madame d'Elbeuf avoit un portrait divinement bien fait de ce héros, dont tout le train étoit arrivé à onze heures : tous ces pauvres gens étoient en larmes, et déjà tout habillés de deuil; il vint trois gentilshommes qui pensèrent mourir en voyant

[1] Charles-Martel, Hugues le Grand, Bertrand du Guesclin et le connétable de Sancerre.
[2] SÉVIGNÉ, Lettres, t. III, p. 409.

ce portrait ; c'étoient des cris qui faisoient fendre le cœur ;
ils ne pouvoient prononcer une parole ; ses valets de
chambre, ses laquais, ses pages, ses trompettes, tout
étoit fondu en larmes et faisoit fondre les autres. Le premier qui fut en état de parler répondit à nos tristes questions : nous nous fîmes raconter sa mort. Il vouloit se
confesser, et en se cachotant il avoit donné ses ordres
pour le soir, et devoit communier le lendemain dimanche,
qui étoit le jour qu'il croyoit donner la bataille.

« Il monta à cheval le samedi à deux heures, après
avoir mangé ; et comme il avoit bien des gens avec lui,
il les laissa tous à trente pas de la hauteur où il vouloit
aller, et dit au petit d'Elbeuf : « Mon neveu, demeurez là;
« vous ne faites que tourner autour de moi, vous me ferez
« reconnoître. » M. d'Hamilton, qui se trouva près de
l'endroit où il alloit, lui dit : « Monsieur, venez par ici, on
« tire du côté où vous allez. — Monsieur, lui dit-il, vous
« avez raison, je ne veux point du tout être tué au-
« jourd'hui, cela sera le mieux du monde. » Il eut à
peine tourné son cheval qu'il aperçut Saint-Hilaire, le
chapeau à la main, qui lui dit : « Monsieur, jetez les
« yeux sur cette batterie que je viens de faire placer là. »
M. de Turenne revint, et dans l'instant, sans être arrêté, il eut le bras et le corps fracassé du même coup qui
emporte le bras et la main qui tenoient le chapeau de
Saint-Hilaire. Ce gentilhomme, qui le regardoit toujours, ne le voit point tomber ; le cheval l'emporte où il
avoit laissé le petit d'Elbeuf ; il n'étoit point encore tombé,
mais il étoit penché le nez sur l'arçon : dans ce moment,
le cheval s'arrête, le héros tombe entre les bras de ses
gens ; il ouvre deux fois de grands yeux et la bouche, et
demeure tranquille pour jamais : songez qu'il étoit mort

et qu'il avoit une partie du cœur emportée. On crie, on pleure; M. d'Hamilton fait cesser ce bruit, et ôter le petit d'Elbeuf, qui s'étoit jeté sur le corps, qui ne vouloit pas le quitter, et se pâmoit de crier. On couvre le corps d'un manteau, on le porte dans une haie; on le garde à petit bruit; un carrosse vient, on l'emporte dans sa tente : ce fut là où M. de Lorges, M. de Roye, et beaucoup d'autres pensèrent mourir de douleur; mais il fallut se faire violence, et songer aux grandes affaires qu'on avoit sur les bras. On lui a fait un service militaire dans le camp, où les larmes et les cris faisoient le véritable deuil... Quand ce corps a quitté son armée, ç'a été encore une autre désolation; et partout où il a passé, on n'entendoit que des clameurs. Mais à Langres ils se sont surpassés; ils allèrent au-devant de lui en habits de deuil, au nombre de plus de deux cents, suivis du peuple; tout le clergé en cérémonie; il y eut un service solennel dans la ville, et en un moment ils se cotisèrent tous pour cette dépense, qui monta à cinq mille francs, parce qu'ils reconduisirent le corps jusqu'à la première ville, et voulurent défrayer tout le train. Que dites vous de ces marques naturelles d'une affection fondée sur un mérite extraordinaire?... Voilà quel fut le divertissement que nous eûmes. Nous dinâmes comme vous pouvez penser, et jusqu'à quatre heures nous ne fîmes que soupirer. Le cardinal de Bouillon parla de vous, et répondit que vous n'auriez point évité cette triste partie si vous aviez été ici; je l'assurai fort de votre douleur; il vous fera réponse et à M. de Grignan; il me pria de vous dire mille amitiés, et la bonne d'Elbeuf, qui perd tout, aussi bien que son fils. Voilà une belle chose de m'être embarquée à vous conter ce que vous saviez déjà ; mais ces originaux m'ont frappée , et j'ai été bien aise de vous faire voir que voilà comme on oublie M. de Turenne en ce pays-ci [1] . »

(Même date) « M. Barillon soupa hier ici : on ne parla que de M. de Turenne ; il en est véritablement très-affligé. Il nous contoit la solidité de ses vertus , combien il étoit vrai , combien il aimoit la vertu pour elle-même , combien par elle seule il se trouvoit récompensé ; et puis finit par dire qu'on ne pouvoit pas l'aimer ni être touché de son mérite, sans en être plus honnête homme. Sa société communiquoit une horreur pour la friponnerie et pour la duplicité, qui mettoit tous ses amis au-dessus des autres hommes : dans ce nombre on distingua fort le chevalier (*de Grignan*) comme un de ceux que ce grand homme aimoit et estimoit le plus, et aussi comme un de ses adorateurs. Bien des siècles n'en donneront pas un pareil : je ne trouve pas qu'on soit tout à fait aveugle en celui-ci, au moins les gens que je vois : je crois que c'est se vanter d'être en bonne compagnie... Au reste, il avoit quarante mille livres de rente de partage, et M. Boucherat a trouvé que, toutes ses dettes et ses legs payés, il ne lui restoit que dix mille livres de rente ; c'est deux cent mille francs pour tous ses héritiers, pourvu que la chicane n'y mette pas le nez. Voilà comme il s'est enrichi en cinquante années de service [2]. »

« (30 août). — Je reviens du service de M. de Turenne à Saint-Denis. Madame d'Elbeuf m'est venue prendre, elle a paru me souhaiter ; le cardinal de Bouillon m'en a priée d'un ton à ne pouvoir le refuser. C'étoit une chose bien triste : son corps étoit là au milieu de l'église ; il y

[1] Sévigné, *Lettres*, t. III, p. 438-441.
[2] Sévigné, *Lettres*, t. III, p. 443.

est arrivé cette nuit avec une cérémonie si lugubre que
M. Boucherat, qui l'a reçu, et qui y a veillé toute la nuit,
en a pensé mourir de pleurer. Il n'y avoit que la famille
désolée, et tous les domestiques [1], en deuil et en pleurs ;
on n'entendoit que des soupirs et des gémissements. Il y
avoit d'amis M. Boucherat, M. de Harlay, M. de Meaux
et M. de Barillon ; mesdames Boucherat y étoient et les
nièces... Ç'a été une chose triste de voir tous ses gardes
debout, la pertuisane sur l'épaule, autour de ce corps
qu'ils ont si mal gardé, et, à la fin de la messe, de les voir
porter sa bière jusqu'à une chapelle au-dessus du grand
autel, où il est en dépôt. Cette translation a été touchante ;
tout étoit en pleurs, et plusieurs crioient sans pouvoir
s'en empêcher. Enfin nous sommes revenus dîner triste-
ment chez le cardinal de Bouillon, qui a voulu nous
avoir ; il m'a priée, par pitié, de retourner ce soir, à six
heures, le prendre pour le mener à Vincennes, et madame
d'Elbeuf ; ils m'ont fort parlé de vous...; la lune nous
conduira jusqu'où il lui plaira [2]. »

Pendant que sa famille et ses plus intimes amis, parmi
lesquels c'est un grand honneur à madame de Sévigné
d'être comptée, rendaient aux restes de Turenne ces premiers et touchants hommages, la cour demandait à Fontainebleau des distractions contre l'universelle inquiétude. « On y jouera, mande madame de Sévigné dans
la même lettre, quatre des belles pièces de Corneille,
quatre de Racine, et deux de Molière [3]. » Mais la cour,
mieux inspirée, ou rappelée à plus de convenance par les

---

[1] On sait que ce mot veut dire toute la maison militaire et civile, bien plus que le personnel de la domesticité.

[2] SÉVIGNÉ, *Lettres*, t. III, p. 445.

[3] SÉVIGNÉ, *Lettres*, t. III, p. 447.

dispositions du public, revint, le surlendemain vendredi, pour assister au nouveau service qui devait se faire et qui eut lieu, en effet, en grande pompe, le lundi suivant, dans l'église de Notre-Dame. Madame de Sévigné se dispensa d'y paraître : elle partait, le lendemain, pour la Bretagne, et d'ailleurs elle n'avait nulle envie d'aller compromettre sa vraie douleur dans cette cérémonie d'apparat. « On fait présentement à Notre-Dame, écrit-elle le jour même, le service de M. de Turenne en grande pompe... je me contente de celui de Saint-Denis ; je n'en ai jamais vu un si bon. » Et, passant aux fâcheuses nouvelles qui arrivaient des armées : « N'admirez-vous point, dit-elle en terminant, ce que fait la mort de ce héros, et la face que prennent les affaires depuis que nous ne l'avons plus [1] ? »

En effet, sur le coup de la mort de son général, l'armée d'Allemagne avait été obligée et s'était trouvée heureuse de repasser le Rhin, conduite par le neveu de Turenne, le duc de Lorges, lieutenant général, et suivie de près par Montécuculli. D'un autre côté, le maréchal de Créqui, ayant voulu surprendre les forces qui assiégeaient dans Trèves une garnison française, avait été surpris lui-même à Consarbrück, avec perte de la plus grande partie de ses troupes. « Cet homme ambitieux (dit un contemporain, il est vrai peu bienveillant) crut beaucoup faire pour son avancement et pour sa gloire, si, dans le temps que M. de Turenne venoit d'être tué, il pouvoit faire un échec au duc de Zell et au vieux duc de Lorraine, qui marchoient à lui avec une armée plus forte que la sienne [2]. » Battu

[1] SÉVIGNÉ, *Lettres* (9 septembre 1675), t. III, p. 461.

[2] *Mémoires du marquis de La Fare*, Collection de MM. Michaud et Poujoulat, t. XXXII, p. 282.

ainsi à Consarbrüch, le maréchal de Créqui, par une inspiration qui indiquait un génie militaire peu commun,
se jeta avec quelques débris dans la ville de Trèves,
qu'il aurait sauvée si la trahison d'une partie de la garnison n'avait livré la place ainsi que le général malheureux à l'ennemi.

Ces événements répandaient partout l'alarme. Écho
fidèle des sociétés très-émues de Paris, madame de Sévigné, parlant de la défaite de Créqui, l'appelle *une vraie
déroute* [1]. Et, malgré sa réserve accoutumée, poussée à
écrire ce que tout son monde répète autour d'elle : « La
consternation est grande, ajoute-t-elle... Les ennemis sont
fiers de la mort de M. de Turenne : en voilà les effets ;
ils ont repris courage : on ne peut en écrire davantage ;
mais la consternation est grande ici, je vous le dis pour
la seconde fois. » — « Le courage de M. de Turenne,
répète-t-elle ailleurs, semble être passé à nos ennemis ;
ils ne trouvent plus rien d'impossible [2]. »

Ces deux lignes sont une exacte peinture de la situation
respective de la France et de l'Europe. Ce fort bouclier
renversé, ce prestige souverain de Turenne évanoui,
ce fut comme un mouvement spontané en avant de la
part de tous les ennemis de Louis XIV. Condé seul pouvait rétablir parmi nos soldats la confiance, et chez les
ennemis le sentiment de notre supériorité. Mais, lors de
la mort de Turenne, il était en Flandre, éloigné, malade :
arriverait-il à temps pour s'opposer à la marche des Impériaux ? là était la question de l'envahissement de la
France.

---

[1] SÉVIGNÉ, *Lettres* (13 août 1675), t. III, p. 396.
[2] SÉVIGNÉ, *Lettres*, t. III, p. 401.

Outre son sentiment national, chez elle très-réel et alors, comme au reste dans toutes les classes, vivement excité, madame de Sévigné avait bien des raisons pour s'inté-resser aux événements de cette guerre, à laquelle prenaient part tous les siens. Charles de Sévigné se trouvait en Flandre dans l'armée que Condé venait de laisser au maréchal de Luxembourg, son digne élève ; le colonel de Grignan aidait le duc de Lorges à maintenir la position de l'armée du Rhin jusqu'à l'arrivée de ce prince, et M. de la Trousse, « après avoir fait des merveilles dans l'armée de M. de Créqui, » était tombé aux mains des ennemis[1]. Il ne nous est pas permis d'omettre des détails aussi intimement liés à la biographie de madame de Sévigné. Ses lettres de cette date offrent, d'ailleurs, le plus attachant tableau de Paris et de la Cour, dans cette grave occurrence.

Ce qui la préoccupe surtout, on le pense bien, c'est son fils, « dont l'armée n'est point tant composée de *pâtissiers* (*sic*) qu'elle ne soit fort en peine de lui, non pas quand elle pense au prince d'Orange, mais à M. de Luxembourg, à qui les mains démangent furieusement[2]. » Celui-ci brûlait, en effet, de se distinguer. Mais on ne voit partout que défaite, et il semble à madame de Sévigné que ce général « a bien envie de perdre sa petite bataille [3]. » Malgré ses inquiétudes, elle se félicite néanmoins de savoir son fils *à son devoir*, et non point honteusement sur le pavé de Paris comme tels gentilshommes dont elle a eu la discrétion de taire les noms, sauf un

[1] Sévigné, *Lettres*, t. III, p. 433.
[2] Sévigné, *Lettres*, t. III, p. 457.
[3] Sévigné *Lettres*, t. III, p. 475.

seul. « Je vis, l'autre jour, à la messe, mande-t-elle, le comte de Fiesque et d'autres qui assurément n'y ont point bonne grâce. Je trouvai heureuses celles qui n'avoient leurs enfants ni aux Minimes ni en Allemagne ; j'ai voulu dire moi, qui sais mon fils à son devoir, sans aucun péril présentement[1]. » — « Je vous avoue (ajoute-t-elle plus vivement la semaine d'après) qu'il y a ici de petits messieurs à la messe à qui l'on voudroit bien donner *d'une vessie de cochon par le nez*[2]. » Cette boutade patriotique, chez une femme qui n'affecte nullement des sentiments romains, est un indice de l'émotion des âmes à ce moment critique, et une preuve que ceux-là formaient une très-rare exception qui se prélassaient tranquillement dans l'église de la place Royale, au lieu de courir à la frontière.

En ce qui concerne son fils, madame de Sévigné en fut pour la crainte. Malgré son désir de faire parler de lui, l'élève de Condé, fidèle, du reste, à ses instructions, se bornait à maintenir une défensive prudente et vigoureuse, favorisée par la conduite des confédérés, qui hésitaient, eux aussi, à risquer une bataille décisive. « Les alliés craignoient, a dit un bon témoin, que toute la Flandre ne fût perdue si les François remportoient l'avantage, et ceux-ci craignoient que les confédérés n'entrassent en France s'ils remportoient une victoire tant soit peu considérable[3]. » On attendait en Flandre, comme par un tacite accord, ce qui se passerait sur le Rhin, où était le nœud de la situation.

[1] SÉVIGNÉ, *Lettres* (7 août 1675), t. III, p. 358.

[2] SÉVIGNÉ, *Lettres*, t. III, p. 365.

[3] *Mémoires du chevalier Temple, ministre d'Angleterre en Hollande*, Coll. de MM. Michaud et Poujoulat, t. XXXII, p. 97.

Malgré sa mésaventure à la funeste journée de Consarbrüch, le cousin de madame de Sévigné n'avait rien perdu de la bonne réputation qu'il s'était déjà acquise comme capitaine-commandant ou colonel des gendarmes-Dauphin. Pendant quelques jours on avait ignoré son sort. Le 16 août, on apprit enfin qu'il était devenu le prisonnier du marquis de Grana, avec lequel il avait eu occasion de lier amitié quelques années auparavant. Mais voici de quelle honorable et piquante façon avait eu lieu sa capture; rarement madame de Sévigné a jeté une plus jolie narration :

« Pour M. de la Trousse, depuis mes chers romans, je n'ai rien vu de si parfaitement heureux que lui. N'avez-vous point vu un prince qui se bat jusqu'à l'extrémité? Un autre s'avance pour voir qui peut faire une si grande résistance : il voit l'inégalité du combat; il en est honteux; il écarte ses gens; il demande pardon à ce vaillant homme, qui lui rend son épée, à cause de son honnêteté, et qui sans lui ne l'eût jamais rendue; il le fait son prisonnier; il le reconnoît pour un de ses amis, du temps qu'ils étoient tous deux à la cour d'Auguste; il traite son prisonnier comme son propre frère; il le loue de son extrême valeur; mais il me semble que le prisonnier soupire: je ne sais s'il n'est point amoureux : je crois qu'on lui permettra de revenir sur parole; je ne vois pas bien où la princesse l'attend, et voilà toute l'histoire[1]. » On sait que M. de la Trousse était, depuis longtemps, amoureux de madame de Coulanges. Il y a là un grain d'épigramme qui va atteindre cette dernière. La rivale que sous-entend madame de Sévigné pourrait bien être *celle*

---

[1] SÉVIGNÉ, *Lettres* (21 août 1675), t. III, p. 414.

grosse maîtresse du Charmant (M. de Villeroi), dout
elle parle, sans la nommer, dans un autre endroit,
comme ayant occupé quelque temps son cousin. Celui-ci
fut bientôt mis en liberté, et le nom de la princesse ne
resta pas longtemps douteux : le marquis de la Trousse
se rengagea plus que jamais dans une liaison qui devait
durer autant que sa vie.

Mais, une fois rassurée sur le compte de son fils, celui
qui occupait le plus madame de Sévigné était le chevalier de Grignan, placé, depuis la mort de Turenne, au
poste le plus périlleux. L'œuvre de M. Walckenaer,
porte, en maint endroit, la trace de la vive affection, de
l'estime particulière que madame de Sévigné professait
pour ce frère de son gendre, auquel madame de Grignan
accordait aussi la préférence sur ses autres beaux-frères.
Le chevalier méritait ces sentiments par la franchise et la
vivacité de son dévouement pour sa belle-sœur et pour la
mère de celle-ci. Un caractère sûr, ferme et froid , même
un peu fier, des maximes d'honneur et de vertu, un esprit
sensé et mûr avant l'âge, une aptitude militaire reconnue, lui avaient valu l'attention, puis la faveur des hommes sérieux, et Turenne l'avait mis au nombre de ceux
qu'il aimait : solide éloge, car il aimait peu de gens, en
trouvant peu dignes de son estime. Le chevalier de Grignan, qui faisait la campagne d'Allemagne à la tête du
régiment de son nom , était intimement lié avec le duc
de Lorges : il fut un de ceux qui le secondèrent le mieux
lorsque la mort de Turenne eut fait tomber sur son neveu
la rude besogne de maintenir une armée démoralisée, et
de contenir un ennemi qui ne doutait plus de rien. C'est
ici, dans la biographie de ce membre le plus distingué de
la famille des Grignan, sa véritable page d'honneur. Il

faut la lui restituer, car les infirmités précoces qui vien-
dront l'assaillir nous retireront trop tôt l'occasion de
parler de lui.

On voit que madame de Sévigné recherche tous les
sujets d'entretenir sa fille sur ce chapitre qui lui tient
au cœur ; heureuse d'écrire les louanges du chevalier,
car, dans cette circonstance, elle était plutôt l'organe de
l'opinion publique que de sa prédilection.

« Voilà donc (mande-t-elle le 9 août en annonçant
l'heureux combat d'Altenheim) nos pauvres amis qui ont
repassé le Rhin, fort heureusement, fort à loisir, et après
avoir battu les ennemis ; c'est une gloire bien complète
pour M. de Lorges.... Le gentilhomme de M. de Turenne
qui étoit retourné et qui est revenu, dit qu'il a vu faire
des actions héroïques au chevalier de Grignan ; qu'il a
été jusqu'à cinq fois à la charge, et que sa cavalerie a si
bien repoussé les ennemis que ce fut cette vigueur extraordinaire qui décida du combat. M. de Boufflers et le
duc de Sault ont fort bien fait aussi ; mais surtout M. de
Lorges, qui parut neveu du héros dans cette occasion.
Je reviens au chevalier de Grignan, et j'admire qu'il
n'ait pas été blessé à se mêler comme il a fait, et à essuyer tant de fois le feu des ennemis [1]. »

Le surlendemain, elle ajoute : « La Garde vous a
mandé ce que M. de Louvois a dit à la bonne Langlée,
et comme le roi est content des merveilles que le chevalier de Grignan a faites : s'il y a quelque chose d'agréable
dans la vie, c'est la gloire qu'il s'est acquise dans cette occasion ; il n'y a pas une relation ni pas un homme qui ne
parle de lui avec éloge ; sans sa cuirasse il étoit mort : il

---

[1] SÉVIGNÉ, *Lettres*, t. III, p. 386 et 389.

a eu plusieurs coups dans cette bienheureuse cuirasse , il n'en avoit jamais porté; Providence! Providence[1]! »

De Bretagne, où est encore venu la trouver l'éloge du chevalier de Grignan, madame de Sévigné écrit trois mois après : « Je fus hier chez la princesse (madame la princesse de Tarente, alors à Vitré), j'y trouvai un gentilhomme de ce pays, très-bien fait, qui perdit un bras le jour que M. de Lorges repassa le Rhin... Il vint à parler, sans me connoître, du régiment de Grignan et de son colonel : vraiment je ne crois pas que rien fût plus charmant que les sincères et naturelles louanges qu'il donna au chevalier; les larmes m'en vinrent aux yeux. Pendant tout le combat, le chevalier fit des actions et de valeur et de jugement qui sont dignes de toute sorte d'admiration : cet officier ne pouvoit s'en taire, ni moi me lasser de l'écouter. C'est quelque chose d'extraordinaire que le mérite de ce beau-frère; il est aimé de tout le monde; voilà de quoi son humeur négative et sa qualité de *petit glorieux* m'eussent fait douter; mais point, c'est un autre homme; c'est le cœur de l'armée, dit ce pauvre estropié[2]. »

Cette journée d'Altenheim fut une journée d'héroïsme. Chacun sentait qu'il y allait du salut de la France. La Fare rend la même justice au neveu de Turenne, et à Vaubrun qui partageait avec lui le commandement, et aussi au jeune gouverneur titulaire de la Provence, dont M. de Grignan tenait la place, et qui inaugurait alors une carrière militaire qui le retint presque constamment dans les camps, au grand avantage de son remplaçant, mais à la grande peine de madame de Sévigné : « M. de Lor-

---

[1] SÉVIGNÉ, *Lettres* (12 août), t. III, p. 393.
[2] SÉVIGNÉ, *Lettres* (17 novembre 1675), t. IV, p. 89.

ges fît ce qu'on pouvoit attendre d'un digne capitaine...
Vaubrun lui-même, le pied cassé et la jambe sur l'arçon, chargea à la tête des escadrons, comme le plus
brave homme du monde qu'il étoit, et y fut tué aussi
avec plusieurs autres... Le duc de Vendôme, fort jeune
alors, eut la cuisse percée d'un coup de mousquet, à la
tête de son régiment, et donna, dans cette occasion, des
marques du courage et des talents qui lui ont fait commander depuis avec gloire les armées du roi dans les conjonctures les plus difficiles[1]. »

Pendant que le chevalier de Grignan se distinguait sur
les bords du Rhin, l'un de ses frères, le coadjuteur d'Arles,
se signalait à Paris comme orateur de l'Assemblée du
clergé, où il figurait en qualité de procureur-député
de la province d'Arles, en compagnie de l'abbé de Grignan, le dernier frère, appelé tantôt *le bel abbé*, tantôt *le
plus beau de tous les prélats*[2], lequel remplissait les fonctions d'agent général de la même province. Quoique jeune,
le coadjuteur jouissait déjà dans son ordre d'une réputation due surtout à un talent véritable pour la parole. Il y
ajouta encore dans cette session de 1675. « M. Boucherat, écrit madame de Sévigné le 9 août, me manda lundi
au soir que M. le coadjuteur avoit fait merveilles à une
conférence à Saint-Germain, pour les affaires du clergé;
M. de Condom et M. d'Agen me dirent la même chose à
Versailles[3]. » Aussi ce fut lui (distinction singulière à
cause de son âge et de son rang dans la hiérarchie) que l'assemblée désigna pour faire au roi la harangue d'usage,

---

[1] *Mémoires du marquis de La Fare*, Coll. Michaud et Poujoulat,
t. XXXII, p. 282.
[2] SÉVIGNÉ, *Lettres*, t. III, p. 460.
[3] SÉVIGNÉ, *Lettres*, t. III, p. 386.

avec mission de le remercier de l'appui qu'il accordait à l'Église, et de lui présenter les doléances du clergé au sujet de la conduite des réformés.

Son discours était fait lorsque arriva à Paris la nouvelle de la défaite du maréchal de Créqui. Malgré son désir de plaire au roi, l'orateur ne pouvait passer sous silence ce premier et considérable échec infligé à ses armes. Le coadjuteur d'Arles se tira de ce pas difficile à la satisfaction générale. La veille de prononcer son discours, il avait voulu connaître sur le changement de rédaction que lui imposait la circonstance, l'opinion et le goût de madame de Sévigné, avec laquelle il vivait dans une grande liberté. « Le coadjuteur, dit celle-ci, avoit pris dans sa harangue, le style ordinaire des louanges, mais aujourd'hui cela seroit hors de propos ; il passe sur l'affaire présente avec une adresse et un esprit admirables ; il vous mandera le tour qu'il donne à ce petit inconvénient ; et, pourvu que ce morceau soit recousu bien juste, ce sera le plus beau et le plus galant de son discours [1]. »

Le succès fut complet. Madame de Sévigné enregistre avec joie et évidemment avec un peu d'exagération de famille, ce résultat qu'elle a prévu : « La harangue de M. le coadjuteur a été la plus belle et la mieux prononcée qu'il est possible : il a passé cet endroit, qui a été fait et rappliqué après coup, avec une grâce et une habileté non pareille ; c'est ce qui a le plus touché tous les courtisans. C'est une chose si nouvelle que de varier la phrase, qu'il a pris l'occasion que souhaitoit Voiture pour écrire moins ennuyeusement à M. le Prince, et s'en

[1] SÉVIGNÉ, *Lettres* (16 août 1675), t. III, p. 403.

est aussi bien servi que Voiture auroit fait. Le roi a fort
loué cette action, et a dit à M. le Dauphin : « Combien
« voudriez-vous qu'il vous en eût coûté, et parler aussi
« bien que M. le coadjuteur ? » M. de Montausier a pris
la parole et a dit : « Sire, nous n'en sommes pas là; c'est
« assez que nous apprenions à bien répondre. » Les ministres et tous les autres ont trouvé un agrément et un
air de noblesse dans ce discours qui donne une véritable
admiration. J'ai bien à remercier les Grignan de tout
l'honneur qu'ils me font, et des compliments que j'ai reçus
depuis peu, et du côté de l'Allemagne et de celui de Versailles. » Et, avec un soupir : « Je voudrois bien que
l'aîné eût quelque grâce de la cour pour me faire avoir
aussi des compliments du côté de Provence ¹ ! » Le coadjuteur d'Arles obtint non-seulement l'approbation de la
cour, mais celle de son ordre. C'est ce qu'on lit dans les
procès-verbaux de l'Assemblée du clergé, où le président rappelle « que tous les prélats ont été témoins de la
force, capacité et prudence avec lesquelles monseigneur
le coadjuteur a parlé au roi, et que Sa Majesté avoit
paru extrêmement satisfaite ². »

Louis XIV ne se dissimulait point la gravité de la crise
qui s'ouvrait devant lui. Il avait compris au fond toute
l'importance de la perte de Turenne; mais (c'est de ceci
que l'histoire doit le louer) en présence de ce malheur,
de la défaite de Créqui, de la prise de Trèves, de l'élan
et des projets audacieux de l'ennemi, de la situation intérieure de la France, qui fermentait et se révoltait même

¹ SÉVIGNÉ, *Lettres* (19 août 1675), t. III p. 407.
² *Procès-verbaux des assemblées du clergé*, t. V, p. 226, et
Pièces justificatives, à fin du volume, p. 131.

en Guyenne et en Bretagne, il ne s'abandonna point, et
ne perdit rien de cette fermeté calme et sereine, qu'il retrouvera dans ses plus grands désastres, et qui semble
constituer le trait dominant d'une âme en toute circonstance supérieure à la fortune.

On a contesté, et cela semble de mode aujourd'hui,
la valeur intellectuelle et morale de Louis XIV. La postérité devait réagir contre les excessives adulations de
ses contemporains. Mais a-t-elle raison de faire son évangile historique des mémoires posthumes de cette commère de génie qu'on appelle Saint-Simon? Ce n'est point
ici le lieu de rechercher si *le roi du dix-septième siècle* a
été un esprit véritablement supérieur : dans tous les cas,
ç'a été un solide caractère. Insatiable pour la louange,
a-t-on dit, visant au demi-dieu, ennemi de toute vérité,
exagérant ses victoires, et voulant convertir ses revers
en succès. Il n'en fit pas preuve, on va le voir, dans ce
moment critique qui suivit la déroute de Consarbrück.
C'est à madame de Sévigné, car elle est le véritable historien de ces mois de juillet et d'août si fameux, que nous
empruntons des détails :

« Un courtisan vouloit faire croire au roi que ce n'é-
toit rien que ce qu'on avoit perdu; il répondit qu'il haïssoit ces manières, et qu'en un mot c'étoit une défaite
très-complète. On voulut excuser le maréchal de Créqui;
il convint que c'étoit un très-brave homme; « mais ce
« qui est désagréable, dit-il, c'est que mes troupes ont
« été battues par des gens qui n'ont jamais joué qu'à la
« bassette : » il est vrai que ce duc de Zell est jeune et
joueur; mais voilà un joli coup d'essai. Un autre courtisan
voulut dire : mais pourquoi le maréchal de Créqui don-
noit-il la bataille? Le roi répondit, et se souvint d'un

vieux conte du duc de Weimar qu'il appliqua très bien. Ce
Weimar, après la mort du grand Gustave, commandoit
les Suédois alliés de la France ; un vieux Parabère cordon
bleu, lui dit, en parlant de la dernière bataille qu'il avoit
perdue : Monsieur, pourquoi la donniez-vous ? Monsieur,
lui répondit le duc de Weimar, c'est que je croyois la
gagner ; et puis se tourna : Qui est ce sot cordon bleu-là ?
Toute cette application est extrêmement plaisante... »
Dans la même lettre on lit encore ceci : « On vient de me
dire de très-bon lieu que les courtisans, croyant faire
leur cour en perfection, disoient au roi qu'il entroit à
tout moment à Thionville et à Metz des escadrons et
même des bataillons tout entiers, et que l'on n'avoit
quasi rien perdu. Le roi, comme un galant homme, sentant la fadeur de ce discours, et voyant donc rentrer tant
de troupes : « Mais, dit-il, en voilà plus que je n'en
avois. » Le maréchal de Gramont, plus habile que les
autres, se jette dans cette pensée : oui, Sire, c'est qu'ils
ont fait des petits. Voilà de ces bagatelles que je trouve
plaisantes, et qui sont vraies [1]. » Il existe sur Louis XIV
assez peu d'anecdotes dignes de foi, on a conservé de lui
trop peu de mots authentiques, pour omettre de pareils
détails dans un ouvrage tel que celui-ci, destiné à
faire connaître mieux ce règne extraordinaire, au moyen
d'une correspondance qui en forme la chronique journa-
lière et intime.

Le roi, nous le redisons d'après madame de Sévigné,
avait bien senti la perte de Turenne, surtout quand il était
« seul, qu'il rêvoit et rentroit en lui-même [2]. » C'est dire

[1] SÉVIGNÉ, *Lettres* (19 août 1675), t. III, p. 405.
[2] SÉVIGNÉ, *Lettres*, t. III, p. 404.

qu'autour de lui (on vient bien de le voir à propos
du maréchal de Créqui) les courtisans, le premier moment d'émotion passé, s'attachaient, par leur contenance
et leurs discours, à prouver que ces *accidents* n'avaient
en rien diminué leur foi dans la fortune, dans ce qu'on
appelait *l'étoile du roi*. Comme plus tard Napoléon,
Louis XIV avait aussi la foi en cette étoile, jusque-là et
pour longtemps encore heureuse. Il se redressa bientôt,
reprit assurance en lui-même et en la France, plein de
confiance, à ce moment donné, dans *M. le Prince*, dont
la grande renommée, le génie toujours jeune en un corps
fatigué, s'interposait entre l'Europe liguée et la France
surprise; et avant un an il renoncera même à l'épée de
Condé, afin d'établir que sa grandeur personnelle et la
puissance du pays ne pouvaient dépendre d'un général,
si glorieux fût-il.

Louis XIV avait des prétentions au génie de la guerre[1].
Il aimait qu'on lui rapportât l'honneur des batailles gagnées sous ses yeux. La réputation hors ligne de Turenne
et de Condé, l'enorgueillissait comme chef de la France,
mais le froissait comme homme. Il profitait de leurs talents, et les jalousait en les admirant. A côté de lui un
homme poussait cette jalousie, contre Turenne surtout,
jusqu'à l'envie et la haine. Courtisan plein d'ambition,
de talents et de morgue, ayant tous les mérites d'un ministre de la guerre qui prépare les victoires et sait réunir
les moyens de les procurer, bon administrateur mais
nullement général, Louvois n'aimait pas les grands généraux à qui on attribuait uniquement des succès dans
lesquels il prétendait avoir sa part et une grande part.

---

[1] SAINT-SIMON, édition de MM. Chéruel et Sainte-Beuve, t. X, p. 341.

Il inaugurait cette classe de ministres et d'hommes politiques qui se laissent volontiers aller à croire qu'à la
guerre, le génie organisateur qui combine et décide de
loin peut suffire sans la pratique militaire, qu'on fait
d'aussi bons plans de campagne dans son cabinet que
sur les lieux, et que tous les chefs d'armée bien dirigés se
valent; école qui, pour prendre des noms plus près de
nous, a fait vingt Schérer pour un Carnot.

Précisément, dans l'année qui précéda sa mort, Turenne avait eu à réprimer ces outrecuidantes prétentions
de Louvois, jeune encore, mais déjà d'autant plus hautain qu'il se sentait plus contesté, et il l'avait fait dans
des termes tels que le ministre, qui ne l'aimait pas, en était
venu à le haïr de toute la force de son tempérament
atrabilaire et excessif[1].

C'était donc faire mal sa cour au roi et à son malfaisant et bientôt tout-puissant ministre, que d'afficher en
public de trop vifs regrets de la perte qu'on venait d'é-
prouver, mais surtout de laisser percer des craintes sur la
fortune d'un règne jusqu'alors si brillant. De là les précautions et les réticences que l'on remarque sur ce dernier
point dans la correspondance de madame de Sévigné,
elle si franche, si libre, d'ailleurs pour l'expression de sa
douleur personnelle. Dans les deux passages suivants, elle
fournit la preuve de ce que je viens de dire sur l'accueil
ui était fait aux regrets trop fortement exprimés de la
mort de Turenne : « Le duc de Villeroi ne se peut con-
ler de M. de Turenne ; il écrit que la fortune ne peut
lus lui faire de mal, après lui avoir fait celui de lui ôter

[1] Cf. Saint-Simon, t. VI, p. 37; VII, p. 263; et La Fare, Coll.
Iichaud, t. XXXII, p. 281.

le plaisir d'être aimé et estimé d'un tel homme.... Il a
écrit ici des lettres dans le transport de sa douleur, qui
sont d'une telle force qu'il les faut cacher. Il ne voit rien
dans sa fortune au-dessus d'avoir été aimé de ce héros,
et déclare qu'il méprise toute autre sorte d'estime après
celle-là : sauve qui peut[1] ! » — « Le chevalier de Coislin
est revenu après la mort de M. de Turenne, disant qu'il
ne pouvoit plus servir après avoir perdu cet homme-là ;
qu'il étoit malade, que pour le voir et pour être avec lui,
il avoit fait cette dernière campagne, mais que ne l'ayant
plus il s'en alloit à Bourbon. Le roi, informé de tous ces
discours, a commencé par donner son régiment, et a dit
que sans la considération de ses frères, il l'auroit fait
mettre à la Bastille[2]. » Madame de Sévigné demandait
un chiffre pour correspondre avec sa fille : sans doute
qu'elle avait beaucoup d'anecdotes de ce genre à lui conter.

Quelque chose de cette défaveur atteignait même ceux
qui, comme le duc de Lorges et le chevalier de Grignan,
se contentaient de garder leurs regrets dans leur cœur, et
vengeaient Turenne en se battant bien pour la France et
pour le roi. On tenait à leur dire qu'ils n'avaient fait que
leur devoir, et que tout autre à leur place en eût fait autant ; qu'ils n'avaient rendu aucun service exceptionnel,
car il ne fallait pas qu'il y eût de grande crise à surmonter : aussi fit-on attendre un an au duc de Lorges ce
bâton de maréchal auquel il avait droit et qu'on venait de
prodiguer, et le chevalier de Grignan à son retour n'obtint absolument rien. Et cependant la victoire de l'armée
du Rhin près d'Altenheim avait sauvé la France à ce mo-

[1] Sévigné, *Lettres*, t. III, p. 389 et 392.
[2] Sévigné, *Lettres*, t. III, p. 451.

ment critique, car si le neveu de Turenne ne se fût pas trouvé à la hauteur de sa tâche, le territoire était envahi, et Louis XIV peut-être abaissé pour longtemps. C'est un diplomate bien instruit des projets hostiles de l'Europe, car il les fomentait sous main, qui le déclare : « Les confédérés se persuadoient que s'ils pouvoient gagner une bataille, ils entreroient infailliblement en France, et que s'ils y étoient une fois, les mécontentements du peuple ne manqueroient jamais d'éclater contre le gouvernement, et donneroient jour aux ravages et aux succès qu'ils se promettoient, ou tout au moins à une paix qui mettroit les voisins de cette couronne en sûreté et en repos [1]. »

Mais ces mauvais desseins furent déjoués. La fortune de Louis XIV et de la France (car ici l'*État* et le *Roi* n'en faisaient bien qu'un) reprit sa marche ascendante. L'armée du Rhin tint ferme jusqu'à l'arrivée de Condé. Par ses manœuvres habiles, celui-ci déconcerte Montécuculli, et lui fait successivement lever le siége de Haguenau et celui de Saverne ; puis, sans doute d'après le désir du roi, il se place sur la défensive, maître, toutefois, de la situation, et pouvant ne se battre que quand et où il voudrait : « Et voilà (ajoute madame de Sévigné comme la France rassurée, et fidèle aussi à une vieille admiration pour ce dernier des héros, qui, comme Turenne, l'honorait de son amitié), voilà l'avantage des bons joueurs d'échecs [2]. »

Ainsi prévenue, la cour de Vienne ordonna à Montécuculli de suspendre ses opérations. Le vieux duc de

[1] *Mémoires du chevalier Temple*, ambassadeur d'Angleterre en Hollande ; Coll. Michaud et Poujoulat, t. XXXII, p. 92.
[2] SÉVIGNÉ, *Lettres* (20 septembre 1675), t. III, p. 477 ; *Mémoi-*

Lorraine, l'un des chefs principaux des confédérés, étant mort sur ces entrefaites, et la Hongrie se trouvant plus vivement pressée par les Turcs qui s'y acharnaient depuis quelques années, les Impériaux repassèrent enfin le Rhin, et les armées françaises prirent leurs quartiers d'hiver en Flandre et en Alsace, les deux partis remettant au printemps de nouveaux projets et de plus grands efforts.

res *du chevalier Temple*, Coll. Michaud et Poujoulat, t. XXXII, p. 100 et 104. — *Mémoires de La Fare, ibid.*, p. 283.

CHAPITRE II.

1676.

Ouverture de la campagne de cette année. — Madame de Sévigné
voit partir son fils et le chevalier de Grignan — Louis XIV va
se mettre à la tête de l'armée de Flandre. — La correspondance
de madame de Sévigné est le vrai journal du temps, même
pour les choses de la guerre. — Siége et prise de Condé — Monsieur assiége Bouchain. — Louis XIV offre la bataille au prince
d'Orange, qui se retire sans combattre. — Prise de Bouchain. —
Retour du roi à Versailles. — Caractère militaire de Louis XIV.
— L'armée française met le siége devant Aire; les ennemis vont
investir Maëstricht et Philisbourg. — Madame de Sévigné annonce à sa fille la prise d'Aire; Louvois en a tout l'honneur. —Belle
conduite à ce siége du baron de Sévigné. — Curieuses anecdotes
recueillies sur le prince d'Orange et Louis XIV. — M. de Schomberg fait lever le siége de Maëstricht. — Philisbourg est obligé
de se rendre aux ennemis. — L'opinion s'en prend au maréchal de
Luxembourg; Madame de Sévigné rapporte sur lui un mot piquant. — Le reste de l'année se passe sans événements militaires.

A son arrivée à Paris, en avril 1676, madame de Sévigné, on l'a vu, avait trouvé partout les préparatifs de la
nouvelle et décisive campagne qui allait s'ouvrir. Cloué
par la goutte à Chantilly, le prince de Condé avait déclaré qu'il ne pouvait servir; le roi le prit au mot, et,
à partir de 1675, il ne parut plus à la tête des armées.

Jusque-là l'Europe s'était plu à attribuer les remarquables succès de la France, au génie des deux capitaines que tous les hommes de guerre, amis et ennemis,
reconnaissaient pour leurs maîtres. On allait voir ce qu'il
serait possible de faire sans eux : plus encore que ses ad-

versaires, Louis XIV voulait en avoir le cœur net. Malgré
sa vanité que tout surexcitait, il ne s'estimait certes
point l'égal de Turenne et de Condé; mais, comme beaucoup de souverains (sur ce point les royautés se rencon-
trent avec les démocraties), il ne croyait pas aux hommes
nécessaires. Indépendamment de sa grande confiance en
lui-même, en sa fortune plus qu'en ses talents, il se con-
fiait aussi dans le savoir de quelques généraux du second
ordre, élèves de ces glorieux maîtres, mais surtout, et
à bon droit, dans l'esprit militaire et national de ses armées, dans leur discipline, leur parfaite organisation,
œuvre de Louvois, qui, pour procurer des succès personnels à son roi, avait prodigué à l'armée de Flandre, que
celui-ci allait commander, toutes les ressources refu-
sées ou disputées à Turenne.

« On ne voit à Paris, écrit madame de Sévigné,
que des équipages qui partent; les cris sur la disette d'argent sont encore plus vifs qu'à l'ordinaire; mais il ne de-
meurera personne non plus que les années passées. Le
chevalier est parti sans vouloir me dire adieu; il m'a
épargné un serrement de cœur, car je l'aime sincèrement [1]. » Le colonel du régiment de Grignan partait,
parait-il, « enragé de n'être point brigadier. » — « Il a
raison, ajoute madame de Sévigné, après ce qu'il fit
l'année passée, il méritoit bien qu'on le fît monter d'un
cran [2]. » Sévigné se mit en route le 15 avril, à la grande
tristesse de sa mère. Elle annonce ainsi ce départ à sa
fille : « Je suis bien triste, ma mignonne, le pauvre petit
compère vient de partir. Il a tellement les petites vertus

---

[1] SÉVIGNÉ, *Lettres* (10 avril 1675), t. IV, p. 250.
[2] SÉVIGNÉ, *Lettres*, t IV, p. 223.

qui font l'agrément de la société, que quand je ne le regretterois que comme mon voisin, j'en serois fâchée...
Voilà *Beaulieu* [1] qui vient de le voir monter gaiement en
carrosse avec Broglio et deux autres; il ne l'a point voulu
quitter *qu'il ne l'ait vu pendu* [2]. »

Le lendemain le roi quitta Versailles pour aller se
mettre à la tête de l'armée, gardant, comme toujours,
sur ses desseins un impénétrable secret. Il avait sous lui
les maréchaux d'Humières, de Schomberg et de Créqui :
« Ce n'est pas l'année des grands capitaines, » écrit madame de Sévigné, toute à ses souvenirs [3]. Louvois dont
l'amour-propre étoit surexcité à l'égal de celui de son
maître, avait pris les devants pour tout disposer, et faci-
liter le siége des places que le roi voulait conquérir, car
c'était par des siéges que toutes les campagnes commençaient : de part et d'autre on hésitait fort à livrer bataille.

C'est dans la correspondance de madame de Sévigné et
de ses amis, écho et miroir fidèle de ce temps, que l'on
voit bien ce que c'était que la guerre alors, et quelle situation était faite aux parents et aux amis restés à Paris,
et vivant de nouvelles lentes à cheminer, qu'on se com-
muniquait, que l'on recherchait avidement, pour savoir
d'abord, et ensuite pour instruire les parents et les amis
répandus dans les provinces. La *publicité* du temps était

[1] Valet de chambre de madame de Sévigné.
[2] SÉVIGNÉ, *Lettres*, t. IV, p. 255. Ceci est une allusion à la scène IX
du troisième acte du *Médecin malgré lui*. Sganarelle, en passe d'être
pendu, dit à sa femme : *Retire-toi de là, tu me fends le cœur !*
Martine lui répond : *Non, je veux demeurer pour l'encourager à
la mort, et je ne le quitterai point que je ne l'aie vu pendu.*
[3] SÉVIGNÉ, *Lettres*, t, IV, p 206.

impuissante à satisfaire l'impatience légitime de chacun.
Il n'y avait pas, comme aujourd'hui, de feuille régu-
lière pour apprendre au public, jour par jour, les événements dignes d'intérêt. La *Gazette* ne paraissait que
toutes les semaines, et le *Mercure* tous les mois. De là
la multiplicité, l'importance des correspondances pri-
vées, l'industrie pour se procurer à qui mieux mieux
de plus amples renseignements, le soin de tout reproduire, faits, rumeurs, conjectures. C'est ce qui, pour
l'histoire de la société du dix-septième siècle, donne tant
de prix aux lettres de madame de Sévigné, et il faut
ajouter, surtout depuis sa dernière et complète publication, à la correspondance de Bussy-Rabutin.

La guerre de 1676 avait un double théâtre, la Flandre,
où nous désirions prendre quelques places nouvelles, et
l'Allemagne, où nous voulions conserver Philisbourg, enlevé l'année précédente aux Impériaux. Il fallut quelques
jours pour laisser aux événements le temps de se dessiner.
On ignorait complétement à Paris ce qui allait se produire : « On croit, mande à sa fille madame de Sévigné,
que le siége de Cambrai va se faire; c'est un si étrange
morceau, qu'on croit que nous y avons de l'intelligence.
Si nous perdons Philisbourg, il sera difficile que rien
puisse réparer cette brèche, *vederemo*. Cependant l'on
raisonne et l'on fait des almanachs que je finis par dire
l'étoile du roi sur tout [1]. » Le politique Corbinelli ajoute :
« On parle fort du siége de Condé, qui sera expédié bientôt,
afin d'envoyer les troupes en Allemagne, et de repousser
l'audace des Impériaux qui s'attachent à Philisbourg. Les
grandes affaires de l'Europe sont de ce côté-là. Il s'agit

----

[1] SÉVIGNÉ, *Lettres* (15 avril 1676), t. IV, p. 256.

de soutenir toute la gloire du traité de Munster pour nous
ou de la renverser pour l'Empire [1]. » C'était cela, en effet,
il n'était question de rien moins que de l'influence,
de la prépondérance de la France en Europe, œuvre
commune de Richelieu, de Mazarin et de Louis XIV.

Dix jours se passèrent sans courrier de l'armée.
Tout d'un coup, le 29 avril, la nouvelle de la prise de
Condé vint réjouir Paris. Madame de Sévigné, qui à
chaque lettre tient mieux sa plume, l'annonce elle-
même : « Il faut commencer par vous dire que Condé fut
pris d'assaut la nuit de samedi à dimanche (26 avril).
D'abord cette nouvelle fait battre le cœur ; on croit avoir
acheté cette victoire; point du tout, ma belle, elle ne nous
coûte que quelques soldats, et pas un homme qui ait un
nom. Voilà ce qui s'appelle un bonheur complet... Vous
voyez comme on se passe bien des vieux héros... Mon
Dieu que vous êtes plaisants, vous autres, de parler de
Cambrai! Nous aurons pris encore une ville avant que
vous sachiez la prise de Condé. Que dites-vous de notre
bonheur qui fait venir notre ami le Turc en Hongrie?
Voilà Corbinelli trop aise ; nous allons bien *pantou-
fler* [2]; » mot créé entre eux, pour désigner leurs grandes
causeries politiques, en petit comité, dans la ruelle de la
marquise encore à sa toilette du matin.

Vous voyez comme on se passe des vieux héros. Ce
n'est pas à dire que madame de Sévigné, donnant gain de
cause à ceux qui l'accusent de versatilité, soit déjà infidèle à ses vieilles admirations. Elle répond à la pensée
qui préoccupait tout le monde, et, dans son patrio-

[1] SÉVIGNÉ, *Lettres* (17 avril 1676), t. IV, p. 263.
[2] SÉVIGNÉ, *Lettres* (29 avril 1676), t. IV, p. 271-274.

tisme, se félicite de voir que la mort de Turenne et la retraite de Condé, n'ont point interrompu nos succès. Peut-être y a-t-il là, en plus, le souci des indiscrétions de la poste qui, dès lors, professait une curiosité officielle, passée en tradition : parfois, en effet, on rencontre chez madame de Sévigné quelque éloge du roi, brusquement amené, qui semble plutôt un acte de précaution qu'un hommage de courtisan [1].

Le 1er mai, madame de Sévigné fit connaître à sa fille que Sévigné l'instruisait qu'ils allaient assiéger Bouchain avec une partie de l'armée, « pendant que le roi, avec un plus grand nombre, se tiendroit prêt à recevoir et à battre le prince d'Orange [2]. » Elle ne connut que le 19 le résultat de cette nouvelle expédition. A cette date elle annonce qu'on lui mande « que Bouchain étoit pris aussi heureusement que Condé, et qu'encore que le prince d'Orange eût fait mine de vouloir en découdre, on est fort persuadé qu'il n'en fera rien [3]. »

Désireux à la fois de défendre son pays et de se faire, par la guerre, une réputation favorable à ses ambitieux desseins, Guillame d'Orange poussait en avant la coalition déjà hésitante et divisée. Le chevalier Temple, qui a eu le secret des confédérés, nous apprend que, dès 1674, ce jeune prince, de bonne heure si résolu et toujours si tenace, avait voulu « trouver en Flandre, un chemin ouvert pour entrer en France; « car là, dit-il, les frontières sont sans défense [4]. » Condé l'en empêcha à Senef,

[1] Voy. *Lettres de la Palatine* (duchesse d'Orléans), p. 121.

[2] SÉVIGNÉ, *Lettres*, t. IV, p. 277.

[3] SÉVIGNÉ, *Lettres*, t. IV, p. 303.

[4] *Mémoires du chevalier Temple*, Collection Michaud, t. XXXII, p. 82.

cette victoire plus considérable par le résultat que par le
succès. « Alors commencèrent, ajoute le même, les divi-
sions entre les principaux officiers de l'armée confédérée,
dont les suites ont été si fatales pendant tout le cours
de la guerre, et qui ont fait avorter tous leurs desseins [1]. »
Dans le cours de l'année suivante, Guillaume d'Orange
essaya en vain de remettre l'union parmi ces armées
composées d'Allemands, d'Espagnols, de Hollandais, et
où les ordres et les plans de l'Empereur, des princes de
Lorraine, du marquis de Brandebourg, du Palatin se
contrariaient et se croisaient sans cesse, pendant que le
souverain de la Grande-Bretagne, médiateur tiède et suspect aux deux partis, se faisait l'entremetteur d'une paix
qu'il ne paraissait pas au fond désirer davantage que le
chevalier Temple, son habile et partial ambassadeur. Au
milieu des hostilités, en effet (1675), Nimègue avait été
désignée pour y ouvrir, sous les auspices de l'Angleterre,
une conférence européenne. Mais les plénipotentiaires ne
s'y rendirent qu'au mois de mars de l'année suivante [2] ;
et cette campagne de Flandre, commandée par Louis XIV
en personne, et où chaque parti, faisant appel à toutes
ses ressources, cherchait par les armes une solution
prompte et définitive, venait de s'ouvrir presqu'en même
temps que les négociations auxquelles on demandait une
issue pacifique de la lutte, de cette lutte à outrance (honneur traditionnel et perpétuel péril de la France) d'une
seule puissance contre toutes.

Le prince d'Orange avait entamé la nouvelle campagne
« avec la résolution et l'espérance de l'inaugurer par une

[1] *Mémoires du chevalier Temple*, p. 84.
[2] *Mémoires du chevalier Temple*, p. 108.

bataille [1]. » Une bataille rangée, c'était le plus grand effort, la plus grande difficulté, et, en cas de succès, le plus
grand mérite et la plus grande gloire. Condé, Turenne
gagnaient des batailles, et l'on avait admiré leurs victoires
comme œuvre de génie, de combinaison, de grande stra-
tégie, d'audace et de prudence à la fois. Les généraux
de moindre mérite ne s'attaquaient qu'aux places : ils es-
sayaient un siége, où sans doute on pouvait et il fallait dé-
ployer de véritables et solides qualités militaires, mais qui
offrait moins d'imprévu, moins de chances désastreuses
qu'une lutte en rase campagne. Privés du secours des
deux vaillantes épées habituées jusque là à fixer la victoire, Louis XIV et Louvois avaient mis dans leur plan
de n'entreprendre que des siéges, et de ne risquer qu'à
l'extrémité une action générale qui pouvait être malheureuse et devait être décisive; lorsque, surtout, la conquête des places offrait en perspective des résultats aussi
sûrs, quoique plus lents.

C'est dans ces dispositions réciproques que Louis XIV
et le prince d'Orange, chacun à la tête de leur armée,
se rencontrèrent le 10 mai 1676, le roi de France pro-
tégeant le siége de Bouchain, que faisait MONSIEUR, son
frère, et le chef de la coalition désirant dégager cette
ville et, comme le dit madame de Sévigné, faisant mine
« de vouloir en découdre. »

C'est ici un curieux épisode de l'histoire militaire de
ce temps, et l'un des faits de la vie de Louis XIV qui lui
a été le plus reproché. Il manqua une belle occasion de
détruire, de battre au moins, dans les environs de Valenciennes, l'armée confédérée. C'est ce que s'accordent

---

[1] *Mémoires du chevalier Temple*, p. 106.

à dire tous les chroniqueurs indépendants, mais en re-
jetant la principale faute sur Louvois, et non sur le monarque, qu'ils montrent sincèrement désireux de combattre
son ennemi personnel, lequel, de son côté, malgré ses
desseins proclamés et de formelles promesses, ne prit pas
davantage l'initiative d'une attaque.

Voici la courte relation de Madame de Sévigné : « Mon
fils n'étoit point à Bouchain; il a été spectateur des
deux armées rangées si longtemps en bataille. Voilà la
seconde fois qu'il n'y manque rien que la petite circonstance de se battre : mais comme deux procédés valent un
combat, je crois que, deux fois à la portée du mousquet
valent une bataille. Quoi qu'il en soit, l'espérance de
revoir le pauvre baron gai et gaillard m'a bien épargné
de la tristesse. C'est un grand bonheur que le prince
d'Orange n'ait point été touché du plaisir et de l'honneur
d'être vaincu par un héros comme le nôtre [1]. »

Madame de Sévigné est sobre de détails; le résultat
seul lui importe : on ne s'est pas battu, son fils est sain
et sauf. Sa correspondance se complète par célle de
Bussy. La nouvelle édition qui en est donnée, sans omis-
sion ni lacune, est une source véritablement historique,
qui devra être consultée avec assurance et fruit, par tous
ceux qui écriront le détail des guerres de Louis XIV. Curieux de nouvelles, éloigné des événements militaires
auxquels, à son grand dépit de courtisan plutôt qu'à son
éplaisir de général, il ne pouvait prendre part malgré
es humbles et périodiques sollicitations, Bussy avait et
avait se créer aux armées de nombreux correspondants.
endant cette campagne caractéristique, il comptait

[1] SÉVIGNÉ, *lettre* du 28 mai 1676, t. IV, p. 319.

dans l'armée de Flandre son fils aîné, le jeune marquis
de Bussy, qu'il avait envoyé faire ses premières armes
comme aide de camp du lieutenant général marquis de
Renel; son gendre, le marquis de Coligny, qu'il venait
aussi de faire accepter en la même qualité par le maréchal de Schomberg; M. de Longueval, capitaine de cavalerie au régiment de Gournay, et M. de La Rivière, son
gendre futur, qui devait avoir avec lui un si scandaleux
procès, alors attaché au chevalier de Lorraine[1]. Le dernier faisait précisément partie de la portion de l'armée
campée à Urtebise, près de l'abbaye de Vicogne, à l'effet de barrer le passage au prince d'Orange, et c'est de
là qu'il adresse au comte de Bussy cette lettre écrite sans
souci de la publicité, et qui est d'un grand intérêt pour
l'histoire particulière de Louis XIV :

« Après que Condé se fut rendu, le roi s'approcha de
Bouchain avec son armée, pour ôter aux ennemis les
moyens de secourir cette place, que Monsieur avoit as-
siégée; mais ayant su par ses partis que l'armée ennemie,
qui étoit à trois lieues, étoit décampée sans qu'on eût
pu savoir la route qu'elle avoit prise, Sa Majesté se doutant bien que les ennemis lui avoient dérobé cette marche pour aller passer l'Escaut bien loin de lui, et venir
ensuite tomber sur quelque quartier de l'armée de Monsieur, fit sonner à cheval à minuit, et marcha une demi-
heure après. Comme il avoit pris le chemin le plus court,
il passa l'Escaut avant les ennemis, et il alla camper
à l'abbaye de Vicogne. Le lendemain, à la pointe du jour,
on vit paroître sur une hauteur qui règne depuis les
bois de cette abbaye jusqu'à Valenciennes, quelques

[1] Correspondance de Bussy-Rabutin, t. III, p. 205.

troupes de cavalerie qui, à mesure qu'elles descendoient à mi-côte, se formoient en escadron. Sur les huit heures du matin, le roi ne douta plus que ce ne fût la tête de l'armée ennemie. Dès que Sa Majesté eut vu leur première ligne en bataille, il crut qu'ils la lui vouloient donner, et il ne balança pas à vouloir faire la moitié du chemin. Cette résolution redoubla sa bonne mine et sa fierté. Il me parut, comme vous le dites, monsieur, dans un éloge que j'ai vu de lui chez vous, *aimable et terrible.* Il avoit l'air gracieux et les yeux menaçants.

« Après avoir mis lui-même son armée en bataille sur deux lignes, il envoya ses chevaux de main et sa cuirasse au premier escadron de ses gardes du corps, qu'il avoit mis à l'avant-garde, résolu de combattre à leur tête, et ensuite il proposa au maréchal de Schomberg son dessein d'aller aux ennemis, croyant leur défaite indubitable, mais que comme il n'avoit pas tant d'expérience que lui, il vouloit avoir son approbation. Le maréchal, à qui la chaleur du roi fit peur, dit sagement que, puisque Sa Majesté étoit venue là pour empêcher que les ennemis ne secourussent Bouchain, il prenoit la liberté de lui dire qu'il falloit attendre qu'ils se missent en devoir de le faire. Le lendemain 11, on ne vit plus les ennemis tant ils avoient remué de terre devant eux, et le 12, le roi ayant appris la reddition de Bouchain, il l'apprit aux ennemis par trois salves de l'infanterie et de l'artillerie, et quand Sa Majesté fit marcher l'armée pour joindre Monsieur, les ennemis ne sortirent point de leur poste [1] ».

D'après ce récit, il semble que Louis XIV eût la

[1] *Correspondance de Bussy-Rabutin,* t. III, p. 157.

meilleure envie de combattre, et c'est une allure de héros
faite pour justifier le langage employé par madame
de Sévigné, que lui donne ce témoin écrivant familièrement ce qu'il vient de voir. Un autre témoin ocu-
laire, le commandant en second du corps où servait
Sévigné, raconte les mêmes faits, et, comme M. de la
Rivière, fait honneur à Louis XIV de la volonté de livrer personnellement bataille au prince d'Orange, mais
en attribuant à Louvois, que d'ailleurs il n'aimait pas
et n'avait pas lieu d'aimer, le parti auquel on s'arrêta de
ne point attaquer à l'ennemi.

« Au commencement de cette même campagne, dit le
marquis de la Fare dans ses intéressants mémoires, le
roi perdit la plus belle occasion qu'il ait jamais eue de
gagner une bataille. Il s'étoit avancé jusqu'à Condé,
pendant que Monsieur faisoit le siége de Bouchain. Le
prince d'Orange crut qu'en passant promptement l'Escaut sous Valenciennes, il tomberoit sur Monsieur avant
que le roi pût le secourir; mais le roi, averti à temps de
son dessein et de sa marche, partit le soir de Condé et
se trouva le lendemain avoir passé l'Escaut avant que
toute l'armée des ennemis fût arrivée à Valenciennes.
La faute que nous fîmes fut de nous camper le long de
l'Escaut, pour la commodité de l'eau; car nous pouvions
y mettre notre droite, et notre gauche au bois de l'abbaye
de Vicogne; et ainsi nous trouver prêts, à la pointe du
jour, à marcher aux ennemis en bataille : au lieu qu'a-
vant que notre gauche fût à la hauteur de notre droite,
il se perdit beaucoup de temps, après quoi il fallut encore
marcher en colonne jusqu'à la cense d'Urtebise, qui
est à la portée du canon de Valenciennes, avant que de
se mettre en bataille.

« A mesure que nous nous y mettions, nous voyions arriver l'armée des ennemis sur la hauteur de Valen-ciennes, laissant cette ville à sa gauche. Nous étions tout formés longtemps avant qu'ils fussent tous arrivés, parce que leur pont sur l'Escaut s'étoit rompu ; outre cela, il leur manquoit du terrain dans leurs derrières pour la seconde ligne, n'y ayant que des creux et des ravines où ils ne pouvoient faire aucun mouvement, et notre gauche les débordoit. En cette situation tous ceux qui connaissoient le pays, ne doutoient point qu'ils ne fussent perdus, et que cette journée ne finît glorieusement la guerre. Le maréchal de Lorges dit au roi qu'il s'engageoit à les mettre en désordre avec la seule brigade des gardes du corps. Mais Louvois, aussi craintif qu'insolent, soit qu'il n'eût pas envie que la guerre finît sitôt, soit qu'il craignît effectivement pour la personne du roi ou pour la sienne, qui, dans le tumulte d'une bataille, n'auroit pas été en sûreté, tant il avoit d'ennemis, fit si bien, que lorsque le roi demanda au maréchal de Schomberg son avis, le ma-réchal répondit que, comme il étoit venu pour em-pêcher le prince d'Orange de secourir Bouchain, c'étoit un assez grand avantage de demeurer là, et de le pren-dre à sa vue, sans se commettre à l'incertitude d'un événement. Le roi depuis a témoigné du regret de n'a-voir pas mieux profité de l'occasion que sa bonne for-tune lui avoit présentée ce jour-là[1]. »

Sans doute Louis XIV eut le tort, à ce jour, de se défier de lui-même, et surtout de la brave armée qu'il avait sous ses ordres et dont la composition aurait dû

---

[1] *Mémoires de M. de La Fare*, Coll. Michaud, t. XXXII, p. 284.

rendre moins méticuleux Louvois, qui l'avait formée. Mais si le roi manqua de décision, il faut en dire autant et plus du prince d'Orange, arrivé jusque-là évidemment pour le forcer et le combattre [1].

Soit que Louis XIV ne fût venu prendre le commandement de l'armée de Flandre que dans l'intention de se mesurer avec le prince Guillaume, et qu'il dût croire, les ennemis ayant refusé la bataille, qu'il n'y en aurait pas d'autre pendant le reste de la campagne ; soit qu'il jugeât, maintenant que l'élan était donné, sa présence inutile pour conduire et mener à bien les autres siéges projetés ; soit enfin, ce qu'on lui a reproché, impatience de revoir madame de Montespan, il repartit brusquement pour Versailles, dans les premiers jours de juillet, laissant le commandement des troupes aux maréchaux de Schomberg et de Créqui. Ceux-ci, toutefois, furent mis en quelque sorte sous la direction de Louvois, dépositaire du plan de campagne auquel il avait grandement contribué, et de plus en plus désireux de prouver pour son maître et pour lui, qu'une grande réputation militaire n'était point nécessaire pour obtenir des succès.

On a aussi accusé Louis XIV de pusillanimité : on a été jusqu'à dire qu'il ne quitta ainsi brusquement son armée, que pour fuir des dangers personnels qu'il n'aimait pas à affronter, et l'on a remarqué, à ce sujet, que jamais, dans le cours de ses campagnes, il n'avait, ce qu'on appelle, payé de sa personne.

Ce n'est point là, il est vrai, un roi guerrier, général d'initiative, soldat au besoin tel qu'Henri IV, Gustave

---

[1] *Voy.* aussi, sur le même fait, les *Mémoires de Temple*, p. 102 et 119, et ceux de *l'abbé de Choisy*, t. XXX, p. 559.

Adolphe ou Charles XII. Au camp comme à Versailles, on reconnaît toujours en lui *le Roi*, qu'entoure sa cour, que gouverne l'étiquette. Il eût fallu une extrême péril, dans lequel les armées sous ses ordres ne se sont jamais trouvées, ou le besoin de décider une bataille douteuse par lui livrée, ce qui n'a jamais eu lieu, pour qu'on vît Louis XIV charger l'épée à la main, comme un simple officier. Dans toutes les guerres auxquelles il a pris part, on voit bien que *sa grandeur l'attache au rivage.* Mais il est difficile de lui refuser non pas seulement le courage vulgaire qu'on accorde à tout le monde, mais cette résolution guerrière, partage des âmes bien trempées, et dont il vient de donner une preuve, en allant de lui-même et avec une significative ardeur, offrir au prince d'Orange un combat que celui-ci ne crut pas devoir accepter. Dans une lettre de l'un des correspondants de Bussy-Rabutin, on trouve un fait qui prouve aussi que Louis XIV ne craignait pas de s'exposer à des périls même inutiles, afin de montrer à ses soldats qu'il n'avait pas peur. « Le roi, écrit M. de Longueval, s'est promené du côté de Valenciennes, et s'est fait tirer le canon de la ville, dont un coup a tué un garde de MONSIEUR à côté de son maître [1]. » On peut penser que dans cette reconnaissance, que devait rendre inquiétante le souvenir de TURENNE, MONSIEUR, par convenance et par dévouement, ne se tenait pas très-loin de son frère, et que ses propres gardes n'étaient pas loin de lui.

Le roi parti, la campagne, *si douce jusque-là* [2] se compliqua bientôt. Les deux armées ne cherchèrent

[1] *Correspondance de Bussy*, t. III, p. 149. (Lettre du 23 avril 1676.)
[2] SÉVIGNÉ, *Lettres*, t. IV, p. 351.

plus à se joindre ; chacun s'attacha à une entreprise
particulière : l'armée française vint mettre le siége devant Aire, pendant que les coalisés, par une manœuvre
hardie, allaient assiéger Maëstricht, pris par Louis XIV
lui-même en 1674, et où commandait l'énergique marquis de Calvo[1]. En même temps l'armée impériale, en
Allemagne, investissait Philisbourg, malgré les efforts
du maréchal de Luxembourg, chargé de protéger cette
tête de pont que la France s'était donnée sur les terres
de l'Empire.

Les inquiétudes de madame de Sévigné s'accrurent avec
les complications que cette double situation ne tarda pas
à amener. Elle avait beaucoup de parents et d'amis à
cette guerre, et la vie se passait à appréhender de sinistres nouvelles, et à se réjouir chaque jour d'en avoir été
pour ses appréhensions. Une mort cependant vint l'at-
trister, non l'affliger, car elle ne connaissait nullement
le marquis de Coligny, gendre de Bussy, qui, à peine
âgé de trente ans, mourut de maladie à Condé, le 6 du
mois de juillet. Le marquis de Bussy, qui se trouvait
avec lui, annonce cette perte à son père par cette courte
et sèche lettre : « On ne vous a pas mandé, Monsieur, la
maladie de M. de Coligny, de peur d'alarmer ma sœur,
et l'on ne croyoit pas qu'elle fût dangereuse. Cependant il vient de mourir par la gangrène, qui lui avoit
paru au pied, et qui a couru par tout le corps : cela
marque une étrange corruption de sang. Nous l'allons
faire enterrer dans le chœur de la grande église, avec
une tombe sur laquelle son nom sera inscrit[2]. » Le général de ce malheureux époux, qui mourait ainsi dès

---

[1] Conférez WALCKENAER, t. IV, p. 286.
[2] *Correspondance de Bussy-Rabutin*, t. III, p. 165.

la première année de son mariage, laissant une femme enceinte de quelques mois, et qu'il aimait plus à coup sûr qu'il n'en était aimé, en écrit à Bussy avec plus de détails, de convenance et de sensibilité[1]. Les regrets du beau-père furent médiocres, et la veuve ne fut pas plus difficile à consoler. Décidément, ce n'est pas par le cœur que brille cette branche de la famille des Rabutin.

La nouvelle du siége de Maëstricht et la vigueur avec laquelle cette place était poussée, produisirent à Paris une émotion qui « faisoit dire aux bourgeois qu'on alloit y envoyer M. le Prince[2]. » Il fut aussi question, un instant, du retour du roi à l'armée. Toutefois on se contenta d'activer le siége d'Aire, afin d'opérer une diversion, et d'y attirer une partie de l'armée ennemie. On veut prendre cette ville, dit madame de Sévigné, afin de *jouer aux échecs*, dans le cas où Maëstricht succomberait : « ce sera pièce pour pièce[3]. » Et elle ajoute avec une pointe de philosophie railleuse qu'elle retrouve dans son cœur de mère : « Il y avoit un fou, le temps passé, qui disoit, dans un cas pareil : changez vos villes de gré à gré, vous épargnerez vos hommes. Il y avoit bien de la sagesse à ce discours[4]. » On espérait néanmoins sauver Maëstricht; mais on s'attendait à perdre Philisbourg. « Pour l'Allemagne, continue madame de Sévigné, M. de Luxembourg n'aura guère d'autre chose à faire qu'à être spectateur avec trente mille hommes de la

[1] Lettre du maréchal de Schomberg au comte de BUSSY-RABUTIN dans la *Correspondance* de celui-ci, t. III, p. 166.
[2] SÉVIGNÉ, *Lettres*, t. IV, p. 377.
[3] SÉVIGNÉ, *Lettres*, t. IV, p. 367 et 385.
[4] SÉVIGNÉ, *Lettres*, t. IV, p. 367.

prise de Philisbourg[1]. « Cependant madame de Sévigné
n'est point de ces gens qui se soumettent d'avance à cet
échec qui menace nos armes : « Je suis persuadée, dit-elle
à quinze jours de là, que M. de Luxembourg battra les
ennemis et qu'ils ne prendront point Philisbourg[2]. » A
la fin de juillet, elle adresse à sa fille, en quelques lignes,
ce bulletin d'une situation qui tarde à se dénouer et
cause aux mères, aux femmes et aux sœurs de fréquentes
alternatives de crainte et d'espérance : « Celles qui ont
intérêt à tout ce qui se passe en Flandre et en Allemagne sont un peu troublées. On attend tous les jours
que M. de Luxembourg batte les ennemis, et vous savez
ce qui arrive quelquefois On a fait une sortie de Maëstricht, où les ennemis ont eu plus de quatre cents
hommes de tués. Le siége d'Aire va son train ; on a
envoyé le duc de Villeroi et beaucoup de cavalerie dans
l'armée du maréchal d'Humières (chargé du siége). Je
crois que mon fils en est.... C'est M. de Louvois qui a fait
avancer, de son autorité, l'armée de M. de Schomberg
fort près d'Aire, et a mandé à Sa Majesté qu'il croyoit
que le retardement d'un courrier auroit pu nuire aux
affaires. Méditez sur ce texte[3]. » C'était là, en effet, un
acte nouveau et hardi et qui indiquait bien tout ce que
Louvois pouvait oser, tout ce que son maître voulait lui
permettre.

Le succès toutefois pouvait seul justifier cette conduite. Le 31 juillet, la ville ouvrit ses portes, et madame de Sévigné rend, en ces termes, compte à sa fille de

---

[1] SÉVIGNÉ, *Lettres* (6 juillet 1676), t. IV, p. 366.
[2] SÉVIGNÉ, *Lettres*, t. IV, p. 389.
[3] SÉVIGNÉ, *Lettres*, t. IV, p. 403.

cet heureux résultat auquel avait contribué pour sa part de froide bravoure le guidon ennuyé, mais, à ses heures, intrépide, des gendarmes-Dauphin : « Cependant Aire est pris. Mon fils me mande mille biens du comte de Vaux[1], qui s'est trouvé le premier partout ; mais il dénigre fort les assiégés, qui ont laissé prendre, en une nuit, le chemin couvert, la contrescarpe, passer le fossé plein d'eau, et prendre les dehors du plus bel ouvrage à corne qu'on puisse voir, et qui enfin se sont rendus le dernier jour du mois, sans que personne ait combattu. Ils ont été tellement épouvantés de notre canon, que les nerfs du dos qui servent à se tourner, et ceux qui font remuer les jambes pour s'enfuir, n'ont pu être arrêtés par la volonté d'acquérir de la gloire ; et voilà ce qui fait que nous prenons des villes. C'est M. de Louvois qui en a tout l'honneur ; il a un plein pouvoir, et fait avancer et reculer les armées, comme il le trouve à propos. Pendant que tout cela se passoit, il y avoit une illumination à Versailles, qui annonçoit la victoire ; ce fut samedi, quoiqu'on eût dit le contraire. On peut faire les fêtes et les opéras ; sûrement le bonheur du roi, joint à la capacité de ceux qui ont l'honneur de le servir, remplira toujours ce qu'ils auront promis. J'ai l'esprit fort en liberté présentement du côté de la guerre[2]. »

Les appréhensions de madame de Sévigné, au sujet de son fils, avaient été bien justifiées par la conduite de celui-ci, plus soigneux toutefois, on vient de le voir, de faire valoir auprès de sa mère les actions de ses camarades que ses propres faits, que celle-ci dût apprendre par d'au-

[1] Fils aîné du surintendant Fouquet.
[2] SÉVIGNÉ, *lettre* du 5 août 1676, t. IV, p. 409.

tres voies. Désolé de languir dans les grades subalternes, le baron de Sévigné, qui s'était déjà distingué à Senef, avait voulu, en recherchant quelque action d'éclat, forcer la faveur du roi et du ministre, qui semblait obstinément le fuir. « Le baron se porte très-bien, écrit sa mère le 5 août ; le chevalier de Nogent, qui est venu apporter la nouvelle de la prise d'Aire, dit qu'il a été partout, et qu'il étoit toujours à la tranchée, partout où il faisoit chaud, et où, du moins, il devoit faire de belles illuminations, si nos ennemis avoient du sang aux ongles ; il l'a nommé au roi comme un de ceux qui font paroître beaucoup de bonne volonté[1]. » Le 7, elle dit encore : « Le chevalier de Nogent a nommé le baron au roi, au nombre de trois ou quatre qui ont fait au delà de leur devoir, et en a parlé encore à mille gens[2]. » Enfin, le 19, elle ajoute : « Le chevalier (de Grignan) me mande que le baron a fait le fou à Aire ; il s'est établi dans la tranchée et sur la contrescarpe, comme s'il eût été chez lui. Il s'étoit mis dans la tête d'avoir le régiment de Rambures (*gens de pied*), qui fut donné, à l'instant, au marquis de Feuquières, et dans cette pensée, il répétoit comme il faut faire dans l'infanterie[3]. » Vain espoir ! Sévigné en fut encore pour sa bonne volonté, à laquelle le maréchal de Schomberg, qui le traitait en ami, se plut à rendre justice, et, pas plus que le chevalier de Grignan qui, au reste, dans cette campagne, eut peu d'occasions de se produire, il n'obtint un avancement impatiemment attendu et, il faut le dire, pleinement mérité. Louvois ne les aimait ni l'un ni

[1] SÉVIGNÉ, *Lettres*, t. IV, p. 414.

[2] SÉVIGNÉ, *Lettres*, t. IV, p. 415.

[3] SÉVIGNÉ, *Lettres*, t. IV, p. 427.

l'autre. Il ne fit point valoir la conduite du baron de Sévigné, lors de son retour à Versailles, où il s'empressa
de venir triompher de la prise d'Aire, qui, en effet, en
grande partie, lui était due. « M. de Louvois est revenu,
dit madame de Sévigné le 7 août ; il n'est embarrassé que
des louanges, des lauriers, et des approbations qu'on lui
donne[1]. »

On lit, au milieu de cette correspondance *militaire* de
madame de Sévigné, deux anecdotes curieuses qui doivent trouver place ici. « Écoutez-moi, ma belle, mande-
t-elle à sa fille le 31 juillet, lorsque le gouverneur de
Maestricht fit cette belle sortie, le prince d'Orange courut
au secours avec une valeur incroyable; il repoussa nos
gens l'épée à la main jusque dans les portes ; il fut blessé
au bras, et dit à ceux qui avoient mal fait : « Voilà,
« messieurs, comme il falloit faire; c'est vous qui
« êtes cause de la blessure dont vous faites semblant
« d'être si touchés. » Le rhingrave le suivoit et fut blessé
à l'épaule. Il y a des lieux où l'on craint tant de louer
cette action, qu'on aime mieux se taire de l'avantage que
nous avons eu[2]. » Madame de Sévigné, cependant, ne
craint pas d'en parler dans ses lettres ; ce qui, avec la curiosité trop habituelle de la poste, était presque en parler
à haute voix.

L'autre anecdote met en scène M. de Montausier, et
dépeint mieux qu'aucun portrait, cet Alceste d'une cour
où tout tremble, flatte et loue plus que ne le veut l'idole.
« Voici une petite histoire que vous pourrez croire comme
si vous l'aviez entendue. Le roi disoit un de ces matins :

[1] SÉVIGNÉ, *Lettres*, t. IV, p. 415.
[2] SÉVIGNÉ, *Lettres*, t. IV, p. 407.

« En vérité, je crois que nous ne pourrons pas secourir
« Philisbourg ; mais enfin, je n'en serai pas moins roi de
« France. » M. de Montausier,

> Qui pour le pape ne diroit
> Une chose qu'il ne croiroit,

lui dit : « il est vrai, Sire, que vous seriez encore fort bien
« roi de France, quand on vous auroit pris Metz, Toul et
« Verdun, et la Comté, et plusieurs autres provinces dont
« vos prédécesseurs se sont bien passés. » Chacun se mit
à serrer les lèvres, et le roi dit de très-bonne grâce : « Je
« vous entends bien, M. de Montausier ; c'est-à-dire,
« que vous croyez que mes affaires vont mal : mais je
« trouve très-bon ce que vous dites, car je sais quel
« cœur vous avez pour moi. » Cela est très-vrai, et je
trouve que tous les deux firent parfaitement bien leur
personnage [1]. » Madame de Sévigné a justement caracté-
risé cette scène : elle est autant à la louange du prince capable d'entendre la vérité, qu'à celle du serviteur qui
osait la dire.

Tout le mois d'août se passa en efforts, de la part des
coalisés, pour prendre Maestricht et Philisbourg, et, de
la part des Français, pour faire lever le siége de ces deux
villes. La suite de cette importante campagne se trouve
toute écrite dans la correspondance de madame de Sévigné. D'abord, c'est Philisbourg, où commandait le brave
du Fay, qui alarme le plus. On craint que la place ne ca-
pitule, ou que M. de Luxembourg, qui cherche, avec trop
de circonspection toutefois, à la dégager ne soit battu.
« On attend, dit-elle, des nouvelles d'Allemagne avec *tré-*

meur; il doit y avoir eu un grand combat[1]. » Et cinq jours après : « On me mande de Paris (elle est à Livry) que l'on n'a point encore de nouvelles d'Allemagne. L'inquiétude que l'on a sur ce combat, que l'on croit inévitable, ressemble à une violente colique, dont l'accès dure depuis plus de douze jours. M. de Luxembourg accable de courriers. Hélas! ce pauvre M. de Turenne n'en envoyoit jamais; il gagnoit une bataille, et on l'apprenoit par la poste[2]. » Mais il n'y eut pas de bataille. Les grands généraux n'étaient plus là, et leurs élèves hésitaient autant à engager une action que Louis XIV et Louvois à la prescrire. « Vous savez déjà, mande madame de Sévigné à sa fille, comme cette montagne d'Allemagne est accouchée d'une souris, sans mal ni douleur[3]. » De leur côté les généraux de l'empereur étaient aussi prudents que les nôtres, et s'inquiétaient moins de battre que de n'être point battus. Sortie de cette appréhension, et se résignant à subir les chances, lentes et douteuses, d'un siége régulier, la cour se mit à afficher l'assurance et presque l'indifférence, et ne furent plus bons courtisans ceux qui montraient trop d'intérêt ou de curiosité : « Savez-vous, reprend madame de Sévigné, que tout d'un coup on a cessé de parler d'Allemagne à Versailles? On répondit, un beau matin, aux gens qui en demandoient bonnement des nouvelles pour soulager leur inquiétude : « Et pourquoi des nouvelles d'Al-« lemagne? Il n'y a point de courrier, il n'en viendra « point, on n'en attend point; à quel propos demander

---

[1] SÉVIGNÉ, *lettre* du 7 août, t. IV, p. 418.
[2] SÉVIGNÉ, *Lettres*, p. 421.
[3] SÉVIGNÉ, *lettre* du 19 août, t. IV, p. 427.

« des nouvelles d'Allemagne ? » Et voilà qui fut fini [1]. »

Rassurée ou feignant de l'être sur le sort de Philisbourg, la cour se mit à craindre pour Maestricht, à bout de ressources et de résistance. Après avoir longtemps hésité, poussé par l'imminence du péril, on expédia enfin au maréchal de Schomberg, l'ordre d'aller attaquer les assiégeants, coûte que coûte. Madame de Sévigné annonce le 26 août cette détermination à sa fille, dans un style plus maternel que patriotique, car son fils faisait partie de l'expédition : « Les inquiétudes d'Allemagne sont passées en Flandre. L'armée de M. de Schomberg marche ; elle sera le 29 en état de secourir Maestricht. Mais ce qui nous afflige comme bonnes Françaises, et qui nous console comme intéressées, c'est qu'on est persuadé que, quelque diligence qu'ils fassent, ils arriveront trop tard. Calvo n'a pas de quoi relever la garde ; les ennemis feront un dernier effort, et d'autant plus qu'on tient pour assuré que Villa-Hermosa (le général espagnol) est entré dans les lignes, et doit se joindre au prince d'Orange pour un assaut général... Ces *maraudailles* de Paris disent que *Marphorio* demande à *Pasquin* pourquoi on prend, en une même année, Philisbourg et Maestricht, et que Pasquin répond que c'est parce que M. de Turenne est à Saint-Denis et M. le Prince à Chantilly [2]. »

Madame de Sévigné nous fait bien l'effet de penser un peu comme ces marauds de Paris. *Marforio* et *Pasquin* étaient, on le sait, les noms populaires donnés à deux statues antiques mutilées qu'on voyait à Rome, et sur le piédestal desquelles les satiriques plaisants affi-

[1] SÉVIGNÉ, *lettre* du 19 août, t. IV, p. 433.
[2] SÉVIGNÉ, *Lettres*, t. IV, p. 439.

chaient, par demande et par réponse, leurs réflexions sur les faits et les nouvelles du jour.

Madame de Sévigné admirait fort le sublime du patriotisme chez son *vieil ami* Corneille ; pourtant, nous le redisons, il n'y a rien de moins romain que son âme : elle est femme et mère dans toute la force et la tendresse du mot. « Le baron m'écrit, ajoute-t-elle, et croit qu'avec toute leur diligence, ils n'arriveront pas assez tôt : Dieu le veuille ! J'en demande pardon à ma patrie[1] ! » « J'en demande pardon à ma chère patrie, redit-elle le lendemain, mais je voudrois bien que M. de Schomberg ne trouvât point d'occasion de se battre : sa froideur et sa manière tout opposée à M. de Luxembourg, me font craindre aussi un procédé tout différent[2]. »

Froid et prudent, en effet, mais au besoin vigoureux et déterminé, le maréchal de Schomberg marchait vers Maestricht bien résolu à mettre à profit la permission qu'on lui avait donnée de livrer bataille. Il avait sur le cœur les reproches que dès lors on lui adressait d'avoir, pour complaire à Louvois, empêché, à Urtebise, le roi d'attaquer le prince d'Orange. Mais il vit fuir cette occasion de gloire qu'il recherchait, et son expédition eut plus de succès que d'éclat. En annonçant ce résultat si conforme à la fois à ses vœux de Française et de mère, madame de Sévigné célèbre, en s'inclinant, comme tous ceux qui avaient craint ou douté, la fortune du roi, qui, à partir de cet instant, va devenir le texte de toutes les harangues, le sujet de tous les poëmes. « Ce que nous avons admiré tous ensemble (écrit-elle de Livry où se trouvent

[1] SÉVIGNÉ, *Lettres*, p. 444.
[2] SÉVIGNÉ, *lettre* du 28 août, t. IV, p. 445.

avec elle d'Hacqueville, madame de Vins, madame de
Coulanges, et Brancas, *le distrait*), c'est l'extrême bonheur du roi, qui, nonobstant les mesures trop étroites
et trop justes qu'on avoit fait prendre à M. de Schomberg
pour marcher au secours de Maestricht, apprend que ses
troupes ont fait lever le siége à leur approche, et en se
présentant seulement. Les ennemis n'ont point voulu attendre le combat : le prince d'Orange, qui avoit regret à
ses peines, vouloit tout hasarder, mais Villa-Hermosa
n'a pas cru devoir exposer ses troupes ; de sorte que, non-
seulement ils ont promptement levé le siége, mais encore
abandonné leur poudre, leurs canons ; enfin tout ce qui
marque une fuite. Il n'y a rien de si bon que d'avoir affaire
avec des confédérés pour avoir toutes sortes d'avantages :
mais ce qui est encore meilleur, c'est de souhaiter ce que
le roi souhaite ; on est assuré d'avoir toujours contentement. J'étois dans la plus grande inquiétude du monde ;
j'avois envoyé chez madame de Schomberg, chez madame
de Saint-Géran, chez d'Hacqueville, et l'on me rapporta
toutes ces nouvelles. Le roi en étoit bien en peine, aussi
bien que nous. M. de Louvois courut pour lui apprendre
ce bon succès ; l'abbé de Calvo étoit avec lui : Sa Majesté
l'embrassa tout transporté de joie, et lui donna une abbaye de douze mille livres de rente, vingt mille livres
de pension à son frère, et le gouvernement d'Aire, avec
mille et mille louanges qui valent mieux que tout le reste.
C'est ainsi que le grand siége de Maestricht est fini, et
que Pasquin n'est qu'un sot... On loue, à bride abat-
tue, M. de Schomberg : on lui fait crédit d'une victoire,
en cas qu'il eût combattu, et cela produit tout le même
effet. La bonne opinion qu'on a de ce général est fondée
sur tant de bonnes batailles gagnées, qu'on peut fort bien

croire qu'il auroit encore gagné celle-ci ; M. le Prince ne
met personne dans son estime à côté de lui[1]. » Par les
transports de Louis XIV, on peut juger de la sincérité
de cette philosophie, de cette résignation, si vivement
relevée par le gouverneur de son fils.

A quinze jours de là, son patriotisme fut mis à une rude
épreuve par la prise de Philisbourg, qui se rendit au
jeune duc de Lorraine, après soixante-dix jours de tranchée ouverte. « Philisbourg est enfin pris (écrit madame
de Sévigné, un peu décontenancée et faisant à son tour
acte de flatterie et de prudence épistolaire); j'en suis
étonnée ; je ne croyois pas que nos ennemis sussent prendre
une ville ; j'ai d'abord demandé qui avoit pris celle-ci, et
si ce n'étoit pas nous ; mais non, c'est eux[2]. » La Fare, après
avoir accordé à du Fay cette louange, « qu'il défendit la
place autant qu'elle pouvoit se défendre, » ajoute « qu'il
ne se rendit, à la fin, que par un ordre du roi[3]. » Dans les
lettres qui suivent, madame de Sévigné prend à tâche de
ne plus parler de cette perte. Bussy, en homme du métier,
estime la défense du gouverneur de Philisbourg à l'égal
d'une victoire : « Enfin, mande-t-il au président Brulart à
Dijon, voilà Philisbourg rendu ; ce n'est pas la faute de
du Fay. La plus grande part du monde, qui ne juge des
choses que par les événements, estimera bien plus les gouverneurs de Grave et de Maëstricht que celui de Philisbourg ; mais ceux qui entrent dans le détail des affaires,
et qui ne s'amusent pas aux apparences, loueront autant

---

[1] SÉVIGNÉ, *lettre* du 2 septembre 1676, t. IV, p. 448 — 453.
[2] SÉVIGNÉ, *lettre* du 21 septembre 1676, t. IV, p. 478.
[3] *Mémoires du marquis de La Fare*, coll. Michaud, t. XXXII,
p. 284.

le dernier, et le croiront aussi digne de récompense que les autres. » Mais ce déterminé courtisan, qui ne sait que flatter ou mordre à outrance, se garde bien de s'arrêter en si beau chemin : « Pour ce qui regarde le roi, je trouve qu'en perdant Philisbourg, il ne perd pas tant que les ennemis, car toutes les forces de l'Allemagne se sont presque ruinées en prenant cette place, et au moins y ont-elles employé toute une campagne [1].»

L'orage de l'opinion éclata sur le maréchal de Luxembourg, qui n'avait pas su ou n'avait pas pu empêcher cet échec. « On dit (répète malicieusement madame de Sévigné) que M. de Luxembourg a mieux fait l'oraison funèbre de M. de Turenne que M. de Tulle, et que le cardinal de Bouillon lui fera donner une abbaye : tout cela sans préjudice des chansons [2]. » Luxembourg sut bien, dans la suite, réparer cette fatalité ou cette faute, et ses victoires lui obtinrent la faveur publique, qui lui avait manqué à ses débuts.

Le reste de la campagne se passa en opérations purement stratégiques : il n'y eut plus ni siége ni combat, et enfin les armées reprirent leurs cantonnements.

---

[1] *Correspondance du comte de Bussy* (lettre du 19 septembre 1676), t. III, p. 185.

[2] SÉVIGNÉ, *lettre* du 23 octobre 1676, t. V, p. 46.

CHAPITRE III.

1676.

Madame de Sévigné se rend aux eaux de Vichy. — Elle passe par
Moulins, et va faire une station au couvent de la Visitation, *dans
la chambre où sa grand'mère est morte.* — Retour sur
sainte Chantal ; sa biographie fait partie de ces mémoires. — Son
intime liaison avec saint François de Sales. — Le frère de l'évêque
de Genève épouse l'une de ses filles, et il se trouve ainsi l'oncle
de madame de Sévigné. — Soins donnés par madame de Chantal
à la jeune Marie de Rabutin. — Mort de la sainte dans les bras
de la duchesse de Montmorency.

Après un mois de séjour à Paris, madame de Sévigné
se disposa à se rendre aux Eaux de Vichy, à qui elle allait
demander son entière guérison. Son médecin le plus volontiers consulté, *le vieux de Lorme*, avait voulu l'en-
oyer à l'établissement rival de Bourbon, que, depuis
uelques années, il cherchait à mettre en crédit, par un
ntiment, dit-on, fort peu désintéressé, car on l'accusait
e recevoir un présent pour chaque malade qu'il y atti-
ait[1]. « Le vieux de Lorme, dit-elle à sa fille, veut
ourbon, mais c'est par cabale... L'expérience de mille
ens, et le bon air, et point tant de monde, tout cela
'envoie à Vichy[2]. »

Madame de Sévigné quitta Paris le lundi 11 mai. Elle
mmenait l'une de ses meilleures amies, « la bonne d'Es-
ars, » très-agréablement et fort à l'aise, « dans son grand

[1] *Historiettes de Tallemant des Reaux ;* éd. in-12, t. V, p. 232.
[2] SÉVIGNÉ, *Lettres* (24 avril et 6 mai 1676), t. IV, p. 269 et 287.

carrosse, » avec cette indulgente compagne, toujours
soigneuse de lui donner la réplique pour parler sans réserve de madame de Grignan. Dans les moments de répit,
elles admirent « les belles vues dont elles sont surprises à
tout moment. » *Sa rivière de Loire,* qu'elle a maintes
fois suivie en allant en Bretagne et qu'elle retrouve à
Nevers, paraît à madame de Sévigné quasi aussi belle qu'à
Orléans. « C'est un plaisir, ajoute-t-elle avec ce style qui
anime tout, de trouver en chemin d'anciennes amies[1]. »

Madame de Montespan, qui suivait la même route pour
se rendre à Bourbon, voyageait bien d'une autre sorte.
Son train de reine indiquait avec ostentation qu'elle avait
entièrement repris sa place. « Nous suivons les pas de
madame de Montespan (écrit, le 15 mai, de Nevers, madame de Sévigné) ; nous nous faisons conter partout ce
qu'elle dit, ce qu'elle fait, ce qu'elle mange, ce qu'elle
dort. Elle est dans une calèche à six chevaux, avec la
petite de Thianges (sa nièce) ; elle a un carrosse derrière,
attelé de même, avec six femmes ; elle a deux fourgons,
six mulets et dix ou douze hommes à cheval, sans ses
officiers ; son train est de quarante-cinq personnes. Elle
trouve sa chambre et son lit tout prêts ; elle se couche en
arrivant, et mange très-bien. Elle fut ici au château, où
M. de Nevers étoit venu donner ses ordres, et ne demeura
point pour la recevoir. On vient lui demander des chari-
tés pour les églises et pour les pauvres ; elle donne partout beaucoup d'argent et de fort bonne grâce. Elle ‹
tous les jours du monde un courrier de l'armée ; elle es
présentement à Bourbon. La princesse de Tarente, qu
doit y être dans deux jours, me mandera le reste, et j

---

[1] SÉVIGNÉ, *Lettres,* t. IV, p 295.

vous l'écrirai [1]. » Pour la femme d'un gouverneur de province, une beauté de Paris transplantée à l'autre bout de la France, tous ces détails de la favorite, ce bulletin des amours royales, étaient un chapitre important que madame de Grignan recommandait fort à sa mère : dans sa cour d'Aix, ou dans son château de Grignan, il fallait qu'elle fût à même de dire ou de taire ce qui devait être dit ou gardé pour soi.

Deux jours après, madame de Sévigné arriva à Moulins, où elle se proposait de prendre quelque repos. Il ne paraît pas qu'elle fût déjà venue dans cette ville. Moulins avait cependant un titre tout particulier à ses yeux. C'était là, dans le couvent de la Visitation fondé par ses soins que la bienheureuse de Chantal, sa grand'mère, avait terminé sa sainte vie. Les divers monastères des Filles de Sainte-Marie de la Visitation étaient les stations favorites de madame de Sévigné dans le cours de ses voyages. Elle ne pouvait donc oublier la maison consacrée, trente-cinq ans auparavant, par la mort de son aïeule. Elle y fut reçue comme elle l'était toujours par des religieuses qui, en souvenir de la sainteté de leur fondatrice, se plaisaient à l'appeler *une relique vivante* [2]. Elle voulut aller se renfermer dans la cellule où la sainte avait rendu le dernier soupir, et sa lettre à sa fille est ainsi datée : *De la Visitation, dans la chambre où ma grand'mère est morte; dimanche, après vêpres, 17 mai 1676* [3]. Là, recueillie dans sa foi de chrétienne et son culte de famille, elle put faire un retour sur ce passé récent encore, qu'elle avait

[1] SÉVIGNÉ, *Lettres*, t. IV, p. 296.
[2] SÉVIGNÉ (*lettre* du 24 juin 1676), t. IV, p. 319.
[3] SÉVIGNÉ, *Lettres*, t. IV, p 298.

connu ; elle dut évoquer ce prodige de charité, d'abnégation et d'humilité, qu'il lui avait été donné à elle-même
d'admirer, car elle était déjà dans sa seizième année, lorsque sainte Chantal, à son dernier voyage, qui précéda
sa mort seulement de quelques mois, vint revoir à Paris
ce qui restait de sa famille.

L'œuvre de M. le baron Walckenaer ne contient pas,
sur la baronne de Chantal, un chapitre qui nous parait
indispensable dans de tels mémoires et à cause du souvenir pieux conservé par madame de Sévigné de son
aïeule, et à cause du relief fort grand de tout temps,
mais plus fortement prisé encore à cette époque, que
donnait à une famille l'honneur d'avoir un de ses membres aussi proche sanctifié par les plus populaires
vertus. Qu'on nous permette donc une courte biographie
de madame de Chantal ; elle ne saurait, il nous semble,
être mieux placée qu'en cet endroit : le lecteur croira assister à cette évocation des souvenirs de famille qui
vinrent assaillir madame de Sévigné ainsi renfermée dans
la cellule illustrée par la mort de son aïeule.

M. Walckenaer [1] a fait connaître la naissance à Dijon
de Jeanne-Françoise Frémiot, de l'un des présidents les
plus vertueux du parlement de cette ville, son mariage
avec le baron de Chantal, aîné de la maison de Rabutin,
et la mort de celui-ci par suite d'une blessure reçue à la
chasse de la main de l'un de ses amis, mort qui laissa sa
femme veuve à l'âge de vingt-huit ans. Madame de
Chantal aimait tendrement son époux ; cette fin tragique
la remplit de la plus amère douleur. Elle se promit de ne

[1] *Mémoires touchant la vie et les écrits de madame de Sévigné, etc.*, t. 1er, chap. 1er, p. 3.

jamais se remarier, et conçut dès lors le vague projet de
renoncer tout à fait au monde. Les idées religieuses qui
avaient élevé sa jeunesse s'emparèrent d'elle tout entière.
Elle pardonna au meurtrier de son mari, et servit même
de marraine à l'un de ses enfants. Elle distribua tous ses
riches habits aux pauvres, et fit le vœu de ne plus porter
que de la laine : elle congédia le plus grand nombre de ses
domestiques, « et se composa un petit train honnête et
modeste pour elle et quatre enfants qu'elle avoit, un fils
et trois filles [1]. »

---

[1] *Vie de sainte Chantal,* par la marquise de COLIGNY, en tête des
Lettres de madame de CHANTAL. Paris, 1823. Ed. de Blaise.

Cette vie abrégée résume heureusement les principaux faits de la
biographie de la baronne de Chantal. Elle est l'œuvre de la fille de
Bussy-Rabutin, petite fille, par sa mère, de la sainte. Elle a surtout été
composée avec le secours des *Mémoires* contemporains de la mère
de Chaugy, du même ordre, *sur la vie de madame de Chantal.*
Madame de Chaugy était fille de la sœur du comte de Toulongeon, qui épousa mademoiselle de Chantal, l'une des tantes de
madame de Sévigné (*Lettres de madame de Chantal;* Paris,
1860, t. 1er, p. 522; note). Ces remarquables et très-curieux *Mémoires* ont été publiés en 1842 par M. l'abbé Boulangé. Ils furent
connus et consultés par les deux principaux biographes de la mère
de Chantal, le père Fichet, jésuite, qui fit paraître sur la fondatrice
de l'ordre de la Visitation une Histoire in-4°, deux ans seulement
après sa mort, et M. Henri de Maupas du Tour, évêque du Puy,
plus tard d'Évreux, auteur également d'une vie très-détaillée. Il n'y
a aucune estime à faire de la *Vie de madame de Chantal* par Mar-
sollier, que le dernier et heureux historien de saint François de Sales,
M. Hamon, appelle avec raison « le plus infidèle des biographes. »
Une abondante source d'informations, pour l'histoire de l'aïeule
de madame de Sévigné, et que nous n'avons point négligée, se
trouve dans la collection de ses lettres, publiée depuis peu d'une
manière très-complète par M. de Barthélemy, à laquelle il faut
joindre aussi la précieuse correspondance de l'évêque de Genève.

La jeune veuve se retira avec ses enfants chez le baron de Chantal, son beau-père, au château de Montholon, dans le voisinage d'Autun, que celui-ci avait acquis de la famille du garde des sceaux de ce nom [1]. Le baron de Chantal, âgé de soixante-quinze ans, semblait avoir retenu toute la brusquerie, l'emportement du sang des Rabutin; de graves infirmités aigrissaient encore son caractère, et la domination absolue d'une servante maîtresse, qui avait des vues sur la fortune de son maître, faisait de cet intérieur un enfer où la jeune veuve, pendant près de huit années, put exercer cette patience angélique dont Dieu l'avait douée. Les historiens de sa vie sont pleins des détails de ses souffrances, humiliations quotidiennes qui semblaient faites pour lui indiquer la voie de renoncement et d'abnégation où elle devait entrer. Cette servante arrogante avait introduit ses cinq enfants au château de Montholon, et ils y marchaient de pair avec ceux de la baronne de Chantal, laquelle n'avait la disposition de rien, au point que les autres domestiques n'eussent osé lui donner un verre d'eau sans y être autorisés [2]. Avec sa douceur, les biographes de madame de Chantal célèbrent sa piété, une piété sévère, mais pour elle seule; sa charité infinie, la rectitude et la maturité de son

---

[1] *Détails historiques* sur les ancêtres, le lieu de naissance, les possessions et les descendants de madame de Sévigné par M. Girault, en tête des *Lettres inédites de madame de Sévigné*; Paris, 1814, chez Klostermann. *Introduction*, p. xxv.

[2] *Vie de la vénérable mère Jeanne-Françoise Frémiot de Chantal*, première mère et religieuse de la Visitation de Sainte-Marie, par Henri de Maupas du Tour, évêque et comte du Puy; 2e édition, Paris, 1658, p. 72. — V. Aussi l'*Histoire des ordres monastiques, religieux et militaires*, par le père Hélyot, t. IV, p. 318.

esprit, qui la faisaient rechercher pour arbitre et pour conseil dans tout le voisinage, quand sa légitime influence
lui était refusée avec injure sous le toit de son beau-père.
La jeune veuve se renferma dans le soin de l'éducation de
ses enfants, dans la prière, le travail des mains destiné
au soulagement des pauvres, et la visite assidue des malades, où elle prenait un plaisir, indice et prélude de sa
vocation. A cet effet elle installa au château de Montholon une pharmacie complète, et elle allait panser elle-
même au loin tous ceux qui avaient besoin de secours [1].

En 1604, les membres du parlement de Dijon suppliè-
rent le saint évêque de Genève, François de Sales, dont
la réputation commençait à rayonner en France, de venir
leur prêcher le carême [2]. L'évêque étant arrivé, le président Frémiot s'empressa d'en prévenir sa fille, qui obtint,
non sans peine, de son beau-père, de se rendre à Dijon,
où elle trouva son frère, André Frémiot, devenu fort
jeune archevêque de Bourges, et avide aussi d'entendre
la parole du grand prélat [3].

Voici en quels termes les biographes de madame
de Chantal racontent cette première entrevue : « Elle
fut au sermon, dès le lendemain, où elle vit pour la
première fois le saint prélat. Elle reconnut sur-le-champ
que c'étoit là cet homme chéri du ciel que Dieu lui
avoit montré quelque temps auparavant dans une vision, et qui devoit être son guide dans la vie spiri-

[1] *Vie de la sainte mère de Chantal*, par le P. Alexandre Fichet,
jésuite; Paris, 1643, p. 161.
[2] *Vie de saint François de Sales*, *d'après les manuscrits et
les auteurs contemporains*, par M. Hamon, curé de Saint-Sulpice;
Paris, 1858, 3ᵉ édition, t. 1ᵉʳ, p. 480.
[3] *Vie de la mère de Chantal*, par Alexandre Fichet, p. 132.

tuelle. Le serviteur de Dieu, de son côté, la remarqua, et se souvint d'une vision qu'il avoit eue lui-même au château de Sales, et qui la lui fit reconnoître. Madame de Chantal eut avec lui quelques entretiens, dont elle profita merveilleusement pour son avancement dans la perfection [1]. »

Le doux attrait qui faisait la puissance de saint François de Sales s'exerça sur cette âme si bien préparée, avec toute sa force et tout son charme. « Elle sortit d'avec lui si consolée dans toutes ses peines, qu'il lui sembloit, disoit-elle, que ce n'étoit pas un homme, mais un ange qui lui avoit parlé [2]. » Et lui, ravi de tant d'ardeur, de foi, d'amour de Dieu, de charité et de soumission, « ne pouvoit assez admirer les opérations de la grâce dans l'âme de la sainte veuve, et sa fidélité à y répondre [3]. »

Madame de Chantal voulut lui faire une confession de toute sa vie, et forma en elle-même le vœu de lui obéir en tout ce qu'il lui ordonnerait. Saint François de Sales ne jugea pas à propos de s'expliquer sur l'ardent désir qu'elle lui témoignait de se consacrer à la vie religieuse, et il partit, lui ayant remis seulement, à titre d'essai, une règle de conduite qu'elle lui avait demandée, conforme à son besoin des pratiques chrétiennes et à sa passion de l'humilité et du dévouement. Cette existence, digne d'une carmélite, excita, pendant

[1] *Abrégé de la vie de la B. de Chantal;* Paris, 1752, chez Claude Herissant, p. 10. — Cet excellent abrégé, en grande partie emprunté à la *Vie* de madame de Coligny, est l'œuvre d'une religieuse de la Visitation. Il mérite d'être cité.

[2] *Vie de la vénérable mère Jeanne-Françoise Frémiot*, etc., par Henri de Maupas, p. 84.

[3] *Abrégé de la vie de la B. de Chantal*, etc., p. 13.

les six années d'épreuve que son directeur lui avait
imposées, l'admiration de tous les voisins du château
de Montholon, et de son beau-père, vaincu à la fin par
tant de vertu [1].

Dans l'année qui suivit la prédication du saint prélat
à Dijon, la baronne de Chantal voulut aller le consulter
encore sur les moyens d'atteindre à cette perfection à
laquelle elle aspirait. Elle se rendit au château de Sales
en Savoie, où elle passa dix jours, et l'évêque, persuadé
de la sincérité de sa vocation, lui dit alors qu'il mé-
ditait un grand dessein pour lequel Dieu se servirait
d'elle; mais il l'ajourna à un an afin de le lui faire connaître, et lui donna rendez-vous à Annecy, où depuis
la Réforme résidaient les évêques de Genève. Madame
de Chantal lui renouvela sa demande d'entrer dans une
maison religieuse; son directeur lui commanda encore
de vivre saintement dans son état, sans songer à
quitter sa famille et le monde [2]. Le saint évêque se faisait
un scrupule que l'on comprend, de donner des facilités
aux pensées de retraite nourries par cette veuve que ses devoirs envers de vieux parents et des enfants fort jeunes re-
tenaient dans la société. Madame de Chantal s'en retourna
soumise quoique troublée. Ses sentiments de fille et de
mère étaient d'accord avec les scrupules du prélat, mais
l'entraînement divin, cet empire de la grâce dont ce siècle
a montré d'éclatants exemples, la spirituelle et irrésistible séduction exercée par saint François de Sales sur les
âmes à la fois ardentes et douces, la poussaient avec une
force qu'elle ne pouvait combattre. « Je me disois souvent,
« a-t-elle écrit plus tard : Cet homme n'a rien de l'homme.

---

[1] ALEX. FICNET, p. 146. — *Abrégé*, etc., p. 13.
[2] HÉLYOT, *Histoire des ordres monastiques*, etc., t. IV, p. 313.

« J'admirois tout ce qu'il faisoit... En l'écoutant, je croyois
« écouter Dieu même, et toutes ses paroles passoient de sa
« bouche dans mon cœur comme des paroles de Dieu. Je
« voyois, en effet, en lui comme un rejaillissement de la
« Divinité ; il me sembloit sentir près de lui comme l'im-
« pression de la présence de Dieu qui vivoit et passoit
« en son serviteur, et j'eusse tenu à grand bonheur de
« quitter tout le monde pour être dans sa maison la der-
« nière à son service, afin de nourrir mon âme des pa-
« roles de vie qui sortoient de sa bouche [1]. »

La baronne de Chantal fut exacte au rendez-vous. Voyant
qu'elle persistait plus que jamais dans ses projets de retraite, et croyant reconnaître là les desseins et la voix de
Dieu, saint François de Sales lui dit enfin qu'il y donnait
son consentement, et, pour l'éprouver, lui proposa d'entrer dans l'un des trois ordres de femmes dont la règle
était la plus sévère, ce qu'elle accepta avec empressement [2].
L'évêque alors s'ouvrit à elle, et lui annonça que si
elle devenait religieuse, ce qui lui paraissait bien difficile
encore, ce serait dans un ordre nouveau, dont il lui
communiqua le but et le plan, et qu'ils établiraient
ensemble pour le soulagement des pauvres et des malades. Madame de Chantal fut ravie de cette ouverture ;
mais la considération de sa famille ne tarda pas à modérer
sa joie : « Je vois, lui dit son prudent directeur, un grand
« chaos dans tout ceci ; mais la Providence le saura dé-
« brouiller quand il sera temps [3]. »

---

[1] *Histoire de saint François de Sales*, par M. Hamon ; 3ᵉ éd.,
1858, t. Iᵉʳ, p. 513, et t. II, p. 11..

[2] *Mémoires de madame de Chaugy* Ed. de M. Boulangé, p. 84.

[3] *Abrégé de la vie de la B. de Chantal*, p. 15. — HENRI D
MAUPAS, p. 151.

Le solide mérite de la baronne de Chantal, qui lui avait déjà valu une part toute privilégiée dans l'estime et l'affection du grand évêque, lui attira pareillement l'amitié de toute la famille de Sales, qu'elle trouva réunie à Annecy, et avec laquelle elle passa près d'un mois. La mère du saint, madame de Boisy, désira que leurs deux maisons fussent unies par des liens plus étroits, et elle lui demanda l'une de ses filles pour le baron de Thorens, frère cadet de l'évêque de Genève [1]. Cette demande rendit heureuse madame de Chantal, et elle promit d'insister auprès de son père et de son beau-père afin de les faire consentir à une union qui servait ses projets. De retour en Bourgogne, elle n'eut pas de peine à obtenir leur assentiment, car, indépendamment de la grande réputation de l'évêque de Genève, c'était là une fort honorable alliance [2]. Au mois d'octobre 1608, saint

[1] HENRI DE MAUPAS, p. 155.

[2] Voici la lettre que l'évêque de Genève écrivit au vieux baron de Chantal au sujet de ce mariage. Elle a été publiée pour la première fois par M. le chevalier Datta, sous-archiviste aux archives de la cour de Turin, dans le recueil intitulé : *Nouvelles lettres inédites de saint François de Sales*; Paris, chez Blaise, 1835, t. Ier, p. 291.

A M. de Chantal, capitaine de 50 hommes d'armes, chevalier de l'ordre de Sa Majesté.

Monsieur,

J'ai bien assez de cognoissance de la grandeur de la courtoisie avec laquelle vous avez agréable le dessein du mariage de mademoiselle vostre fille aynée avec mon frère; mais il ne m'est pas advis que jamais j'en puisse faire aucune sorte de digne recognoissance et remerciment. Seulement vous supplié-je bien humblement de croire que vous ne pouviez obliger de cet honneur des gens qui le reçussent avec plus de ressentiment que nous faisons, mes

François de Sales amena son frère, le baron de Thorens, à Dijon, afin de voir la jeune personne, âgée seulement de douze ans, et d'en faire lui-même la demande aux deux familles. Tout étant convenu, on passa le contrat des futurs époux, et la célébration du mariage fut remise à l'année suivante. L'évêque et son frère restèrent près de deux mois en Bourgogne, soit à Dijon, soit au château de Montholon, et la baronne de Chantal en profita pour de nouvelles conférences avec son saint directeur, et sur sa vocation religieuse chaque jour plus ardente, et sur l'institut qu'ils devaient fonder ensemble. Mais jusquelà elle n'avait rien dit aux siens de ses projets, et saint

proches et moy, qui touts en sommes remplis de consolation; et bien, monsieur, que nous soyons fort esloignés des mérites que vous pouviez justement requérir pour nous faire cette faveur, et nous recevoir à une sy estroite alliance avec vous, sy espérerons-nous de tellement y correspondre par une entière, sincère et humble affection à vostre service, que vous en aurez contentement. En mon particulier, monsieur, permettez-moi que je dise que l'amitié nonseulement fraternelle, mais encore paternelle que je portois à ma petite sœur, m'est demeurée en l'esprit pour la donner à cette autre encore plus petite sœur que, ce me semble, me prépare * ; et sy cela, lui donneray avec un surcroît de respect et d'estime tout singulier, et considération de l'honneur extrême que je vous porte, monsieur, et à M. de Bourges, et à M. le Président, sans y comprendre ce que je pense de la dilection que je dois à madame sa mère, vostre chère fille. Or j'espère que Dieu bénira le tout, et se rendra le protecteur de ce projet que je lui recommande de tout mon cœur, et qu'il vous conserve et comble de ses grandes grâces et faveurs; c'est le souhait perpétuel,

Monsieur,

De vostre plus humble et très-affectionné serviteur,

FRANÇOIS, évêque de Genève.

* L'évêque venait de perdre une sœur qu'il aimait beaucoup.

François de Sales, de son côté, hésitait à affliger une famille à laquelle tout l'attachait.

Le prélat et son frère repartirent pour la Savoie, au commencement de l'année 1609. Au mois de mars, la baronne de Chantal fut invitée à conduire sa fille à madame de Boisy, qui désirait la connaître avant le mariage. Elle accepta avec d'autant plus d'empressement que l'évêque de Genève devait prêcher le carême à Annecy. Arrivée dans cette ville, elle ne perdit aucune occasion de l'entendre, recevant ses paroles comme la voix de Dieu même. Elle se remit entièrement sous la direction de celui qu'elle appela dès lors son *père spirituel*, et renouvela, par écrit, le serment de lui obéir en tout [1]. Elle prit jour pour les noces de sa fille, dont la raison et les grâces précoces enchantèrent la famille de Sales, et vint avec elle retrouver son père à Dijon, bien décidée à effectuer sa retraite, mais manquant de courage pour s'en ouvrir aux siens. Elle ravissait la vive piété du président Frémiot par le récit de tout ce qu'elle avait vu, de tout ce qu'elle avait entendu des perfections de l'illustre apôtre : « C'est ma délicieuse suavité, écrivait au « prélat le tendre vieillard, de m'entretenir avec ma « fille de Chantal, car elle ne nourrit mon âme que du « miel céleste qu'elle a cueilli auprès de vous [2]. »

Mais, soit qu'il pressentît la vérité, et qu'il voulût mettre obstacle à des desseins que sa tendresse redoutait, soit préoccupé seulement des intérêts humains de sa fille, le président Frémiot lui présenta un homme de la première noblesse de Bourgogne, veuf aussi avec des enfants,

---

[1] *Abrégé de la Vie, etc.*, p. 18.
[2] *Mémoires de madame de Chaugy*, p. 94.

mais possesseur d'une grande fortune, lequel manifestait
un très-grand désir de l'épouser. Le président insista vivement pour que la jeune veuve consentît à un mariage
qui devait amener en même temps une double union
entre les enfants. A toutes les sollicitations de son
père, aux instances flatteuses de son poursuivant, aux
tentations de sa propre faiblesse, la baronne de Chantal
opposa un persévérant refus : « Tant que je pouvois, a-
t-elle dit elle-même avec cette mystique éloquence qui
lui est propre, je me tenois serrée à l'arbre de la croix,
crainte que tant de voix charmantes n'endormissent
mon cœur en quelque complaisance et condescendance
inutile [1]. » Pour ne pas faiblir, et dans le dessein de
sceller à jamais son vœu de chasteté, et sa promesse de
n'appartenir qu'à Dieu, elle prit une pointe de fer, la
fit rougir au feu, et, s'en servant comme d'un burin,
se grava de sa propre main le nom du Christ sur la poitrine [2].

Elle puisa dans cette exaltation la force de déclarer enfin
à son père son dessein de quitter le monde, le suppliant
d'y donner son consentement, attendu que c'était la voie
dans laquelle le ciel l'appelait depuis longtemps, et le
priant de se charger de ses enfants, qui devaient retrouver
en lui tous les soins d'une tendre mère. Abîmé de douleur, le président Frémiot ne put que répandre des larmes : « Ah ! ma chère fille, lui dit-il en l'embrassant, lais-
« sez-moi mourir avant que de m'abandonner [3] ! » Bou-
leversée par ce spectacle, madame de Chantal mêla ses

---

[1] MAUPAS, p. 169. — *Abrégé de la Vie, etc.*, p. 16.
[2] *Mémoires de madame de Chaugy*, p 96.
[3] *Abrégé de la vie, etc.*, p. 20.

larmes à celles de son père ; mais elle ne fut point ébranlée. L'archevêque de Bourges, qui se trouvait à Dijon, se joignit au président, représentant à sa sœur avec une vivacité toute fraternelle et une autorité qui semblait s'attacher à son caractère, qu'elle se devait à sa famille, « et qu'il y avoit plus de vertu à vivre dans la perfection de l'état où Dieu nous avoit mis, qu'à suivre, sous le nom de zèle, un caprice qui nous en tiroit [1]. »

La voyant inébranlable, son père et son frère lui demandèrent, au moins, de ne rien résoudre jusqu'à ce qu'ils en eussent conféré eux-mêmes avec l'évêque de Genève. Elle y consentit : « Je ne cherche, leur dit-elle, « que la volonté de Dieu, et bien que je pense à la « retraite, si monseigneur de Genève m'ordonne de « demeurer au monde dans ma condition, je le ferai ; « voire même s'il me commandoit de me planter sur une « colonne pour le reste de mes jours, comme saint Simon « le Stylite, je serois contente [2] ; » témoignant par l'énergie de ces paroles de l'abandon absolu de sa volonté et de toutes les facultés de son être entre les mains de son doux mais tout-puissant directeur, représentant, à ses yeux, de Dieu sur la terre. Aussi le pieux cardinal de Bérulle, qui la connut alors, et qui eut occasion de l'entretenir à Dijon, répétait-il : « Le cœur de cette « dame est un autel où le feu de l'amour divin ne « s'éteint point [3]. »

Au mois d'octobre de cette année, saint François de Sales ramena le baron de Thorens au château de Mon-

---

[1] *Abrégé de la vie*, etc.
[2] HENRI DE MAUPAS, p. 181.
[3] *Ibid*, p. 175.

tholon pour y célébrer son mariage avec mademo'selle
de Chantal. L'evêque donna lui-même aux époux la bénédiction nuptiale dans la chapelle du château. Toute
la famille Frémiot s'y trouvait réunie. « Le lendemain des noces, ajoute l'un des biographes, madame
de Chantal pria le président, son père, et son frère
l'archevêque de Bourges, de conférer de son dessein
avec le saint prélat. Ils s'enfermèrent tous trois pour
cela, et une heure après ils firent appeler madame
de Chantal, qui leur parla avec tant de sagesse et de
fermeté, leur fit voir si nettement le bon ordre qu'elle
avoit mis dans la maison de ses enfants, qu'elle laissoit
sans dettes et sans procès, que son discours (soutenu de
l'avis du saint évêque, et des fortes raisons qu'il avoit
de croire que l'attrait de madame de Chantal venoit de
Dieu seul) fit conclure au président et à l'archevêque de
Bourges que c'étoit un ouvrage divin, et que leur résistance seroit coupable, s'ils s'opposoient davantage à ce
dessein [1]. » Époque de foi où tout le monde, pères,
frères, enfants, sacrifient sans hésiter, quoiqu'en gémis-
sant, les affections les plus légitimes, les liens les plus
chers, à ce qu'on croit reconnaître pour la voix du ciel
et le dessein de la Providence.

Saint François de Sales fit part au président Frémiot
et à l'archevêque du projet que depuis deux ans il avait
formé de fonder, par l'intermédiaire de madame de Chantal, un nouvel institut, consacré au service des pauvres
et des malades. Le président demanda alors que la maison mère de l'ordre fût établie à Dijon, pour conserver

---

[1] *Abrégé de la vie, etc.*, p. 21, d'après les *Mémoires* de madame de Chaugy. — *Histoire de saint François de Sales*, par
M. Hamon, t. II, p. 25.

sa fille auprès de lui. Mais celle-ci prit la parole, et demanda à son tour que cette fondation eût lieu à An-necy, afin de placer les premières religieuses et elle-même à portée des lumières, des conseils et de la sur-veillance du saint instituteur. Elle invoqua, en outre, la nécessité d'être dans le voisinage de sa fille, destinée à aller vivre dans le château de Thorens près d'Annecy, pour diriger son inexpérience dans la conduite d'une maison [1]. Elle ajouta qu'elle se proposait d'élever ses deux filles cadettes auprès d'elle, confiant l'éducation de son fils à ses deux grands-pères, et elle leur assura, en ter-minant, qu'elle s'empresserait de venir en Bourgogne toutes les fois que les intérêts de ses enfants l'exige-raient. Saint François de Sales leur donna, de son côté, l'assurance que la baronne de Chantal « seroit plus atten-« tive que jamais au bien et à l'établissement de ses « enfants, comme à un devoir indispensable [2] » Sous l'empire de cette parole si autorisée, le père et le frère se résignèrent enfin, reconnaissant dans la courageuse veuve tous les caractères d'une éclatante vocation, qui leur semblait, en effet, ne pouvoir venir que d'en haut. Délivré de cette oppression domestique, qui avait rendu si pénible à sa belle-fille la vie du château de Montholon, et maintenant, comme tous les autres, pris d'admiration pour tant de vertus, le baron de Chantal fut long à se dé-cider à cette séparation ; il y consentit pourtant, et le jour en fut fixé à trois mois de là.

En avril 1610, le baron de Thorens, qui avait recon-duit saint François de Sales à Annecy, étant revenu pour

[1] P. FICHET, p. 199.
[2] MADAME DE COLIGNY, *Vie de sainte Chantal.*

prendre sa femme et sa belle-mère, il fallut se résoudre
à ce départ redouté de tous, et par celle qui s'éloignait
au moins autant que par sa famille. Au moment de quitter
le château de Montholon, elle se mit à genoux devant
son beau-père, lui demanda pardon, dans le cas où,
malgré son soin de lui plaire, elle l'aurait offensé, le pria
de lui donner sa bénédiction, et lui recommanda son fils.
Le vieux baron de Chantal, alors âgé de quatre-vingt-
six ans et qui ne devait vivre que deux années encore,
les yeux baignés de larmes, ne put que la relever et
la presser tendrement sur son cœur. Les habitants de
la terre de Montholon, les pauvres surtout, voyant partir
leur ange consolateur, se livraient à des démonstrations
qui la touchèrent profondément[1]. Mais les plus grandes
épreuves l'attendaient à Dijon, où tous ses proches et les
amis de sa famille s'étaient réunis chez le président Frémiot pour lui faire leurs adieux.

Cette scène offre une grandeur biblique digne des
temps de la foi héroïque. Il faut la prendre, sans y rien
ôter et sans y rien mettre, dans le style simple et touchant
de deux des historiens de madame de Chantal, dont les
récits se complètent l'un par l'autre :

« Madame de Chantal étant arrivée à Dijon, elle se
fortifia de la sainte communion contre la faiblesse qu'elle
s'attendoit d'éprouver dans la séparation de ce qu'elle
avoit de plus cher; et enfin, ce moment venu, elle dit
adieu à tous ses proches avec constance; puis, voyant
venir à elle son père, dont la blanche vieillesse et les larmes lui donnoient une extrême pitié, ils se parlèrent assez

---

[1] *Mémoires* de madame de Chaugy. — HAMON. *Hist. de saint
François de Sales*, t. II, p. 30.

longtemps avec abondance de pleurs de part et d'autre. Enfin, s'étant mise à genoux pour recevoir sa bénédiction, il leva ses yeux, ses mains et son cœur au ciel, et dit tout haut ces propres paroles : « Il ne m'appartient « pas, ô mon Dieu! de trouver à redire à ce que votre « providence a conclu en son décret éternel; j'y acquiesce « de tout mon cœur, et consacre de mes propres mains, « sur l'autel de votre volonté, cette unique fille qui m'est « aussi chère qu'Isaac à votre serviteur Abraham! » Sur cela, il la fit lever et lui donna le dernier baiser de paix : « Allez donc, dit-il, ma chère fille, où Dieu « vous appelle, et arrêtons tous deux le cours de nos « justes larmes, pour faire plus d'hommage à la divine « volonté, et encore afin que le monde ne pense point « que notre constance soit ébranlée. » Le jeune Chantal, son fils, âgé seulement de quinze ans, courut à elle, se jeta à son cou, et ne la vouloit point quitter, espérant de l'attendrir et de l'arrêter par tout ce qu'on peut dire de plus touchant pour cela; mais, ne pouvant réussir, il se coucha au travers de la porte par où elle devoit sortir : « Je suis trop foible, lui dit-il, madame, pour vous « retenir, mais au moins sera-t-il dit que vous aurez « passé sur le corps de votre fils unique pour l'abandon- « ner. » La sainte veuve fut touchée, et pleura amère- ment en passant sur le corps de ce cher enfant; mais, un moment après, ayant peur qu'on n'attribuât sa dou- leur au repentir de son entreprise, elle se tourna vers la compagnie, et, avec un visage serein: « Il faut me par- « donner ma foiblesse, dit-elle, je quitte mon père et « mon fils pour jamais, mais je trouverai Dieu partout[1]. »

---

[1] HENRI DE MAUPAS, p. 203. —Conf. aussi *Lettres de saint Fran-*

De telles résolutions, de tels sacrifices, de semblables victoires, sont aujourd'hui peu dans nos mœurs et nos idées. Valons-nous mieux? aimons-nous mieux les nôtres? avons-nous plus d'esprit de famille, plus de respect pour les parents, plus de sollicitude pour les enfants? Qui voudrait le dire, et qui voudrait refuser le titre de mère à cette âme brûlée de l'amour divin, plus soucieuse du salut éternel des siens que de leur bonheur passager dans ce monde, et croyant, par son sacrifice, leur assurer mieux les moyens de parvenir à ce but suprême qui est aussi son but? Madame de Sévigné, sans doute, était de celles que tant de renoncement et de vertu ne pouvait séduire. Elle a peu parlé de sa sainte aïeule, ou du moins, les lettres où elle l'a fait ne nous sont pas parvenues; mais, dans ce qu'elle en dit, on voit qu'elle se contente d'admirer sans approuver et sans blâmer, elle, presque une héroïne de l'amour maternel, tel que la nature l'inspire, tel que la religion, dans sa règle commune, l'enseigne.

La baronne de Chantal quitta Dijon avec M. et madame de Thorens et sa seconde fille, la troisième étant morte depuis peu. Après un voyage heureux, elle arriva à Annecy, et trouva, à deux lieues de la ville, saint François de Sales et les principaux habitants, réunis pour la recevoir. Elle alla installer sa fille au château de Thorens, et, deux mois après, revint, toutes ces séparations de famille accomplies, se remettre définitivement entre les mains de son saint directeur, et tout disposer pour la

çois de Sales (éd. de Blaise), nº CXCVIII. — Fichet, p. 208. — *Mémoires de madame de Chaugy* dans Hamon, t. II, p. 32. — Coligny, *Vie de la B. de Chantal.*

fondation religieuse projetée entre eux. Plus que jamais
en admiration devant cette âme toute en Dieu, l'évêque
de Genève écrivait alors à un de ses amis : « Mon frère
de Thorens est allé querir en Bourgogne sa petite femme,
et a amené avec elle une belle-mère qu'il ne mérita jamais d'avoir, ni moi de servir [1]. »

Saint François de Sales avait fixé à la fête de la Trinité
l'établissement de l'ordre nouveau où devait entrer la baronne de Chantal. A mesure que le jour décisif approchait,
celle-ci, qui ressentait pour les combattre tous les sentiments de la nature, fut prise de grands scrupules sur
la légitimité de l'acte qu'elle allait accomplir. On aime à
retrouver dans ses biographes la trace de ces combats. « La veille, dit l'un, de ce jour désiré de notre
sainte veuve depuis si longtemps, Dieu l'affligea d'une
tentation si violente d'abandonner son dessein qu'elle
pensa y succomber. Toute la douleur de son père et de
son fils se présentoit à son esprit et lui déchiroit le cœur ;
sa conscience même la tourmentoit, et lui faisoit prendre
à la lettre un passage de l'Écriture, qui traite d'*infidèles*
ceux qui abandonnent leurs enfants [2]. » L'évêque du
Puy, M. de Maupas, rapporte les paroles plus énergiques
encore de madame de Chantal, se rappelant cette lutte
suprême entre son âme et son cœur : « Il me sembloit,
disait-elle, voir mon père chargé de douleur et d'années, qui crioit vengeance devant Dieu contre moi, et
d'autre côté mes enfants qui faisoient de même [3]. »
Enfin, ajoute l'auteur, qui plus tard a résumé sa vie

[1] Henri de Maupas, p. 204.
[2] *Abrégé, etc.*, p. 26. — Marquise de Coligny, *Vie, etc.*
[3] Henri de Maupas, p. 211.

(une religieuse comme elle), pendant trois heures que
dura ce martyre de son âme, qui ne peut se comprendre
que par ceux qui l'ont éprouvé, il n'y a rien qui ne lu
parût plus raisonnable que l'état qu'elle alloit choisir
Dans cet accablement, elle se jeta à genoux, et demande
si ardemment à Dieu de l'éclairer, qu'il l'écouta ; elle fu
comblée de consolation et de joie, et ne douta jamais de
puis de la volonté de Dieu sur son entreprise [1]. »

Le 6 juin 1610, madame de Chantal, avec mademoiselle
Favre, fille du président du sénat de Chambéry, et mademoiselle de Brechat, d'une bonne famille du Nivernais
commencèrent à Annecy l'établissement de l'ordre de
Sainte-Marie de la Visitation, sous la direction de sain
François de Sales, qui leur donna les constitutions qu'i
avait composées pour elles. Cet ordre, mis sous l'invoca
tion de la Mère de Dieu, avait pour but le service de
malades ; plus tard on y joignit l'éducation des jeune
filles. Les religieuses, en y entrant, faisaient vœu de pau
vreté, de chasteté et d'obéissance ; les veuves, à l'imita
tion de leur fondatrice, les infirmes surtout, pouvaier
y être admises. L'évêque de Genève n'imposa point à se
filles les grandes austérités que pratiquaient d'autres mo
nastères, ceux des Carmélites, par exemple. Dans le débu
même, elles ne furent point cloîtrées, le saint régulateu
ayant cru, d'abord, plus utile de leur laisser la libert
de sortir pour servir les malades, que de les enferme
Aussi la douceur de la règle, jointe au but éminemmer
charitable de l'institution, ne tarda pas à attirer à la maiso
d'Annecy de nombreuses recrues.

Plus fidèle encore à l'affection maternelle qui r

[1] *Abrégé de la Vie, etc.*, p. 26.

pouvait mourir dans son cœur, qu'à son vœu de pauvreté, madame de Chantal se dépouilla de tout son bien,
et même de son douaire, en faveur de ses enfants, et se
réduisit volontairement à une modique pension que voulut lui servir son frère, l'archevêque de Bourges[1]. Pour
elle, comme pour l'avenir et les intérêts de son ordre,
elle comptait uniquement sur la Providence, et se proposait, courageux et touchant intermédiaire, de demander aux riches pour assister les pauvres. C'est alors que
l'on vit bien tous les trésors de charité que renfermait
cette âme, où l'amour du prochain le disputait à l'a-
mour de Dieu le plus despotique et le plus exclusif, mais
où plutôt, régnait un seul amour, celui du Créateur dans
les créatures, du maître crucifié dans ses serviteurs souf-
frants. Chaque jour, « avec une ou deux compagnes, selon
le nombre et le besoin des malades, elle alloit les visiter,
les soulager et les servir dans les maladies les plus rebu-
tantes, avec un zèle que la charité seule peut inspirer[2]. »
L'une de ses novices lui témoignait son étonnement et son
admiration de ce zèle que les offices les plus répugnants
ne rebutaient point : « Ma chère fille, lui répondit-elle,
« il ne m'est pas encore tombé en la pensée que je ser-
« visse aux créatures ; j'ai toujours cru qu'en la personne
« de ces pauvres j'essuyois les plaies de Jésus-Christ[3]. »
  Mais Dieu n'allait pas lui faire attendre l'une des plus
grandes douleurs qu'elle pût éprouver. Un an à peine
après son départ de Dijon, elle apprit la mort de son père,
le digne et vénéré président Frémiot. Elle trouva dans

[1] *Abrégé de la vie*, etc., p. 27.
[2] *Ibid.*, p. 30.
[3] *Mémoires de madame de Chaugy*, p. 141.

cette cruelle perte une raison de plus de se serrer contre
cette croix, maintenant sa force et son unique asile.
« Dieu lui laissa sentir toute la pesanteur de ce coup,
pour lui augmenter le mérite de la résignation. Il permit
même qu'elle souffrit de cruels reproches que lui fit sa
tendresse, d'avoir peut-être abrégé les jours de son père
en l'abandonnant. Mais Dieu, qui frappe et qui guérit
quand il lui plaît, consola la mère de Chantal, remit la
paix dans son âme, et ne la laissa plus occupée que de
lui [1]. »

Elle désira se rendre en Bourgogne afin de pourvoir aux
intérêts de ses enfants, et surtout de s'occuper de l'a-
venir de son fils, qu'elle avait laissé en partant chez son
père. Saint François de Sales, maître aujourd'hui de toutes
ses actions, approuva fort ce dessein, car il ne voulait
pas que chez sa fille spirituelle l'ardeur religieuse étouffât
la nature. M. de Thorens, son gendre, l'accompagna dans
ce voyage, où elle régla, avec la sagesse dont elle avait
fait preuve dans le monde, toutes les affaires de sa maison. Elle vint à Montholon revoir une dernière fois son
vieux beau-père, qui touchait à sa fin, mit son fils à l'a-
cadémie, après lui avoir donné toutes les marques d'une
vive tendresse, et, au bout de quatre mois, revint à Annecy, malgré les instances de ses autres parents et de ses
amis pour la retenir.

Pendant les deux premières années, la maison mère de
l'institut de la Visitation s'était fort augmentée. Dès
1612, les fondations du même ordre commencèrent au
dehors. Le premier qui voulut l'avoir chez lui fut le
cardinal de Marquemont, archevêque de Lyon. Saint

[1] MADAME DE COLIGNY, *Vie de sainte Chantal.*

François de Sales y ayant donné son consentement, la mère de Chantal partit pour cette ville, où elle resta près d'un an à former, sur la place Bellecour, l'établissement qu'on désirait. Le cardinal de Marquemont, reconnaissant des inconvénients à l'état de liberté laissé jusque-là aux religieuses de la Visitation, et pensant que l'ordre gagnerait à une plus complète organisation, écrivit, l'année d'après, à l'évêque de Genève et à la mère de Chantal, pour leur proposer « d'ériger leur institut en titre de religion, d'y mettre la clôture, et de faire faire à leurs filles des vœux solennels [1]. » Par modestie, le saint instituteur résista quelque temps : cependant, par déférence envers l'éminent prélat qui lui avait fait cette proposition, il y consentit à la fin [2].

Ce fut toutefois un changement notable dans les pratiques de cet ordre créé, ainsi que l'indiquait son nom, pour fonctionner au dehors. Son utilité sociale perdit ce qu'il gagnait dans la hiérarchie religieuse. Les filles de la Visitation ne purent plus aller prodiguer elles-mêmes, dans les réduits de la misère et de la souffrance, ces soins qui les faisaient bénir par un peuple chaque jour témoin des merveilles de leur charité. Elles tâchèrent d'y suppléer. « Une fois cloîtrées, voyant, dit leur principal historien, qu'elles ne pouvoient plus vaquer à la visite des pauvres malades, elles prirent résolution de changer cette charité, non-seulement à recevoir les infirmes, mais les pauvres boiteux, manchots, contrefaits et aveugles, afin que, par ce moyen, leur congrégation ne fût pas privée des occasions de pratiquer les conseils de l'Évangile vers le

---

[1] *Abrégé de la vie*, etc., p. 32.
[2] COLIGNY, *Vie de sainte Chantal*.

prochain [1]. » Ce fut encore une espèce de sœurs de charité, qui conservèrent quelque chose de leur premier institut, en continuant aussi de faire porter à domicile des secours aux malades, par des sœurs tourières, reçues en dehors de la clôture, et par d'autres intermédiaires, libres ou salariés.

Mais la célébrité de l'évêque de Genève et la réputation naissante de la mère de Chantal attiraient chaque jour une popularité plus grande à leur œuvre. En 1616, la ville de Moulins demanda une fondation, par l'intermédiaire du maréchal de Saint-Géran, gouverneur du Bourbonnais. Malade alors, madame de Chantal ne put aller établir cette maison, où elle devait mourir. La mère de Brechat fut chargée de la suppléer.

Ces succès affermissaient l'âme de la fondatrice; mais la Providence lui réservait une double affliction qui allait jeter bien de l'amertume dans sa joie. Au mois de février 1617, le baron de Thorens, frère de son père spirituel et son propre gendre, ayant été conduire en Piémont le régiment de cavalerie dont il était colonel, y tomba malade et mourut en très-peu de jours, laissant sa jeune femme enceinte. La douleur de celle-ci fut telle que, surprise d'un accouchement avant terme, dans le monastère d'Annecy, où elle était venue chercher des consolations, on n'eut pas le temps de la transporter chez elle, et dans moins de vingt-quatre heures elle expira, à peine âgée de vingt ans, entre les bras de sa mère, après avoir reçu les sacrements de la main de saint François de Sales, et avoir voulu revêtir l'habit de l'ordre de la Visitation. A chaque épreuve la mère de Chantal s'avan-

[1] HENRI DE MAUPAS, p. 298.

çait dans la voie de l'amour des souffrances et de la soumission parfaite aux volontés de la Providence. Ce double coup fut rude pour elle, mais elle chercha et trouva en Dieu la force dont elle avait besoin : « Quoique rien n'ait manqué à sa douleur, écrivait l'évêque de Genève à un membre de sa famille, rien n'a manqué à sa résignation [1]. »

Madame de Chantal trouva encore des consolations dans les progrès toujours croissants de son ordre. Cette même année, elle alla avec son directeur fonder un couvent à Grenoble. L'année suivante, elle se rendit à Bourges, pour répondre à l'appel de son frère, qui demandait pareillement une maison, pendant que saint François de Sales partait pour Paris, où l'appelaient d'importantes affaires à traiter avec le clergé de France. La Mère passa six mois à Bourges, à recevoir des novices pour la formation du nouveau monastère. Elle était sur le point de revenir à Annecy, lorsque son directeur lui donna l'ordre de venir le trouver à Paris, où il était sollicité par un grand nombre de personnes notables, d'établir leur institut. Elle partit aussitôt, et arriva dans cette ville en mars 1619. Le 1er mai eut lieu l'établissement de la première maison de Paris, dans la rue Saint-Antoine, grâce aux bons soins et aux efficaces secours du pieux commandeur de Sillery, qui dès lors voulut être l'ami de madame de Chantal [2].

---

[1] COLIGNY, Vie, etc. — Lettres de madame de Rabutin Chantal. Ed. nouvelle par M. Édouard de Barthélemy, auditeur au conseil d'État. Paris, 1860, chez J. Lecoffre, t. Ier, p. 7.

[2] Les premières religieuses séjournèrent quelque temps rue Saint-Michel avant d'aller s'installer définitivement sur l'emplacement des écuries de l'hôtel Zamet, situé près de la Bastille. (P. FICHET, p. 333.)

Celle-ci passa trois années consécutives à Paris : une entière avec l'assistance de saint François de Sales, et les deux autres aux prises avec les dégoûts et les tribulations que lui causèrent l'opposition des autres ordres religieux, jaloux de l'accueil fait à ces nouvelles venues, et l'humeur querelleuse et indocile de quelques novices, qu'elle parvint cependant à ramener par l'ascendant de son invincible douceur et de son éclatante sainteté.

La mère de Chantal avait, au plus haut degré, l'art de la direction religieuse, le talent, puisé dans un cœur ardent et un esprit froid, d'attirer et de conduire les âmes, par le lien invisible et tout-puissant d'une vertu en quelque sorte magnétique, et d'une ineffable charité ; quelque chose de cet irrésistible attrait que, dans une sphère plus haute et plus large, exerçait son doux et saint directeur. Sortie du monde, ayant beaucoup souffert, habile au gouvernement des affaires domestiques, experte dans la cure et le maniement des consciences, elle vit bientôt accourir à elle ces malades de l'âme, de l'esprit ou du cœur, qui, dérobant quelques instants au monde, venaient chercher dans les maisons religieuses des consolations et des conseils, en attendant qu'ils leur demandassent un port et l'oubli. Le cardinal de Bérulle lui amena la comtesse de Saint-Paul, à qui il avait promis de lui faire voir « une des plus grandes amantes que Dieu eût sur terre [1]. » A l'exemple de la comtesse de Saint-Paul, beaucoup de personnes de distinction se mirent sous la direction de la mère de Chantal [2].

Une femme, une religieuse comme elle, que son nom,

---

[1] HENRI DE MAUPAS, p. 337.
[2] P. FICHET, p. 334. — *Abrégé*, etc., p. 37.

sa piété, son esprit ont rendue célèbre, la mère Angélique
Arnauld, voulut la connaître et recourir à l'ascendant
de sa vertu pour l'aider à ramener l'ordre dans l'abbaye
de Maubuisson, dont la difficile réforme lui avait été
confiée. La mention de ces relations de la grand'mère
de madame de Sévigné avec la sœur d'Arnauld d'Andilly et la tante de M. de Pomponne, deux des meilleurs
amis de notre épistolaire, ne saurait être mal placée
dans ce livre; et elles ne peuvent être omises dans la
biographie que nous sommes en train de reconstruire
aux yeux du lecteur.

Ces relations s'établirent par l'intermédiaire de saint
François de Sales, qui avait attiré à lui l'abbesse de Maubuisson et de Port-Royal avec cette promptitude sym-
pathique qui avait marqué l'entraînement de madame
de Chantal. Ayant appris que l'évêque de Genève était
à Paris, au mois d'avril 1619, la mère Angélique le fit
prier de venir donner la confirmation à Maubuisson. Il
s'y rendit : « Si j'avois eu un grand désir de le voir, a-t-elle
écrit depuis, sa vue m'en donna un plus grand de lui
communiquer ma conscience, car Dieu étoit vraiment
et visiblement dans ce saint évêque, et je n'avois point
encore trouvé en personne ce que je trouvai en lui,
quoique j'eusse vu ceux qui avoient la plus grande réputation entre les dévots[1]. » Sur la prière de la mère
Angélique, il revint plusieurs fois à Maubuisson; il
visita aussi Port-Royal, et approuva tout ce qu'il vit.
« On a noté, dit l'exquis historien de ce monastère
fameux, chaque circonstance, chaque mot de ces précieuses visites; Port-Royal y met un pieux orgueil;

[1] *Port-Royal*, par M. Sainte-Beuve, t. Iᵉʳ, p. 220.

accusé, plus tard, dans sa foi, il se pare des moindres anneaux d'or qui le rattachent à l'incorruptible mémoire de ce saint. La famille Arnauld, par tous ses membres, se hâtait de participer au trésor, et de jouir du cher bienheureux... Il disait sur chacun une parole qu'on interpréta, dès lors, en prophétie : à en prendre le récit à la lettre, ce seraient autant de prédictions miraculeuses qui se sont l'une après l'autre vérifiées. Surtout il donna des directions attentives et particulières à la mère Angélique ; il forma sa liaison avec madame de Chantal, l'institutrice de la Visitation, autre amitié sainte dont on se montrera très-glorieux : plusieurs lettres de l'une à l'autre attestent le commerce étroit de *ces deux grandes âmes*, comme on disait [1]. »

Sans s'être vues, la mère Angelique et la mère de Chantal se trouvaient unies en saint François de Sales. Il les avait déjà mises en rapport, et elles s'étaient entre-tenues par lettres, lorsque la supérieure de Maubuisson pria la fondatrice de la Visitation de venir à son tour faire entendre à ses religieuses ce langage de l'humilité et de l'obéissance qu'elle savait si bien parler. Poussée par son directeur, qui eut à contraindre sa modestie, madame de Chantal se rendit à Maubuisson, et fit sur le troupeau de la mère Angélique une telle impression qu'ayant été saignée dans une de ses visites à cette abbaye, bientôt gagnée à la réforme et à la régularité, les religieuses se partagèrent comme une relique les linges imbibés de son sang [2].

Touchée de la perfection de madame de Chantal, et

---

[1] Sainte-Beuve, *ibid.*, p 221.

[2] P. Fichet, p. 338. — Henri de Maupas, p. 346.

de plus en plus séduite par l'ascendant victorieux du fondateur de l'ordre de la Visitation, désireuse aussi de fuir la responsabilité et les honneurs de sa charge d'abbesse , la mère Angélique témoigna le désir d'entrer dans leur institut comme simple religieuse. Il y eut même, à cet égard, des consultations de docteurs pour savoir s'il était permis de changer ainsi de religion[1]. L'évêque de Genève n'approuva point ce projet. « Quand elle lui parla d'entrer dans l'ordre de la Visitation, ajoute l'historien de Port-Royal , il répondit avec humilité que cet ordre était peu de chose , que ce n'était presque pas une *religion :* il disait vrai, il avait cherché bien moins la mortification de la chair que celle de la volonté[2]. » L'un des biographes de la mère de Chantal donne un autre motif de ce refus , et il dit très-expressément que saint François de Sales ne se crut pas autorisé à favoriser *un changement de religion*[3]. Mais l'évêque de Genève n'en continua pas moins avec sollicitude à la mère Angélique Arnauld une part de son affectueuse direction, que celle-ci aimait à se figurer égale à celle de la supérieure de l'ordre de la Visitation. « Ce saint prélat (disait-elle trente-quatre ans après à son neveu , M. le Maître , en se rappelant non sans charme cette bienheureuse époque) m'a fort assistée, et j'ose dire qu'il m'a autant honorée de son affection et de sa confiance que madame de Chantal[4]. »

Pressé de regagner son diocèse, qu'il avait quitté de-

---

[1] *Lettres inédites de saint François de Sales* , publiées par M. le chevalier DATTA. Paris, 1835, t. II, p. 120. — SAINTE-BEUVE, *Port-Royal*, t. Ier, p. 221.

[2] SAINTE-BEUVE, tome Ier, p. 249.

[3] HENRI DE MAUPAS, p. 345.

[4] SAINTE-BEUVE, *Port-Royal*, t. Ier, p. 224.

puis un an, l'évêque de Genève laissa la mère de Chantal
à Paris, profondément affligée de son départ, mais forte
des instructions qu'il lui rédigea pour se conduire dans
cette grande ville, où leur ordre, d'abord mal accueilli,
parvint, grâce à l'habileté ferme et douce de la mère, à
rallier tous les esprits. Ses trois ans de supériorité finis,
et son œuvre achevée, madame de Chantal se disposa
aussi à revenir à Annecy. Ses filles, dans leur vif désir
de la conserver, voulaient la réélire supérieure de la
maison de la rue Saint-Antoine pour trois autres années (il n'existait pas dans l'ordre de supérieure générale
et perpétuelle). Elle refusa, jugeant son retour à Annecy
indispensable. Elle prit pour père spirituel de cette
maison cet autre saint de l'Église moderne, aujourd'hui
révéré sous le nom populaire de Vincent de Paul, et,
réunissant la veille de son départ ses sœurs autour d'elle,
elle leur donna en ces termes ses derniers enseigne-
ments, où respire un idéal d'abaissement chrétien que
personne jusque-là n'avait formulé avec cette force et
cette onction :

« Je vous en prie, mes chères filles, soyez humbles,
basses et petites à vos yeux, étant bien aises que l'on
vous tienne pour telles, et que l'on vous traite ainsi. Oui,
mes sœurs, nous sommes très-petites en nous-mêmes,
et les dernières venues en l'Église de Dieu. Gardez-vous
bien de perdre l'amour du mépris, car vous perdriez
votre esprit... Ne soyez donc jamais si aises que quand
on vous méprisera, qu'on dira mal de vous, qu'on n'en
fera nul état...; car notre éclat est de n'avoir point d'éclat,
notre grandeur de n'avoir point de grandeur. Prenez
courage, mes chères sœurs, au service de celui qui s'est
fait si petit pour notre amour, lui qui étoit si grand,

cachant toujours l'éclat de sa grandeur pour paroître
abject à notre petitesse. Je vous exhorte donc, mes chères
filles, d'obéir en toutes choses à Dieu. Soyez très-sou-
ples, très-humbles, très-maniables, très-dépouillées et
abandonnées à son bon plaisir Supportez-vous les unes
les autres courageusement, et, lorsque vous sentirez des
répugnances et des contradictions en votre chemin, ne
vous étonnez point, car la vertu se perfectionne dans l'in-
firmité, dans les contradictions et les répugnances d'un
naturel hautain et orgueilleux[1]. »

La mère de Chantal quitta Paris au printemps de 1622.
Sur sa route elle visita les couvents de Sainte-Marie depuis peu fondés à Orléans et à Nevers; elle donna quelques jours à ceux de Bourges et de Moulins, et arriva en
Bourgogne, où sa seconde fille venait d'épouser le comte de
Toulongeon. Elle se trouvait chez son gendre lorsqu'elle
reçut de saint François de Sales l'ordre d'aller à Dijon
établir une maison nouvelle, que cette ville, pleine des
souvenirs de la fille du président Frémiot, réclamait
depuis longtemps. La modestie de madame de Chantal
fut mise à une rude épreuve. Sa ville natale lui fit une
réception qui ressemblait à un triomphe. Les habitants
sortirent en foule au-devant d'elle; les travaux furent
suspendus comme pour un jour de fête; on lui donnait
mille bénédictions comme si déjà on l'eût tenue pour
sainte et consacrée[2]. Cet enthousiasme lui rendit facile
l'établissement qu'elle était venue fonder. Elle resta cependant six mois entiers à Dijon, afin de donner la per-

---

[1] HENRI DE MAUPAS, p. 344.
[2] MADAME DE CHAUGY, p. 180. — P. FICHET, p. 340.

fection à son ouvrage, et de diriger les premiers pas de
sa fille dans son nouvel état. De là la mère de Chantal
alla faire d'autres fondations, à Saint-Étienne et à Mont-
ferrand, et enfin, au mois d'octobre, elle arriva à Lyon,
où, à sa grande joie, elle retrouva saint François de
Sales, qui y était venu saluer Louis XIII, alors de passage dans cette ville, à son retour de Montpellier, où il
avait terminé la guerre du midi contre les religionnaires.
Madame de Chantal voulait rendre compte à son guide
bien-aimé de sa gestion depuis deux ans, et lui communiquer les observations que l'expérience lui avait suggérées
pour l'affermissement et les progrès de leur institut. Mais
l'évêque, obligé de quitter Lyon pour quelque temps,
ajourna toute conférence sérieuse à l'époque de leur
retour à Annecy, et, en attendant, il l'envoya visiter
les maisons déjà florissantes de Grenoble et de Belley.

Hélas! ils ne devaient plus se revoir! Madame de
Chantal était à peine arrivée à Grenoble que le saint
évêque succombait à une courte maladie qui l'emporta
le 28 décembre. Cette cruelle nouvelle lui parvint à Belley, le jour des Rois. Elle l'apprit par une lettre que lui
écrivait le frère et le successeur à l'évêché de Genève, de
saint François de Sales. La mère de Chantal a consigné
elle-même, dans une lettre à l'une des supérieures de
son ordre, et sa douleur, et sa confiance en la béatitude du
saint prélat, et sa résignation en Dieu, fruit des enseigne-
ments de celui qu'elle appelle en vingt endroits de sa
correspondance, *son père, son unique père, son très-
cher seigneur, son directeur* et *son unique soutien sur
la terre.* « En lisant cette lettre, dit-elle (celle qui lui
annonçait la perte qu'elle venait de faire), je me mis à
genoux, et adorai la divine Providence, embrassant

au mieux qu'il me fut possible, la très-sainte volonté de
Dieu, et en elle mon incomparable affliction ; je pleurai
abondamment le reste du jour, toute la nuit, et jusqu'après la sainte communion du jour suivant, mais fort
doucement, et avec grande paix et tranquillité dans cette
volonté divine, et en la gloire dont jouit ce bienheureux,
car Dieu m'en donna beaucoup de sentiments, avec des
lumières fort claires des dons et grâces qu'il lui avoit
conférés, et de grands désirs de vivre désormais selon
ce que j'ai reçu de cette sainte âme [1]. »

Madame de Chantal voulut faire transporter dans l'é-
glise de la maison mère le corps du saint prélat, afin de
passer ainsi auprès de lui les années que la Providence
lui destinait encore. Elle multiplia les démarches,
écrivit de la manière la plus pressante à tous les personnages compétents de France et de Savoie, et obtint
enfin ce qu'elle désirait avec tant d'ardeur [2]. Elle rentra
elle-même à Annecy vers le 15 janvier 1623 : « En entrant dans son monastère, le cœur pressé de douleur, et
voyant ses filles fondre en larmes, elle ne put leur parler ;
mais elle les mena devant le saint sacrement pour y
chercher la seule consolation que puissent espérer des
âmes véritablement touchées [3]. » Dès le lendemain elle
s'occupa avec un soin filial des préparatifs de la pompe
funèbre de celui qui restait toujours son père spirituel ; et
quelques jours après, le corps de l'illustre évêque étant
arrivé à Annecy, au milieu d'un immense concours de
peuple accouru des points les plus éloignés pour le rece-

[1] MADAME DE CHANTAL, lettre à la supérieure de Paris : *Lettres*,
t. 1er, p. 473. — P. FICHET, p. 351.
[2] MADAME DE CHANTAL, *Lettres*, t. II, p. 94.
[3] *Abrégé*, etc., p. 40.

voir, la mère de Chantal lui fit faire, dans l'église de la
Visitation, des obsèques magnifiques. Il resta pendant
quelques jours exposé près de la grille du sanctuaire, en
attendant la construction du tombeau qui lui était destiné.
Le cœur fut laissé à la maison de Lyon, où saint François
de Sales était mort. Le jour de l'arrivée du cercueil,
madame de Chantal passa plusieurs heures à genoux devant ces restes vénérés, et comme si le saint pouvait l'entendre, persuadée tout au moins que du haut du ciel il
lisait dans son cœur et dans sa pensée, elle lui rendit ce
compte de deux années de sa vie que son directeur avait
renvoyé à leur retour à Annecy[1].

Ces derniers honneurs rendus à la dépouille du saint
évêque, la mère de Chantal s'occupa de sa mémoire.
Elle forma le triple projet de réunir et de publier ses
écrits, de rassembler les éléments de sa biographie, et
surtout de faire constater les preuves de sa sainteté,
afin d'arriver à la béatification de celui qui avait réalisé
à ses yeux le plus pur et le plus cher modèle de la perfection ici-bas. Elle partit immédiatement pour Moulins
et Lyon, dans l'intention d'y constater tout ce que le
prélat avait fait et dit dans les derniers temps de sa
vie[2]. De retour à Annecy avec sa riche moisson de saintes paroles et de faits miraculeux, elle coordonna, de
concert avec ses plus anciennes religieuses, les observations de leur fondateur pour la perfection de l'institut de la Visitation, et elle en fit un livre, appelé *le
Coutumier*, qui devint et est resté la règle chérie de
cet ordre[3]. Elle classa ensuite les notes qu'elle avait déjà

[1] HENRI DE MAUPAS, p. 364.

[2] *Id., ibid.*, p. 365.

[3] MADAME DE CHANTAL, *Lettres*, t. II, p. 251, 377 et 471.

rédigées elle-même, à diverses époques, sur la vie de son directeur et de son ami, y ajouta les fidèles souvenirs des sœurs qui l'entouraient, et tous les renseignements qui lui furent transmis de France et de Savoie. Elle donna ses soins à l'impression des *Épitres*, des *Entretiens*, des *Méditations* et des *Sermons* de l'éloquent prélat [1]. L'un des principaux ouvrages de l'évêque de Genève, le traité de *l'Amour de Dieu*, avait été composé à son intention, et en quelque sorte inspiré par elle. Saint François de Sales l'a indiqué lui-même dans sa préface : « Comme cette âme, dit-il, m'est en la considération que Dieu sait, elle n'a pas eu peu de pouvoir pour animer la mienne en cette rencontre. » Et dans une de ses lettres, s'adressant à madame de Chantal elle-même, il lui dit expressément : « Le livre de *l'Amour de Dieu*, ma chère fille, a été fait particulièrement pour vous [2]. »

Saint François de Sales avait aussi, de son côté, recueilli avec soin toutes les lettres que son amie en Dieu lui avait écrites, et il se proposait de les publier, comme un nouveau traité familier et naïf de l'amour divin. Sa mort trop prompte sauva l'humilité de la mère de Chantal de cet honneur redouté. « L'évêque de Genève (frère et successeur de saint François de Sales), ajoute le biographe émérite de la fondatrice de la Visitation, lui renvoya ses lettres contenant les plus secrets sentiments de son âme, que le saint évêque avoit cotées de sa main

[1] HENRI DE MAUPAS, p. 370. — *Abrégé*, etc., p. 42. Dans les lettres inédites données récemment par M. de Barthélemy, on voit bien toute la sollicitude de madame de Chantal pour la publication des œuvres de son ami. (Conf. t. II, p. 119, 120, 121, 151, 164, 184, 303 et 353. Ce deuxième volume est entièrement inédit.)
[2] HENRI DE MAUPAS, p. 371.

pour servir à l'histoire de sa vie, qu'il vouloit écrire un jour à loisir [1]. » Il les avait conservées, disait-il, *comme un trésor qui n'avoit point de prix* [2]. Mais madame de Chantal les jeta au feu, afin de se soustraire à tout jamais au danger qu'elle avait couru.

Cette double image de saint François de Sales et de sainte Chantal a été, au dix-septième siècle, un des beaux spectacles pour l'âme et pour la foi. « Leur mutuelle affection (dit éloquemment, en employant le style familier au saint lui-même, leur commun historien, qui le plus souvent n'est que minutieux et naïf), étoit claire comme le soleil et blanche comme la neige, forte, inviolable, sincère, mais douce, paisible, tranquille et toute en Dieu [3]. » C'est à la fois, sur cette étroite et mystique union, le dernier mot de la religion et de l'histoire.

Restée seule chargée de la direction de l'institut de la Visitation de Sainte-Marie, la mère de Chantal ne négligea rien pour faire prospérer l'œuvre commune. Indépendamment de son désir, qui chez elle primait tout, d'être agréable à Dieu, il lui semblait que la meilleure manière d'honorer son père spirituel était de ne pas laisser dépérir entre ses mains, de conduire au contraire dans les voies d'une perfection constante la création préférée de cette grande âme.

Au mois de mai 1624, la mère de la Visitation eut à s'occuper du mariage de son fils, le baron de Chantal, avec mademoiselle de Coulanges, « fort riche, fort

---

[1] HENRI DE MAUPAS, p. 366.

[2] *Abrégé*, etc., p. 42.

[3] HENRI DE MAUPAS, p. 359.

aimable et fort estimée d'elle¹. » On a vu quel fut le
caractère de ce fils ardent, bouillant, caustique, duel-
liste effréné, mais ami loyal et dévoué. On connaît sa
mort, arrivée le 22 juillet 1627, trois ans seulement
après son mariage, en combattant, dans l'île de Rhé,
les Anglais venus au secours de la Rochelle, où se défendait la dernière armée de la Réforme².

La douleur et la résignation de madame de Chantal
en apprenant cette perte nouvelle furent ce qu'on pouvait attendre d'une âme toute en Dieu, et du cœur d'une
mère qui croyait son fils sauvé pour l'éternité, parce qu'il
avait trouvé la mort en combattant les hérétiques, et
après avoir accompli ses devoirs religieux. Cette page,
que nous empruntons à son historien le plus complet et
le mieux informé, est ici doublement à sa place, et nous
devons la reproduire sans scrupule, occupé que nous
sommes d'écrire la biographie de l'aïeule de madame de
Sévigné, et d'achever un ouvrage consacré à ce qui
intéresse cette dernière, dans sa famille et dans ses
amis.

« Dieu abreuva la mère de Chantal du fiel d'une très-
douloureuse affliction. Elle n'avoit qu'un fils unique qui
lui étoit plus cher que la vie, qui avoit pour elle des
tendresses et des respects dignes d'un enfant bien né,
et d'une âme parfaitement généreuse. Aussi étoit-ce une
merveille de son temps, un cavalier accompli de corps et
d'esprit, qu'on ne pouvoit connoître sans l'aimer... Notre-
Seigneur le favorisa, le dégoûtant du monde par un dé-

¹ *Abrégé*, etc., p. 42.
² Cf. WALCKENAER, *Mémoires sur madame de Sévigné*, t. Iᵉʳ,
p. 4-7. Cf. encore *Notice* sur la même, éd. Monmerqué, t. Iᵉʳ,
p. 55.

sastre arrivé à un de ses amis qui eut la tête tranchée [1],
dont il conçut de fréquentes pensées de la mort et du
mépris des choses de la terre; de sorte qu'il quitta
volontiers les délices du Louvre pour aller servir l'Église
et le roi en l'île de Rhé, où il gagna le ciel et perdit la
vie. Pour se préparer à une si belle conquête et à une
si heureuse perte, il se confessa et communia avec une
piété extraordinaire, le jour du combat, et, après s'y
être engagé bien avant, avec une chaleur digne de son
courage, il fit, dans une si belle occasion, tout ce que
peut faire entre le péril et la gloire un cœur parfaitement généreux, qui n'a pas un corps impassible. Il
change jusques à trois fois de cheval, il attaque, il est
attaqué; enfin il est blessé à mort, il réclame la miséricorde de Dieu, et meurt d'une mort d'autant plus
belle qu'elle a été chrétienne [2]. »

Le frère de madame de Chantal, l'archevêque de
Bourges, se trouvait alors à Annecy, où il avait été
envoyé par le pape pour y procéder, de concert avec
l'évêque de Belley, aux informations qui devaient conduire à la canonisation de saint François de Sales.
Abîmé lui-même dans la douleur que lui causait cette
perte qu'il venait d'apprendre, il ne se sentit pas le
courage d'annoncer la cruelle nouvelle à sa sœur. Il
en chargea l'évêque de Genève. Celui-ci, à l'issue de la
messe, fit appeler la mère de Chantal au parloir; elle
y vint, suivie de quelques-unes de ses religieuses.

« — Ce bon seigneur lui dit : « Ma mère, nous avons
« des nouvelles de guerre à vous dire; il s'est donné un

---

[1] Montmorency-Boutteville.

[2] HENRI DE MAUPAS, p. 383. — *Mémoires de mad. de Chaugy*,
p. 211.

« rude choc en l'île de Rhé. Le baron de Chantal, avant
« que d'y aller, s'est confessé et a communié... — Et
« enfin, reprit-elle, il est mort ! » Ce bon prélat se mit à
pleurer sans pouvoir répondre une seule parole, et il se fit
un gémissement universel dans le parloir. Elle, connaissant la vérité de sa perte, demeura seule tranquille parmi
tant de sanglots, et, s'étant mise à genoux, les mains
jointes, les yeux élevés au ciel, et le cœur plein d'une
véritable douleur, dit tout haut : « Mon Seigneur et
« mon Dieu, souffrez que je parle pour donner un peu
« d'essor à ma douleur. Et que dirai-je, mon Dieu, si-
« non vous rendre grâce de l'honneur que vous avez
« fait à cet unique fils de le prendre lorsqu'il combat-
« toit pour l'Église romaine ? » Puis elle prit un crucifix,
duquel baisant les mains, elle dit : « Mon Rédempteur,
« j'accepte vos coups avec toute la soumission de mon
« âme, et vous prie de recevoir cet enfant entre les bras
« de votre infinie miséricorde. O mon cher fils ! que
« vous êtes heureux d'avoir scellé de votre sang la fidé-
« lité que vos aïeux ont toujours eue pour la vraie
« Église ! En cela je m'estime vraiment favorisée, et
« rends grâces à Dieu d'avoir été votre mère. » Et se
tournant vers la mère de Chastel, elles dirent ensemble
le *De profundis*, après quoi elle se leva, pleurant paisiblement, sans sanglots, et dit à monseigneur de Genève :
« Je vous assure qu'il y a plus de dix-huit mois que je
« me sens intérieurement sollicitée de demander à Dieu
« que sa bonté me fît la grâce que mon fils mourût à son
« service, et non dans ces duels malheureux où on l'en-
« gageoit si souvent [1]. »

[1] Henri de Maupas, p. 385, d'après les *Mémoires de madame
de Chaugy*.

Cette préoccupation des duels de son fils avait été l'une des grandes douleurs de cette mère, qui mettait avant tout le salut de l'âme : « Hélas ! répond-elle aux consolations de l'une de ses supérieures, la moindre des appréhensions que j'avois de le voir mourir en la disgrâce de Dieu, parmi ces duels où ses amis l'engageoient, me serroit plus le cœur que cette mort qui a été bonne et chrétienne[1]. »

La fille du baron de Chantal, alors âgée seulement de dix-huit mois, fut laissée aux soins de sa mère, Marie de Coulanges, pour laquelle, nous l'avons vu, la fondatrice de la Visitation avait une estime particulière, qui fait l'éloge de cette humble et douce femme, dont si peu de souvenirs nous sont restés. Six mois après la mort de son fils, madame de Chantal fit un second voyage à Paris, l'*Abrégé* de sa vie dit pour les besoins de son ordre[2], mais on peut ajouter aussi pour y voir, consoler et conseiller sa bru, et pourvoir en même temps aux intérêts de sa petite-fille. Elle séjourna à Paris jusqu'au mois de mai 1628, et s'en retourna à Annecy par la Bourgogne. A quatre ans de là, la jeune baronne de Chantal elle-même vint à manquer à celle qui devait s'appeler madame de Sévigné. « La mère de Chantal fut fort touchée de la mort de sa belle-fille, par l'amitié qu'elle avoit pour elle, et encore plus pour l'intérêt de mademoiselle de Chantal, sa petite-fille, qui demeuroit orpheline à cinq ans[3]. » C'est six qu'il faut dire. « Elle aimoit tendrement sa belle-fille, reprend l'auteur

[1] *Mémoires de madame de Chaugy*, p. 211.
[2] P. 38.
[3] *Vie de sainte Chantal*, par madame de Coligny, en tête des *Lettres de sainte Chantal*, éd. de Blaise, Paris, 1823.

contemporain des mémoires de sa vie ; néanmoins elle
n'eut point d'autres paroles que celles qui lui étoient
ordinaires en ces douloureuses rencontres : « Le Sei-
« gneur l'a donné, le Seigneur l'a ôté, le nom du Sei-
« gneur soit loué ! [1] » D'un commun accord l'enfance
de la jeune orpheline fut remise à la double sollicitude
de son aïeul maternel et de son oncle, l'abbé de Coulanges, immortalisé sous le nom du *Bien Bon*, mais
sous la surveillance qui pouvait être lointaine, car elle
était heureusement inutile, de la supérieure du couvent
d'Annecy [2].

Le lendemain du jour où elle avait reçu la nouvelle
de la mort de sa bru, madame de Chantal apprit celle
du comte de Toulongeon, son gendre, gouverneur de
Pignerol : « Voilà bien des morts, dit-elle ; » puis, se reprenant au même instant, écrit madame de Chaugy,
joignit les mains et ajouta : « mais plutôt voilà bien des
« pèlerins qui se hâtent d'aller au logis éternel. Seigneur,
« recevez-les entre les bras de votre miséricorde ! » Et,
ayant un peu prié Dieu et jeté quelques larmes, se raf-
fermit [3]. »

La mère de Chantal ne vivait plus que pour la béatification de son saint directeur, qu'elle fut enfin assez
heureuse pour obtenir, et pour la prospérité et la perfection de son ordre. L'institut de la Visitation avait fini
ses temps d'épreuve. Non-seulement il était accepté par

[1] MADAME DE CHAUGY, p. 233.
[2] Nous reproduisons dans les notes placées à la fin du volume
des fragments de la correspondance de madame de Chantal qui
prouvent toute sa sollicitude pour l'enfance de madame de Sévigné,
et sa grande affection pour la famille maternelle de celle-ci.
[3] *Mémoires*, p. 233.

les ordres rivaux, mais, grâce à la pure et sainte direction de la mère, grâce surtout à ses éclatantes vertus, il devenait maintenant populaire. On le demandait de partout. De 1626 à 1632, madame de Chantal, déférant au vœu bien constaté des populations, établit de nouvelles maisons à Chambéry, à Pont-à-Mousson, à Crémieu, à Châlons, à Marseille et à Montpellier, une succursale à Paris au faubourg Saint-Jacques, et un second monastère à Annecy même, le premier étant devenu complétement insuffisant pour contenir toutes les novices, filles ou veuves, qui voulaient faire profession entre les mains de la vénérable mère, et vivre auprès d'elle.

Quelque temps après la mort de sa belle-fille et de son gendre, la mère de Chantal, pour les intérêts de son ordre, eut à faire un court voyage à Lyon. C'est là qu'elle fut mise en rapport pour la première fois avec une autre femme d'élite, à qui l'impitoyable politique de Richelieu venait d'infliger un de ces veuvages qui seraient la mort dans le désespoir, si le Dieu des affligés n'existait pas, et qui, après avoir vu son mari périr sur l'échafaud, se rendait au château de Moulins, qu'on lui avait assigné pour retraite, ou plutôt pour prison. C'est à l'écrivain, aujourd'hui disparu et regretté, et qui, hier encore, nous racontait avec tant de charme la vie et les larmes de la belle Marie des Ursins, que nous allons demander les premiers détails de ces relations de sainte Chantal avec la veuve du supplicié de Toulouse, cet infortuné duc de Montmorency, si coupable, mais si digne de pardon.

« Une amertume nouvelle attendait la duchesse à Lyon, où le frère de Richelieu était archevêque. Elle se promettait quelque soulagement au couvent de Bellecour, où se trouvait alors la mère de Chantal, supérieure de l'ordre de la Visitation. Une vive sympathie l'attirait vers cette amie de François de Sales, cette amante spirituelle dont le cœur saignait encore de la perte du saint évêque. L'autre veuve aspirait à voir cette pure victime de l'amour divin ; mais le frère de Richelieu ne lui permit pas la douceur d'une telle entrevue. Il fit sortir de Bellecour madame de Chantal, et lui commanda de se retirer dans une autre maison sur la montagne de Fourvières. La généreuse femme, ne pouvant voir la princesse, lui envoya ce qu'elle possédait de plus précieux, un portrait de François de Sales, au revers duquel elle écrivit quelques mots touchants de prière pour celle que sa parole ne pouvait consoler [1]. » L'affligée continua sa pénible route ; mais, sans s'être rencontrées, ces deux grandes âmes s'étaient comprises et aimées, et la séduisante image de saint François de Sales allait, par un lien invisible et puissant, amener à la vie religieuse, et jeter dans les bras de la mère de Chantal cette illustre naufragée de la politique et du monde.

Deux ans ne s'étaient pas écoulés, en effet, que la veuve de Henri de Montmorency, qui avait épuisé toutes les ressources du courage humain, vint demander au couvent de la Visitation de Moulins un refuge contre ses souvenirs et contre son propre cœur. « Une vénération particulière pour saint François de Sales, fondateur de cet ordre, ajoute M. Amédée Renée, une extrême sympathie pour madame de Chantal, qui en était la supérieure,

---

[1] *Madame de Montmorency, mœurs et caractères du dix-septième siècle*, par Amédée Renée, 2ᵉ éd. Paris, 1858. MM. Didot frères, p. 161.

arrêtèrent son choix; puis la maison de Moulins était pauvre, et avait besoin à ses débuts d'une haute assistance [1]. »

Cette même année, la mère de Chantal, depuis peu rentrée en Savoie, fut appelée une troisième fois à Paris, pour les nécessités de son institut. Elle passa par Moulins, et put enfin voir l'infortunée duchesse de Montmorency, si désireuse, de son côté, de connaître celle dont la vertu l'avait attirée dans cette retraite, qui ne devait pas de sitôt donner à son cœur toujours épris une paix faiblement désirée. De vive voix, comme elle l'avait fait par lettres, la triste veuve demanda à cette mère de la résignation un peu de l'absolue soumission envers la Providence, dont elle semblait être le foyer comme elle en était le docteur.

Mais, dans le cœur de la belle Marie des Ursins, de cette nièce de Marie de Médicis, dont les yeux, au milieu de la cour, n'avaient jamais distingué que son séduisant et volage époux, la douleur était immense, l'apaisement fut long. Madame de Chantal ne put rien, évidemment, à cette première entrevue, et, dans la suite, elle dut y revenir à bien des fois, avec toute la délicatesse de son esprit et l'onction de sa parole, avant de cicatriser l'horrible blessure faite à ce cœur d'épouse aujourd'hui amoureuse d'un tombeau.

Arrivée à Paris au mois de juillet 1634, la mère de Chantal n'en repartit qu'au mois d'avril suivant. Pendant ces neuf mois, elle s'occupa surtout des moyens de conserver l'union entre ses religieuses, qui, depuis l'établissement de la seconde maison du faubourg Saint-Jac-

[1] *Madame de Montmorency*, p. 170.

ques, avaient une tendance que, dès le début, il fallait réprimer à la rivalité et à la division. Elle donna aussi des soins à l'éducation de Marie de Rabutin, alors âgée de huit ans, et dont la grâce précoce était faite pour séduire et attacher sa grand'mère, malgré son austérité et sa lutte contre les joies même les plus légitimes de la terre. A chaque voyage nouveau à Paris, la réputation de madame de Chantal grandissait et lui attirait de plus grands hommages et un plus grand nombre de clients spirituels, qui venaient chercher auprès d'elle des consolations, des exemples et des conseils. « Elle édifioit et contentoit tout le monde ; et sa vertu fit tant de bruit que beaucoup de gens en crédit s'employèrent pour la faire demeurer toujours à Paris ; mais, ne s'y croyant plus nécessaire, rien ne la put arrêter [1]. » La mère de Chantal, dans ce voyage, se lia encore plus intimement avec l'autre grand saint de ce temps, Vincent de Paul, fervent admirateur de sa vertu. Elle lui demandait la force et les conseils qu'elle avait si longtemps trouvés auprès de l'évêque de Genève et que le saint de la charité lui prodiguait en vrai père, comme l'avait fait le saint de l'amour divin [2].

En se rendant de Paris en Savoie, la mère de Chantal visita la plus grande partie des maisons de son ordre ; elle donna quelque temps à la comtesse de Toulongeon, sa fille, poussa jusqu'en Provence et à Marseille, et rentra à Annecy au mois d'octobre de l'année 1635.

Cette sainte vie, qui devait se prolonger six années encore, n'offre rien de particulier, jusqu'au quatrième

[1] MADAME DE COLIGNY, *Vie de sainte Chantal.*
[2] V. *Lettres de madame de Chantal*, t. 1er, p. 109 et 114. Elle l'appelle *le bon*, *le très-bon M. Vincent.*

voyage de la mère de Chantal à Paris, qui marqua la fin
de son apostolat. Ses biographes sont sobres de détails
pour ces derniers temps, lassés peut-être eux-mêmes de
redire les mêmes œuvres et les mêmes vertus. Quelques
faits cependant peuvent et doivent être relevés. En 1638,
la duchesse de Savoie l'ayant instamment priée de venir
établir une maison de la Visitation à Turin, madame de
Chantal s'y rendit « dans un équipage que lui envoya
madame de Savoie, qui la reçut avec joie, la combla
d'honneurs et d'amitiés, et lui fit de grands présents pour
sa nouvelle fondation[1]. » La mère de Chantal employa
sept mois à cette œuvre d'un grand avenir pour l'institut : de retour à Annecy, elle s'occupa à réaliser un
projet qu'elle avait formé lors de son dernier retour de
Paris, en l'honneur de son nouveau père, le vénéré Vincent de Paul; c'était celui de l'établissement à Annecy
d'une maison des *Pères missionnaires*, dont le fondateur
de l'œuvre des Enfants abandonnés était le supérieur
général. « Cet évêché étant si étendu, écrit madame de
Chantal à M. de Sillery, si nombreux en peuple, et si
voisin de la malheureuse Genève, ce secours y étoit tout
à fait nécessaire[2]. »

L'année suivante (1640) fut marquée pour la mère de
Chantal par de douloureuses séparations qui affligèrent
son cœur, mais n'entamèrent point son courage et sa résignation. Presque coup sur coup, elle perdit ses trois
plus anciennes compagnes, les mères Favre, de Chastel et
de Brechat, qui, avec elle, avaient posé les premiers fon-

---

[1] MADAME DE COLIGNY, *Vie de sainte Chantal.* — *Lettres de madame de Chantal*, t. Ier, p. 20.

[2] MADAME DE CHANTAL, *Lettres*, t. Ier, p. 109. — MADAME DE COLI-
GNY. *Abrégé*, etc., p. 51.

dements de l'ordre. Elle eut encore l'affliction d'apprendre la mort de son meilleur ami dans le monde, le commandeur de Sillery, protecteur de la Visitation de Paris, et, enfin, le 13 mai 1640, celle de son frère unique et bien-aimé, l'archevêque de Bourges [1]. Tous ses parents, ses amis, la quittaient; elle songea alors à sa fin, qu'elle croyait prochaine, et dont la pensée fixe ne l'avait jamais abandonnée. L'âge (elle avait plus de soixante-huit ans) et quelque pressentiment d'en haut l'avertissant, elle se démit de sa charge de supérieure de la maison mère d'Annecy. La communauté insista pour qu'elle conservât ces fonctions qu'elle remplissait avec tant de perfection et d'autorité; mais elle demanda avec de si vives instances « qu'on la laissât se préparer à la mort, dans la tranquillité d'une simple religieuse, qu'on le lui accorda, et d'autant plus que son grand âge demandoit du repos [2]. » Elle cessa d'être supérieure, mais rien ne pouvait lui ôter le titre de conseil, d'oracle, de directrice morale, de règle vivante de l'ordre, que lui continuèrent, malgré tous les efforts de son humilité, l'absolu respect de ses filles et la populaire vénération du dehors.

C'est à tous ces titres, auxquels il faut joindre une amitié cultivée par lettres, et d'année en année croissante, que l'illustre novice de Moulins, ses épreuves religieuses terminées, et son cœur presque soumis, car il ne pouvait être consolé, s'adressa à madame de Chantal, afin d'obtenir d'elle qu'elle vînt lui donner ce voile sous lequel elle voulait à jamais ensevelir son veuvage et sa douleur.

[1] MADAME DE CHANTAL, *Lettres*, t. Ier, p. 559. — MADAME DE COLIGNY, *Vie de sainte Chantal*.
[2] *Abrégé*, etc., p. 52.

Chaque jour, pendant les six années de son noviciat dans le couvent de la Visitation, elle avait essayé de mourir à quelque souvenir de sa vie heureuse et charmée. Sa lutte contre le passé fut longue, pleine de larmes et d'orages intérieurs. Peu à peu cependant, sous l'empire des exhortations du père de Lingendes, son éloquent confesseur, et des tendres directions de la mère de Chantal, elle se dépouilla de tout ce qui lui rappelait trop son amour et ses malheurs : d'abord le portrait de son mari, puis ses lettres ; ensuite son mépris pour Gaston d'Orléans, qui avait abandonné un ami après l'avoir entraîné à la révolte ; enfin sa haine pour le sanglant Richelieu, qui ne savait que punir, et qui aurait pu, qui eût dû faire grâce. Chaque jour aussi elle s'était avancée davantage dans la pratique d'une règle où saint François de Sales avait déposé tant d'humilité, d'obéissance et de résignation, « se vouant de préférence aux emplois les plus bas, aux plus petits offices de la cuisine, aux soins les plus rebutants de l'infirmerie [1]. »
— « Le vœu qu'avait formé la princesse, continue son historien, de recevoir le voile des mains de la mère de Chantal, trouva de la résistance chez l'évêque de Genève. C'était à l'entrée de l'hiver, et le prélat redoutait pour la supérieure l'épreuve d'un voyage dans cette saison. Il céda pourtant aux instantes prières de la duchesse, et madame de Chantal se rendit à Moulins (septembre 1641). Ces deux âmes se retrouvèrent avec une inexprimable joie ; elles se comprenaient en tous leurs amours. « Qui aime « accomplit toute la loi, » disaient-elles. « Soumise en tout à sa mère spirituelle, l'humble postulante consentit à différer ses vœux. La supérieure lui représenta qu'il

---

[1] AMÉDÉE RENÉE, *Madame de Montmorency*, p. 185.

fallait régler ses affaires, arrêter ses comptes de fortune, avant de fermer sur elle les portes du monde. La duchesse, touchée de ces avis, s'y rendit avec tristesse[1]. »

Le prélat contemporain de madame de Chantal qui s'est fait son minutieux annaliste, parlant de ce séjour à Moulins, dit un mot caractéristique, qui fait bien comprendre la puissante sympathie qui unissait ces deux âmes : « La mère de Chantal fit une si grande union avec madame de Montmorency, *qu'elles étoient, ce semble, indivisibles*[2]. » Et le même ajoute que, touchant à sa fin, et en quelque sorte entièrement spiritualisée par l'approche de sa récompense, l'amie de saint François de Sales répétait à chaque instant : « Amour ! amour ! mes chères sœurs, je ne veux plus parler que d'amour[3] ! »

Madame de Chantal était sur le point de retourner à Annecy, lorsqu'elle reçut de son supérieur, l'évêque de Genève, l'ordre formel d'aller trouver la reine, Anne d'Autriche, qui avait témoigné un vif désir de la voir. Se doutant bien que, par humilité, la mère chercherait tous les prétextes pour se dérober à l'hommage qu'on voulait lui rendre, la reine avait pris la précaution nécessaire de s'adresser à l'autorité diocésaine, afin de ne point éprouver de refus. « Elle lui fit l'honneur, ajoute l'une des biographies qui nous servent de guide, de lui envoyer une litière, et de la prier, par une lettre de sa main, de faire ce voyage. La mère de Chantal partit aussitôt et arriva à Paris le quatrième d'octobre[4]. » L'évêque du Puy ajoute

[1] Amédée Renée, p. 189.
[2] Henri de Maupas, p. 484.
[3] Id., ibid., p. 471.
[4] Abrégé, etc., p. 53.

qu'Anne d'Autriche, pressée de la voir la première, voulut qu'elle passât par Saint-Germain, « où elle la reçut et l'honora d'un entretien particulier de deux ou trois heures, lui témoignant un grand désir d'avoir quelque chose d'elle pour le garder précieusement [1]. »

. Madame de Chantal resta un mois et quelques jours à Paris au milieu des hommages et des bénédictions que lui attirait sa réputation de sainteté toujours plus grande. Il faut, pour en bien juger, reproduire dans leur texte même les témoignages contemporains. « Le concours des visites et des personnes de tous états et conditions, et même de tous pays, fut si grand que, n'y pouvant fournir sans perte de quelques-uns de ses exercices, elle se levoit à trois et quatre heures du matin pour les reprendre et répondre aux lettres qu'on lui écrivoit, et vaquer à l'entretien de ses filles et de ceux qui la venoient consulter. Car, comme sa réputation croissoit de jour à autre, aussi bien que sa sainteté, chacun désiroit d'y prendre part, de jeter dans son cœur toutes les peines, les travaux et les difficultés, pour les changer en bénédiction, et en recevoir soulagement et conduite... Quelques-uns la venoient visiter, comme on fait, disoient-ils, les choses rares; d'autres pour dire qu'ils avoient vu une sainte. Enfin c'étoit une chose d'édification de considérer cette vertueuse mère parmi tout cela, dans une bonté incomparable, une humilité indicible, un visage égal, et des paroles autant pleines de douceur que de dévotion. Bref, elle se surpassoit tellement que, n'étant pas reconnoissable, on jugeoit bien dans une perfection si accomplie, que, son corps étant en terre, son esprit

---

[1] HENRI DE MAUPAS, p. 484. — MADAME DE CHAUGY, p. 276.

étoit déjà au ciel, ne faisant plus aucune action qui ne fût toute céleste[1]. »

Çes grandes occupations, cette vie de direction, de prières, et, il faut le dire maintenant, d'extase, permirent à peine à la mère de Chantal de s'occuper de sa petite-fille Marie de Rabutin, qu'elle retrouvait dans sa seizième année, pourvue d'une éducation complète selon le monde, et déjà, de bonne heure, toute pétillante de cet esprit qui, au dire d'une amie de sa jeunesse, madame de la Fayette, éblouissait les yeux. L'évêque du Puy nous a conservé un souvenir de cette époque flatteur pour madame de Sévigné, qu'il faut recueillir ici, car il ne l'a été par aucun de ses biographes, et c'est une des seules traces laissées dans cette histoire de famille des relations de notre grande épistolaire avec sa sainte aïeule.

« En son dernier voyage à Paris, son cœur vraiment détaché des créatures, et mortifié au delà de ce qu'on peut dire, traita mademoiselle de Chantal, sa petite-fille, autant aimée d'elle qu'elle est aimable, avec tant de réserve que, l'ayant tous les jours auprès de soi, elle ne lui donna qu'environ une heure de son temps, durant tout son séjour; encore ce fut à trois ou quatre reprises, et seulement pour satisfaire aux devoirs de la charité, et au zèle quelle avoit de contribuer de ses soins au salut de cette âme si bien née, et qui, grâce à Dieu, en fait si bon usage. Si j'ose dire que cette sage demoiselle est la digne fille d'une si digne mère, et que la personne la plus indifférente ne lui sauroit refuser une honnête amitié, à moins que de haïr la vertu, jugez

---

[1] Henri de Maupas, p. 485. Le P. Fichet l'appelle alors *le miracle de ce siècle* (p. 451).

quelle victoire à notre sainte mère de se priver de la douceur de sa conversation, après de si longues absences, et de se surmonter soi-même dans les plus délicats sentiments de la nature, et les plus légitimes [1]. »

La mère de Chantal eut peur des hommages que le monde lui rendait : « Tant d'applaudissements, dit l'abréviateur de sa vie, lui devinrent suspects : elle crut qu'il ne suffisoit pas de s'en défier, et qu'il les falloit fuir [2]. » Mais, avant son départ, elle voulut laisser une confession générale de sa vie si pure et si sainte pourtant, entre les mains de saint Vincent de Paul. « Voulant aussi, ajoute l'évêque du Puy, satisfaire au désir que madame de Port-Royal (Angélique Arnauld, on s'en souvient) lui témoigna de la voir en son monastère, elle y demeura deux jours, où ces deux grandes âmes s'entretinrent avec bénédiction et avec joie singulière de part et d'autre [3]. » Le 11 novembre, elle fit ses adieux à sa petite-fille, et, ayant réuni toutes ses religieuses dans le monastère de la rue Saint-Antoine, elle leur adressa ses dernières recommandations, persuadée qu'elle ne les reverrait plus : « Adieu, leur dit-elle en les quittant, mes chères filles, jusques à l'éternité [4]. »

Son dessein était de s'en revenir à Annecy en repassant par Moulins. Chemin faisant elle visita les diverses maisons de l'ordre, et arriva à Nevers le 1er décembre. Là elle se sentit indisposée ; mais malgré un froid très-vif elle insista pour continuer sa route, et, le surlendemain, elle rentra au couvent de Moulins, à la grande joie mais bien-

---

[1] HENRI DE MAUPAS, p. 747.

[2] Abrégé, etc., p. 53.

[3] HENRI DE MAUPAS, p. 489.

[4] Id., ibid., p. 492.

tôt à la grande frayeur de madame de Montmorency, frappée, comme toute la communauté, de l'altération que la fatigue d'un voyage d'hiver et le mal qui s'annonçait avaient produite dans les traits de la mère. Cinq jours après son arrivée la fièvre la prit, avec une sérieuse inflammation du poumon. Elle voulut se lever pour aller communier au chœur. Elle fut obligée de se remettre au lit, et, la maladie continuant de s'aggraver, on reconnut, le troisième jour, qu'elle était mortelle : « On exposa le Saint Sacrement ; les prières, les aumônes, les remèdes et les soins ne furent point épargnés pour la sauver ; elle seule demeura tranquille sur l'événement, et ne songea qu'à son intérieur[1]. »

« Un tel événement (raconte l'historien de madame de Montmorency, en un récit plein d'onction) jeta le désespoir dans la communauté ; mais pour madame de Montmorency c'était une perte deux fois cruelle. N'était-ce pas à son intention et d'après ses désirs que la sainte femme avait quitté sa retraite et entrepris ce périlleux voyage ? Elle se voyait fatale à tous ceux qu'elle aimait. Elle-même, se soutenant à peine, passa des jours et des nuits à veiller, aussi pâle que la mourante : elle la couvrait de ses tristes regards, prosternée, haletante sous ce dernier coup de la douleur. Son âme, détachée de tout, faisait effort pour partir avec l'âme de la sainte. On a recueilli les dernières instructions que cette sainte adressa dans la sérénité de ses derniers moments, les conseils qu'elle donna à son amie, lui recommandant, dans sa sagesse, de ne point enrichir le couvent qu'elle avait choisi pour retraite, « afin, disait-

---

[1] MADAME DE COLIGNY, Vie de sainte Chantal.

« elle, que l'esprit de mortification et de pauvreté reli-
« gieuse ne courût pas risque de s'y perdre, si on y
« avoit la facilité de se procurer les commodités de la
« vie. » L'œil clairvoyant de cette mourante, scrutant
tous les cœurs autour d'elle, en marquait ainsi les
faiblesses. « L'état où je suis, dit-elle à madame de
« Montmorency, ne n'empêchera pas de vous dire en
« peu de mots ce que je crois nécessaire pour votre per-
« fection. J'ai remarqué que vous faites trop de ré-
« flexions sur vous-même et sur vos actions pour voir
« si vous agissez avec toute la pureté que votre esprit
« souhaite ; retranchez-en un peu, je vous prie : je sais,
« par expérience, que les fréquents retours sur soi
« arrêtent l'âme hors de Dieu. Quand vous aurez fait
« quoi que ce soit, retournez simplement à lui : son re-
« gard perfectionne tout. » Puis, s'adressant aux religieuses assemblées : « Avant que de finir, reprit-elle, il
« faut que je vous conjure, mes filles, d'avoir un grand
« respect, une entière révérence pour madame de Mont-
« morency, qui est une âme sainte, à qui l'ordre a des
« obligations infinies, pour tous les biens spirituels et
« temporels qu'elle y fait. Je vous estime heureuses de
« l'inspiration que Dieu lui a donnée ; elle vit parmi nos
« sœurs avec plus d'humilité, de bassesse et de sim-
« plicité que si c'étoit une petite paysanne. Rien ne
« me touche à l'égal de la tendresse où elle est pour
« mon départ de cette vie. Elle croit que vous la blâ-
« merez de ma mort ; mais, mes chères filles, vous
« savez que la Providence ordonne de nos jours. Les
« miens n'auroient pas été plus longs d'un quart d'heure,
« et ce voyage a été un grand bien pour tout l'institut[1]. »

---

[1] AMÉDÉE RENÉE, p. 190.

La veille de sa mort, madame de Chantal entretint
encore, avec la plus vive et la plus douce affection, madame de Montmorency, désolée mais en même temps ravie
des derniers discours de cette amie, de cette mère qui,
pour elle, était déjà une bienheureuse du ciel. La mourante
dicta, pendant trois heures, à son directeur, au milieu
des plus vives souffrances, une instruction suprême pour
le bien et la discipline de l'ordre, commençant par ces
mots, qui disent toute une vie de soumission et de fidèle
pratique des devoirs : « Je prie nos sœurs qu'elles obser-
vent nos règles, parce qu'elles sont leurs règles, et non
parce qu'elles pourroient être selon leurs goûts [1]. »

— « Cela fait (ajoute la marquise de Coligny, qui a reçu
de ceux qui en furent les témoins la tradition de cette fin
courageuse), elle se confessa, reçut le viatique, et parla de
Dieu avec des sentiments si élevés, et marqua tant de résignation aux ordres divins, qu'elle ravit tous ceux qui l'é-
coutèrent. La nuit, elle souffrit beaucoup, et dit à celles qui
la veilloient, et qui la plaignoient fort : « Il est vrai que
« la nature combat encore ; mon esprit souffre, et je suis
« sur la croix. » Elle reposa peu, et le matin, sur les huit
heures, le père de Lingendes, jésuite qu'elle avoit demandé, arriva ; elle lui parla fort longtemps, et fit une
revue générale de sa vie, et un grand détail de l'état présent de son âme ; après quoi elle lui demanda l'extrême-
onction, et la reçut, répondant elle-même aux prières
qu'elle se faisoit expliquer [2]. »

La mère mourante pria qu'on lui lût la Passion, et,

[1] *Abrégé*, etc., p. 54.
[2] Détails recueillis par la mère de Musy, supérieure du couvent de
Moulins. — V. aussi le P. FICHET, p. 455.

pressant de sa main droite une croix sur sa poitrine, elle suivit ce récit des souffrances du fils de Dieu en faisant de temps en temps des commentaires assortis à sa situation. On lui apporta, comme une relique dont la vertu pouvait lui procurer quelque soulagement, la mitre de saint François de Sales qu'elle avait brodée de sa propre main et qui était conservée dans l'église du couvent. Elle la baisa avec une touchante dévotion [1].

« Le père de Lingendes, continue madame de Coligny, la pria ensuite de donner sa bénédiction à ses filles, ce qu'elle refusa de faire en sa présence, par humilité : mais, le père le lui ayant ordonné, elle obéit, et leur parla avec tant de force sur l'éternité et sur la crainte qu'on devoit avoir des jugements de Dieu, que le père de Lingendes a dit n'avoir jamais entendu de sermon qui l'eût tant frappé. La sainte mère finit son discours par dire un adieu si touchant à ses filles qu'elles en furent longtemps attendries ; et, de peur que leur extrême douleur ne fît de la peine à la mourante, on les fit retirer, après quoi elle pria le père de Lingendes de ne la point quitter. Son agonie fut rude et sa patience invincible [2]. »

Mais il convient ici de donner la parole au principal témoin de cette mort mémorable.

« Je ne penserois pas, mes chères sœurs, vous avoir satisfaites (disait quelques mois après le père de Lingendes, prononçant devant les religieuses de Paris l'oraison funèbre de leur sainte mère), si je ne vous par-

[1] HENRI DE MAUPAS, p. 508. —*Mémoires de madame de Chaugy*, p. 283.
[2] COLIGNY, *Vie de sainte Chantal.*

« lois de son heureux trépas et des derniers sentiments
« qu'elle eut en mourant. Je fus appelé pour lui admi-
« nistrer les derniers sacrements, et l'assister en son
« heureux passage. Elle étoit dans de si grandes douleurs
« qu'elle tiroit les larmes de nos yeux ; jamais je n'ai
« vu une telle patience en de si grandes souffrances ; elle
« avoit le corps tout en feu ; je ne vis jamais de visage
« si enflammé : de fois à autre elle étendoit les bras,
« embrassoit le crucifix et le serroit sur sa poitrine,
« comme pour s'affermir dans ses grandes douleurs. Fort
« peu avant que de mourir, on lui présenta de la nour-
« riture : *Il me semble*, dit-elle, *qu'il n'est plus néces-*
« *saire;* mais, pour obéir, elle prit ce qu'on vouloit avec
« un grand effort. Quelque temps après, je lui dis forte-
« ment : *Ma mère, vos grandes douleurs sont les cla-*
« *meurs qui précèdent la venue de l'Époux; sans doute*
« *il vient; ne voulez-vous pas aller au-devant de lui?*
« Elle me dit, avec une grande fermeté, quoique d'une
« voix plus basse : *Oui, mon père, je m'y en vais;* et
« prononça distinctement : JÉSUS, JÉSUS, JÉSUS ! puis,
« faisant un grand enclin, comme pour adorer Notre-
« Seigneur présent, elle baissa la tête et rendit l'es-
« prit[1]. »

Ainsi mourut saintement l'aïeule de madame de Sévigné, le vendredi 13 décembre 1641, à sept heures du
soir. Ses sœurs lui découvrirent respectueusement la
poitrine, et l'une après l'autre vinrent baiser le divin
stigmate qu'elle y avait elle-même gravé[2]. Son corps

[1] *Oraison funèbre de la vénérable mère de Chantal,* prononcée à Paris, aux religieuses de la Visitation.
[2] *Mémoires de madame de Chaugy,* p. 291.

12

fut porté à Annecy; son cœur resta au monastère de
Moulins, sous la pieuse et fidèle garde de madame de
Montmorency, qui, durant vingt-cinq ans encore, ne
cessa de lui demander une résignation qui lui faisait
toujours défaut[1].

Dès sa mort, de son vivant même, la fondatrice de
l'ordre de la Visitation jouit d'une réputation de sainteté
qu'à un siècle de là vint confirmer et proclamer le bref
définitif du pape Benoît XIV. Elle méritait cet honneur
par sa vie si bien remplie d'œuvres et de vertus, et si chré-
tiennement terminée dans cette cellule de Moulins, où
nous avons laissé sa petite-fille sous l'impression de l'é-
vocation de ce récent passé, dont elle avait connu une
partie, et dont le reste appartenait à des traditions de
famille par elle conservées avec une foi sincère, quoique
bien éloignée des sublimités où avait atteint sa grand'-
mère[2].

Si, après ces longs détails, on nous permet encore
quelques lignes pour apprécier le caractère de cette
sainte femme, l'orgueil et le culte d'une petite-fille dont
nous achevons l'histoire, nous n'aurons qu'à les emprunter
aux trois hommes qui l'ont le mieux connue, trois
hommes de Dieu, dont deux ont été placés comme elle,
par la vénération des contemporains et le jugement de
l'Église, au rang des bienheureux.

[1] Voir, sur les derniers temps de madame de Chantal, ses *Lettres*
(éd. de M. de Barthélemy), t. I⁰ʳ, p. 557-579.

[2] Le premier biographe en date de madame de Chantal, le P. Fichet, qui au lendemain de sa mort écrivait une histoire de la sainte,
publiée deux ans après, parle en deux endroits de Marie de Rabutin,
alors sur le point d'épouser le marquis de Sévigné. Page 66, il
l'appelle « une héritière belle, riche et très-vertueuse; » et p. 108,
« la perle des demoiselles et un rare parti. »

« C'est un abus assez commun, a dit le confesseur de la mère de Chantal, que les vertus les plus éclatantes sont les plus estimées ; mais cet esprit si sage et solide en a bien fait un autre jugement : elle sut faire le choix des plus basses et cachées, comme de l'humilité, de la douceur, du support du prochain et de l'union des cœurs, de la mansuétude, de la patience, de la longanimité, et de semblables vertus qui ont moins d'actions en apparence que les autres, mais elles sont plus étendues et toujours dans l'emploi ; les autres vertus extraordinaires arrivent rarement [1]. »

Sur le coup de cette perte, saint Vincent de Paul délivra à l'ordre de la Visitation de Paris l'attestation suivante : « Nous, Vincent de Paul, supérieur général très-indigne des prêtres de la Mission, certifions qu'il y a environ vingt ans que Dieu nous a fait la grâce d'être connu de défunte notre très-digne mère de Chantal, par de fréquentes communications de paroles et par écrit, qu'il a plu à Dieu que j'aie eues avec elle, tant au premier voyage qu'elle fit en cette ville, il y a environ vingt ans, qu'ès autres qu'elle y a faits depuis : en tous lesquels elle m'a honoré de la confiance de me communiquer son intérieur ; qu'il m'a toujours paru qu'elle étoit accomplie de toutes sortes de vertus, et particulièrement qu'elle étoit pleine de foi, quoiqu'elle ait été, toute sa vie, tentée de pensées contraires... ; qu'elle avoit l'esprit juste, prudent, tempéré et fort, en un degré très-éminent ; que l'humilité, la mortification, l'obéissance, le zèle de la sanctification de son saint ordre, et du salut

[1] *Oraison funèbre de la mère de Chantal,* par le père de Lingendes.

des âmes du pauvre peuple, étoient en elle à un souverain degré... » Saint Vincent de Paul ajoute, en terminant, qu'à ses yeux la mère de Chantal « étoit une des plus saintes âmes qu'il ait jamais connues sur la terre, » et qu'il la croit maintenant « une âme bienheureuse dans le ciel[1]. »

Enfin, pour ne prendre qu'un passage dans tout ce que saint François de Sales a écrit de celle qu'il nomme ailleurs l'*honneur de son sexe*, et à laquelle il a prodigué les noms de sainte Paule, de sainte Angèle, de sainte Catherine de Gênes, nous allons copier ces quelques lignes extraites d'une lettre qu'il adressait à l'un de ses confrères dans l'épiscopat : « Je ne parle de cette âme « toute sainte qu'avec respect. On ne peut assembler « une plus grande étendue d'esprit avec une plus pro- « fonde humilité; elle est simple et sincère comme un « enfant, avec un jugement solide et élevé, l'âme « grande, un courage pour les saintes entreprises au- « dessus de son sexe; et, en un mot, je ne lis jamais la « description de la femme parfaite de Salomon, que je « ne pense à la mère de Chantal. Je vous dis tout cela à « l'oreille du cœur, car cette âme vraiment humble « seroit toute peinée si elle savoit que je vous eusse dit « d'elle tant de bien[2]. »

---

[1] *Sentiment de saint Vincent de Paul, de la sainteté de la mère de Chantal*, dans l'*Abrégé de la vie*, etc., p. 57.

[2] *Abrégé*, etc., p. 56.

A la mort de madame de Chantal on comptait quatre-vingt-sept monastères de la Visitation, et en 1792, à l'époque de la suppression des ordres religieux, cent soixante-sept. Il en existe aujourd'hui cent huit, tant en France qu'à l'étranger. (Tableau placé par M. l'abbé Boulangé à la fin de son édition des *Mémoires de madame de Chaugy*, sur l'histoire de la mère de Chantal.)

Après avoir terminé sa station filiale dans la chambre mortuaire de son aïeule, madame de Sévigné admira le superbe mausolée que la duchesse de Montmorency avait fait élever à son époux tant aimé, dans l'église de la Visitation de Moulins[1]. Cinq ans auparavant, ce monument décoré de vingt magnifiques statues, sans compter celle du duc, avait aussi excité la juste admiration de madame de Grignan, se rendant de Paris en Provence[2]. Celle-ci avait vu alors à Moulins deux jeunes enfants, filles de la marquise de Valençay, que madame de Sévigné retrouvait au couvent de la Visitation grandies et embellies, et qui lui rappelaient à la fois et sa propre fille et son père, dont leur aïeul avait été l'ami. « Les petites filles que voilà, dit-elle, sont belles et aimables; vous les avez vues : elles se souviennent que vous faisiez de grands soupirs dans cette église; je pense que j'y avois quelque part, du moins sais-je bien qu'en ce temps j'en faisois de bien douloureux de mon côté[3]. » La marquise de Valençay, était la fille du frère d'armes du baron de Chantal[4], ce Montmorency-Bouteville à qui Richelieu avait fait trancher la tête pour cause de duel, et dont la mort poussa à cette expédition désespérée de l'île de Rhé son malheureux ami, qui y rencontra sa glorieuse mort[5].

Outre ces souvenirs, la marquise de Sévigné en trouva

[1] SÉVIGNÉ, *Lettres* (17 mai, 1676), t. IV, p. 298.
[2] Conf. WALCKENAER, *Mémoires sur madame de Sévigné*, t. III, p. 325. Voy. la description de ce tombeau dans AMÉDÉE RENÉE, *Madame de Montmorency*, p. 321.
[3] *Lettres*, t. IV, p. 299.
[4] Conf. WALCKENAER, t. III, p. 324.
[5] Voy. sur la marquise de Valençay et ses filles, SAINT-SIMON, t. VII, p. 110, et *Mémoires* de Dangeau, t. Ier, p. 48 (éd. Didot).

12.

d'autres à Moulins, faits pour réveiller dans son cœur tout un passé d'amitié, sinon d'amour, et des sentiments qu'un malheur inflexible n'avait point effacés.

Après la chute du surintendant Fouquet, sa famille avait choisi pour lieu de résidence cette ville, dans le voisinage de laquelle elle possédait la terre de *Pomé*. Fidèle aux malheureux, madame de Sévigné n'était pas de ces gens qui se détournent de leur chemin pour les éviter ; elle se fût plutôt dérangée pour venir apporter de nouvelles consolations aux parents d'un homme qu'elle avait pu aimer puissant, parce que ce n'était ni sa puissance si courtisée, ni ses trésors si prodigués qu'elle avait aimés en lui. Madame de Sévigné, ceci éclate dans sa correspondance, a été le caractère de femme le plus indépendant, le plus sûr de son temps. Elle n'éprouvait ni crainte ni souci de se compromettre en cultivant les disgraciés, les exilés. Dans sa station de Moulins, elle avait accepté sans hésiter l'hospitalité honorablement offerte de la famille du prisonnier de Pignerol. « Madame Fouquet, mande-t-elle avec simplicité à sa fille, son beau-frère (l'abbé Fouquet) et son fils vinrent au-devant de moi; ils m'ont logée chez eux [1]. » Que de retours et de réflexions sur un passé si proche et cependant si éloigné ils durent faire ensemble!

[1] *Lettres* (1676), t. IV, p. 298.

CHAPITRE IV.

1676.

Madame de Sévigné arrive à Vichy. — Société qu'elle y trouve. — Vie des Eaux au dix-septième siècle ; madame de Sévigné en envoie à sa fille la véritable *gazette*. — Description du pays ; promenades ; danses et *bourrées* d'Auvergne. — *La colique de madame de Brissac.* — Quelques portraits d'originaux. — *La charmante douche.* — Madame de Sévigné reprend la route de Paris. — Elle visite la famille Fouquet : ses divers membres. — Dernière station de madame de Sévigné au château de Vaux.

Le surlendemain de son départ de Moulins, 18 mai, madame de Sévigné arriva à Vichy. Elle y resta un mois entier à prendre les eaux et les bains dans cet établissement, le plus anciennement connu en France, et le mieux disposé, quoique bien loin de ce qu'il est devenu depuis. Nous avons dix lettres d'elle, écrites pendant son séjour dans ce lieu si pittoresque : il n'est pas sans intérêt de les étudier à titre de gazette, de courrier, de *Chronique des Eaux*, comme nous dirions aujourd'hui. Madame de Sévigné a tous les tons, et, à coup sûr, nos chroniqueurs modernes pourraient trouver chez elle des exemples et des leçons.

La marquise de Sévigné fut reçue aux bains de Vichy par une nombreuse société arrivée avant elle, et qui l'accueillit comme l'esprit l'est toujours dans un monde plutôt réuni pour se distraire que pour se guérir. « J'arrivai ici hier au soir, écrit-elle le mardi 19 mai ; madame de Brissac avec le *Chanoine* (madame de Longueval) ; madamé de Saint-Hérem et deux ou trois autres me vinrent recevoir au bord de la jolie rivière d'Allier. Je crois que, si on y regardoit bien, on y trouveroit encore les bergers de l'*Astrée*. M. de Saint-Hérem, M. de la Fayette, l'abbé Dorat, Plancy et d'autres encore suivoient dans un second carrosse ou à cheval. Je fus reçue avec une grande joie. Madame de Brissac me mena souper chez elle; je crois avoir déjà vu que le *Chanoine* en a jusque-là de la duchesse : vous voyez bien où je mets la main. Je me suis reposée aujourd'hui, et demain je commencerai à boire. M. de Saint-Hérem m'est venu prendre ce matin pour la messe et pour dîner chez lui. Madame de Brissac y est venue; on a joué : pour moi, je ne saurois me fatiguer à mêler des cartes. Nous nous sommes promenés, ce soir, dans les plus beaux endroits du monde; et, à sept heures, la poule mouillée vient manger son poulet et causer un peu avec sa chère enfant : on vous en aime mieux quand on en voit d'autres. Je suis fort aise de n'avoir point ici mon *Bien Bon;* il y eût fait un mauvais personnage : quand on ne boit pas on s'ennuie; c'est une *billebaude* (une confusion) qui n'est pas agréable, et moins pour lui que pour un autre[1]. »

Il y avait à Vichy, la lettre de madame de Sévigné l'indique, plus de monde qu'elle n'en dénomme. Ceux qu'elle nous fait connaître étaient les personnes avec lesquelles elle avait de plus particulières relations. Le marquis de Saint-Hérem (Gaspard de Montmorin), commandant de Fontainebleau, recevait dans ses voyages madame de Sévigné à la *Capitainerie*, partie du château destiné à l'habitation des gouverneurs de cette

[1] *Lettres*, t. IV, p. 303.

résidence royale [1]. Le comte de la Fayette était le fils de la meilleure amie de la marquise. Nous ne trouvons rien sur cet abbé Dorat, cité au courant de la plume. Le marquis de Plancy avait pour père le secrétaire d'État du Plessis-Guénégaud, une victime de la chute de Fouquet, dont la femme était à Paris fidèlement visitée par madame de Sévigné. Madame de Longueval, appelée tantôt le *Chanoine*, tantôt le *joli Chanoine*, à cause de sa qualité de chanoinesse, avait pour sœurs la marquise de Senneterre et la maréchale d'Estrées. Froide, mais de rapports sûrs, elle formait avec madame de Brissac venue avec elle, « le plus bel assortiment de feu et d'eau [2]. » Cette dernière, sœur d'un premier lit du duc de Saint-Simon, était, d'après celui-ci, « parfaitement belle et sage. » Son mariage avec le duc de Brissac, frère de la maréchale de Villeroy, avait été brouillé de bonne heure, et chacun vivait de son côté. « Le goût de M. de Brissac, ajoute son impitoyable beau-frère, était trop italien [3]. » L'ignominie du mari eût, aux yeux du monde, justifié de la part de madame de Brissac de bien plus grands écarts que ceux qui lui étaient alors reprochés. Saint-Simon, qui n'aime pas la mesure, égale sa sagesse à sa beauté. On n'en parlait pas ainsi de son temps. Sa beauté était reconnue, mais sa coquetterie était passée en proverbe, et la marquise de Sévigné en a fait, dans les années qui précèdent, de plaisantes mentions. Ses amours avec le

---

[1] *Lettres*, t. IV, p. 305 et 355. — Sur M. de Saint-Hérem, voir *Mémoires* du duc de Saint-Simon, t. III, p. 206; XII, p. 396, et XIX, p. 307.

[2] Sur madame de Longueval, conf. Sévigné, *Lettres*, t. IV, p. 308, 314, 322 et 431; VI, p. 476; VII, p. 419, et VIII, p. 117 et 135.

[3] *Mémoires*, t. Ier, p. 115, et II, p. 230.

comte de Guiche avaient fort occupé la cour. On s'amusait de leur langage quintessencié et de leurs manières précieuses : « Le comte de Guiche et madame de Brissac, lit-on dans une lettre de 1672, sont tellement sophistiqués qu'ils auroient besoin d'un truchement pour s'entendre eux-mêmes [1]. » Y avait-il chez cette belle peu réservée autre chose que de la coquetterie? madame de Sévigné, elle, ne le pense pas : « Madame de Brissac, avait-elle écrit trois mois auparavant, a une très-bonne provision pour cet hiver, c'est-à-dire M. de Longueville et le comte de Guiche, mais en tout bien tout honneur ; ce n'est seulement que pour le plaisir d'être adorée [2]. » Le peu de durée de sa douleur à la mort du dernier témoigne de sa sagesse ou de la légèreté de son cœur. Quant à sa coquetterie, à son ardeur et à sa passion de plaire, nous allons en voir, pendant cette campagne même de Vichy, de curieux effets, car dans ces lettres des Eaux madame de Brissac est, sans contredit, l'héroïne de la saison.

Quant à madame de Saint-Hérem, « grande sèche et point belle [3], » il n'est plus question d'elle dans la suite de la correspondance. Mais elle dut contribuer, pour sa part, à l'agrément de Vichy et à l'amusement particulier de la marquise de Sévigné, s'il faut juger de son caractère par ce fait qui égaye une lettre de l'année suivante : « M. de Saint-Hérem a été adoré à Fontainebleau, tant il a bien fait les honneurs (lors du séjour de la cour) : mais sa femme s'étoit mise dans la fantaisie de se parer, et d'être de tout ; elle avoit des diamants et

---

[1] *Lettres* (16 mars 1672), t. II, p. 365. Voy. aussi même volume, p. 296 et 414.

[2] *Ibid.*, p. 292.

[3] SAINT-SIMON, t. III, p. 206.

des perles; elle envoya emprunter, un jour, toute la parure de madame de Soubise[1], ne doutant point qu'avec cela elle ne fût comme elle : ce fut une grande risée. N'y a-t-il, dans le monde, ni ami ni miroir[2] ? »

D'autres survenants ne tardèrent pas à augmenter la société de madame de Sévigné : entre autres, Jeannin de Castille, marquis de Montjeu, beau-frère du surintendant Fouquet, ami et voisin de Bussy ; l'abbé Bayard, *un Sage*, ami particulier de madame de la Fayette, venu de son château de Langlar, situé à quelques lieues, ce qui le fait appeler le *Druide Adamas* de la contrée, et madame de Péquigny, mère du duc de Chaulnes[3].

Faisons connaître maintenant la vie des Eaux au dix-septième siècle, telle qu'elle se retrouve dans une correspondance qui est une source inépuisable de renseignements sur les habitudes, les usages et les mœurs du temps.

Le surlendemain de son arrivée, madame de Sévigné commence à boire, et voici l'emploi de sa première journée :

« J'ai donc pris des eaux ce matin, ma très-chère : ah ! qu'elles sont mauvaises ! J'ai été prendre le *Chanoine*, qui ne loge point avec madame de Brissac. On va à six heures à la fontaine ; tout le monde s'y trouve, on boit et l'on fait une fort vilaine mine ; car imaginez-vous qu'elles sont bouillantes et d'un goût de salpêtre fort désagréable. On tourne, on va, on vient, on se promène, on entend la messe.... Enfin on dîne ; après dîner, on va chez quelqu'un : c'étoit aujourd'hui chez moi. Madame de

---

[1] Citée aussi pour sa beauté.
[2] SÉVIGNÉ, *Lettres* (12 octobre 1677), t. V, p. 253.
[3] SÉVIGNÉ, *Lettres*, t. IV, p. 306, 325.

Brissac a joué à l'hombre avec Saint-Hérem et Plancy ; le *Chanoine* et moi nous lisons l'Arioste ; elle a l'italien dans la tête, elle me trouve bonne. Il est venu des demoiselles du pays avec une flûte, qui ont dansé la bourrée dans la perfection. C'est ici où les Bohémiennes poussent leurs agréments ; elles font des *dégognades* où les curés trouvent un peu à redire : mais enfin, à cinq heures, on va se promener dans des pays délicieux ; à sept heures on soupe légèrement, on se couche à dix. Vous en savez présentement autant que moi[1]. »

C'est une vie d'intimité comme on n'a point l'habitude de la mener à la ville, et comme on ne la rencontre plus dans nos établissements modernes.

« On est tout le jour ensemble, écrit-elle à cinq jours de là. Madame de Brissac et le *Chanoine* dînent ici fort familièrement : comme on ne mange que des viandes simples, on ne fait nulle façon de donner à manger... On m'accable ici de présents ; c'est la mode du pays, où d'ailleurs la vie ne coûte rien du tout : enfin trois sous deux poulets, et tout à proportion[2]. » Les choses ont fort changé.

Surtout on va se promener, et elle, qui adore la campagne, s'y livre avec sa joie accoutumée. Madame de Sévigné, nous le dirons plus tard à propos de Livry et des Rochers, a joui et parlé de la nature comme personne de son temps. Vichy excite son enthousiasme : « La beauté des promenades est au-dessus de ce que je puis vous en dire ; cela seul me redonneroit la santé. » — « Je vais être seule (ajoute-elle plus tard, à mesure que sa société la quitte), et j'en suis fort aise : pourvu qu'on ne

---

[1] SÉVIGNÉ, *Lettres* (1676), t. IV, p. 304.

[2] SÉVIGNÉ, *Lettres* (24 mai 1676), *ibid.*, p. 310.

m'ôte pas le pays charmant, la rivière d'Allier, mille petits bois, des ruisseaux, des prairies, des moutons, des chèvres, des paysannes qui dansent la bourrée dans les champs, je consens de dire adieu à tout le reste ; le pays seul me guériroit[1]. »

Vichy et ses environs méritent en effet tous ces éloges. Pittoresquement assise sur l'Allier, la ville offrait encore à cette date la ceinture de remparts et de hautes tours que lui avaient donnée ses anciens maîtres les ducs de Bourbon, ainsi que ses deux vastes couvents des célestins et des capucins, qui servaient d'asile aux baigneurs pauvres et aux militaires, avant l'établissement de l'hôpital fondé par Louis XIV[2]. Mais c'est le site surtout qui est digne d'admiration : « Il n'y a pas dans la nature (a écrit un contemporain de madame de Sévigné, l'éloquent panégyriste de Turenne, qui avait fait le même voyage qu'elle) de paysage plus beau, plus riche et plus varié que celui de Vichy. Lorsqu'on arrive, on voit d'un côté des plaines fertiles, de l'autre des montagnes dont le sommet se perd dans les nues, et dont l'aspect forme une infinité de tableaux différents, mais qui vers leurs bases sont aussi fécondes en toute sorte de productions, que les meilleurs terrains de la contrée... Ce qu'il y a de plus remarquable en ce lieu, c'est qu'on n'y trouve pas seulement de quoi récréer la vue lorsqu'on le contemple, et s'y nourrir délicieusement lorsqu'on l'habite, mais encore à se guérir quand on est malade ; en sorte que toutes les beautés de la nature semblent

---

[1] SÉVIGNÉ, *Lettres*, t. IV, p. 309 et 323.
[2] *Histoire et Topographie de Vichy et de ses environs*, par le docteur Barthez. Vichy, 1856, p. 17.

avoir voulu s'y réunir avec l'abondance et la santé[1]. »

Les environs les plus fréquentés alors comme aujourd'hui étaient la *Montagne-Verte*, où l'on arrive par un chemin qui serpente au milieu des vignes et des vergers, et d'où l'on découvre le bassin entier de Vichy, et les frais détours de l'Allier, bordés de bois et de villages, à plusieurs lieues; l'*Allée des Dames*, formée d'une double rangée de magnifiques peupliers cheminant dans les plus vertes prairies, le long du Sichon, dont les eaux vives se cachent sous les voûtes de verdure qui protégent son cours; *Cusset*, à une lieue de là, arrosé d'un côté par le Sichon, de l'autre par le Jolan, qui se jettent dans l'Allier, et dominé par les dernières chaînes du Forez; au delà de cette ville, l'*Ardoisière*, située à l'extrémité d'une sorte d'emphithéâtre, que forment des montagnes dignes de la Suisse, et d'où le Sichon descend en bruyantes cascades; en face, la vallée du Jolan, profonde, étroite, triste, aride, à qui son aspect lugubre a fait donner le nom de *Malavaux* ou *Vallée maudite;* les châteaux plus éloignés de Randan, de Meaumont, d'Effiat, de Busset, de Charmeil; mais surtout, dans le voisinage de Vichy, ce site privilégié, cette belle colline appelée *la Côte Saint-Amand*, toute couverte de cultures, vrai bouquet de feuillage, de fleurs et de fruits[2].

Le grand divertissement de madame de Sévigné, au retour de ses chères promenades, c'est le spectacle des danses du pays, auxquelles elle trouve un piquant, une nouveauté champêtre, une aisance naturelle, qu'elle met au-dessus

[1] Paroles de Fléchier, dans M. Barthez, p. 19.
[2] *Histoire et Topographie de Vichy et de ses environs*, par M. Barthez, p. 39-50.

des ballets compassés de la cour. Passionnée pour la
danse, elle s'en donne souvent le plaisir, et, quand elle
voit toute la bonne grâce que *ces restes des bergers et
des bergères de l'Astrée* déploient dans leurs bourrées
d'Auvergne, elle ne pense pas sans soupirs aux succès
de mademoiselle de Sévigné qui, à Versailles, lui *faisoient
rougir les yeux* [1].

La description de cette joie campagnarde n'est-elle pas
charmante? « Il y a ici des femmes fort jolies : elles dan-
sèrent hier des bourrées du pays, qui sont, en vérité,
les plus plaisantes du monde; il y a beaucoup de mouvement, et les *dégognades* n'y sont point épargnées ; mais,
si on avoit à Versailles de ces sortes de danseuses en
mascarades, on en seroit ravi par la nouveauté, car cela
passe encore les bohémiennes. Il y avoit un grand
garçon déguisé en femme qui me divertit fort ; car sa
jupe étoit toujours en l'air, et l'on voyoit dessous de fort
belles jambes [2].... »

« ....Tout mon déplaisir, c'est que vous ne voyiez point
danser les bourrées de ce pays ; c'est la plus surprenante
chose du monde; des paysans, des paysannes, une
oreille aussi juste que vous, une légèreté, une disposition ;
enfin j'en suis folle. Je donne tous les soirs un violon
avec un tambour de basque, à très-petits frais ; et dans
ces prés et ces jolis bocages, c'est une joie que de voir
danser les restes des bergers et des bergères du Lignon.
Il m'est impossible de ne vous pas souhaiter, toute sage
que vous êtes, à ces sortes de folies [3]..... »

[1] SÉVIGNÉ, *Lettres*, t. IV, p. 337.
[2] SÉVIGNÉ, *Lettres* (26 mai 1676), t. IV p. 314.
[3] SÉVIGNÉ, *Lettres* (8 juin 1676), t. IV, p. 331.

« ...Je voudrois bien vous envoyer deux filles et deux garçons qui sont ici, avec le tambour de basque, pour vous faire voir cette bourrée. Enfin les *bohémiens* sont fades en comparaison. Je suis sensible à la parfaite bonne grâce : vous souvient-il quand vous me faisiez rougir les yeux à force de bien danser? Je vous assure que cette bourrée dansée, sautée, coulée naturellement et dans une justesse surprenante, vous divertiroit[1].... »

Madame de Sévigné n'aimait pas le jeu, rare exception à cette époque, car presque toutes les femmes en avaient le goût; de plus, elle arrivait à l'âge où cette passion d'arrière-saison prend ordinairement aux plus sages. Même aux Eaux, où tout le monde joue, elle ne peut se décider à toucher les cartes. « Si j'avois envie de faire un doux sommeil, dit-elle, je n'aurois qu'à prendre des cartes; rien ne m'endort plus sûrement[2]. »

Sa principale, sa plus chère occupation après sa santé, qu'elle soigne encore pour sa fille, c'est, comme à Paris, comme à Livry, comme en Bretagne, d'écrire à celle-ci. Elle fait pour elle une véritable gazette des Eaux, où le prochain ne trouve pas toujours son compte. Si le jeu l'endort, cette correspondance sans répit tient son esprit alerte et constamment debout : « Si je veux, ajoute-t-elle, être éveillée comme on l'ordonne, je n'ai qu'à penser à vous, à vous écrire, à causer avec vous des nouvelles de Vichy; voilà le moyen de m'ôter toute sorte d'assou-pissement[3]. » Et comme il faut surtout amuser madame de Grignan, sa mère lui sert, dans son style mêlé de

[1] SÉVIGNÉ, *Lettres* (12 juin 1676), t. IV, p. 337.
[2] SÉVIGNÉ, *Lettres* (11 juin 1676), *ibid.*, p. 333.
[3] SÉVIGNÉ, *Lettres*, *ibid.*, p. 334.

sel et de bonhomie, les originaux de Vichy après s'en être elle-même diverti. C'est un piquant album de voyage dont nous détachons quelques feuillets :

« Nous avons ici une madame de la Baroir qui bredouille d'une apoplexie : elle fait pitié ; mais, quand on la voit laide, point jeune, habillée du bel air, avec de petits bonnets à double carillon, et qu'on songe de plus qu'après vingt-deux ans de veuvage, elle s'est amourachée de M. de la Baroir, qui en aimoit une autre, à la vue du public, à qui elle a donné tout son bien, et qui n'a jamais couché qu'un quart d'heure avec elle, pour fixer les donations, et qui l'a chassée de chez lui outrageusement (voici une grande période); mais quand on songe à tout cela, on a extrêmement envie de lui cracher au nez[1]. »

Après ce portrait arrive celui de la marquise de Péquigny, mère du duc de Chaulnes, le gouverneur de la Bretagne et son bon ami : « On dit que madame de Péquigny vient aussi; c'est la *Sibylle Cumée*. Elle cherche à se guérir de soixante-seize ans, dont elle est fort incommodée; ceci devient les Petites-Maisons. » Madame de Péquigny débarque, aussitôt la voilà produite sur la scène : « Nous avons *Sibylle Cumée*, toute parée, tout habillée en jeune personne; elle croit guérir, elle me fait pitié. Je crois que ce seroit une chose possible, si c'étoit ici la fontaine de Jouvence[2]. »

Mais la marquise de Sévigné la voit de plus près; elle la pratique en considération du duc son fils, et, comme elle

[1] SÉVIGNÉ, *Lettres* (4 juin 1676), t. IV, p. 325. — Sur cette famille de la Baroir, voir Tallemant des Réaux, t. IX, p. 69.
[2] SÉVIGNÉ, *Lettres*, t. IV, p. 325 et 331.

reconnaît qu'elle est naturellement généreuse et charitable, ses ridicules disparaissent et ne l'empêchent pas de
la louer de sa libéralité qu'elle lui envie. La *Sibylle
Cumée* devient alors *la bonne Péquigny* : « La bonne
Péquigny est survenue à la fontaine ; c'est une ma-
chine étrange, elle veut faire tout comme moi, afin
de se porter comme moi. Les médecins d'ici lui disent
que oui, et le mien se moque d'eux. Elle a pourtant
bien de l'esprit avec ses folies et ses foiblesses ; elle a
dit cinq ou six choses tres-plaisantes. C'est la seule personne que j'aie vue, qui exerce sans contrainte la vertu
de libéralité : elle a deux mille cinq cents louis qu'elle
a résolu de laisser dans le pays ; elle donne, elle jette,
elle habille, elle nourrit les pauvres : si on lui demande
une pistole, elle en donne deux ; je n'avois fait qu'imaginer ce que je vois en elle. Il est vrai qu'elle a vingt-
cinq mille écus de rente, et qu'à Paris elle n'en dépense
pas dix mille. Voilà ce qui fonde sa magnificence ; pour
moi, je trouve qu'elle doit être louée d'avoir la volonté
avec le pouvoir, car ces deux choses sont quasi toujours
séparées[1]. »

Madame de Sévigné revient toujours à ceux dont le
cœur apparaît malgré leurs ridicules. Ce qui la trouve
sans pitié, c'est l'afféterie, la manière, les tons faux
de l'esprit qui ne sont corrigés par aucun sentiment
naturel et bon. Voilà pourquoi elle se montre spirituelle-
ment méchante pour madame de Brissac, cette sœur de
Saint-Simon, que celui-ci, en bon frère, nous donne
pour le modèle de toutes les vertus, ne se doutant pas
que madame de Sévigné, dans des lettres destinées,

---

[1] SÉVIGNÉ, *Lettres* (11 juin 1676), t. IV p. 333.

à son insu, à voir plus tard le jour, nous la révélerait
comme le type achevé de la franche et ridicule coquette.

Juste retour, monsieur, des choses d'ici-bas !

La *colique de madame de Brissac* est une des plus
jolies pièces qui se jouent dans cette correspondance où
il y a parfois de si bonnes scènes. Molière aurait souri.

« Madame de Brissac avoit aujourd'hui la colique;
elle étoit au lit, belle et coiffée à coiffer tout le monde :
je voudrois que vous eussiez vu l'usage qu'elle faisoit
de ses douleurs, et de ses yeux, et des cris, et des
bras, et des mains qui traînoient sur sa couver-
ture, et les situations, et la compassion qu'elle vouloit qu'on eût : chamarrée de tendresse et d'admiration, je regardois cette pièce, et je la trouvois si
belle que mon attention a dû paroître un saisissement
dont je crois qu'on me saura fort bon gré; et songez
que c'étoit pour l'abbé Bayard, Saint-Hérem, Montjeu
et Plancy, que la scène étoit ouverte. En vérité, vous
êtes une vraie *pitaude*, quand je pense avec quelle
simplicité vous êtes malade; le repos que vous donnez
à votre joli visage; et enfin quelle différence : cela me
paroît plaisant. » Vient ensuite la comédie de la guérison : « Après la pièce admirable de la colique, on nous
a donné d'une convalescence pleine de langueur, qui est,
en vérité, fort bien accommodée au théâtre: il faudroit
des volumes pour dire tout ce que je découvre dans ce
chef-d'œuvre des cieux. Je passe légèrement sur bien des
choses, pour ne point trop écrire[1]. »

Une fois sur pied, la jolie duchesse se livre sans re-

[1] Sévigné, *Lettres*, t. IV, p. 306 et 310.

mords à tous les ravages que peuvent produire ses
beaux jeux. Vichy n'est pas la cour, mais tout est bon
à qui veut plaire à tout prix. « La duchesse (continue
madame de Sévigné, qui trouve moyen de tirer de ce
qu'elle voit une louange pour sa fille) s'en va chez
Bayard, parce que j'y dois aller : il s'en passeroit
fort bien ; il y aura une petite troupe d'*infelici amanti*.
Ma fille, vous perdez trop, c'est cela que vous devriez
regretter ; il faudroit voir comme on tire sur tout, sans
distinction et sans choix. Je vis l'autre jour, de mes
propres yeux, flamber un pauvre célestin : jugez
comme cela me paroît, à moi qui suis accoutumée à
vous... Je voudrois voir cette duchesse faire main basse
dans votre place des Prêcheurs[1], sans aucune considération de qualité ni d'âge : cela passe tout ce que l'on peut
croire. Vous êtes une plaisante idole ; sachez qu'elle trouveroit fort bien à vivre où vous mourriez de faim[2]. »
Madame de Sévigné, la bonne âme, dont la muette
admiration avait fait la conquête de la duchesse cherchant à apitoyer la galerie sur ses douleurs, n'avait
pu se retenir à la vue de cette inhumanité qui n'épar-
gnait même pas la paix du cloître. « La bonne d'Escars
(dit-elle à sa fille, comme ne voulant pas lui redonner
d'elle-même son mot piquant) m'a fait souvenir de ce
que j'avois dit à la duchesse le jour de l'embrasement
du célestin ; elle en rit beaucoup, et, comme vous vous
attendez toujours à quelque sincérité de moi dans ces
occasions, la voici. Je lui dis : « Vraiment, madame,
« vous avez tiré de bien près ce bon père ; vous aviez

---

[1] C'était la promenade du bel air, à Aix.
[2] SÉVIGNÉ, *Lettres*, t. IV, p. 314 et 322.

« peur de le manquer. » Elle fit semblant de ne pas m'entendre, et je lui dis comme j'avois vu brûler le célestin : elle le savoit bien, et ne se corrigea pas pour cela du plaisir de faire des meurtres [1]. »

La grande affaire de madame de Sévigné, nous l'avons dit, c'est toujours sa correspondance avec sa fille. C'est son besoin, son air, sa vie : « Pour vous écrire, ma chère enfant, c'est mon unique plaisir quand je suis loin de vous, et si les médecins, dont je me moque extrêmement, me défendoient de vous écrire, je leur défendrois de manger et de respirer, pour voir comme ils se trouveroient de ce régime...... Je vous écrirai tous les soirs; ce m'est une consolation, et ma lettre partira quand il plaira à un petit messager qui apporte les lettres, et qui veut partir un quart d'heure après : la mienne sera toujours prête [2]. » Cette correspondance assidue ne l'empêche pas de tenir tête à son fils, à Coulanges, à Bussy, à d'Hacqueville et à la princesse de Tarente, son amie de Vitré, placée à Bourbon dans l'intimité de la favorite qui avait repris son empire, quand le public le croyait encore douteux ou menacé.

Jamais madame de Sévigné ne s'est plus louée des lettres de sa fille qu'à cette époque. Elle les trouve *tendres, bonnes, vraies.* « Vous me mandez, dit-elle, des choses trop aimables, et vous l'êtes trop aussi quand vous voulez [3]. » Ce qui prouve qu'elle ne le voulait pas toujours. Cette mère heureuse ne peut se tenir de communiquer sa félicité à ceux qui l'entourent : « Je suis

[1] Sévigné, *Lettres*, t. IV, p. 335.
[2] Sévigné, *Lettres*, ibid., p. 304 et 305.
[3] Sévigné, *Lettres*, ibid., p. 324.

ravie quand je reçois vos lettres, ma chère enfant; elles sont si aimables que je ne puis me résoudre à jouir toute seule du plaisir de les lire...... Mais ne craignez rien (ajoute-t-elle, répondant à une appréhension souvent exprimée par madame de Grignan, qui redoutait les yeux indiscrets pour leurs mutuelles confidences), je ne fais rien de ridicule; j'en fais voir une petite ligne à Bayard, une autre au *Chanoine*, et en vérité on est charmé de votre manière d'écrire. Je ne fais voir que ce qui convient; et vous croyez bien que je me rends maitresse de la lettre, pour qu'on ne lise pas sur mon épaule ce que je ne veux pas qui soit vu[1]. »

Vichy est à moitié chemin de la Provence. Sentant sa mère ainsi rapprochée d'elle, madame de Grignan, qui passait cet été dans son château, lui offrit de faire elle-même l'autre moitié de la route, et de venir la voir aux Eaux. Voilà certes une offre bien séduisante; il semble que madame de Sévigné va prendre sa fille au mot. Nullement. Sa tendresse même la rend soupçonneuse et habile. Elle flaire un piége de la part de M. de Grignan, qui ne consent aussi généreusement à lui envoyer sa femme à Vichy qu'avec l'arrière-pensée de l'empêcher de venir passer un hiver promis à Paris. Piége pour piége. Elle déclare qu'elle veut bien de sa fille, mais à une condition, c'est que madame de Grignan reviendra avec elle à Paris, et qu'elle gagnera ainsi un automne; sinon, non. M. de Grignan en fût pour sa ruse. Il avait cru, par son offre spontanée, éblouir sa belle-mère, et gagner, lui, l'année entière, moyennant quelques jours donnés à Vichy. Mais il avait affaire à forte partie : une mère vi-

---

[1] SÉVIGNÉ, *Lettres*, t. IV, p. 307.

gilante et jalouse comme un amant. Il fallut donc s'en tenir à cette lutte sourde mais délicate et courtoise, poursuivie avec persévérance jusqu'à la fin par le gendre contre la belle-mère.

Le traitement des malades à Vichy, dès lors comme aujourd'hui, se composait des eaux, des bains et des douches. C'est pour ce dernier remède, surtout, que madame de Sévigné était venue. La douche de Vichy, au moyen d'une vapeur presque brûlante, était une chose fort redoutée, et on n'y avait recours que dans les cas graves. Mais madame de Sévigné était décidée à tout souffrir afin de retrouver le plein et parfait usage de ses membres, si fort endommagés par un rhumatisme tenace, qui lui rendait encore pénibles les deux choses qu'elle préférait à tout, ses promenades et sa correspondance avec sa fille. Elle nous fait connaître cette terrible douche à laquelle elle ne se résigna que sur la fin de son séjour aux Eaux : la description en est piquante et est restée dans les traditions du pays.

« J'ai commencé aujourd'hui la douche; c'est une assez bonne répétition du purgatoire. On est toute nue dans un petit lieu souterrain, où l'on trouve un tuyau de cette eau chaude qu'une femme vous fait aller où vous voulez. Cet état, où l'on conserve à peine une feuille de figuier pour tout habillement, est une chose assez humiliante. J'avois voulu mes deux femmes de chambre, pour voir encore quelqu'un de connoissance. Derrière un rideau se met quelqu'un qui vous soutient le courage pendant une demi-heure; c'étoit pour moi un médecin de Gannat, que madame de Noailles a mené à toutes ses eaux, qu'elle aime fort, qui est un fort honnête garçon, point charlatan ni préoccupé de rien, qu'elle m'a envoyé par pure

et bonne amitié. Je le retiens, m'en dût-il coûter mon
bonnet; car ceux d'ici me sont entièrement insupportables, et cet homme m'amuse. Il ne ressemble point à
un vilain médecin, il ne ressemble point aussi à celui
de Chelles[1]; il a de l'esprit, de l'honnêteté; il connoît le
monde; enfin j'en suis contente. Il me parloit donc pendant que j'étois au supplice. Représentez-vous un jet
d'eau contre quelqu'une de vos pauvres parties, toute la
plus bouillante que vous puissiez vous imaginer. On met
d'abord l'alarme partout, pour mettre en mouvement
tous les esprits, et puis on s'attache aux jointures qui
ont été affligées; mais, quand on vient à la nuque du cou,
c'est une sorte de feu et de surprise qui ne se peut comprendre; c'est là cependant le nœud de l'affaire. Il faut
tout souffrir, et l'on souffre tout, et l'on n'est point
brûlée, et on se met ensuite dans un lit chaud, où l'on
sue abondamment, et voilà ce qui guérit. Voici encore
où mon médecin est bon; car, au lieu de m'abandonner à
deux heures d'un ennui qui ne peut se séparer de la sueur,
je le fais lire, et cela me divertit. Enfin je ferai cette vie
sept ou huit jours, pendant lesquels je croyois boire, mais
on ne veut pas, ce seroit trop de choses; de sorte que
c'est une petite allonge à mon voyage. C'est principalement pour finir cet adieu, et faire une dernière lessive,
que l'on m'a envoyée ici, et je trouve qu'il y a de la
raison : c'est comme si je renouvelois un bail de vie et
de santé; et si je puis vous revoir, ma chère, et vous
embrasser encore d'un cœur comblé de tendresse et de
joie, vous pourrez peut-être encore m'appeler votre
bellissima madre, et je ne renoncerai pas à la qualité de

---

[1] Renommé pour sa beauté.

mère-beauté, dont M. de Coulanges m'a honorée[1]. »

« .... Parlons de la charmante douche ; je vous en ai fait la description ; j'en suis à la quatrième : j'irai jusqu'à huit. Mes sueurs sont si extrêmes que je perce jusqu'à mes matelas ; je pense que c'est toute l'eau que j'ai bue depuis que je suis au monde. Quand on entre dans ce lit, il est vrai qu'on n'en peut plus ; la tête et tout le corps sont en mouvement, tous les esprits en campagne, des battements partout. Je suis une heure sans ouvrir la bouche, pendant laquelle la sueur commence, et continue deux heures durant ; et de peur de m'impatienter je fais lire mon médecin, qui me plaît ; il vous plairoit aussi. Je lui mets dans la tête d'apprendre la philosophie de *votre père* Descartes ; je ramasse des mots que je vous ai ouï dire. Il sait vivre ; il n'est point charlatan, il traite la médecine en galant homme ; enfin il m'amuse[2]. »

« .... La douche et la sueur sont assurément des états pénibles ; mais il y a une certaine demi-heure où l'on se trouve à sec et fraîchement, et où l'on boit de l'eau de poulet fraîche ; je ne mets point ce temps au rang des plaisirs innocents ; c'est un endroit délicieux. Mon médecin m'empêchoit de mourir d'ennui ; je me divertissois à lui parler de vous, il en est digne. Il s'en est allé aujourd'hui ; il reviendra, car il aime la bonne compagnie ; et depuis madame de Noailles, il ne s'étoit pas trouvé à telle fête[3]. » C'est un des seuls compliments que se fait madame de Sévigné dans le cours de sa longue correspondance : elle sait ce que vaut sa société ; l'empresse-

---

[1] SÉVIGNÉ, *Lettres*, t. IV, p. 316.
[2] SÉVIGNÉ, *ibid.*, p. 322.
[3] SÉVIGNÉ, *ibid.*, p. 324.

ment dont elle est l'objet, la joie qu'on montre de la
voir, le regret qu'on manifeste de la quitter, lui ont suffisamment dit le charme qui se trouve en elle.

On admira la manière dont elle avait soutenu ce
traitement vigoureux. « Je suis, mande-t-elle à sa fille, le
prodige de Vichy, pour avoir soutenu la douche courageusement[1]. » Enfin, après un mois de séjour sur les
bords de l'Allier, elle se disposa à retourner à Paris. Les
eaux de Vichy lui avaient fait un bien réel, mais sans la
guérir entièrement. Il lui fallut plus de temps avant de
revenir à cette parfaite santé qui, sans la moindre altération, l'avait conduite jusqu'à sa cinquantième année.
— Ses mouvements sont encore pénibles ; cela la fait
trembloter et la fait de la plus méchante grâce du monde
dans le bon air des bras et des mains, mais elle tient très-
bien une plume, et c'est ce qui lui fait prendre patience...
Elle se porte fort bien et jouit avec plaisir et modération
de la bride qu'on lui a mise sur le cou : elle n'est plus
une sotte poule mouillée ; elle conduit pourtant toujours
sa barque avec sagesse, et, si elle s'égaroit, il n'y auroit
qu'à lui crier : *Rhumatisme !* c'est un mot qui la feroit bien
vite rentrer dans son devoir[2]. — « Les médecins, ajoute-
t-elle, appellent l'opiniâtreté de mes mains un reste de
rhumatisme un peu difficile à persuader... Je ne saurois
couper ni peler des fruits, ni ouvrir des œufs, mais je
mange, j'écris, je me coiffe, je m'habille ; on ne s'aperçoit
de rien.... Je marche fort bien et mieux que jamais, car je
ne suis plus *une grosse crevée ;* j'ai le dos d'une *plateur*
qui me ravit ; je serois au désespoir d'engraisser et que

---

[1] SÉVIGNÉ, *Lettres,* t. IV, p. 331.
[2] SÉVIGNÉ, *Lettres, ibid.,* p. 316 et 338.

vous ne me vissiez pas comme je suis... Je ressemble comme deux gouttes d'eau à votre *bellissima*, hormis que j'ai la taille bien mieux qu'auparavant[1]. »

Madame de Sévigné quitta Vichy le vendredi 12 juin. Elle avait promis à l'abbé Bayard, qui avait pris les devants, de passer par sa terre de Langlar; elle lui tint parole, et y arriva le lendemain. Elle se loue fort à madame de Grignan et du château et du châtelain : « Plût à Dieu, ma fille, que, par un effet de magie blanche ou noire, vous puissiez être ici ; vous aimeriez les solides vertus du maître du logis, la liberté qu'on y trouve plus grande qu'à Fresne (*chez madame du Plessis-Guénégaud*), et vous admireriez le courage et la hardiesse qu'il a eue de rendre une affreuse montagne la plus belle, la plus délicieuse et la plus extraordinaire chose du monde. Je suis assurée que vous seriez frappée de cette nouveauté. Si cette montagne étoit à Versailles, je ne doute point qu'elle n'eût ses parieurs contre les violences dont l'art opprime la pauvre nature, dans l'effet court et violent de toutes les fontaines. Les hautbois et les musettes font danser la bourrée d'Auvergne aux Faunes d'un bois odoriférant, qui fait souvenir de vos parfums de Provence; enfin on y parle de vous, on y boit à votre santé : ce repos m'a été agréable et nécessaire....... L'abbé Bayard me paroît heureux et parce qu'il l'est et parce qu'il veut l'être... C'est un d'Hacqueville pour la probité, les arbitrages et les bons conseils, mais fort mitigé sur la joie, la confiance et les plaisirs. Il vous révère et vous supplie de le lui permettre, en faveur de l'amitié qu'il a pour moi[2]. »

[1] Sévigné, *Lettres*, t. IV, p. 371 et 412.
[2] Sévigné, *ibid.*, p. 339 et 342.

Après trois jours passés à Langlar, madame de Sévigné
en repartit pour gagner Moulins, où son amie de Bretagne,
la princesse de Tarente, qui se rendait de Bourbon à Vitré
sans passer par Paris, lui avait donné un rendez-vous
auquel, à son grand regret, l'amitié exigeante de l'abbé
Bayard ne lui permit pas de se trouver. « La bonne princesse de Tarente, écrit-elle de Moulins le 18 juin, m'a-
voit envoyé un laquais pour me dire qu'elle seroit mardi
16 ici. Bayard, avec sa parfaite vertu, ne voulut jamais
comprendre cette nécessité de partir ; il retint le laquais,
et m'assura si bien qu'elle m'attendroit jusqu'au mercredi,
qui étoit hier, et que même il viendroit avec moi, que je
cédai à son raisonnement. Nous arrivâmes donc hier ici ;
la princesse étoit partie dès la pointe du jour, et m'avoit
écrit toutes les lamentations de Jérémie ; elle s'en retourne
à Vitré, dont elle est inconsolable ; elle eût été, dit-elle,
consolée si elle m'avoit parlé ; je fus très-fâchée de ce
contre-temps : je voulus battre Bayard, et vous savez ce
que l'on dit [1]. »

Madame Fouquet, qui se trouvait à « sa petite maison
de Pomé, » avait mis son logis de Moulins à la disposition de la marquise de Sévigné et de l'abbé Bayard, et
« une fort jolie femme de ses amies vint leur en faire les
honneurs [2]. » Ils y couchèrent. Le lendemain madame
de Sévigné alla dîner au couvent de la Visitation, « avec
le tombeau de M. de Montmorency et les petites de
Valençay, » et s'en vint coucher à Pomé, où elle passa
trois jours en compagnie de la mère, de la femme et de
la sœur de Fouquet. *Ces pauvres femmes*, dit-elle dans

[1] SÉVIGNÉ, *Lettres*, t. IV, p 342.
[2] SÉVIGNÉ, *Lettres*, ibid.

une lettre de Moulins ; écrivant de Pomé, elle ajoute :
« Toute la sainteté du monde est ici[1]. » Ces trois jours
s'écoulèrent en entretiens sur un passé brillant et terrible, sur le triste sort du prisonnier, et sur quelques
espérances qu'avait conçues la famille de voir adoucir
son sort par l'entremise de madame de Montespan.
Déjà, lors de son premier passage à Moulins, madame
de Sévigné avait reçu des confidences à cet égard :
« M. Fouquet, dit-elle (l'abbé de ce nom, frère du
surintendant), et sa nièce, qui buvoient à Bourbon,
l'ont été voir ; elle causa une heure avec lui sur les
chapitres les plus délicats. Madame Fouquet s'y rendit
le lendemain ; madame de Montespan la reçut très-
honnétement, et l'écouta avec douceur et avec une apparence de compassion admirable. Dieu fit dire à madame
Fouquet tout ce qui se peut au monde imaginer de
mieux, et sur l'instante prière de s'enfermer avec son
mari, et sur l'espérance qu'elle avoit que la Providence
donneroit à madame de Montespan, dans les occasions,
quelque souvenir et quelque pitié de ses malheurs.
Enfin, sans rien demander de positif, elle lui fit voir
les horreurs de son état, et la confiance qu'elle
avoit en sa bonté, et mit à tout cela un air qui ne peut
venir que de Dieu : ses paroles m'ont paru toutes choisies
pour toucher un cœur, sans bassesse et sans importu-
nité : je vous assure que le récit vous en auroit touchée[2]. »
La mère de Fouquet était fille de M. de Maupeou
d'Ableiges, maître des requêtes et intendant des finances.
« Elle est encore célèbre à Paris (dit Saint-Simon, écri-

---

[1] Sévigné, *Lettres*, t. IV, p. 342 et 345.
[2] Sévigné, *Lettres*, t. IV, p. 300.

vant trente ans après sa mort) par sa piété et ses bonnes
œuvres, et par le courage et la résignation avec laquelle
elle supporta la chute du surintendant, son fils, et la
disgrâce de toute sa famille. Elle faisoit des remèdes,
pansoit les pauvres, et on a encore des onguents très-
utiles de son invention et qui portent son nom [1]. » Elle
eut cinq fils, plus six filles qui toutes se firent religieuses,
et c'est l'une d'elles que la marquise de Sévigné trouva à
Pomé. De ses fils, le surintendant était l'aîné; le second, devenu archevêque de Narbonne, partagea la
disgrâce de son frère, et resta, pendant bien des années,
hors de son diocèse : il lui avait cependant été permis
d'y venir mourir en 1673; le troisième fut cet abbé
Fouquet, si connu par ses intrigues et ses extravagances; le quatrième était évêque d'Agde, et fut longtemps, commè son frère l'archevêque, exilé de son diocèse; le plus jeune, premier écuyer de la grande écurie,
perdit sa charge lors de l'arrestation du chef de la famille, et ne reparut plus à la cour [2].

Le surintendant Fouquet avait été marié deux fois.
De sa première femme, Marie Fourché, il n'eut qu'une
fille, qui épousa le duc de Charost, et fut la mère du
deuxième duc de ce nom, fait gouverneur de Louis XV.
Sa seconde femme, que nous venons de voir à Bourbon,
sollicitant madame de Montespan pour son mari prisonnier, était fille de Pierre Castille, intendant des finances
sous Richelieu et Mazarin. Le frère de madame Fouquet
joignit à leur nom de famille celui de Jeannin, qui
était le nom de leur mère, fille du fameux président, ami

[1] *Mémoires,* t. XIII, p. 193. On a même publié en un gros volume
les recettes de madame Fouquet.

[2] Saint-Simon, *ibid.,* p. 194.

d'Henri IV ; il obtint ensuite l'érection en marquisat de la terre de Montjeu, et se fit appeler Jeannin de Castille, marquis de Montjeu. Le surintendant, son beau-frère, l'avait fait trésorier de l'Épargne, et greffier de l'ordre du Saint-Esprit, ce qui lui donnait le cordon bleu ; à la chute de Fouquet, il fut d'abord arrêté, puis exilé chez lui, à Montjeu. « C'est lui (ajoute Saint-Simon, à qui l'esprit de Bussy-Rabutin, grand médisant cependant, n'a pas le don de plaire), dont ces fades lettres de Bussy parlent tant. Il avait eu ordre en prison de donner sa démission de sa charge de l'ordre ; ce qu'il refusa sous ce prétexte de ne le pouvoir, étant prisonnier. Il eut le même commandement lorsqu'il fut élargi et exilé ; il persista dans son refus. On lui ôta le cordon bleu, nonobstant sa charge, et, comme son opiniâtreté durait toujours, la charge de greffier de l'ordre fut donnée par commision à Châteauneuf, secrétaire d'État, en 1671, et enfin en titre en 1683[1]. »

De son second mariage, Fouquet avait eu trois fils et une fille. Son fils aîné, appelé le comte de Vaux, du nom de cette terre dont le faste inouï jusqu'alors hâta la chute du ministre, épousa, dans la suite, la fille de la célèbre madame Guyon, la mystique amie de Fénelon. Voici le portrait qu'en fait aussi Saint-Simon, qui a bien connu toute la famille : « C'est un fort honnête et brave homme, qui a servi volontaire, à qui le roi permettait d'aller à la cour, mais qui jamais n'a pu être admis à aucune sorte d'emploi. Je l'ai vu estimé et considéré de tout le monde[2]. » Le cadet s'appelait le père

---

[1] Saint-Simon, t. XIII, p. 193 ; t. XIV, p. 112.
[2] Saint-Simon, t. XIII, p. 196.

Fouquet, « grand directeur, et célèbre prêtre de l'Oratoire[1]. » Le dernier prit un nom pareillement rendu fameux par le malheur de son père. « Ce troisième, ajoute le même, fut M. de Bellisle, qui, non plus que son frère, n'a jamais pu obtenir aucune sorte d'emploi, qui n'a jamais paru à la cour, et presque aussi peu dans le monde, fort honnête homme aussi avec beaucoup d'esprit et de savoir. Je l'ai fort connu à cause de son fils. Il était sauvage au dernier point, et néanmoins de bonne compagnie, mais battu de ses malheurs[2]. » De madame de Charlus, sa femme, fille du duc de Lévi, il eut ce fils dont parle Saint-Simon, qui releva enfin sa famille, et fut, sous le titre et le nom de maréchal de Bellisle, l'un des principaux personnages, si ce n'est l'homme le plus important du règne de Louis XV.

Après trois jours passés à Pomé, la marquise de Sévigné revint coucher à Moulins, pour de là reprendre sa route vers Paris. « J'ai laissé à Pomé les *deux saintes* (écrit-elle à sa fille en désignant la mère et la femme de son ancien ami). J'ai amené mademoiselle Fouquet, qui me fait ici les honneurs de chez sa mère[3]. » Madame de Sévigné avait encore, pour le dernier jour, accepté cette hospitalité peu enviée par les courtisans, mais pour elle honorable. Elle ne récusait rien d'un passé exempt de faute, et ne manquait aucune occasion naturelle de donner une marque de souvenir à son malheureux ami dans la personne des siens. En revenant du Bourbonnais, elle devait rencontrer sur la route, à une lieue de Melun, le

---

[1] SAINT-SIMON, t. XIII, p. 196.

[2] SAINT-SIMON, *ibid.*

[3] SÉVIGNÉ, lettre du 21 juin 1676, t. IV, p. 346.

château de Vaux, où se trouvait le fils aîné de Fouquet. Elle arrêta dans son itinéraire d'y aller coucher, se proposant, pleine des souvenirs de la beauté du lieu, « d'y passer une soirée divine[1]. » Elle y arriva le samedi 27, s'y reposa la soirée et la nuit, et, le lendemain, en repartit pour Paris, d'où elle rend compte en ces termes de sa visite à ce château fameux qu'elle n'avait pas revu depuis dix-huit ans : « J'avois couché à Vaux, dans le dessein de me rafraîchir auprès de ces belles fontaines, et de manger deux œufs frais. Voici ce que je trouvai : le comte de Vaux, qui avoit su mon arrivée, et qui me donna un très-bon souper; et toutes les fontaines muettes, et sans une goutte d'eau, parce qu'on les raccommodoit ; ce petit mécompte me fit rire. Le comte de Vaux a du mérite, et le chevalier (*de Grignan*) m'a dit qu'il ne connoissoit pas un plus véritablement brave homme. Les louanges du *petit glorieux* ne sont pas mauvaises; il ne les jette pas à la tête. Nous parlâmes fort, M. de Vaux et moi, de l'état de sa fortune présente, et de ce qu'elle avoit été. Je lui dis, pour le consoler, que, la faveur n'ayant plus de part aux approbations qu'il auroit, il pourroit les mettre sur le compte de son mérite, et qu'étant purement à lui, elles seroient bien plus sensibles et plus agréables : je ne sais si ma réthorique lui parut bonne[2]. » La chose est douteuse, et ce n'est pas lui, malgré son mérite et sa conduite parfaite, qui était destiné à relever sa famille d'une disgrâce qui devait rester inflexible tant que durerait le règne du roi que son père avait offensé.

---

[1] Sévigné, *Lettres*, t. IV, p 350.

[2] Sévigné, *ibid.*, p. 356.

CHAPITRE V.

1676.

Procès et supplice de *la Brinvilliers*. — Stupeur de la société
parisienne. — L'attention revient aux intrigues de la cour et aux
amours du roi. — Déclin de madame de Montespan ; progrès de
madame de Maintenon ; intermède de la princesse de Soubise. —
La marquise de Sévigné à la cour ; description qu'elle en fait. —
Elle est le véritable historien de cette époque de la vie galante de
Louis XIV. — Retraite du cardinal de Retz à Commercy. — Madame de Sévigné plus que jamais fidèle à son admiration et à sa
vieille amitié. — Son fils revient de l'armée. — Elle appelle sa
fille à Paris. — Arrivée de madame de Grignan, après une absence de deux ans.

En se rendant à Vichy, madame de Sévigne avait
laissé Paris entier sous l'émotion d'une affaire dont un
nom à jamais fameux dira toute l'horreur, nous voulons
parler du procès de la marquise de Brinvilliers, *la Brinvilliers*, comme la nomma, dès les premières rumeurs,
l'indignation publique. Nous ne prétendons pas refaire
ici un lugubre chapitre qu'on trouve dans tous les recueils de *Causes célèbres*, soigneux de se répéter[1]. Nous
ne voulons qu'emprunter à la correspondance qui
nous sert de guide quelques traits destinés à peindre
cette héroïne de l'empoisonnement, ainsi que l'impression produite par ses forfaits dans le grand monde
d'alors auquel elle appartenait, étant fille du lieutenant

---

[1] Voy. surtout *Causes célèbres de Richer*, t. Ier, p. 362.

civil d'Aubray, et de plus « alliée à toute la robe [1]. »

On se figure la stupeur dans laquelle une semblable combinaison de scélératesses, une pareille perversité d'âme, jetèrent une société jusque-là vierge de tels faits. L'émotion allait croissant au fur et à mesure que les découvertes de l'instruction criminelle se répandaient dans le public. « Madame de Brinvilliers, écrit le 29 avril madame de Sévigné, n'est pas si aise que moi ; elle est en prison, elle se défend assez bien ; elle demanda, hier, à jouer au piquet, parce qu'elle s'ennuyoit. On a trouvé sa confession, elle nous apprend qu'à sept ans elle avoit cessé d'être fille ; qu'elle avoit continué sur le même ton ; qu'elle avoit empoisonné son père, ses frères, un de ses enfants et elle-même ; mais que ce n'étoit que pour essayer d'un contre-poison : Médée n'en avoit pas tant fait. Elle a reconnu que cette confession est de son écriture ; c'est une grande sottise ; mais qu'elle avoit la fièvre chaude quand elle l'a écrite ; que c'étoit une frénésie, une extravagance, qui ne pouvoit pas être lue sérieusement [2]. » Le 1er mai, madame de Sévigné ajoute : « on ne parle ici que des discours et faits et gestes de la Brinvilliers. A-t-on jamais vu craindre d'oublier, dans sa confession, d'avoir tué son père ? Les peccadilles qu'elle craint d'oublier sont admirables. Elle aimoit ce Sainte-Croix [3],

[1] Billet de Corbinelli dans les *Lettres de madame de Sévigné*, t. IV, p. 259. Conf. aussi t. VI, p. 259 et 277.

[2] T. IV, p. 272. Afin de ne rien oublier de ses crimes, la marquise de Brinvilliers avait pris la précaution de les écrire. Son avocat (voir RICHER, *Causes célèbres*) analyse cette confession, qui servit de base à la condamnation, et cherche à prouver qu'elle ne doit point être invoquée contre l'accusée. — Voir aussi les notes de ce volume.

[3] Celui qui l'avait instruite dans l'art des poisons.

elle vouloit l'épouser, et empoisonnoit fort souvent son
mari à cette intention. Sainte-Croix, qui ne vouloit
point d'une femme aussi méchante que lui, donnoit du
contre-poison à ce pauvre mari ; de sorte qu'ayant été
ballotté cinq ou six fois de cette sorte, tantôt empoisonné,
tantôt désempoisonné, il est demeuré en vie, et s'offre
présentement de venir solliciter pour sa chère moitié :
on ne finiroit point sur toutes ces folies [1]. »

On a relevé, pour s'en étonner, ce ton léger en parlant des plus grandes atrocités. On ne peut pas dire
toutefois que l'âme de madame de Sévigné ne fût remplie d'horreur, en présence d'un pareil monstre. Mais
telle est la tournure de son esprit et l'habitude de sa
plume, que tout chez elle, même l'expression de l'indignation la moins douteuse, se traduit en traits piquants,
en tours imprévus, d'autant plus saisissants qu'ils
paraissent convenir moins au sujet qu'elle traite. Tel
était, du reste, le ton général de la société parisienne
aux prises avec cette épouvantable affaire, et l'on en
trouve un bien autre exemple dans une lettre de M. de
Coulanges, mêlée à la correspondance de sa cousine,
et où le libre et plaisant chansonnier, en un style que
nous n'osons reproduire, raconte à madame de Grignan
comment la Brinvilliers a voulu se tuer, et n'a pu y
parvenir pour avoir trop étudié l'histoire de Mithridate [2].

Les crimes de madame de Brinvilliers étaient tellement notoires qu'en ce qui la concernait personnellement la procédure ne fut ni longue ni compliquée. Ses
aveux, d'ailleurs, son effrayant cynisme, simplifiaient

---

[1] SÉVIGNÉ, *Lettres*, t. IV, p. 277.
[2] SÉVIGNÉ, *Lettres*, t. IV, p. 274.

encore l'œuvre de la justice. Mais, soit qu'elle voulût
faire durer son procès, soit qu'elle espérât se sauver en
compromettant des personnes haut placées, soit par l'u-
nique désir ou le besoin de révéler la vérité et des vérités
redoutables, elle ne tarda pas à accuser à son tour. On
n'a point conservé ces révélations vraies ou fausses de la
marquise de Brinvilliers. Un seul de ceux qu'elle incri-
mina fut mis en justice. Il s'appelait Penautier, avait été
trésorier des États de Languedoc, et se trouvait alors receveur général du clergé de France. La Brinvilliers l'accusait d'avoir fait empoisonner le trésorier des États
de Bourgogne, nommé Matarel, dont il avait d'abord
convoité la place sans l'obtenir, et ensuite Saint-Laurent,
receveur du clergé, dont il avait obtenu, en effet, la
succession lucrative [1].

Penautier était fort riche, menait grand train, avait
une table renommée, et comptait beaucoup d'amis;
aussi employait-on de grands efforts pour le tirer de là:
et ce n'était point sans raison, car le roi avait recommandé de pousser son affaire avec une entière rigueur.
« Penautier, écrit madame de Sévigné (1er juillet), a été
neuf jours dans le cachot de Ravaillac; il y mouroit; on
l'a ôté : son affaire est désagréable; il a de grands pro-
tecteurs; M. de Paris (*de Harlay*) et M. Colbert le
soutiennent hautement. » Avant de prononcer la condamnation de la marquise, dont la culpabilité était
surabondamment établie, on voulut la confronter avec
celui qui paraissait son complice, et qui, à en croire ce
qu'on va lire, aurait été son amant. Madame de Sévigné mentionne le fait de cette confrontation, mais

---

[1] SÉVIGNÉ *Lettres*, t. IV, p. 375.

sans nous apprendre quels en furent les incidents et le
résultat : « On a confronté Penautier à la Brinvilliers ;
cette entrevue fut fort triste : ils s'étoient vus autrefois
plus agréablement. Elle a tant promis que si elle mouroit
elle en feroit bien mourir d'autres, qu'on ne doute
point qu'elle n'en dise assez pour entraîner celui-ci, ou
du moins pour lui faire donner la question, qui est
une chose terrible. Cet homme a un nombre infini d'a-
mis d'importance, qu'il a obligés dans les deux emplois
qu'il avoit. Ils n'oublient rien pour le servir ; on ne
doute point que de l'argent ne se jette partout ; mais,
s'il est convaincu, rien ne le peut sauver [1]. »

A quelques jours de là, cette fille de l'un des premiers fonctionnaires de Paris, alliée à une grande partie
de la magistrature qui la condamnait, après avoir fait
amende honorable devant Notre-Dame, vint expier ses
crimes en place de Grève, au milieu d'une immense
affluence de toutes les classes de la société, car on
n'avait point encor vu, ce qui devait se revoir quelques
années après, des femmes d'un semblable rang finir
pour de tels crimes sur l'échafaud. Madame de Sévigné
n'assistait point à ce terrible spectacle ; elle se contenta
de voir passer la patiente sur le pont Notre-Dame,
et c'est d'après les renseignements qui lui furent four-
nis par des témoins oculaires, qu'elle a adressé à sa
fille ce récit qu'on lit dans sa correspondance, et qui,
seul, fait bien connaître tous les détails de la fin de la célèbre empoisonneuse [2]. Penautier fut plus heureux : son
innocence, ou le crédit de ses amis, ou le défaut de

---

[1] SÉVIGNÉ, *Lettres*, t. IV, p. 358 et 375.
[2] SÉVIGNÉ, *Lettres* (17 et 22 juillet 1676), t. IV, p. 378 et 383.

preuves, le firent relâcher après une courte détention.

Cette émotion passée, le public reporta toute son attention sur un théâtre où se développait une action qui n'était pas près de finir, et qui avait le privilége (telle était la place que Louis XIV tenait dans son siècle) d'occuper, d'intéresser non-seulement la France, mais l'Europe.

On peut voir, dans M. Walckenaer, la séparation du roi et de la favorite en titre, par les efforts du parti religieux, dirigé surtout par Bossuet[1] : ce parti s'appuyait déjà sur madame Scarron, devenue, depuis deux ans, grâce à la faveur royale maintenant bien prononcée, marquise de Maintenon, et dont on connaissait les débats, les querelles d'humeur, en attendant les luttes d'influence, avec l'altière et bientôt jalouse Montespan. Cette séparation dura peu, et après que, moyennant une concession momentanée, Louis XIV eût pu, à la Pentecôte de 1675, accomplir, ce à quoi il tenait malgré de fâcheux écarts, tous ses devoirs religieux, il ne tarda pas à retourner à des habitudes plus fortes même que son amour. En effet, sa passion pour la marquise de Montespan commençait à décroître, minée en sens contraire par la séduction qui attirait son esprit, devenu plus sérieux, vers la gouvernante de ses enfants, et l'attrait qui poussait à d'irrésistibles infidélités ses sens rendus fragiles par la satiété.

Madame de Sévigné est le véritable historien de toutes ces intrigues de cour, qu'elle s'attache à suivre afin de satisfaire sa curiosité propre et pour tenir sa fille

[1] Conférez *Mémoires sur madame de Sévigné*, t. V, p. 190 et suiv.

et son gendre au courant de ce grave chapitre, les
amours du roi, qu'il était utile et de bon ton de bien
connaître, de la part de gouverneurs de province, obligés
de régler là-dessus leur conduite et leurs entretiens. Elle
mettait un grand prix et apportait un grand soin à
pénétrer derrière la toile qui masquait, sous le triomphe
apparent de la favorite attitrée, les progrès lents mais
solides de celle qui, pressentant ou préparant sa suprême
élévation, s'éloignait chaque jour davantage des amis
qu'elle avait connus dans sa modeste fortune, et l'on sait
que madame de Sévigné était du nombre. Celle-ci avait
à sa portée plusieurs sources d'informations : madame
de la Fayette et M. de la Rochefoucauld, quotidienne-
ment renseignés par le prince de Marsillac, le confident,
presque l'ami du roi ; M. de Pomponne, ministre discret
pour tout le monde, mais causeur confiant pour une femme
dévouée et sûre ; madame de Coulanges, l'amie la plus
assidue de madame de Maintenon, la dernière quittée ;
madame de Thianges, la sœur aînée de la marquise de
Montespan ; sans compter les rumeurs journalières,
données et reçues de toutes mains, soit à la cour, soit à
la ville, dans cette chasse aux nouvelles qui faisait la
vie des courtisans, et une bonne partie de l'existence
de la mère de madame de Grignan.

L'ascendant de madame de Maintenon s'établissait
mieux chaque jour depuis deux ans. On sait que, pendant
les deux voyages qu'elle fit aux eaux des Pyrénées pour
la santé du duc du Maine, son élève préféré, elle avait
correspondu directement avec Louis XIV, usant du privilége qu'elle s'était réservé de ne rendre compte qu'à
lui seul de l'éducation et du gouvernement de ses enfants.
Le roi, qui avait goûté sa conversation, goûta plus encore

son style élégant, noble et sobre. Madame de Maintenon savait ce qu'elle valait la plume à la main ; il est à croire qu'elle ne négligea aucun de ses avantages épistolaires, rehaussés par cette droite raison qui ne l'abandonnait jamais, et, dans la circonstance, mise au service d'une véritable tendresse pour son élève, dont la sincérité avait déjà séduit le cœur d'un père plein de faiblesse pour cet enfant chéri.

Les uns ont fait de madame de Maintenon une ambitieuse savante, une femme à desseins profonds et patients, et décidée, à peine admise à la cour, à employer tous les moyens pour parvenir au but le plus élevé et le plus lointain : ouvrière de sa fortune, qu'elle a su construire sans trop de mérite, avec cette facilité loisible à tous que donnent l'absence de scrupules, le manque de reconnaissance et de fidélité envers une amie qui se confie en nous. D'autres, n'admettant point cette amitié de madame de Montespan qui aurait fait son ingratitude, nient toute menée sourde de sa part pour supplanter sa rivale, ce qui eût constitué sa duplicité. Ils expliquent tout par une coïncidence naturelle entre la lassitude nécessairement produite par la satiété chez un homme de quarante ans, et le goût ordinaire à cet âge, qui commence une vie nouvelle, pour une liaison plus délicate, plus honnête, basée surtout sur l'estime, le respect, les jouissances de l'esprit et les satisfactions de l'âme.

Nous croyons en effet que telle fut, à partir de l'année où nous sommes parvenus, la nature des sentiments que Louis XIV commença à éprouver pour madame de Maintenon. Nous croyons, de plus, à la sincère piété de celle-ci. Mais ce n'est point la traiter en ennemie, et l'on se rapproche, ce nous semble, de la vérité, en

15.

disant que si, dès le commencement, elle ne forma point
le projet de supplanter madame de Montespan, si on n'a
rien de déloyal à lui reprocher dans sa marche ascendante vers le pouvoir presque souverain, si elle ne doit point
être taxée d'ingratitude, puisqu'elle n'était engagée qu'envers le roi, et n'avait voulu accepter que de lui des bienfaits et des honneurs, un moment vint cependant où, ayant
découvert chez Louis XIV les premiers symptômes de
lassitude et les scrupules naissants d'une âme entraînée
mais non enchaînée à l'adultère, elle conçut l'espoir,
elle forma le dessein chaque jour mieux accusé, de
devenir non la maîtresse mais l'amie d'un grand roi.
C'est alors qu'on la vit (habile et séduisant contraste
aux yeux d'un amant fatigué) lutter soigneusement
par le charme et la douceur de son humeur toujours
égale contre les bouderies, les larmes, les emportements,
les reproches d'une amante irritée et se désolant d'un
abandon pressenti. En produisant d'abord, avec un certain faste, une piété purement passive; en saisissant
ensuite habilement l'instant propice où, son influence
accrue, elle pouvait la rendre agressive, et blâmer avec
quelque apparence de mission religieuse auprès des deux
amants leur double et scandaleux adultère, madame de
Maintenon, si elle poursuivait le triomphe de la morale,
suivait aussi la seule voie qui pouvait amener la chute de
sa rivale et sa propre élévation. Nous le dirons donc,
madame de Maintenon n'a pas fait naître les causes qui
ont amené ce double résultat, mais elle les a utilisées
avec une remarquable habileté. L'occasion s'est offerte à
elle; elle en a profité.

Je sais bien que l'on a fait état de son projet d'abandonner la cour, et de tout sacrifier, dès cette même année

1676, alors que le prestige de madame de Montespan n'était point encore définitivement entamé, et que la retraite d'une rivale aussi redoutable eût peut-être, pour bien des années, consolidé sa position [1]. On produit la correspondance éminemment confidentielle de madame de Maintenon avec son confesseur. Son historien invoque surtout, à cet égard, une lettre d'elle écrite le 27 juin 1676, pendant que madame de Montespan était aux eaux de Bourbon : « Je désire plus ardemment que jamais, y dit-elle, d'être hors d'ici, et je me confirme de plus en plus dans l'opinion que je n'y puis servir Dieu; mais je vous en parle moins parce qu'il me revient que vous dites tout à l'abbé Testu... Je suis à merveille avec madame de Montespan, et je me sers de ce temps-là pour lui faire entendre que je veux me retirer : elle répond peu à ces propositions, il faudra voir ce que nous en ferons à son retour. Demandez à Dieu, je vous en conjure, qu'il conduise et rectifie mes desseins pour sa gloire et pour mon salut [2]. »

Dieu seul peut savoir ce qu'il y a eu de sincère dans ces projets de retraite. Tout ce que nous pouvons dire, les lettres de notre auteur à la main, c'est que, presqu'à la même date, madame de Maintenon était loin d'afficher, aux yeux clairvoyants de la cour, le dégoût modeste et pieux qui respire dans sa correspondance : « J'avois rêvé, écrit madame de Sévigné à sa fille, le 6 mai, en vous disant que madame de Thianges étoit allée conduire sa

---

[1] *Histoire de madame de Maintenon et des principaux événements du règne de Louis XIV*, par M. le duc de Noailles, de l'Académie française. 2e édition. Paris, 1849, t. Ier, p. 516-520.

[2] Lettre à l'abbé Gobelin, *Histoire de madame de Maintenon*, t. Ier, p. 518.

sœur (*à Bourbon*) ; il n'y a eu que la maréchale de Rochefort et la marquise de la Vallière qui ont été jusqu'à
Essonne ; elle (*madame de Montespan*) est toute seule...
Si elle avoit voulu mener tout ce qu'il y a de dames à la
cour, elle auroit pu choisir. Mais parlons de l'*amie* (*madame de Maintenon*) ; elle est encore plus triomphante
que celle-ci ; tout est comme soumis à son empire : toutes
les femmes de chambre de sa voisine sont à elle ; l'une
lui tient le pot à pâte à genoux devant elle, l'autre lui
apporte ses gants, l'autre l'endort ; elle ne salue personne,
et je crois que, dans son cœur, elle rit bien de cette ser-
vitude. On ne peut rien juger présentement de ce qui se
passe entre elle et son amie [1]. » Madame de Sévigné fait
ici allusion aux scènes de hauteur que la marquise de Montespan, pendant les deux années précédentes, avait fait
endurer à madame de Maintenon, et qui avaient révolté
l'orgueil ou, pour employer un mot plus équitable, la
dignité de celle-ci, scènes qui, en définitive, tournèrent à
son profit, car le roi, à qui elle mit en quelque sorte et
avec le respect convenable, le marché à la main, avait
montré toute sa crainte de lui voir quitter l'éducation
de ses enfants. Il ménagea lui-même un rapprochement
entre sa maîtresse et cette gouvernante devenue indispensable, et prescrivit d'autorité, à la première plus
qu'à la seconde, de cesser des débats qui l'affligeaient et
le mécontentaient.

Toutefois il fallait bien du temps pour ruiner d'une
manière définitive cet empire entamé de madame de Montespan, empire établi sur l'esprit, la beauté, le plaisir, ces
trois fées qui avaient dominé la seconde jeunesse d'un

---

[1] SÉVIGNÉ, *Lettres*, t. IV, p. 284.

prince, séduit, au début de la vie, par la grâce et la candeur
de la douce la Vallière, et qui devait finir sous le charme
de la raison solide, de l'esprit droit, de l'humeur prévenante et docile d'une amie qui sut régner en professant
l'obéissance. Mais ce qui retenait pour six ans encore
Louis XIV dans les liens de cette Mortemart toujours
belle, c'était l'ardeur sensuelle qui lui venait de son aïeul,
et à laquelle répondait mal le vertueux et tendre amour
de sa timide épouse. L'âge seul devait l'amortir. Lorsque
le roi, après la prise de Bouchain, quitta son armée pour
retourner à Versailles, on put donc croire au triomphe
complet, à un règne nouveau de la marquise de Montespan, et ce n'était plus qu'en souriant que l'on reparlait
de cette *pure amitié* qui, l'année d'avant, avait été le mot
d'ordre à la cour, pour colorer aux yeux du parti religieux, la rentrée de la favorite dans son appartement accoutumé, sous le couvert et le prétexte de sa charge de
première dame d'honneur de la reine.

« Le roi arrive ce soir à Saint-Germain (écrit madame
de Sévigné le 8 juillet 1676), et, par hasard, madame de
Montespan s'y trouve aussi le même jour; j'aurois voulu
donner un autre air à ce retour, puisque c'est une pure
amitié [1]. » Deux jours après, elle fait connaître toutes les
circonstances de ce retour caractéristique : « Le *bon ami
de Quanto* avoit résolu de n'arriver que lorsqu'elle arri-
veroit de son côté; de sorte que, si cela ne se fût trouvé
juste le même jour, il auroit couché à trente lieues d'ici :
mais enfin tout alla à souhait. La famille de *l'ami* alla
au-devant de lui : on donna du temps aux bienséances,
mais beaucoup plus à la pure et simple amitié, qui occupa

---

[1] SÉVIGNÉ, *Lettres*, t. IV, p. 372.

tout le soir. On fit hier une promenade ensemble, accom-
pagnés de quelques dames ; on fut bien aise d'aller à Versailles, pour le visiter avant que la cour y vienne. » Après
un tour en ville où elle a complété et rectifié ses renseignements, madame de Sévigné continue dans cette même
lettre : « L'*ami de Quanto* arriva un quart d'heure avant
Quanto, et, comme il causoit en famille, on le vint avertir
de l'arrivée : il courut avec un grand empressement, et fut
longtemps avec elle. Il fut hier à cette promenade que
je vous ai dite, mais en tiers avec *Quanto* et *son amie*
(*madame de Maintenon*) : nulle autre personne n'y fut
admise, et la sœur (*madame de Thianges*) en a été très-
affligée : voilà tout ce que je sais [1]. »

Soit pour soustraire son royal amant aux séductions
d'une cour où, depuis leur tentative de séparation, bien
des femmes aspiraient à la remplacer ; soit pour la satisfaction d'un amour de tête, si ce n'est de cœur, et qui devenait
plus exigeant à mesure qu'il était moins partagé, madame
de Montespan, pendant près d'un mois, s'attacha à retenir
le roi dans son appartement, redoublant de cette habile
et souveraine coquetterie des manières et de l'esprit avec
laquelle elle sut l'enchaîner si longtemps. Mais les courtisans ne tardèrent pas à se plaindre de cette sorte d'amoureuse séquestration, qui prenait sur leurs plaisirs et tenait
leurs intérêts en souffrance. La favorite restaurée comprit qu'elle affichait par là des craintes ou un égoïsme
également peu séants ; elle s'empressa de *redonner le roi
à la France*, comme le dit madame de Sévigné, dans une
lettre des plus curieuses, où elle retrace de la cour, de
la situation et de la personne de madame de Montespan,

---

[1] SÉVIGNÉ, *Lettres* (10 juillet 1676), t. IV, p. 375.

du jeu royal, des autres divertissements de cette vie en-
chantée, et de sa propre réception dans ce lieu qu'elle
visite rarement, un tableau que nous devons reproduire
en entier. Notre épistolaire sans rivale est là avec tout
l'art qu'elle veut avoir (car ceci est une relation qui sera
lue au petit lever de la gouvernante de la Provence) et
le naturel qu'elle ne peut jamais perdre.

« Voici un changement de scène qui vous paraîtra
aussi agréable qu'à tout le monde. Je fus samedi à Versailles avec les Villars : voici comme cela va. Vous con-
naissez la toilette de la reine, la messe, le dîner; mais il
n'est plus besoin de se faire étouffer pendant que Leurs
Majestés sont à table; car, à trois heures, le roi, la reine,
Monsieur, Madame, Mademoiselle, tout ce qu'il y a de
princes et de princesses, madame de Montespan, toute
sa suite, tous les courtisans, toutes les dames, enfin ce
qui s'appelle la cour de France, se trouve dans ce bel appartement du roi que vous connoissez. Tout est meublé
divinement, tout est magnifique. On ne sait ce que c'est
que d'y avoir chaud; on passe d'un lieu à l'autre sans
faire la presse nulle part. Un jeu de reversi donne la forme
et fixe tout. Le roi est auprès de madame de Montespan
qui tient la carte; MONSIEUR, la reine et madame de Soubise; Dangeau et compagnie; Langlée et compagnie;
mille louis sont répandus sur le tapis, il n'y a point d'autres jetons. Je voyois jouer Dangeau, et j'admirois combien nous sommes sots au jeu auprès de lui. Il ne songe
qu'à son affaire, et gagne où les autres perdent; il ne
néglige rien, il profite de tout, il n'est point distrait : en
un mot, sa bonne conduite défie la fortune; aussi les deux
cent mille francs en dix jours, les cent mille écus en un
mois, tout cela se met sur le livre de sa recette. Il dit

que je prenois part à son jeu, de sorte que je fus assise
très-agréablement et très-commodément. Je saluai le roi
ainsi que vous me l'avez appris; il me rendit mon salut
comme si j'avois été jeune et belle. La reine me parla
aussi longtemps de ma maladie, que si c'eût été une
couche. Elle me dit encore quelques mots de vous. M. le
Duc me fit mille de ces caresses à quoi il ne pense pas.
Le maréchal de Lorges m'attaqua sous le nom du chevalier de Grignan; enfin *tutti quanti*. Vous savez ce que
c'est que de recevoir un mot de tout ce que l'on trouve en
son chemin. Madame de Montespan me parla de Bourbon; elle me pria de lui conter Vichy, et comme je m'en
étois trouvée; elle me dit que Bourbon, au lieu de guérir
un genou, lui a fait mal aux deux. Je lui trouvai le dos
bien plat, comme disoit la maréchale de la Meilleraie;
mais sérieusement c'est une chose surprenante que sa
beauté; sa taille n'est pas de la moitié si grosse qu'elle
étoit, sans que son teint, ni ses yeux, ni ses lèvres en
soient moins bien. Elle étoit tout habillée de point de
France; coiffée de mille boucles; les deux des tempes lui
tombent fort bas sur les joues; des rubans noirs sur sa
tète, des perles de la maréchale de l'Hôpital, embellies
de boucles et de pendeloques de diamants de la dernière
beauté, trois ou quatre poinçons, point de coiffe, en un
mot, une triomphante beauté à faire admirer à tous les
ambassadeurs. Elle a su qu'on se plaignoit qu'elle empêchoit toute la France de voir le roi; elle l'a redonné,
comme vous voyez; et vous ne sauriez croire la joie que
tout le monde en a, ni de quelle beauté cela rend la cour.
Cette agréable confusion, sans confusion, de tout ce qu'il
y a de plus choisi, dure depuis trois heures jusqu'à six.
S'il vient des courriers, le roi se retire un moment pour

lire ses lettres, et puis revient. Il y a toujours quelque musique qu'il écoute, et qui fait un très-bon effet. Il cause avec les dames qui ont accoutumé d'avoir cet honneur. Enfin on quitte le jeu à six heures ; on n'a point du tout de peine à faire les comptes ; il n'y a point de jetons ni de marques ; les poules sont au moins de cinq, six ou sept cents louis, les grosses de mille, de douze cents. On en met d'abord vingt-cinq chacun, c'est cent ; et puis celui qui fait en met dix ; on donne chacun quatre louis à celui qui a le quinola ; on passe ; et quand on fait jouer, et qu'on ne prend pas la poule, on en met seize à la poule, pour apprendre à jouer mal à propos. On parle sans cesse, et rien ne demeure sur le cœur. Combien avez-vous de cœurs ? J'en ai deux, j'en ai trois, j'en ai un ; j'en ai quatre : il n'en a donc que trois, que quatre, et Dangeau est ravi de tout ce caquet : il découvre le jeu, il tire ses conséquences, il voit à qui il a affaire ; enfin j'étois fort aise de voir cet excès d'habileté : vraiment c'est bien lui qui sait le dessous des cartes, car il sait toutes les autres couleurs. On monte donc à six heures en calèche, le roi, madame de Montespan, MONSIEUR, madame de Thianges, et la bonne d'Heudicourt sur le strapontin, c'est-à-dire comme en paradis, ou dans *la gloire de Niquée*[1]. Vous savez comme ces calèches sont faites ; on ne se regarde point, on est tourné du même côté. La reine étoit dans une autre avec les princesses, et ensuite tout le monde attroupé, selon sa fantaisie. On va sur le canal dans des gondoles, on y trouve de la musique, on revient à dix heures, on trouve la comédie, minuit sonne, on fait *médianoche ;* voilà comme se passa le samedi.

---

[1] Allusion à l'une des féeries du roman d'*Amadis de Gaule*.

« De vous dire combien de fois on me parla de vous, combien on me demanda de vos nouvelles, combien on me fit de questions sans attendre la réponse, combien j'en épargnois, combien on s'en soucioit peu, combien je m'en souciois encore moins, vous reconnoîtriez au naturel l'*iniqua corte*. Cependant elle ne fut jamais si agréable, et l'on souhaite fort que cela continue [1]. »

Mais la triomphante sécurité de madame de Montespan ne devait pas être de longue durée. Le roi, en attendant cette grande infidélité du cœur que préparait dans l'ombre l'ascendant toujours croissant de madame de Maintenon, se laissait aller à des caprices des sens qui désolaient la jalousie éveillée de sa maîtresse, moins jeune que belle. Rien n'est curieux comme de suivre la révélation de cette situation bizarre, dans la correspondance de madame de Sévigné, qui, l'oreille au guet, tantôt bien, tantôt mal renseignée, un jour croyant à l'éternel empire de la favorite, l'autre à sa chute imminente, reproduit en un style fait pour rester tous ces événements d'une heure, ces rumeurs passagères si peu dignes de vivre.

Au commencement d'août, on avait parlé de l'une des filles de la reine, nièce de madame de Montespan, mademoiselle de Théobon : « J'ai vu, écrit le 7 la marquise de Sévigné, des gens qui sont revenus de la cour; ils sont persuadés que la vision de Théobon est entièrement ridicule, et que jamais la souveraine puissance de *Quanto* n'a été si bien établie. Elle se sent au-dessus de toutes choses, et ne craint non plus ses petites morveuses de nièces, que si elles étoient charbonnées. Comme elle a bien de l'esprit,

[1] SÉVIGNÉ, *Lettres* (29 juillet 1676), t. IV, p. 394.

elle paroît entièrement délivrée de la crainte d'enfermer le loup dans la bergerie : sa beauté est extrême, sa parure est comme sa beauté, et sa gaieté comme sa parure [1]. »

Ce qui devait parfois faire une entière illusion à madame de Montespan, c'était la tendresse vive que le roi témoignait pour ses enfants, et surtout pour le jeune duc du Maine, que Louis XIV semblait préférer à sa descendance légitime. Ses grâces, son esprit précoce, étaient bien faits pour séduire même tout autre qu'un père, s'il en faut croire le témoignage peu suspect de madame de Sévigné. « M. du Maine, mande-t-elle, est un prodige d'esprit : premièrement aucun ton, aucune finesse ne lui manquent; il en veut comme les autres à M. de Montausier; c'est sur cela que je dis l'*iniqua corte*. Il le voyoit passer un jour sous ses fenêtres, avec une petite baguette qu'il tenoit en l'air, il lui cria : *M. de Montausier, toujours le bâton haut!* Mettez-y le ton et l'intelligence, et vous trouverez qu'à six ans on n'a guère de ces manières-là : il en dit tous les jours mille dans ce même genre. Il étoit, il y a quelques jours, sur le canal dans une gondole, où il soupoit fort près de celle du roi : on ne veut point qu'il l'appelle *mon papa;* il se mit à boire, et follement s'écria : *A la santé du roi, mon père!* et puis se jeta, en mourant de rire, sur madame de Maintenon. Je ne sais pourquoi je vous dis ces choses-là; ce sont, je vous assure, les moindres [2]. » Mais en jouissant de la spirituelle gentillesse d'un fils qu'il adorait, le roi en faisait moins honneur à la mère qu'à l'institutrice qui développait avec tant d'adresse et de sollicitude ces dons naturels; aussi,

---

[1] SÉVIGNÉ, *Lettres* (7 août 1676), t. IV, p. 415.

[2] Même lettre, p. 416.

quelques jours après, la marquise de Sévigné a-t-elle lieu
d'ajouter : « L'amie de madame de Coulanges (on sait
que cela veut dire madame de Maintenon) est toujours
dans une haute faveur [1]. »

Vers le milieu du même mois, on remarqua que madame de Montespan était restée deux ou trois jours sans
paraître au salon du roi, qui, lui, n'avait garde de manquer à son jeu quotidien. C'était un nouvel accès de jalousie qui en était cause, mais, cette fois (la chronique
posthume l'a révélé) mieux justifiée qu'à propos de
cette Théobon dont parlait tout à l'heure madame de
Sévigné. « J'apprends, écrit celle-ci le 19 août, que la
belle *madame* a reparu dans le bel appartement comme
à l'ordinaire, et que ce qui avoit causé son chagrin étoit
une légère inquiétude de son *ami* et de madame de Soubise. Si cela est, on verra bientôt cette dernière sécher
sur pied; car on ne pardonne pas seulement d'avoir
plu [2]. » Et ce trait annonce ce que va être la jalousie croissante de cette femme ardente, altière et habituée à dominer, et combien elle va souffrir. La marquise de Sévigné
est peu disposée à s'attendrir sur de pareilles douleurs :
sans doute elle se rappelait ce que madame de Montespan
avait fait endurer à la Vallière, et puis, avec ses principes d'honnête femme et de mère parfaite, elle pensait
que la première n'avait que ce qu'elle méritait, ayant
abandonné époux, enfants, pour venir à la cour vivre
le front levé dans son double adultère. Aussi son ton
n'est que plaisant lorsqu'elle parle des tribulations de la
marquise de Montespan et des ruses qu'emploie son amant

[1] Sévigné, *Lettres*, t. IV, p. 432.
[2] Sévigné, *Lettres*, ibid., p. 429.

couronné pour lui dissimuler ses infidélités : « On dit que
l'on sent la chair fraîche dans le pays de *Quanto*. On ne
sait pas bien droitement où c'est. on a nommé la dame
que je vous ai nommée; mais, comme on est fin en ce
pays, peut-être que ce n'est pas là. Enfin il est certain
que le cavalier est gai et réveillé, et la demoiselle triste,
embarrassée et quelquefois larmoyante. Je vous dirai la
suite si je le puis. Madame de Maintenon est allée à *Maintenon* pour trois semaines. Le roi lui a envoyé le Nôtre
pour ajuster cette belle et laide terre [1]. » Laide aujour-
d'hui, et bientôt digne d'une reine.

Ces prévenances pour la gouvernante de ses enfants causaient aussi, pour leur part, les larmes de madame de Montespan, sentant par instinct les dangers de
sa position, entre le goût qui poussait le roi vers madame de Soubise et la faveur envahissante de madame de
Maintenon. Dans sa correspondance adressée à sa fille,
madame de Sévigné fait marcher de front ce qui concerne
ces trois femmes, et si, par elle, nous ne savons pas toujours avec vérité ce qui en était, au moins savons-nous
bien ce qui paraissait et ce qu'on en croyait.

A chaque pas on voit se dessiner mieux l'évolu-
tion habilement conduite par madame de Maintenon, soigneuse de s'éloigner de ses anciens amis, en vue et par
pressentiment de sa prochaine fortune, dont les approches
ches semblent troubler cette raison que l'on croyait si solide. « Madame de Maintenon, dit à ce propos madame
de Sévigné, est toujours à Maintenon avec Barillon et
la Tourte[2] : elle a prié d'autres gens d'y aller; mais

---

[1] SÉVIGNÉ, *Lettres* (21 août 1676), t. IV, p. 436.
[2] M. Monmerqué nous apprend qu'on désignait ainsi mademoiselle
de Montgeron. (*Note de la lettre citée.*)

celui que vous disiez autrefois qui vouloit faire trotter votre esprit, et qui est le déserteur de cette cour, a répondu fort plaisamment qu'il n'y avoit point présentement de logement pour les amis, qu'il n'y en avoit que pour les valets. Vous voyez de quoi on accuse cette bonne tête : à qui peut-on se fier désormais ? Il est vrai que sa faveur est extrême, et que l'*ami* de *Quanto* en parle comme de sa première ou seconde amie. Il lui a envoyé un illustre (*le Nôtre*) pour rendre sa maison admirablement belle. On dit que Monsieur y doit aller, je pense même que ce fut hier, avec madame de Montespan : ils devoient faire cette diligence en relais, sans y coucher [1]. »

« On prétend, ajoute-t-elle trois semaines après, que cette *amie de l'amie* (*madame de Maintenon*) n'est plus ce qu'elle étoit, et qu'il ne faut plus compter sur aucune bonne tête, puisque celle-là n'a pas soutenu le tourbillon de ce bon pays [2]. »

Mais, sans analyse et sans commentaire, il va être intéressant et il nous suffira de rapprocher, en un même récit, les divers passages où madame de Sévigné donne à sa fille le bulletin quotidien de cette ondoyante intrigue, de cette comédie de cour à quatre personnages, où madame de Montespan lutte héroïquement par le sourire et par les larmes, afin de disputer le cœur du roi à l'attrait platonique de madame de Maintenon, et sa personne aux très-vulgaires desseins de la princesse de Soubise.

« (2 septembre 1676.) — La vision de madame de Soubise a passé plus vite qu'un éclair; tout est raccommodé. On me mande que l'autre jour, au jeu, *Quanto* avoit

---

[1] Sévigné, *Lettres* (26 août 1676), t. IV, p. 441.

[2] Sévigné, *Lettres, ibid.*, p. 462.

la tête appuyée familièrement sur l'épaule de *son ami;*
on crut que cette affectation étoit pour dire: *Je suis*
mieux que jamais. Madame de Maintenon est revenue
de chez elle; sa faveur est extrême [1]. »

« (4 septembre.) — *Quanto* n'a point été un jour à la
comédie, ni joué deux jours. On veut tout expliquer:
on trouve toutes les dames belles, c'est qu'on est trop
fin: la belle des belles est gaie, c'est un bon témoignage.
Madame de Maintenon est revenue; elle promet à madame de Coulanges un voyage pour elle toute seule; elle
l'attend fort patiemment à Livry (où se trouve la marquise de Séyigné); elle a mille complaisances pour moi [2]. »

« (11 septembre.) — Tout le monde croit que l'étoile
de *Quanto* pâlit. Il y a des larmes, des chagrins naturels,
des gaietés affectées, des bouderies; enfin, ma chère, tout
rit. On regarde, on observe, on s'imagine; on croit voir
es rayons de lumière sur des visages que l'on trouvoit in-
ignes, il y a un mois, d'être comparés aux autres: on
oue fort gaiement, quoique la belle garde sa chambre.
es uns tremblent, les autres rient, les uns souhaitent
'immutabilité, la plupart un changement de théâtre;
nfin voici le temps d'une crise digne d'attention, à ce que
isent les plus clairvoyants [3]. »

« (14 septembre.) — Madame de Coulanges (alors à
ersailles) me mande, et d'autres aussi, que madame de
oubise est partie pour aller à Lorges; ce voyage fait
rand honneur à sa vertu. On dit qu'il y a eu un bon
ccommodement, peut-être trop bon [4]. »

[1] Sévigné, *Lettres*, t. IV, p. 453.
[2] Sévigné, *Lettres*, t. IV, p. 455.
[3] Sévigné, *Lettres*, t. IV, p. 460.
[4] Sévigné, *Lettres*, t. IV, p. 463.

« (16 septembre.) — Madame de Soubise est partie avec beaucoup de chagrin, craignant bien qu'on ne lui pardonne pas l'ombre seulement de sa fusée : car ce fut une grande boucle tirée lorsque l'on y pensoit le moins qui mit l'alarme au camp. Je vous en dirai davantage quand j'aurai vu *Sylphide* (madame de Coulanges [1]). »

« (30 septembre.) — Tout le monde croit que l'*ami* n'a plus d'amour, et que *Quanto* est embarrassée entre les conséquences qui suivroient le retour des faveurs, et le danger de n'en plus faire, crainte qu'on n'en cherche ailleurs. D'un autre côté le parti de l'amitié n'est point pris nettement : tant de beauté encore et tant d'orgueil se réduisent difficilement à la seconde place. Les jalousies sont vives ; mais ont-elles jamais rien empêché ? Il est certain qu'il y a eu des regards, des façons pour la *bonne femme* (madame de Soubise); mais, quoique tout ce que vous dites soit parfaitement vrai, elle est *une autre*, et c'est beaucoup [2]. Bien des gens croient qu'elle est trop bien conseillée pour lever l'étendard d'une telle perfidie, avec si peu d'apparence d'en jouir longtemps; elle seroit précisément en butte à la fureur de *Quanto ;* elle ouvriroit le chemin à l'infidélité, et serviroit comme d'un passage pour aller à d'autres plus jeunes et plus ragoûtantes : voilà mes réflexions, chacun regarde, et l'on croit qu le temps découvrira quelque chose. La *bonne femme* demandé le congé de son mari (il servait à l'armée d Flandre) et, depuis son retour, elle ne se montre ni parée ni autrement qu'à l'ordinaire [3]. »

---

[1] SÉVIGNÉ, *Lettres*, t. IV, p. 467.

[2] Madame de Grignan objectait sans doute à sa mère les trent ans de madame de Soubise et ses huit enfants.

[3] SÉVIGNÉ, *Lettres*, t. V, p. 7.

« (2 octobre.) — Madame de Maintenon vint hier voir madame de Coulanges (qui relevait de maladie à Bâville); elle témoigna beaucoup de tendresse à cette pauvre malade, et bien de la joie de sa résurrection. L'*ami* et l'*amie* avoient été tout hier ensemble : la femme (*la reine*) étoit venue à Paris. On dîna ensemble, on ne joua point en public. Enfin la joie est revenue, et tous les airs de jalousie ont disparu... Les humeurs sont adoucies; et enfin ce que l'on mande aujourd'hui n'est plus vrai demain : c'est un pays bien opposé à l'immutabilité [1]. »

« (7 octobre.) — La vision de la *bonne femme* passe à vue d'œil, mais sans croire qu'il y ait plus autre chose que la crainte qui attache à *Quanto*.... Madame de Soubise est allée voir son mari malade en Flandre : cela me plaît [2]. »

« (15 octobre). — ... Si *Quanto* avoit bridé sa coiffe à Pâques de l'année qu'elle revint à Paris, elle ne seroit pas dans l'agitation où elle est : il y avoit du bon esprit à prendre ce parti ; mais la faiblesse humaine est grande ; on veut ménager des restes de beauté ; cette économie ruine plutôt qu'elle n'enrichit. La *bonne femme* est en Flandre : cela ferme la bouche [3]. »

« (16 octobre.) — Madame de Soubise est revenue de Flandre ; je l'ai vue et lui ai rendu une visite qu'elle me fit à mon retour de Bretagne. Je l'ai trouvée fort belle, à une dent près, qui lui fait un étrange effet au-devant de la bouche; son mari est en parfaite santé et fort gai [4]..... »

[1] SÉVIGNÉ, *Lettres*, t. V, p. 11.
[2] SÉVIGNÉ, *Lettres*, t. V, p. 14 et 19.
[3] SÉVIGNÉ, *Lettres*, t. V, p. 26.
[4] SÉVIGNÉ, *Lettres*, t. V, p. 30.

« (21 octobre.) — Madame de Soubise a paru avec
son mari, deux coiffes et une dent de moins, à la cour;
de sorte que l'on n'a pas le mot à dire. Elle avoit une de
ses dents de devant un peu endommagée; ma foi, elle a
péri, et l'on voit une place comme celle du gros abbé (le
Camus de Pontcarré, aumônier du roi) dont elle ne se soucie guère davantage; c'est pourtant une étrange perte '. »

« (6 novembre.) — Madame de Coulanges vient de
me mander que, du jour d'hier, la dent avoit paru arra-
chée : si cela est, vous aurez très-bien deviné qu'on n'aura
point de dent contre elle '. »

C'est par cette pointe d'un goût qui ne lui est pas habi-
tuel, que madame de Sévigné termine l'histoire alors cachée de la princesse de Soubise. Depuis, les mémoires
contemporains ont parlé. Ce n'était, certes, point là *une
vision*, comme le disait tout à l'heure madame de Sévigné. Mais le cœur entra pour fort peu dans cette liaison, dont le plaisir, d'une part, et, de l'autre, les calculs
les plus intéressés, formaient tout l'objet.

Madame de Caylus et Saint-Simon se sont expliqués sur
ce mystérieux épisode de la vie galante de Louis XIV, d'une
façon qui ne laisse rien dans le doute et l'obscurité. « Madame de Montespan, dit la première, découvrit cette intrigue par l'affectation que madame de Soubise avoit de mettre
certains pendants d'oreilles d'émeraudes, les jours que
M. de Soubise alloit à Paris. Sur cette idée, elle observa
le roi, le fit suivre, et il se trouva que c'étoit effectivement le signal du rendez-vous. Madame de Soubise avoit
un mari qui ne ressembloit pas à celui de madame de

---

¹ SÉVIGNÉ, *Lettres*, t. V, p. 34.
² SÉVIGNÉ, *Lettres*, t. V, p. 53.

Montespan, et pour lequel il falloit avoir des ménagements. D'ailleurs madame de Soubise étoit trop solide pour s'arrêter à des délicatesses de sentiment que la force de son esprit ou la froideur de son tempérament lui faisoit regarder comme des faiblesses honteuses. Uniquement occupée des intérêts et de la grandeur de sa maison, tout ce qui ne s'opposoit pas à ses vues lui étoit indifférent. Pour juger si madame de Soubise s'est conduite selon ces maximes, il suffit de considérer l'état présent de cette maison et de la comparer à ce qu'elle étoit quand elle y est entrée. A peine M. de Soubise avoit-il alors six mille livres de rente.

« ..... Pour dire la vérité, je crois que madame de Soubise et madame de Montespan n'aimoient guère plus le roi l'une que l'autre : toutes deux avoient de l'ambition, la première pour sa famille, la seconde pour elle-même. Madame de Soubise vouloit élever sa maison et l'enrichir ; madame de Montespan vouloit gouverner et faire sentir son autorité. Mais je ne pousserai pas plus loin ce parallèle ; je dirai seulement que, si l'on en excepte la beauté et la taille, qui pourtant n'étoient en madame de Soubise que comme un beau tableau ou une belle statue, elle ne devoit pas disputer un cœur avec madame de Montespan. Son esprit, uniquement porté aux affaires, rendoit sa conversation froide et plate ; madame de Montespan, au contraire, rendoit agréables les matières les plus sérieuses, et ennoblissoit les plus communes ; aussi je crois que le roi n'a jamais été fort amoureux de madame de Soubise, et que madame de Montespan auroit eu tort d'en être inquiète[1]. »

[1] *Mémoires de madame de Caylus*, coll. Michaud, t. XXXII, p. 486.

Saint-Simon n'aime pas la maison de Soubise; il en veut à sa récente *princerie :* c'est dire de quel ton il parle de l'habile et peu scrupuleuse femme qui, pour grandir les siens, consentit à être une maîtresse d'occasion, n'éprouvant, pas plus d'amour qu'elle n'en inspirait, et comment il qualifie le complaisant époux, trop satisfait des profits qu'attirait la faveur royale pour s'inquiéter des moyens employés à l'acquérir. Saint-Simon a connu les récits faits par la marquise de Sévigné, de cette chute progressive de madame de Montespan, de la marche ascendante de madame de Maintenon, et de l'intermède de madame de Soubise. « La fortune, pour n'oser nommer ici la Providence (dit-il au moment de sa plus grande bile contre madame de Maintenon) fortifia de plus en plus le goût du roi pour cette femme adroite et experte au métier, que les jalousies continuelles de madame de Montespan rendaient encore plus solide par les sorties fréquentes que son humeur aigrie lui faisait faire sans ménagement sur le roi et sur elle; et c'est ce que madame de Sévigné sait peindre si joliment en énigmes, dans ses lettres à madame de Grignan, où elle l'entretient quelquefois de ces mouvements de cour, parce que madame de Maintenon avait été à Paris assez de la société de madame de Sévigné, de madame de Coulanges, de madame de la Fayette, et qu'elle commençait à leur faire sentir son importance. On y voit aussi, dans le même goût, des traits charmants sur la faveur voilée mais brillante de madame de Soubise [1]. »

---

[1] Sur madame de Soubise conférez *Mémoires du duc de Saint-Simon*, t. XIII, p. 104. Voir aussi t. II, p. 155-167, 387, 399; t. V, p. 280, 431 et 433; t. VI, p. 151, 436; VII, p. 60; X, p. 219, 258; XI, p. 237 ; XIII, p. 5; XVIII, p. 4.

Madame de Montespan néanmoins avait encore tous les dehors, toutes les allures et les prérogatives d'une maîtresse en titre. Son règne agité se manifestait par des signes où l'on reconnaissait les intermittences de l'amour du roi, tantôt refroidi et infidèle, et tantôt subjugué, comme aux meilleurs jours, par tant de beauté, de rare esprit et de charme voluptueux. Madame de Montespan était, en outre, la mère d'enfants que Louis XIV aimait tendrement. Le roi la traitait donc toujours avec une considération qui retenait les courtisans, trop enclins à délaisser les anciennes idoles pour en encenser de nouvelles. Aussi vit-on alors deux hommes de cour émérites lutter entre eux, pour offrir à la favorite menacée mais encore régnante des marques d'ingénieuse galanterie.

« M. de Langlée (dit madame de Sévigné dans une lettre charmante et souvent reproduite) a donné à madame de Montespan une robe d'or sur or, rebrodé d'or, rebordé d'or, et par-dessus un or frisé, rebroché d'un or mêlé avec un certain or, qui fait la plus divine étoffe qui ait jamais été imaginée : ce sont les fées qui ont fait cet ouvrage en secret ; âme vivante n'en avoit connaissance. On la voulut donner aussi mystérieusement qu'elle avoit été fabriquée. Le tailleur de madame de Montespan lui apporta l'habit qu'elle lui avoit ordonné, il en avoit fait le corps sur des mesures ridicules : voilà des cris et des gronderies comme vous pouvez le penser ; le tailleur dit en tremblant : «Madame, comme le temps presse, voyez si « cet autre habit que voilà ne pourroit point vous accom— « moder, faute d'autre. » On découvrit l'habit : — Ah ! la belle chose ! ah ! quelle étoffe ! vient-elle du ciel ? Il n'y en a point de pareille sur la terre. On essaye le corps ; il est à peindre. Le roi arrive ; le tailleur dit : « Madame,

« il est fait pour vous. » On comprend que c'est une galanterie; mais qui peut l'avoir faite? C'est Langlée, dit le roi : C'est Langlée, assurément, dit madame de Montespan ; personne que lui ne peut avoir imaginé une telle magnificence : c'est Langlée, c'est Langlée : tout le monde répète : C'est Langlée; les échos en demeurèrent d'accord, et disent, c'est Langlée; et moi, ma fille, je vous dis, pour être à la mode, C'est Langlée [1]. »

C'était là un hommage de joueur souvent heureux au jeu du roi. Voici un cadeau d'un autre genre fait par un second joueur plus constamment heureux encore. « Dangeau (mande, à quelques jours de là, madame de Sévigné à sa fille) a voulu faire des présents aussi bien que Langlée : il a commencé la ménagerie de Clagny [2] : il a ramassé pour deux mille écus de toutes les tourterelles les plus passionnées, de toutes les truies les plus grasses, de toutes les vaches les plus pleines, de tous les moutons les plus frisés, de tous les oisons les plus oisons, et fit hier passer en revue tout cet équipage comme celui de Jacob, que vous avez dans votre cabinet de Grignan [3]. »

Ce qu'écrivait la plupart du temps madame de Sévigné était uniquement par ouï-dire, car elle allait rarement

[1] SÉVIGNÉ, *Lettres* (6 novembre 1676), t. V, p. 54.
[2] Terre achetée par madame de Montespan.
[3] T. V, p. 66, lettre du 18 novembre 1676. Dans une lettre du 29 septembre de l'année précédente on trouve le mot de cette comparaison. « Le bon abbé (écrit madame de Sévigné parlant de son oncle de Coulanges) est fort en colère contre M. de Grignan ; il espéroit qu'il lui manderoit si le voyage de *Jacob* a été heureux, s'il est arrivé à bon port dans la terre promise, s'il y est bien placé, bien établi, lui et ses femmes, ses enfants, ses moutons, ses chameaux. » C'était une collection de figurines en cire ou en bois, représentant le voyage du patriarche en Égypte.

à la cour, et à cause de son âge, et à cause du peu
de faveur qu'elle y trouvait, quoiqu'elle n'y rencontrât
que des gens bien disposés pour elle, et tout au moins
inoffensifs. Ses amitiés vives et fidèles étaient ailleurs, et
celles-ci étaient peu faites pour rompre cette glace de
politesse, mêlée de considération et d'une certaine crainte
de sa plume, qui l'accueillait dans le cercle royal. Nous
avons dit ce que n'avaient pas cessé de lui être Fouquet
et tous les siens. Sa liaison intime avec le cardinal de
Retz est bien connue de tous les lecteurs des volumes
publiés par M. le baron Walckenaer.

M. Walckenaer [1] nous a montré cet ancien héros de la
Fronde, occupé à achever la rédaction de ses Mémoires,
sorte de confession générale familière aux personnages
sur le retour, et dans laquelle, peu indulgent aux péchés
des autres, on se pare volontiers des siens, que l'on a soin
d'habiller en belles actions, en combinaisons profondes,
et en représailles toujours justifiées. On a vu aussi la retraite subite de Retz à Commercy, dans sa jolie maison
de Ville-Issey, située près de sa riche abbaye de Saint-
Mihiel. Il quittait le monde et ses rares amis, pour
faire des économies dans le but de payer ses énormes
dettes, bilan de la guerre civile et châtiment du chef de
parti, et afin de mettre, comme le lui avait dit Turenne
parlant de lui-même, quelque temps entre la vie et la
mort. Voulant aussi finir dans l'humilité une carrière
commencée dans la dissipation, l'ambition et l'intrigue,
Retz s'était démis de ce chapeau de cardinal qu'il avait
poursuivi par tant de moyens illégitimes et permis.

On croyait peu à son abnégation et à la sincérité de

---

[1] *Mémoires, etc.*, t. V, p. 138, 160-167.

ce projet de retraite. Madame de Sévigné, qui prend toujours feu pour ceux qu'elle aime, ne supportait pas patiemment de telles irrévérences. « Le monde, écrit-elle à Bussy, par rage de ne pouvoir mordre sur un si beau dessein, dit qu'il en sortira. Eh bien, envieux, attendez donc qu'il en sorte, et en attendant taisez-vous ; car, de quelque côté qu'on puisse regarder cette action, elle est belle ; et, si on savoit comme moi qu'elle vient purement du désir de faire son salut et de l'horreur de sa vie passée, on ne cesseroit point de l'admirer. » Quant à l'offre du chapeau, tout en affirmant la sincérité de son ami, madame de Sévigné affiche alternativement la crainte que le pape ne l'accepte, et l'espoir qu'il n'en voudra pas. Quelle joie quand elle apprend que le saint-père et le sacré collége ont refusé cette démission, habilement ou sérieusement offerte par son *cher cardinal !* « Voilà notre cardinal *recardinalisé*, mande-t-elle à sa fille ! — Notre cardinal l'est à fer et à clou ! » — « Sa Sainteté a parfaitement bien fait, ce me semble, ajoute-t-elle ; la lettre du consistoire est un panégyrique : je serois fâchée de mourir sans avoir encore une fois embrassé cette chère Éminence. Vous devez lui écrire et ne le point abandonner, sous prétexte qu'il est dans la troisième région : on n'y est jamais assez pour aimer les apparences d'oubli de ceux qui nous doivent aimer [1]. »

Ici se manifeste une fois de plus la nuance bien tranchée qui existe entre les sentiments de la mère et ceux de la fille à l'égard de la *chère Éminence.* Soit défaut de

[1] Pour ces citations, V. SÉVIGNÉ, t. IV, p. 30, 45, 54 et 55. — Sur la démission du cardinal de Retz, voir ses *Mémoires* (coll. Michaud, t. XXV, p. 612).

sympathie, au fond, soit effet de sa tiède nature, ou plutôt circonspection excessive de la part d'une gouvernante de province pour le roi, madame de Grignan mettait dans ses rapports avec le chef mal amnistié de la Fronde, une réserve, une froideur qui contrastaient essentiellement avec la franche amitié, l'admiration publique de sa mère. Aussi, quand la première, un peu trop rudement peut-être, refusait une pièce d'argenterie que le prélat, partant pour sa retraite définitive, avait voulu envoyer comme souvenir à *sa chère nièce*[1], madame de Sévigné, toute pleine de son affection admirative, écrivait de Retz, au milieu de sa douleur de la mort de Turenne, ces mots qu'on lui a avec raison reprochés : « On disoit l'autre jour, en bon lieu, que l'on ne connoissoit que deux hommes au-dessus des autres hommes, lui et M. de Turenne : *le voilà donc seul dans ce point d'élévation*[2] ! » Et dans une lettre suivante, par opposition au *héros de la guerre*, elle l'appelle résolûment le *héros du Bréviaire*, car, auprès d'elle, rien ne diminue l'importance pourtant évanouie de cet homme dont la renommée a ébloui sa jeunesse, et dont l'amitié fut le charme durable de sa vie.

Le cardinal de Retz passa un an dans la plus absolue retraite, accomplissant, au milieu des œuvres les plus édifiantes de piété et de charité, le programme qu'il s'était tracé, et demandant à la lecture et à l'étude les occupations nécessaires à sa dévorante activité. Une maladie assez semblable à celle qui avait failli emporter son amie vint l'affliger, et alarmer celle-ci au printemps de 1676. « Je suis toujours en peine, écrit-

[1] Nièce à la mode de Bretagne. (Conf. WALCKENAER, t. V, p. 167.)
[2] SÉVIGNÉ, *Lettres*, t. III, p. 357.

elle à madame de Grignan le 28 mai, de la santé de notre cardinal ; il s'est épuisé à lire : eh ! mon Dieu, n'a-voit-il pas tout lu[1] ? » Et la semaine suivante : « M. le cardinal me mandoit, l'autre jour, que les médecins avoient nommé son mal de tête un rhumatisme de membranes : quel diantre de nom ! A ce mot de rhu-matisme je pensai pleurer[2]. »

Cependant, le pape Clément X étant mort, le cardinal de Retz, malgré ses réelles souffrances, dut, sur l'invita-tion personnelle du roi, se rendre au conclave afin d'y faire prévaloir les intérêts de la France. En partant pour Rome, le 2 août, il écrivit à madame de Sévigné pour lui dire adieu. Elle avait espéré qu'il irait s'em-barquer à Marseille, et alors elle recommandait à sa fille « de faire toute chose pour avoir encore la joie de le voir en passant[3]. » Mais les cardinaux français prirent, à l'aller et au retour, la voie de terre, et passèrent par Grenoble, ce qui priva madame de Grignan du plaisir que sa mère s'était promis pour elle. « Vous n'aurez pas le plaisir d'avoir cette chère Éminence (écrit madame de Sévigné le 5 août, en annonçant à sa fille ce contre-temps qui est bien plutôt une déception pour elle-même que pour la gouvernante de la Provence) ; je suis en peine de sa santé : il étoit dans les remèdes, mais il a fallu céder aux instantes prières du maître, qui lui écrivit de sa propre main[4]. » Louis XIV avait, à bon droit, grande confiance dans les lumières, l'habileté et le patriotisme du cardinal de Retz, et celui-ci arrivait à

[1] SÉVIGNÉ, *Lettres*, t. IV, p. 320.
[2] SÉVIGNÉ, *Lettres*, t. IV, p. 327.
[3] SÉVIGNÉ, *Lettres*, t. IV, p. 405.
[4] SÉVIGNÉ, *Lettres*, t. IV, p. 410.

Rome en quelque sorte comme le chef du parti français, qui alors avait fort à lutter contre celui de l'Empire, son adversaire traditionnel en Italie.

Le cardinal écrivit exactement à la marquise de Sévigné, de Lyon, de Turin, de Rome, et, contre les prévisions de tous et les craintes de son amie, il ne tarda pas à lui annoncer que « sa santé étoit bien meilleure qu'il n'eût osé l'espérer[1]. » Les opérations du conclave furent longues. Enfin, dans les derniers jours de septembre, Retz put mander, et il le fit avec empressement, à madame de Sévigné l'élection du cardinal Odescalchi, sous le nom d'Innocent XI. « M. le cardinal, dit-elle, m'écrit du lendemain qu'il a fait un pape, et m'assure qu'il n'a aucun scrupule.... Il me mande que le pape est encore plus saint d'effet que de nom ; qu'il vous a écrit de Lyon en passant, et qu'il ne vous verra point en repassant, dont il est très-fâché ; de sorte qu'il se retrouvera dans peu de jours chez lui, comme si de rien n'étoit. Ce voyage lui a fait bien de l'honneur, car il ne se peut rien ajouter au bon exemple qu'il a donné. On croit même que, par le bon choix du souverain pontife, il a remis dans le conclave le Saint-Esprit, qui en étoit exilé depuis tant d'années[2]. » Le savant éditeur de la correspondance fait remarquer avec raison qu'il est probable que Retz avait combattu l'élection du nouveau pontife, mais que « le pape une fois nommé, il devait paraître de l'avis du conclave[3]. » Une première fois, en 1669, le cardinal de Retz s'était montré opposé à l'exaltation

---

[1] Sévigné, *Lettres*, t. IV, p. 443.
[2] Sévigné, lettre du 7 octobre 1676, t. V, p. 17.
[3] Note de M. Monmerqué à la lettre du 7 octobre.

d'Odescalchi, et le parti français était parvenu à faire nommer le cardinal Altieri, devenu Clément X. En 1676, la défection du cardinal d'Estrées fit passer celui que la France croyait lui être hostile, mais à la vertu duquel tout le monde rendait hommage. C'est ce qui résulte de la Relation des conclaves de 1689 et de 1691, que nous a laissée M. de Coulanges, le cousin de la marquise de Sévigné, lequel tenait ces détails rétrospectifs de la bouche du cardinal de Bouillon, qu'il avait accompagné à Rome[1].

Le cardinal de Retz rentra vers le milieu de novembre dans sa retraite de Commercy, mais sans repasser par Paris, dont il s'était lui-même exilé, à la grande douleur de son amie, qui ne pouvait se faire à cette idée de ne plus le voir. « M. de Pomponne, écrit-elle le 18, m'a dit qu'à Rome il n'est question que de notre cardinal; il n'en vient point de lettres qui ne soient pleines de ses louanges : on vouloit l'y retenir pour être le conseil du pape; il s'est encore acquis une nouvelle estime dans ce dernier voyage; il a passé par Grenoble, pour voir sa nièce (*la duchesse de Sault-Lesdiguières*), mais ce n'est pas *sa chère nièce* : c'est une chose bien cruelle de ne plus espérer la joie de le revoir; savez-vous bien que cela fait une de mes tristes pensées? » — « Je souhaite, redit-elle à sa fille le surlendemain, que vous vous accommodiez mieux que moi de la pensée de ne le voir jamais; je ne puis m'y accoutumer; » et mêlant à l'idée de cette séparation d'un ami la pensée d'un éloignement bien plus pénible encore : « Je suis destinée, ajoute-t-elle avec mélancolie, à périr par les absences[2]. »

---

[1] *Mémoires de Coulanges*, formant le t. XI de l'édition de M. Monmerqué, p. 65. — *Mémoires du cardinal de Retz*, p. 614.

[2] *Lettres*, t. V, p. 64 et 68.

Aussi madame de Sévigné ne s'occupe-t-elle que des moyens de posséder au plus tôt cette fille dont déjà depuis deux ans elle se trouvait séparée. Forte de son sacrifice de Vichy, elle insiste auprès de M. de Grignan pour qu'une satisfaction si nécessaire à sa vie ne lui soit pas plus longtemps refusée. Toutes ses lettres portent la trace de ce désir devenu chez elle une idée fixe. Désireuse, de son côté, de revoir sa mère, mais retenue par les devoirs de sa situation et les exigences de ses affaires domestiques, madame de Grignan, en septembre, en octobre, en novembre, annonça successivement son arrivée, sans pouvoir réaliser ses projets sincères à cet égard. Ainsi renvoyée de mois en mois, cette pauvre mère en vient à un état d'accablement et de tristesse qui serait une preuve, pour ceux qui en auraient besoin, de l'étendue et de la sincérité d'une tendresse dont on a dit l'expression exagérée, tandis qu'elle n'est que passionnément vraie [1].

En attendant, madame de Sévigné cherche et trouve une occupation du goût de son cœur dans la poursuite des affaires de son gendre et de son fils. Après avoir pris une honorable part aux événements de la campagne dont nous avons rappelé les principaux faits, le baron de Sévigné, malade d'un rhumatisme à la cuisse, et croyant toute opération sérieuse ajournée, était revenu de lui-même à Paris, sans congé, le 22 octobre [2]. Ce retour justifié, mais irrégulier quant à la forme, ne laissa pas que de causer quelques ennuis à sa mère. Sévigné montrait en effet, par là, qu'il n'était pas trop esclave

[1] V. *Lettres de madame de Sévigné*, t. IV, p. 477; V, p. 19, 25, 32, 45, 47, 48, 59 et 62.
[2] SÉVIGNÉ, *Lettres*, t. V, p. 39.

de la discipline militaire, et le roi n'aimait guère qu'on prit de telles libertés avec la hiérarchie. Madame de Sévigné jugea prudent de garder son fils en quelque sorte caché à Livry, jusqu'à ce que sa position eût été régularisée. « Le *Frater* est toujours ici, mande-t-elle à madame de Grignan, attendant ses attestations qui lui feront avoir son congé. Il clopine, il fait des remèdes ; et quoique on nous menace de toutes les sévérités de l'ancienne discipline, nous vivons en paix, dans l'espérance que nous ne serons point pendus. Nous causons et nous lisons : le compère, qui sent que je suis ici pour l'amour de lui, me fait des excuses de la pluie, et n'oublie rien pour me divertir ; il y réussit à merveille ; nous parlons souvent de vous avec tendresse. » Et le *Frater*, de ce charmant esprit qui contraste avec le ton un peu tendu de sa sœur, continue : « Ma mère est ici pour l'amour de moi ; je suis un pauvre criminel, que l'on menace tous les jours de la Bastille ou d'être cassé. J'espère pourtant que tout s'apaisera par le retour prochain de toutes les troupes. L'état où je suis pourroit tout seul produire cet effet ; mais ce n'est plus la mode. Je fais tout ce que je puis pour consoler ma mère, et du vilain temps, et d'avoir quitté Paris : mais elle ne veut pas m'entendre quand je lui parle là-dessus. Elle revient toujours sur les soins que j'ai pris d'elle pendant sa maladie, et, à ce que je puis juger par ses discours, elle est fort fâchée que mon rhumatisme ne soit pas universel, et que je n'aie pas la fièvre continue, afin de pouvoir me témoigner toute sa tendresse et toute l'étendue de sa reconnoissance. Elle seroit tout à fait contente si elle m'avoit seulement vu en état de me faire confesser ; mais, par malheur, ce n'est pas pour cette fois : il faut qu'elle se réduise à me voir clopiner comme clopinoit jadis M. de la Rochefoucauld, qui va présentement comme un Basque [1]. »

En même temps qu'elle poursuivait le congé de son fils auprès de Louvois, qui, à cause de sa parenté avec madame de Coulanges, se montrait gracieux pour elle, la marquise de Sévigné sollicitait de Colbert le renouvellement de la faible indemnité que le roi avait l'habitude d'accorder, à titre de gratification, aux gouverneurs de province dont il était satisfait. Louvois était rude dans le service, mais galant pour les dames. Il n'en était pas de même de Colbert : celui-ci faisait toujours mauvais visage à qui venait lui demander de l'argent [2]. Madame de Sévigné l'éprouva pour son compte en allant l'entretenir des intérêts de son gendre et de sa fille. « J'ai voulu aller à Saint-Germain parler à M. Colbert de votre pension, écrit-elle à cette dernière ; j'y étois très-bien accompagnée : M. de Saint-Géran, M. d'Hacqueville et plusieurs autres me consoloient par avance de la glace que j'attendois. Je lui parlai donc de cette pension, je touchai un mot des occupations continuelles et du zèle pour le service du roi ; un autre mot des extrêmes dépenses à quoi l'on étoit obligé, et qui ne permettoient pas de rien négliger pour les soutenir ; que c'étoit avec peine que M. l'abbé de Grignan et moi nous l'importunions de cette affaire : tout cela étoit plus court et mieux rangé ; mais je n'aurai nulle fatigue à vous dire la réponse : *Madame, j'en aurai soin;* et il me ramène à la porte ; et voilà qui est fait [3]. » Toutefois madame de Sévigné fut

---

[1] SÉVIGNÉ, *Lettres* (28 octobre 1676), t. V, p. 43.

[2] *Vie de Colbert* par M. Pierre Clément, p. 106.

[3] SÉVIGNÉ, *Lettres*, t. V, p. 63.

plus heureuse que madame Cornuel. On sait, que ne pouvant tirer du ministre austère ni un mot de réponse, ni même une marque d'attention : « Monseigneur, lui « dit celle-ci, faites au moins signe que vous m'en- « tendez [1] ! »

Enfin madame de Grignan se décida à venir à Paris aussitôt que son mari auroit obtenu des États de Provence le *don* extraordinaire de huit cent mille francs que le roi leur demandait pour cette année (un tiers de plus que les années précédentes), et fait nommer M. de Saint-Andiol, son beau-frère, procureur du pays, c'est-à-dire chargé d'aller porter à Versailles le vote de l'assemblée. C'est dans cette circonstance qu'il faut voir toute la tendresse maternelle de madame de Sévigné. « Je suis vraiment bien contente, dit-elle à sa fille en recevant cette nouvelle, de la bonne résolution que vous prenez ; elle sera approuvée de tout le monde, et vous êtes fort loin de comprendre la joie qu'elle me donne [2] ! »

Mais voici un messager envoyé devant, qui accourt annonçant cette chère venue. Quel feu ! quelle allégresse, quel trouble !

« *Livry, mercredi* 25 *novembre* 1676. — Je me promène dans cette avenue ; je vois venir un courrier. Qui est-ce ? C'est Pomier : ah ! vraiment, voilà qui est admirable. Et quand viendra ma fille ? — Madame, elle doit être partie présentement. — Venez donc que je vous embrasse. Et votre don de l'assemblée ? — Madame, il est accordé. — A combien ? — A huit cent mille francs. — Voilà qui est fort bien, notre presseur est bon, il n'y a rien à craindre, il

---

[1] *Biographie Michaud*, art. Colbert, par M. Villenave.
[2] SÉVIGNÉ, *lettre* du 18 novembre, t. V, p. 66.

n'y a qu'à serrer, notre corde est bonne. Enfin j'ouvre
votre lettre, et je vois un détail qui me ravit. Je recon-
nois aisément les deux caractères, et je vois enfin que
vous partez. Je ne vous dis rien sur la parfaite joie que
j'en ai. Je vais demain à Paris avec mon fils ; il n'y a plus
de danger pour lui. J'écris un mot à M. de Pomponne
pour lui présenter notre courrier. Vous êtes en chemin
par un temps admirable, mais je crains la gelée. Je vous
enverrai un carrosse où vous voudrez. Je vais renvoyer
Pomier, afin qu'il aille, ce soir, à Versailles, c'est-à-dire
à Saint-Germain. J'étrangle tout, car le temps presse. Je
me porte fort bien ; je vous embrasse mille fois, et le
Frater aussi[1]. »

Avant l'arrivée de sa fille, madame de Sévigné n'écrit
plus que trois lettres, trois billets de ce même style, rapide, coupé, joyeux. On voit qu'à la veille de jouir de
cette chère présence, elle n'a plus le cœur à l'écriture.
« Je ne sais ce que j'ai, dit-elle à son idole, je n'ai plus de
goût à vous écrire : d'où vient cela ? seroit-ce que je ne
vous aime plus[2] ? » Elle annonce aux gouverneurs de la
Provence que « la nouvelle des huit cent mille francs a
été très-agréable au roi et à tous ses ministres » ; et, pour
compléter cette bouffée de contentement, voilà que le
maître accorde à M. de Grignan cette gratification modeste, mais indispensable au voyage de Paris, tant était
grande alors la gêne de la noblesse provinciale, et si
avancée la ruine latente d'une maison dont le faste
apparent ne se soutenait qu'à force d'artifices et d'héroïques expédients. « M. de Pomponne, ajoute cette

[1] SÉVIGNÉ, *Lettres*, t. V, p. 70.
[2] SÉVIGNÉ, *Lettres*, t. V, p. 71.

mère heureuse, le 9 décembre, a glissé fort à propos
nos cinq mille francs. Le roi dit, en riant : On dit tous
les ans que ce sera pour la dernière fois. M. de Pomponne,
en riant, répliqua : Sire, ils sont employés à vous bien
servir. Sa Majesté apprit aussi que le marquis de Saint-
Andiol étoit procureur du pays ; le sourire continua,
comme disant qu'on voyoit bien la part qu'avoit M. de
Grignan à cette nomination. M. de Pomponne lui dit :
Sire, la chose a passé d'une voix, sans aucune contes-
tation ni cabale. Cette conversation finit, et se passa
fort bien [1]. »

Partie d'Aix le 1er décembre, la comtesse de Grignan,
seule, car son mari était encore retenu par ses fonctions,
cheminait lentement à travers la neige et la glace qu'elle
avait trouvées sur sa route, au lieu du beau temps que
lui prédisait sa mère, d'abord parce qu'elle le souhaitait,
mais aussi pour l'encourager à entreprendre cette longue
et fastidieuse marche. Son cœur suit sa fille dans ses pénibles étapes. Elle ne veut pas qu'elle arrive sans trouver
sur sa route des excuses de tout ce mauvais temps : « Que
ne vous dois-je point, ma chère enfant, pour tant de
peines, de fatigues, d'ennuis, de froid, de gelée, de fri-
mas, de veilles ? Je crois avoir souffert toutes ces in-
commodités avec vous ; ma pensée n'a pas été un moment séparée de vous, je vous ai suivie partout, et j'ai
trouvé mille fois que je ne valois pas l'extrême peine que
vous preniez pour moi ; c'est-à-dire, par un certain côté,
car celui de la tendresse et de l'amitié relève bien mon
mérite à votre égard. Quel voyage, bon Dieu ! et quelle
saison ! vous arriverez précisément le plus court jour de

[1] SÉVIGNÉ, Lettres, t. V, p. 73.

l'année, et par conséquent vous nous ramènerez le soleil.
J'ai vu une devise qui me conviendroit assez; c'est un
arbre sec et comme mort, et autour ces paroles : *fin che
sol ritorni.* Qu'en dites-vous, ma fille? Je ne vous parlerai donc point de votre voyage, nulle question là-dessus;
nous tirerons le rideau sur vingt jours d'extrêmes fatigues, et nous tâcherons de donner un autre cours aux
petits esprits, et d'autres idées à votre imagination [1].....
Je vous attendrai à dîner à Villeneuve Saint-Georges;
vous y trouverez votre potage tout chaud; et, sans faire
tort à qui que ce puisse être (ceci pour vous, monsieur de Grignan), vous y trouverez la personne du
monde qui vous aime le plus parfaitement. L'abbé vous
attendra dans votre chambre bien éclairée avec un bon
feu. Ma chère enfant, quelle joie! Puis-je en avoir
jamais une plus sensible [2]! »

Madame de Grignan arriva à Paris le 22 décembre. On
peut se figurer les transports de madame de Sévigné de
revoir sa fille après deux années entières d'absence, et
il faut affirmer aussi la joie de celle-ci, de se retrouver enfin auprès d'une telle mère. Mais, vanité des projets humains, même des plus légitimes rêves de l'a-
mour maternel, ce séjour commun à Paris, que madame
de Sévigné avait tant souhaité, fut pour elle l'époque
la plus pénible, la plus agitée et la plus douloureuse
de son existence, et cela à cause de sa fille et par sa
fille, ainsi que nous le verrons dans le chapitre suivant.

[1] Allusion au langage de la philosophie cartésienne, familière à
madame de Grignan.
[2] SÉVIGNÉ, *Lettres,* t. V, p. 74.

CHAPITRE VI.

1677.

Madame de Grignan trouve à Paris son frère, son beau-frère et Bussy.
— Moment de la plus grande intimité entre madame de Sévigné
et son cousin. — Ils se conviennent et se plaisent. — Vanité,
extravagances de Bussy-Rabutin. — Il refuse le *Monseigneur* aux
maréchaux. — Il se crée lui-même maréchal de France *in petto*.
— Ne pouvant être *duc*, il ne veut plus qu'on l'appelle *comte*. —
Le roi lui permet de revenir une seconde fois à Paris. — Sa cousine désire connaître ses *Mémoires*; ils les lisent ensemble. —
Position de madame de Montespan à la cour. — Le roi distingue
madame de Ludre. — On attribue à Bussy des couplets satiriques; sa justification. — La guerre recommence. — Louis XIV
se met en campagne avant la fin de l'hiver. — Siége et prise de
Valenciennes. — Le baron de Sévigné y est blessé. — Saint-
Omer et Cambrai sont obligés de se rendre. — MONSIEUR gagne
la bataille de Cassel. — Retour triomphant du roi; ovations qui
lui sont faites : l'année 1677 appelée *l'année de Louis le Grand*.
— Corneille chante les victoires du roi. — Madame de Sévigné
achète à son fils la sous-lieutenance des gendarmes-Dauphin. —
Maladie de madame de Grignan. — Appréhensions de sa mère. —
Quelques troubles surviennent entre la mère et la fille. — Mal-
entendus expliqués.

Madame de Grignan resta six mois à Paris. Pour cette
période, nous ne trouvons que deux lettres de sa mère,
l'une à Bussy, l'autre au comte de Guitaud. Toutefois,
au moyen d'une correspondance qui recommence avec
l'exactitude accoutumée, au lendemain de la séparation,
il nous sera possible de connaître quelle fut, durant cette
première moitié de l'année 1677, l'existence de la mère
et de la fille.

En arrivant à Paris, madame de Grignan, indépendamment des amis de sa mère, qui étaient aussi les siens et que nous connaissons, retrouva son frère, guéri de son rhumatisme; le chevalier, son beau-frère, qui avait fait tout entière la longue campagne de 1676, sans y rencontrer d'occasion particulière d'accroître une fort jolie réputation que l'on tardait bien à récompenser; M. de la Garde, ce cousin à héritage des Grignan, qui, quelques mois auparavant, avait failli, à cinquante-six ans, épouser une jeune fille dont il eût pu être l'aïeul, et avait eu le bon esprit d'y renoncer, à la grande approbation de madame de Sévigné, qui, pour cela, lui restitue le nom de *sage;* et enfin Bussy-Rabutin, venu à Paris au mois de juin précédent avec une permission de deux mois, successivement prorogée jusqu'en mai 1677, par un accès de commisération royale, où la vanité de plus en plus vivace de ce disgracié satisfait voulait presque voir un retour de faveur.

M. Walckenaer a fait connaître en détail le premier voyage effectué par Bussy en 1674, après sept années d'exil, et ses tentatives infructueuses de réconciliation auprès de ses principaux ennemis, tels que Condé, la Rochefoucauld, Marsillac [1]. Lorsque madame de Sévigné, en juin 1676, retourna de Vichy à Paris, elle y trouva son cousin déjà installé depuis quelques jours. Il y avait deux ans qu'ils ne s'étaient revus; mais ils n'avaient point interrompu une correspondance qui chez eux paraissait un besoin, comme elle était un plaisir. Bussy disait plus tard à sa cousine que les lettres qu'elle lui avait écrites pendant les années 1674, 1675 et 1676, étaient celles

[1] *Mémoires sur madame de Sévigné,* t. V, p. 147.

qu'il trouvait le plus à son goût [1]. A ces diverses dates, ce quinteux parent en est revenu aux tendresses. Tantôt il lui écrit : « Vous êtes de ces gens qui ne devroient jamais mourir, comme il y en a qui ne devroient jamais naître [2]. » Tantôt il lui proteste que, « comme il ne trouve aucune conversation qui lui plaise autant que la sienne, il ne trouve aussi point de lettres si agréables que celles qu'elle lui écrit [3]. » Le 11 août 1675, il lui adresse cet éloge plus complet et plus cordial encore de sa façon d'écrire : « J'ai reçu votre lettre, madame, elle est assez longue, et je vous assure que je l'ai trouvée trop courte. Soit que votre style, comme vous dites, soit laconique, soit que vous vous étendiez davantage, il y a, ce me semble, dans vos lettres, des agréments qu'on ne voit point ailleurs ; et il ne faut pas dire que c'est l'amitié que j'ai pour vous qui me les embellit, puisque de fort honnêtes gens, qui ne vous connoissent pas, les ont admirées [4]. »

La correspondance de madame de Sévigné et de Bussy, pendant ces deux années écoulées sans se voir, se compose de trente-cinq lettres, dix-neuf écrites par celui-ci et seize par sa cousine. Le ton de cordialité qui y règne fait contraste avec le style de bec et d'ongles qui semble l'allure naturelle de cet esprit aigu, pointilleux, mieux disposé à rendre un coup qu'une tendresse, et n'ayant qu'un souci, dans les petites comme dans les grandes luttes, avec une femme et une parente comme avec un

---

[1] SÉVIGNÉ, *Lettres,* t. V, p. 147.

[2] *Correspondance de Bussy-Rabutin* (lettre du 16 août 1674), t. II, p. 385.

[3] *Corr. de Bussy,* t. II, p. 396 (lettre du 19 septembre 1674).

[4] *Corr. de Bussy,* t. III, p. 401.

ennemi bardé de fer, ne pas avoir le dernier. Il est quelques parties de leur correspondance que nous voulons relever, car on y rencontre de nouveaux traits des deux principales figures de ces Mémoires, et de plus elles caractérisent des relations dont l'historique fait partie du plan dont nous achevons l'exécution.

Le faux bruit avait couru d'une première maladie sérieuse de madame de Sévigné avant celle de Bretagne. Se faisant de la nature et de la cause du mal de bizarres idées, et imaginant à ce sujet de plus singuliers remèdes, Bussy adresse à sa cousine cette lettre d'un ton qu'il se permet volontiers avec elle et que celle-ci sait entendre et pardonner : « J'ai appris que vous aviez été fort malade, ma chère cousine; cela m'a mis en peine pour l'avenir, et j'ai appréhendé une rechute. J'ai consulté votre mal à un habile médecin de ce pays-ci. Il m'a dit que les femmes d'un bon tempérament comme vous, demeurées veuves de bonne heure, et qui s'étoient un peu contraintes, étoient sujettes à des vapeurs. Cela m'a remis de l'appréhension que j'avois d'un plus grand mal ; car enfin, le remède étant entre vos mains, je ne pense pas que vous haïssez assez la vie pour n'en pas user, ni que vous eussiez plus de peine à prendre un galant que du vin émétique. Vous devriez suivre mon conseil, ma chère cousine, d'autant plus qu'il ne sauroit vous paroître intéressé; car, si vous aviez besoin de vous mettre dans les remèdes, étant à cent lieues de vous, comme je suis, vraisemblablement ce ne seroit pas moi qui vous en servirois. » — « Votre édecin (lui répond madame de Sévigné de la même lume, mais plus finement taillée) qui dit que mon mal ont des vapeurs, et vous qui me proposez le moyen d'en uérir, n'êtes pas les premiers qui m'avez conseillé de

me mettre dans les remèdes spécifiques; mais la raison
de n'avoir point eu de précaution pour prévenir ces vapeurs par les remèdes que vous me proposez m'empêchera encore d'en user pour les guérir. Le désintéresse-
ment dont vous voulez que je vous loue dans le conseil que
vous me donnez n'est pas si estimable qu'il l'auroit été
du temps de notre belle jeunesse : peut-être qu'en ce
temps-là vous auriez eu plus de mérite. Quoi qu'il en
soit, je me porte bien, et, si je meurs de cette maladie,
ce sera d'une belle épée, et je vous laisserai le soin de
mon épitaphe [1]. »

Cet accent de jovialité un peu crue revient quelquefois dans le commerce de ces deux esprits prompts à
la riposte, et qui ne dédaignent pas ce qu'on appelle le
mot pour rire. Madame de Sévigné ne s'en fait nullement
faute. Le marquis de Coligny, avant d'épouser mademoiselle de Bussy, lui avait écrit, comme à une parente considérable et considérée, afin de lui demander en quelque
sorte son consentement. « J'ai reçu, mande-t-elle au
père, un compliment très-honnête de M. de Coligny.
Je vois bien que vous n'avez pas manqué de lui dire que
je suis l'aînée de votre maison, et que mon approbation
est une chose qui tout au moins ne sauroit lui faire de
mal. » Et, sur ce, elle décoche à son cousin, friand de
telles épices, cette historiette un peu gauloise : « A propo
de cela, je veux vous faire un petit conte qui me fît rir
l'autre jour. Un garçon, étant accusé en justice d'avoi
fait un enfant à une fille, il s'en défendoit à ses juges, e
leur disoit : « Je pense bien, messieurs, que je n'y ai pa

---

[1] *Correspondance de Bussy-Rabutin* (lettres des 16 août et 5 sep
tembre 1674), t. III, p. 385 et 393.

« nui, mais ce n'est pas à moi l'enfant. » Mon cousin, je vous demande pardon, je trouve ce conte naïf et plaisant. S'il vous en vient un à la traverse, ne vous en contraignez pas [1]. » Mis en goût et en gaieté, Dieu sait si Bussy *s'en contraint*, et il répond à sa cousine par une anecdote sur le chevalier de Rohan et madame d'Heudicourt que nous devons laisser (telle est chez nous le changement du langage, je ne dis pas des mœurs) à la place qu'elle occupe dans la correspondance de l'historien de la Gaule amoureuse [2].

La vanité de Bussy doit se dire comme on a dit, dans ce temps, l'héroïsme de Condé, l'éloquence de Bossuet, la sagesse de Catinat, la douceur de Fénelon. Bussy est une des curiosités du règne de Louis XIV. Ses lettres de la période qui nous occupe nous offrent deux remarquables exemples de cet orgueil à la fois triste et bouffon qui a dirigé et perdu sa vie.

On a vu qu'à la mort de Turenne, Louis XIV fit d'un seul coup huit maréchaux de France. C'était pour Bussy, leur doyen à tous, une belle occasion manquée, de parvenir à cette dignité, jusque-là le vif objet de son envie. « Dieu, écrit-il à sa cousine, n'a pas voulu que cela fût, ou que cela fût encore ; je n'en murmure point, et, au contraire, je lui rends mille grâces du repos d'esprit qu'il m'a donné sur cela, et de ce qu'il m'a fait le courage encore plus grand que mes malheurs [3]. » Résignation factice, paroles arrangées qui masquent le dépit le plus amer, et bientôt le plus injurieux pour autrui, ainsi qu'on

---

[1] Sévigné (lettre du 8 octobre 1675), t. IV, p. 28.
[2] *Correspondance de Bussy-Rabutin*, t. III, p. 108.
[3] *Corr. de Bussy*, t. III, p. 67.

va le voir dans une lutte que le *mestre de camp général de la cavalerie légère* soutint avec la plupart des nouveaux élus, et que l'on peut appeler sa campagne du *monseigneur.*

Quelle que fût sa pensée sur cette fournée de maréchaux, qu'il appelait *maréchaux à la douzaine,* Bussy, courtisan lors même qu'il n'affectionne ni n'estime, crut devoir faire son compliment à ceux qui lui étaient particulièrement connus, mais il omit de leur donner le titre de *monseigneur,* auquel les maréchaux de France pensaient avoir droit, et qui, en effet, était passé en tradition et en habitude. Par une théorie nouvelle et subtile, il entendait ne rendre cet hommage qu'à ceux qui étaient ses anciens comme lieutenants généraux, et il le refusait à ses cadets.

Il est curieux, d'abord, de comparer les termes de ses compliments avec sa méprisante façon de penser sur ses heureux rivaux. « Je me réjouis avec vous, monsieur, écrit-il au maréchal de Navailles, qu'enfin l'on vous ait fait justice; il y a longtemps que vous devriez avoir reçu celle-ci : le mérite a forcé les étoiles. Vous êtes en bonne et nombreuse compagnie[1]. » A Vivonne il dit : « Enfin, monsieur, vous voilà parvenu aux grands honneurs de la guerre. Il n'y a guère plus d'un an que vous n'aviez ni établissement ni titre. La fortune avoit été un peu lente à vous récompenser, mais elle s'est assez bien remise en son devoir, et elle n'a plus qu'à vous donner les moyens d'augmenter la gloire que vous avez acquise... Je vous assure que je le souhaite de tout mon cœur; car personne ne vous honore, ne vous estime et ne vous

---

[1] *Correspondance de Bussy,* t. III, p. 72.

aime plus que je ne fais [1]. » Et à M. de Duras, il témoigne toute « sa joie de la justice que le roi vient de
lui faire [2]. »

Nous ne voyons pas que ceux-ci se soient formalisés
de ce que Bussy leur refusait le *monseigneur*, et les appelait tout bonnement *monsieur*. Il n'en fut pas de même
du maréchal de Créqui. Au mois de mai 1676, Bussy, se
conformant au protocole dont il usait vis-à-vis de ses
cadets, lui avait écrit une lettre, d'ailleurs fort polie,
pour le remercier de quelques honnêtetés faites à son fils,
qui servait en Flandre dans son corps. « Comptez, s'il
vous plaît, sur moi, monsieur, lui disait-il, comme sur
l'homme du monde qui vous aimera autant toute sa vie,
et qui s'intéressera le plus à ce qui vous arrivera jamais [3]. »
Ce n'est pas de ce ton qu'il en parlait, sept mois auparavant, à madame de Sévigné lorsque, sur la nouvelle de
la défaite essuyée par le nouveau maréchal, à Consar-
bruch, il lui demandait si elle ne pensait pas que ce
général malheureux voudrait n'être encore que le chevalier de Créqui. « Pour moi, ajoutait-il avec injure, je le
souhaiterois si j'étois à sa place, car on pourroit croire
qu'il mériteroit un jour d'être maréchal de France, et
l'on voit aujourd'hui qu'il en est indigne [4]. »

Soit qu'il connût ce premier jugement de Bussy sur sa
personne et sa promotion (évidemment par d'autres que
adame de Sévigné, cette opinion ayant pu être com-
uniquée à plusieurs par l'indiscret complimenteur),
oit qu'il eût une plus haute idée de sa dignité que

[1] *Correspondance de Bussy*, t. III, p. 73.
[2] *Corr. de Bussy*, t. III, p. 78.
[3] *Corr. de Bussy*, t. III, p. 155.
[4] *Corr. de Bussy*, t. III, p. 101.

quelques-uns de ses collègues, qui peut-être n'étaient qu'indulgents pour un maniaque d'orgueil et de médisance, dont la réputation était bien faite, le maréchal de Créqui refusa d'accepter les félicitations de Bussy, dans la forme employée par lui. Nouvelle lettre de celui-ci, où il développe son système sur le *monseigneur*. « Je ne crois pas, dit-il au maréchal, que vous ayez reçu ma lettre, car je n'en ai point eu de réponse. J'ai vu ici quelqu'un qui m'a voulu persuader que vous pouviez ne me l'avoir pas faite, parce que je ne vous avois pas traité de *monseigneur*, et que vous prétendiez que tout ce qui n'étoit pas officier de la couronne en devoit user ainsi avec MM. les maréchaux de France; mais je lui ai répondu qu'il n'y avoit point de règles si générales où il n'y eût des exceptions, et que, s'il y avoit quelqu'un qui les méritât, vous ne doutiez pas que ce ne dût être moi, de même que les Coligny, les Passage, les Estrées et les Gadagne; et il est si vrai que je dois être excepté, que MM. les maréchaux de Bellefonds, d'Humières, de Navailles, de Schomberg et de Lorges (gens qui savent aussi bien que qui que ce soit soutenir leur dignité) me font réponse comme si j'avois l'honneur d'être de leur corps, sachant bien qu'il n'y a que le peuple qui fasse de la différence d'un maréchal de France à moi, et que, quand le roi ne m'a pas fait la grâce de m'en donner le titre, Sa Majesté a eu ses raisons qui ne sont bonnes que pour elle[1]. » Ces arguments et le ton avec lequel ils étaient exprimés ne purent convaincre le maréchal de Créqui, et il refusa de faire à Bussy la réponse qu'il demandait.

---

[1] *Correspondance de Bussy-Rabutin*, t. III, p. 161.

Bussy, alors, porta le débat devant son indulgent et compatissant ami, le duc de Saint-Aignan, « afin, dit-il dans les notes explicatives de sa correspondance, que si le maréchal de Créqui me vouloit faire sur cela une affaire auprès du roi, il lui fît entendre mes raisons[1]. » Il lui envoyait en même temps sa lettre au maréchal. Le duc de Saint-Aignan adressa à Bussy la réponse suivante, que nous ne pouvons prendre au sérieux, et qui, si elle est, comme nous le croyons, une leçon donnée à un amour-propre que rien ne peut ni satisfaire ni contenir, reste comme un modèle de fine ironie et d'amical persiflage : « Je vous confesse, Monsieur, que j'aurois admiré la hauteur et la manière dont vous savez prendre les choses, si vous ne m'aviez accoutumé de telle sorte à l'admiration, que ce qui vient de vous ne me surprend plus. Cela est du meilleur sens, et le plus juste du monde, de faire de la distinction entre les vieux et les nouveaux maréchaux de France, c'est-à-dire entre ceux qui vous commandoient, et vos camarades ou ceux que vous avez commandés. Avec toute la qualité et tous les services que vous avez, vous ne sauriez vous mettre plus à la raison que vous faites[2]. »

Il faut dire cependant, à la décharge de Bussy, qu'il n'était pas le seul qui éprouvât de la répugnance à traiter les maréchaux de *monseigneur*, même sans avoir sur eux l'ancienneté des services. Madame de Sévigné cite deux exemples de ce titre dérisoirement donné, ce qui équivalait à ne le donner point. « Le comte de Gramont, dit-elle à son cousin sans doute pour lui complaire, qui

---

[1] *Correspondance de Bussy*, t. III, p. 163.
[2] *Correspondance de Bussy*, t. III., p. 165.

est en possession de dire toutes choses sans qu'on ose s'en fâcher, a écrit à Rochefort, le lendemain (de sa nomination) :

« Monseigneur,

« La faveur l'a pu faire autant que le mérite.

« Monseigneur, je suis votre très-humble serviteur,

« LE COMTE DE GRAMONT. »

« Mon père, ajoute-t-elle, est l'original de ce style ; quand on fit maréchal de France M. de Schomberg, celui qui fut surintendant des finances, il lui écrivit :

« Monseigneur,

« Qualité, barbe noire, familiarité.

« CHANTAL. »

« Vous entendez bien qu'il vouloit dire qu'il avoit été fait maréchal de France parce qu'il avoit de la qualité, la barbe noire comme Louis XIII, et qu'il avoit de la familiarité avec lui. Il étoit joli, mon père[1]! »

La marquise de Sévigné qui connaissait, par M. de Pomponne, les idées du roi sur cette question d'étiquette, et qui déjà, par précaution, avait fait passer à M. de Gri-gnan un avis qui n'était point inutile, conseille ainsi son irascible cousin, par voie d'allusion. Voyant qu'elle n'est pas comprise, elle y revient au moyen de cette anecdote clairement caractéristique. « Sur la plainte que le maréchal d'Albret a faite au roi que le marquis d'Ambres, en lui écrivant, ne le traitoit pas de *monseigneur*, Sa

---

[1] SÉVIGNÉ, *Lettres* (6 août 1675), t. III, p. 276.

Majesté a ordonné à ce marquis de le faire, et, sur cela, il a écrit cette lettre au maréchal :

« Monseigneur,

« Votre maître et le mien m'a commandé d'user
« avec vous du terme de monseigneur ; j'obéis à l'ordre
« que je viens d'en recevoir, avec la même exactitude
« que j'obéirai toujours à ce qui vient de sa part, per-
« suadé que vous savez à quel point je suis, monseigneur,
« votre très-humble et très-obéissant serviteur. »

Voici la réponse du maréchal d'Albret :

« Monsieur,

« Le roi, votre maître et le mien, étant le prince du
« monde le plus éclairé, vous a ordonné de me traiter de
« monseigneur, parce que vous le devez ; et parce que
« je m'explique nettement et sans équivoque, je vous
« assurerai que je serai, à l'avenir, selon que votre
« conduite m'y obligera, monsieur, votre, etc. [1]. »

Bussy fait la sourde oreille, et c'est le seul article de la lettre de sa cousine, qui en contient beaucoup d'autres, sur lequel, dans sa réponse détaillée, il oublie de s'expliquer. Mais, afin de faire disparaître cette différence qui le blesse, il adopte un parti d'une excentricité bouffonne, et qui frise vraiment la folie : il se nomme sans hésiter maréchal de France, et il put alors se donner à lui-même, *in petto*, du *monseigneur* tout à son aise [2].

En même temps, il lui prit une autre lubie, une autre *vision*, pour employer le mot du dix-septième siècle.

[1] Sévigné, lettre du 27 août 1675, t. III, p. 433. — Conf. Walc-kenaer, t. IV, p. 279.
[2] Sévigné, lettre du 9 janvier 1676, t. IV, p. 176.

Trouvant sans doute qu'on lui avait fait tort de ne pas le nommer duc et pair, comme on l'avait maltraité en ne le faisant point maréchal, il ne voulut plus de son titre de comte : « Ne m'appelez plus *comte*, écrit-il à sa cousine, j'ai passé le temps de l'être. Je suis pour le moins aussi las de ce titre que M. de Turenne l'étoit de celui de maréchal. Je le cède volontiers aux gens qu'il honore [1]. » La surprise de madame de Sévigné ne fut pas médiocre. Elle dut croire son cousin décidément fou : « Vous ne voulez plus qu'on vous appelle comte, lui répond-elle presque sérieusement, et pourquoi, mon cher cousin? Ce n'est pas mon avis. Je n'ai encore vu personne qui se soit trouvé déshonoré de ce titre. Les comtes de Saint-Aignan, de Sault, du Lude, de Grignan, de Fiesque, de Brancas, et mille autres, l'ont porté sans chagrin. Il n'a point été profané comme celui de marquis. Quand un homme veut usurper un titre, ce n'est point celui de comte, c'est celui de marquis, qui est tellement gâté qu'en vérité je pardonne à ceux qui l'ont abandonné. Mais pour comte, quand on l'est comme vous, je ne comprends point du tout qu'on veuille le supprimer. Le nom de Bussy est assez commun; celui de comte le distingue, et le rend le nôtre, où l'on est accoutumé. On ne comprendra point ni d'où vous vient ce chagrin, ni cette vanité, car personne n'a commencé à désavouer ce titre. Voilà le sentiment de votre petite servante, et je suis assurée que bien des gens seront de mon avis. Mandez-moi si vous y résistez ou si vous vous y rendez, et en attendant, je vous embrasse, mon cher *comte* [2]. »

---

[1] *Correspondance de Bussy* (20 octobre 1675), t. III, p. 111.

[2] SÉVIGNÉ, *Lettres* (20 décembre 1675), t. IV, p. 136.

Bussy n'a pas l'habitude de se rendre aussi facilement, et ce n'est pas petite affaire que de ramener au sens commun cette vanité qui fermente et s'aigrit dans la disgrâce et l'éloignement. Il veut traiter à fond cette bizarre question, et rien ne vaut son incroyable dissertation, pour faire bien connaître un personnage que Molière a oublié, et qui tient naturellement une très-grande place dans cet ouvrage.

« Quand je vous ai mandé ma lassitude sur le titre de comte, j'ai cru que vous entendriez d'abord la raison que j'avois d'en avoir; mais, puisqu'il vous la faut expliquer, ma chère cousine, je vous dirai que la promotion aux grands honneurs de la guerre que le roi a faite m'a donné meilleure opinion de moi que je n'avois, et que, m'étant persuadé que, sans ma mauvaise conduite, Sa Majesté m'auroit fait la grâce de me mettre dans le rang que mes longs et considérables services me devoient faire tenir, j'ai été honteux de la qualité de comte. En effet, me trouvant, sans vanité, égal en naissance, en capacité, en services, en courage et en esprit, aux plus habiles de ces maréchaux, et fort au-dessus des autres, je me suis fait maréchal *in petto*, et j'ai mieux aimé n'avoir aucun titre que d'en avoir un qui ne fût plus digne de moi. De dire que je serai confondu dans le grand nombre de gens qui portent le nom de Bussy, je vous répondrai que je serai assez honorablement différencié par celui de Rabutin, qui accompagnera toujours l'autre.

« Et pour répondre maintenant à ce que vous me dites de tous ces messieurs qui ne se sont point trouvés déshonorés de porter le titre de comte, je vous dirai que les comtes de Saint-Aignan et du Lude étoient

bien las de l'être quand le roi leur fit la grâce de les
faire ducs ; que le comte de Sault étoit encore jeune quand
il fut duc par la mort de son père ; que les comtes de
Fiesque et de Brancas, s'ennuyant de l'être, comme je ne
doutois pas qu'ils ne l'eussent fait, ne pourroient s'en
prendre qu'à eux-mêmes, parce qu'ils n'avoient rien fait
pour être plus, et que M. de Grignan n'avoit pas encore
assez rendu de services pour s'impatienter d'être comte.

« Je crois, ma chère cousine, que vous approuverez
mes raisons, car vous n'êtes pas personne à croire qu'il
y a de la foiblesse à changer d'opinion quand vous en
voyez une meilleure [1]. »

Ainsi, de son aveu, Bussy quitte son titre parce que,
seul, celui de duc lui semblait en harmonie avec la qualité
de maréchal de France qu'il s'était octroyée. Ses ennemis, qu'il avait tant offensés, devaient être bien vengés
de voir cet orgueil tombé là. Aussi c'est comme un malade que madame de Sévigné traite maintenant son
cousin. Celui-ci lui avait envoyé la copie d'une lettre
dans laquelle il demandait au roi la faveur de faire auprès de lui la campagne de 1676 : « Faut-il que je vous
parle, lui écrit-elle des Rochers, après avoir lu cette épître,
de votre petit manifeste au roi ? Il est digne de vous, de
votre siècle et de la postérité. » Rien n'y manque — vous
avez raison, ce que vous dites est parfait — c'est ainsi qu'on
répond aux gens avec lesquels on ne veut plus discuter.

Bussy saisissait avidement les occasions, il les faisait
naître au besoin, de se rappeler au souvenir de Louis XIV.
Avec son caractère, écrasé par cette interminable disgrâce
qui humiliait son amour-propre et ruinait ses intérêts, il

---

[1] *Correspondance de Bussy-Rabutin*, t. III, p. 129.

est hors de doute que Bussy devait sentir dans son cœur une haine violente et, en vérité, bien compréhensible contre le prince qui, malgré ses supplications, persistait à le reléguer au fond de sa province. Aussi ce n'est pas sans dégoût qu'on lit toutes les plates adulations, les protestations sans dignité, les humilités excessives qui affadissent sa correspondance. « Quelque raison que Votre Majesté sache qu'on a de vous aimer, dit-il à Louis XIV dans ce manifeste dont vient de parler madame de Sévigné, peut-être que vous seriez surpris de voir que cette amitié résiste à la prison, à la destitution de charge et à l'exil ; mais vous en serez persuadé quand je vous en aurai dit les raisons. Premièrement, Sire, il faut que vous teniez pour constant que, depuis que j'ai eu l'honneur d'approcher Votre Majesté, j'ai eu une admiration et, si je l'ose dire, une tendresse extraordinaire pour elle ; et je ne doute pas que, me confiant un peu trop en ces sentiments-là, en la croyance qu'on ne pouvoit faillir avec de si bons principes, et en quelque sorte de mérite que je me sentois avoir d'ailleurs, je ne me sois relâché dans le reste de ma conduite, je n'aie négligé de faire des amis, et donné prise sur moi à ceux qui ne m'aimoient pas [1]. »

En parcourant la fastidieuse série des placets de Bussy à Louis XIV, groupés toutefois avec raison par son habile éditeur à la suite de chaque volume de sa correspondance, on rencontre vingt passages de ce style piteux et abaissé, qui contraste si fort avec l'humeur intraitable et arrogante du personnage. Citons quelques fragments ; nous y trouverons des traits qui complètent cette rogue et triste physionomie :

---

[1] *Correspondance de Bussy-Rabutin*, t. III, p. 459.

— « Sire, j'ai failli, écrit-il le 8 décembre 1671, et, quoiqu'il soit fort naturel de chercher à s'excuser, l'extrême respect que j'ai pour la justice de Votre Majesté fait que je n'essaye pas de paroître moins coupable devant elle; mais, Sire, ce qui aide fort à ma sincérité, en cette rencontre, c'est le zèle extraordinaire que j'ai eu toute ma vie pour la personne de Votre Majesté. Je me tiens si fort de ces sentiments, et je trouve qu'ils me font tant de mérite, que je n'ai pas de peine d'avouer franchement les fautes que j'ai faites [1]. »

— « Sire (répète-t-il l'année d'après, avec un redoublement d'obséquiosité) il y a plus d'un an que je me donnai l'honneur d'écrire à Votre Majesté, pour lui demander très-humblement pardon, et lui offrir mes très-humbles services. Je n'aurois pas si longtemps attendu à vous demander miséricorde, si je n'avois pas appréhendé d'importuner Votre Majesté; mais, enfin, à qui aurois-je recours qu'au meilleur maître du monde? Pardonnez-moi donc, Sire, et, pour cet effet, permettez-moi d'aller à l'armée pour essayer de mériter les bonnes grâces de Votre Majesté par tous les services les plus considérables que je pourrai lui rendre, ou pour mourir en lui témoignant mon zèle. Si je pouvois faire à Votre Majesté un plus grand sacrifice que celui de ma vie, je le ferois de tout mon cœur, car personne n'aime plus Votre Majesté que je fais, et je prie Dieu qu'il m'abîme si je mens; oui, Sire, je vous aime plus que tout le monde ensemble, et, si je n'avois plus aimé Votre Majesté que Dieu même, peut-être n'aurois-je pas eu tous les malheurs qui me sont arrivés; car, enfin, il n'y a guère de plus vieil officier d'armée en

[1] *Correspondance de Bussy,* t. II, p. 436.

France que moi, ni qui ait guère mieux servi ; et (le dirai-
je encore ?) guère qui soit plus en état de servir. Il faut
bien que Dieu ait été en colère contre moi, d'avoir aimé
quelqu'un plus que lui, pour avoir rendu tout ce mérite
inutile, et pour m'avoir laissé tomber dans les fautes qui
ont obligé Votre Majesté de me châtier aussi justement
qu'elle a fait [1]. »

En 1673, remerciant le roi de la première permission
qu'il lui avait accordée, après sept années d'exil, de
revoir Paris, où l'appelait un procès important, Bussy
s'exprime de la sorte : « Sire, je demande très-humblement pardon à Votre Majesté, si je ne puis plus retenir ma
reconnoissance sur la permission qu'elle m'a donnée de
venir à Paris pour quelque temps. Quoique cette grâce me
soit considérable par l'ordre qu'elle me donnera moyen
de mettre à mes affaires, elle me l'est bien plus par la
marque qu'elle me donne du radoucissement de Votre
Majesté.... Il n'a pas tenu à moi, Sire, que je n'en aie
obtenu de plus considérables de Votre Majesté. Elle sait
que je l'ai plusieurs fois très-humblement suppliée de m'accorder l'honneur de la suivre à ses campagnes, c'est-à-
dire d'aller employer ma vie pour le service d'un maître
adorable, dont j'eusse été trop heureux de baiser la main
qui me frappoit ; car personne ne s'est tant fait de justice que moi. J'ai toujours cru, Sire, et j'en suis encore
persuadé de la plus claire vérité du monde, que Votre
Majesté, à qui rien n'est caché, avoit toujours su que je
l'avois aimée de tout mon cœur, et toujours admirée, et
que cela lui avoit même donné quelque bonté pour moi ;
mais que, blâmant ma conduite avec raison, elle avoit

[1] *Correspondance de Bussy*, t. II, p. 437.

mieux aimé satisfaire à sa justice qu'à ses propres inclinations [1]. »

Au début de la campagne de 1674, persistant à offrir,
systématiquement et sans perdre courage, des services
toujours refusés : « J'espère, Sire, dit-il, que Votre Majesté, qui est l'image de Dieu, se laissera enfin fléchir à la
persévérance, et que, considérant qu'il y a neuf ans que
je souffre, elle donnera des bornes à ses châtiments ; c'est
peut-être la mort que je vous demande, Sire, mais il
n'importe : je commence à l'aimer mieux, en vous servant, que la vie dans la disgrâce de Votre Majesté. Ac-
cordez-moi donc la grâce de pouvoir vous suivre à cette
campagne, j'en supplie très-humblement Votre Majesté,
et de croire que jamais homme qui a eu le malheur de déplaire à son maître n'en a eu tant de repentir que moi,
ne s'est fait tant de justice sur les châtiments qu'il a reçus,
et n'est, après tout cela, du meilleur cœur et avec plus
de soumission, de Votre Majesté, etc [2].... » Mais, voyant
le peu de succès de ses offres de service, Bussy se mit à
afficher une résignation en apparence complète, et, au
lendemain de la conquête de la Franche-Comté, il écrivit
au roi en ces termes : « Je supplie très-humblement
Votre Majesté de me permettre de lui témoigner la joie
que j'ai de ses dernières conquêtes, et de voir que mon
maître prenne le chemin de le devenir de tout le monde.
Ma satisfaction auroit été tout entière si Votre Majesté
avoit daigné accepter les offres de mon très-humble service ; mais, enfin, comme je n'ai pu avoir ce plaisir, je
m'en suis fait un autre qui est de me soumettre à vos

[1] *Correspondance de Bussy*, t. II, p. 438.
[2] *Correspondance de Bussy*, t. II, p. 442.

volontés avec une résignation dont je suis assuré que
Dieu se contenteroit. Si Votre Majesté la pouvoit connoître aussi bien que lui, et voir le fond de mon cœur,
je ne serois pas aussi malheureux que je le suis [1]..... »

Malgré ce dessein de faire contre mauvaise fortune
bon cœur, Bussy, jusqu'à la paix de Nimègue, ne cessa
de poursuivre Louis XIV de ses placets. Il devait attendre six ans encore avant de voir fléchir sa sévère disgrâce, et avant d'obtenir l'autorisation de reparaître à la
cour, où même il ne put rester. Il fallait que les péchés de
langue et de plume de cet esprit malfaisant fussent bien
grands et eussent atteint plus haut que ceux que nous
avons déjà nommés, peut-être le roi lui-même, plus
vraisemblablement sa mère, pour expliquer cette rigueur si longtemps inflexible.

Dans le cours de l'année 1676, Louis XIV, qui mesu-
rait à Bussy avec une si lente parcimonie le retour de ses
bonnes grâces, avait paru se radoucir. A son retour de Bretagne, madame de Sévigné sut que son cousin avait obtenu, pour quelques mois, une nouvelle permission de ré-
sider à Paris; mais ce ne fut pas de Bussy qu'elle l'apprit. De la part de celui-ci, ce n'était point précisément
défiance, car que pouvait-il appréhender d'une parente
qui, malgré ses torts, lui avait donné tant de preuves
d'affection? Probablement il redoutait les confidences,
même involontaires, de madame de Sévigné à madame
de la Fayette, son intime amie, et, par celle-ci, à la Rochefoucauld, dont il suspectait toujours la rancune. Mais,
comme on l'a vu en 1674 [2], madame de Sévigné savait,

---

[1] Placet du 9 juin 1674, *Correspondance*, t. II, p. 444.
[2] Conf. WALCKENAER, t. V, p. 60.

avant même son cousin, par M. de Pomponne, qui ne lui
cachait rien de ces choses et d'autres plus importantes,
et que l'exilé employait de préférence auprès du roi,
madame de Sévigné, disons-nous, connaissait parfaitement ce qui concernait Bussy : dans ses visites de bien-
venue, le ministre dut lui apprendre ce que celui-ci ne lui
disait point. En rentrant des Eaux, elle le trouva donc
depuis quelques jours établi à Paris, content de n'avoir
plus à se cacher, et, dans sa modestie habituelle, se faisant un triomphe exceptionnel de cette mince tolérance :
« C'est une faveur qui me distingue des autres exilés,
lui avait-il écrit à Vichy ; le roi n'en a fait de pareilles
qu'à moi [1]. »

Pendant les six mois qui précédèrent l'arrivée de sa
fille madame de Sévigné reçut souvent les visites de
Bussy ; elles eurent lieu avec un contentement réciproque,
car, malgré de profondes différences morales, ces deux
esprits de même souche se conviennent et se plaisent.
Bussy et sa cousine, dans leur jeunesse, avaient failli se
laisser entraîner à un sentiment plus vif que l'amitié [2];
mais cette amitié, du moins, quoiqu'elle eût été mise à de
délicates épreuves, avait toujours survécu, et aujourd'hui,
toutes les vieilles querelles apaisées, elle était plus cordiale que jamais.

Toutefois durant ces six mois de commun séjour à Paris, soit dans les lettres de Bussy à ses divers correspondants, soit dans celles de madame de Sévigné à sa fille,
on trouve peu de détails sur leurs relations journalières.
« Venez m'aider, écrit le premier à madame de Grignan,

[1] *Correspondance de Bussy*, t. III, p. 150.
[2] Conf. WALCKENAER, t. I et II, *passim*.

le 27 juillet, à désopiler la rate de madame votre mère :
votre absence empêche l'effet de mes remèdes [1]. » Au
mois d'octobre, nous le trouvons à Livry, où il est allé
passer quelques jours, afin de contenter l'envie que sa
cousine lui avait plusieurs fois manifestée de connaître
ses Mémoires, auxquels il travaillait, et dont on parlait
dans leur monde. « Vous devriez m'envoyer quelques
morceaux de vos *Mémoires*, lui avait écrit le 18 septembre madame de Sévigné, je sais des gens qui en ont vu
quelque chose, qui ne vous aiment pas tant que je fais,
quoiqu'ils aient plus de mérite [2]. » Bussy ne voulut
pas lui adresser son manuscrit ; il tenait à lui en faire
la lecture lui-même. Son motif est « qu'il aime les
louanges à tous les beaux endroits, et que si elle lisoit ses
mémoires sans lui, elle ne lui en donneroit qu'en général
pour tout l'ouvrage [3]. » Cela peut s'appeler un auteur
gourmet en fait d'éloge. La lecture eut lieu, et madame
de Sévigné en rend un témoignage plus amical que sincère à sa fille, car les *Souvenirs* de Bussy, publiés après
sa mort, par les soins de la marquise de Coligny, sont
un assez terne ouvrage, et ne sauraient lutter d'intérêt
avec la plupart des mémoires contemporains [4].

Bussy, dans ce voyage, communiqua la partie terminée
de son travail à quelques amis dont il voulait avoir le
sentiment. L'un d'eux était M. de Thou, président de
l'une des chambres des Enquêtes, fils de l'historien et
frère du malheureux ami de Cinq-Mars, qui avait dû

[1] *Correspondance de Bussy*, t. III, p. 169.
[2] SÉVIGNÉ, *Lettres*, t. IV, p. 474.
[3] *Correspondance de Bussy*, t. III, p. 184.
[4] *Voy.* la nouvelle et plus complète édition de ces Mémoires
donnée en 1857 par M. Ludovic Lalanne.

épouser madame de Sévigné, fait omis par tous les biographes de celle-ci. « J'ai lu vos *Mémoires* avec beaucoup de satisfaction, » écrit le président à Bussy. Il lui donne en même temps les éloges que celui-ci recherchait, et il est difficile de n'y pas voir la complaisance usitée en pareil cas. Mais ce qu'il loue sans restriction, ce qu'il semble heureux de louer, ce sont les lettres de madame de Sévigné, que Bussy avait eu l'heureuse idée d'intercaler dans son récit. « J'ai admiré les lettres de madame de Sévigné, ajoute M. de Thou, et je les ai relues deux fois ; c'est une personne pour laquelle j'ai eu toute ma vie un grand respect et une très-grande inclination : je l'ai pensé épouser, et c'est M. de la Châtre et madame votre cousine, sa femme, qui ménageoient la chose [1]. » Nouveau témoignage de cette constante bonne renommée que, dans un mauvais jour, Bussy, sauf à s'en repentir plus tard, avait voulu obscurcir, et preuve nouvelle que, de son vivant, madame de Sévigné a joui de toute sa réputation épistolaire.

Nous avons dit que nous manquions presque entièrement de détails sur les faits personnels à madame de Sévigné et à madame de Grignan pendant le séjour de six mois de celle-ci à Paris. Cela se comprend. La marquise de Sévigné ayant avec elle sa fille et son cousin, ses deux principaux correspondants, ses lettres, source intarissable d'informations, nous font entièrement défaut. Mais, grâce à un recueil qui, après une interruption de quatre ans, recommença précisément à paraître vers cette époque, et auquel nous aurons dorénavant recours, comme à un répertoire historique des plus curieux, malgré sa

[1] *Corresp. de Bussy-Rabutin* (31 octobre 1676), t. III, p. 189.

forme presque toujours futile ou fade, nous pouvons
énumérer (tout détail nous mènerait trop loin) les événements de politique, de guerre, d'art et de société, qui
formèrent le spectacle ou l'entretien de la ville et de la
cour, et par conséquent de la mère et de la fille, pendant ce premier semestre de 1677.

On y voit que l'hiver de cette année fut extrêmement
brillant. Le premier jour de l'an, les comédiens de l'hôtel
de Bourgogne donnèrent la première représentation de la
Phèdre de Racine, à laquelle la troupe du roi, qui jouait au
faubourg Saint-Germain, répondit le surlendemain, par
l'apparition de la *Phèdre* de Pradon, cause de débats
qui raviva un instant les passions littéraires amorties depuis dix ans [1]. La marquise de Sévigné et sa fille ne furent
pas de celles (il y en eut !) qui donnèrent la préférence à ce
dernier sur l'auteur d'*Andromaque*. Mais, si elle arrivait
pleinement à Racine, madame de Sévigné ne faiblissait
point dans son admiration pour son *vieil ami* Corneille,
et ce dut être pour elle une joie toute particulière, un
triomphe d'arrière-saison presque personnel, que de voir,
par le choix et l'ordre du roi, le répertoire de ce père de
notre tragédie, glorieusement ressuscité, après quelques
années de négligence, non d'oubli. « Les beautés de l'opéra d'*Isis*, ajoute l'auteur du *Mercure galant*, n'ont
pas fait perdre au roi et à toute la cour le souvenir des
nimitables tragédies de M. Corneille l'aîné, qui furent
eprésentées à Versailles pendant l'automne dernier [2]. »

On connaît les vers dans lesquels le vieux poëte, qui

[1] *Mercure galant*, Ier volume de 1677, contenant en un seul
ome les mois de janvier, février et mars, p. 26. A partir d'avril
haque mois forme un volume.

[2] T. Ier, p. 46.

s'était cru à jamais banni de la scène, transmet à ce roi si
épris des choses grandes et belles l'expression émue d'une
reconnaissance à laquelle se mêle ce sentiment si vif, si
naturel mais si bizarre de tendresse, de préférence presque
d'un père qui vieillit pour ses derniers et plus chétifs
enfants. C'est le *Mercure* (il faut lui en laisser l'honneur)
qui le premier a reproduit ces beaux vers : « Je vous
envoie, dit le rédacteur à son correspondant anonyme,
les vers que fit cet illustre auteur pour remercier Sa
Majesté : il y a longtemps que vous me les demandez, et
je n'avois pu, jusqu'à présent, en recouvrer une copie [1]. »

En voici quelques-uns ; nous voudrions tout citer :

> Est-il vrai, grand monarque, et puis-je me vanter
> Que tu prennes plaisir à me ressusciter ?
> Qu'au bout de quarante ans Cinna, Pompée, Horace,
> Reviennent à la mode et retrouvent leur place ;
> Et que l'heureux brillant de mes jeunes rivaux
> N'ôte point le vieux lustre à mes premiers travaux ?
> Achève, les derniers n'ont rien qui dégénère,
> Rien qui les fasse croire enfants d'un autre père :
> Ce sont des malheureux étouffés au berceau,
> Qu'un seul de tes regards tireroit du tombeau.
> Déjà Sertorius, Œdipe et Rodogune
> Sont rentrés, par ton choix, dans toute leur fortune ;
> Et ce choix montreroit qu'Othon et Suréna
> Ne sont pas des cadets indignes de Cinna.
> Le peuple, je l'avoue, et la cour les dégradent ;
> Je foiblis, ou du moins ils se le persuadent ;
> Pour bien écrire encor, j'ai trop longtemps écrit,
> Et les rides du front passent jusqu'à l'esprit.
> Mais contre un tel abus que j'aurois de suffrages,
> Si tu donnois le tien à mes derniers ouvrages !
> Que de cette bonté l'impérieuse loi

[1] *Mercure galant*, t. Ier, p. 46.

Ramèneroit bientôt et peuple et cour vers moi!
Tel Sophocle, à cent ans, charmoit encore Athènes,
Tel bouillonnoit encor son vieux sang dans ses veines,
Diroient-ils à l'envi, lorsque Œdipe aux abois
De cent peuples pour lui gagna toutes les voix.
Je n'irai pas si loin, et, si mes quinze lustres
Font encor quelque peine aux modernes illustres,
S'il en est de fâcheux jusqu'à s'en chagriner,
Je n'aurai pas longtemps à les importuner.
Quoi que je m'en promette, ils n'en ont rien à craindre,
C'est le dernier éclat d'un feu prêt à s'éteindre;
Sur le point d'expirer il tâche d'éblouir,
Et ne frappe les yeux que pour s'évanouir.
Souffre, quoi qu'il en soit, que mon âme ravie
Te consacre le peu qui me reste de vie [1]......

Madame de Grignan trouva la cour livrée à de nouvelles intrigues. Sous les apparences d'un triomphe re-
nouvelé, et d'un empire affiché avec plus d'ostentation
qu'avant d'être contesté, madame de Montespan, en attendant qu'elle succombât sous la politique patiente de sa
vraie rivale, avait, avons-nous dit, à se débattre contre
des rivalités passagères, qui la piquaient, l'alarmaient,
mais surtout l'indignaient, parce qu'elle les trouvait, sous
tous les rapports, au-dessous d'elle. Celle dont on parlait
alors le plus était madame de Ludre, fille d'honneur de
MADAME, seconde duchesse d'Orléans, et chanoinesse du
Poussay. Son nom revient souvent dans la suite de la correspondance de madame de Sévigné avec sa fille [2]. Dès

---

[1] *Mercure galant* (1677), t. Ier, p. 49.
[2] Marie-Élisabeth de Ludre avait d'abord été placée comme fille
d'honneur auprès de la première duchesse d'Orléans, la belle Henriette d'Angleterre. A la mort de cette princesse, elle entra dans la
maison de la reine, et, lors de la suppression des filles d'honneur
de Marie-Thérèse, MONSIEUR la mit auprès de sa deuxième femme.

le mois de janvier, Bussy, le premier, en écrit de Paris à
l'un de ses correspondants, le premier président Brûlart,
chef du parlement de Dijon, à qui il mandait tout, le sérieux et le galant : « Madame de Ludre fait bien du bruit
à Saint-Germain ; elle donne, dit-on, de l'amour au roi
et alarmes à madame de Montespan, et les spectateurs
attendent quelque changement avec impatience[1]. »

M. Ludovic Lalanne a reproduit une note de Bussy-Rabutin, des plus intéressantes, et pour la biographie de
son écrivain, et pour la connaissance des circonstances
qui marquèrent la chute graduelle de madame de Montespan. Mais, afin de bien comprendre cette page nouvelle
des mémoires de Bussy, il est bon de dire quelques mots
d'un fait pour lui très-fâcheux, qui eut lieu précisément
pendant cet hiver de 1677.

Successivement on avait vu paraître plusieurs pièces
satiriques contre divers personnages de la cour, pièces
que, nous ne savons pourquoi, on appelait des *logements*.
Comme la réputation de médisance de Bussy était, quoi
qu'il fît, indélébile, on les lui attribua. Il en fut avisé
par le duc de Saint-Aignan, à la fois son ami et son collègue à l'Académie française, qualité qu'il cumulait avec
celle de membre de l'académie d'Arles. C'est le roi lui-
même qui avait appris ce fait au duc, un jour où cet in-
fatigable intermédiaire lui présentait un rondeau de la
composition de Bussy, humble et suppliant, sur le mot
Pardonnez-moi, et assez mauvais pour que Louis XIV
fût autorisé à l'attribuer à l'un des plus ridicules poëtes de
son royaume : Bussy, en effet, ne mettait pas dans ses vers

[1] *Correspondance de Bussy-Rabutin*, t. III, p. 205 ; lettre du
30 janvier 1677.

l'esprit et l'arrangement de sa prose. Mais cette scène vaut la peine d'être reproduite.

« J'ai trouvé ce matin, lui écrit le duc de Saint-Aignan le 9 février, l'occasion favorable de donner votre lettre au roi, Monsieur, avec le rondeau. Sa Majesté n'a pas cru d'abord qu'il fût de vous ; et lorsque je lui ai dit en riant que les académiciens étoient obligés à se servir les uns les autres, surtout auprès de leur protecteur, Sa Majesté m'a répondu : « Ce n'est donc pas de l'académie royale « d'Arles ? » J'ai répliqué : « Non, Sire, c'est de l'Académie « françoise. » Le roi m'a dit, toujours d'un visage fort ouvert : « C'est de l'abbé Cottin ? » Enfin, je me suis expliqué, et je lui ai dit que c'étoit de vous. Sa Majesté a pris l'un et l'autre, et a dit qu'il les verroit, ajoutant avec un air qui témoignoit ne le pas croire, qu'il s'étoit fait des *logements* qu'on vous attribuoit. Je lui ai répondu que cela ne pouvoit pas être, mais que, comme on prenoit le temps pour dérober que les *bohémiens* étoient en quelque lieu, je ne doutois pas qu'on n'en usât ainsi maintenant que vous étiez à Paris ; et comme je voulois continuer, le roi m'a interrompu pour me dire qu'une marque qu'il ne croyoit pas cela de vous, étoit qu'il vous laissoit à Paris ; et là-dessus, lui voyant ouvrir votre lettre, je suis sorti du cabinet. Voilà, Monsieur, le détail de ce qui s'est passé ce matin, dont j'attends un heureux succès par les paroles et les manières douces et honnêtes que le roi a employées en parlant de vous[1]. »

Le duc de Saint-Aignan avait fait œuvre d'amitié et aussi de justice en défendant, à cette occasion, ce pauvre médisant, victime de son mauvais renom. Il eût

[1] *Correspondance de Bussy-Rabutin*, t. III, p. 209.

pu ajouter que Bussy, qui n'était pas un sot, n'aurait point été si mal avisé que de choisir précisément le moment de sa présence à Paris pour faire courir des satires à l'adresse de ses ennemis : dès qu'elles circulaient, lui présent, il est clair qu'elles n'étaient pas de lui. C'est ce qu'il répond lui-même à son ami, en lui rappelant un semblable précédent de son premier séjour à Paris, et, sur ce point, sa justification est complète : « Ne vous souvenez-vous pas, Monsieur, qu'en 1673, le roi m'ayant permis de venir ici, Sa Majesté vous dit, quelque temps après, qu'on m'attribuoit des chansons qu'il savoit bien que je n'avois pas faites? Voici une pareille rencontre, où le roi ne se laisse pas surprendre aux méchants ni aux sots. J'admire Sa Majesté de voir, en un moment, le vraisemblable de ce qu'on lui dit de moi. Il sent bien que j'ai l'âge et la raison qui sont nécessaires pour faire sage tout le monde, et que j'ai, par-dessus cela, une longue pénitence, qui me fait plus sage que tous les barbons. S'il savoit la reconnoissance que j'ai dans le cœur, de la justice qu'il me fait, il me feroit peut-être des grâces. Quoi qu'il fasse, je l'aimerai toujours comme mon bon maître, aux châtiments duquel je dois ce qui me manquoit de bonnes qualités [1]. » On ne parle pas différemment de Dieu.

Mais Bussy ne tarda pas à connaître à qui il devait ce mauvais office. Ce n'était rien moins que la sœur de la sultane encore régnante, madame de Thianges, à laquelle l'unissait une parenté d'alliance, et qui, selon lui, avait été poussée à cela par ses ennemis, en tête des-

_____
[1] *Correspondance de Bussy-Rabutin*, t. III, p. 211, lettre du 7 février 1677.

quels il place toujours M. de la Rochefoucauld, et le prince de Marsillac, son fils ; mais c'est sans administrer aucune preuve qu'il accuse ces solides amis de madame de Sévigné.

« Deux jours après avoir écrit cette lettre (dit-il dans l'annotation dont nous parlions tout à l'heure) mademoiselle de Grancey me manda, par un de ses amis et des miens, que, s'étant trouvée dans la chambre de madame de Montespan, où étoit le roi, il y avoit sept ou huit jours, et la conversation étant tombée sur les *logements* qui couroient dans le monde, madame de Thianges avoit dit qu'on ne voyoit de ces sortes de médisances-là que quand j'étois à Paris, et je connus par là que le roi ne savoit cela que de madame de Thianges.

« Je savois déjà que cette femme avoit eu la lâcheté de m'abandonner, depuis cinq ou six ans, moi son parent et son ami, après s'être réchauffée pour moi et m'avoir promis de s'employer fortement aux occasions pour m'attirer des grâces ; mais je ne croyois pas qu'elle fût assez infâme pour me vouloir couper la gorge, et pour inventer des choses contre moi, dans un temps où des accusations de cette nature me pourroient faire un tort irréparable dans l'esprit du roi ; contre moi, dis-je, qui n'avois jamais manqué de respect ni d'amitié pour elle. Après avoir bien cherché les raisons qu'elle pouvoit avoir de sa rage, je n'en trouvai point d'autres, sinon que les Marsillac, qui me haïssoient et qui me craignoient, prenant la peine de vouloir satisfaire à sa sensualité, elle n'avoit osé refuser d'entrer dans la bassesse de leurs passions, et peut-être avoit-elle le cœur assez bas pour l'avoir fait sans contrainte.

« Dans ce temps-là, les plus clairvoyants de la cour de-

meuroient d'accord que madame de Montespan étoit fort
baissée dans les bonnes grâces du roi, et disoient, pour
appuyer leur opinion, qu'elle pleuroit souvent, qu'elle
avoit sur le visage une tristesse profonde, que le roi paroissoit avoir un air plus dégagé que de coutume, qu'il
se communiquoit plus aux courtisans, qu'il passoit
moins de temps qu'à l'ordinaire dans la chambre de
madame de Montespan, qu'il se couchoit de meilleure
heure, qu'il étoit plus curieux en beaux habits depuis
deux ou trois mois qu'il n'avoit encore été, et que cela
faisoit voir qu'il cherchoit fortune. Pour moi qui ne
voyois ces choses-là que de loin, je m'en fusse rapporté
au jugement des gens qui étoient sur les lieux, si l'assassinat que me venoit de faire madame de Thianges,
ne m'eût fait croire que sa sœur n'étoit pas sur le point
de tomber, puisqu'en cet état on a bien d'autres choses
à songer qu'à faire du mal aux gens qui ne contribuent
pas à notre décadence [1]. »

Mesdames de Sévigné et de Grignan n'étaient pas au
nombre des personnes dont parle Bussy, qui se trouvaient sur les lieux, c'est-à-dire au sein même de la cour.
La première n'y paraissait qu'en de rares occasions :
quant à la gouvernante de la Provence, sa jeunesse, sa
beauté fraîche encore, quoique à la veille de subir une
éclipse, les intérêts de son mari, lui avaient fait jusque-là
un devoir de s'y produire, mais une affection de poitrine
qui vint l'affliger dans le cours de cet hiver la tint éloignée
de Versailles et de Saint-Germain. D'ailleurs les plaisirs
de la cour, avant la fin même du carnaval, se trouvèrent
subitement interrompus par le départ inattendu du roi

[1] *Correspondance de Bussy-Rabutin*, t. III, p. 212.

pour l'armée de Flandre, qui eut lieu le dernier jour du mois de février [1].

En commençant ainsi brusquement, et contre toute habitude, la campagne au sein même de l'hiver, Louis XIV avait voulu surprendre les ennemis, et c'était pour mieux cacher ses projets qu'il avait multiplié les fêtes à sa cour. On voit dans le fidèle *Mercure* l'agitation de ce départ précipité : « On s'y attendoit si peu qu'on avoit fait quantité d'agréables parties pour la fin du carnaval, qui furent rompues par la nécessité où chacun se trouva de songer à son équipage [2]. »

Sévigné partait *guidon,* comme devant. Quant au chevalier de Grignan, il obtenait enfin la récompense de sa conduite dans la journée d'Altenheim. A la veille de l'ouverture de la campagne, il fut nommé brigadier de cavalerie, ce qui tenait le milieu entre le grade de colonel et celui de maréchal de camp, en même temps que Catinat, son camarade, était fait brigadier d'infanterie, et que le marquis de La Trousse, ce cousin de madame de Sévigné, qui était le colonel de son fils, était promu au grade de lieutenant général [3].

Louis XIV se proposait de prendre encore quelques-unes des principales villes de la Flandre. Avec une activité chaque jour plus habile et plus exigeante, Louvois lui avait tout préparé, hommes, approvisionnements, matériel. « Grâce à lui, ajoute le *Mercure*, cinquante mille hommes de cavalerie et d'infanterie ont trouvé toutes sortes de provisions dans une saison peu avancée, dans un pays ruiné,

[1] *Mercure galant*, Ier vol. de 1677, p. 66.
[2] *Ibid.*, p. 67.
[3] *Ibid.*, p. 170.

et sur des terres encore couvertes de neige. Cependant
rien n'a manqué, et une place abondante en toutes choses,
considérable par ses fortifications, difficile à prendre à
cause de sa situation, défendue par un brave gouverneur qui avoit toute la résolution qu'il falloit pour soutenir un long siége, et par une nombreuse garnison
composée d'Espagnols, de Walons et d'Allemands, et de
quantité de noblesse du pays, a été prise d'assaut après
huit jours [1]. » C'est de l'importante place de Valenciennes qu'il est ici question. Vauban dirigeait ce siége, sous
Louis XIV, qui était, en outre, assisté des maréchaux
de Schomberg, de Lorges, de la Feuillade, d'Humières
et de Luxembourg. Les assiégés se croyaient à l'abri de
toute surprise. « Les bourgeois, fiers de tout ce que nous
avons marqué qui leur servoit de défense, donnèrent les
violons sur leurs remparts, le jour de carême-prenant,
pour se moquer des troupes qui avoient investi la place;
mais on leur répondit, quelques jours après, avec d'autres
instruments qui leur ôtèrent l'envie de danser [2]. » Le
huitième jour de l'ouverture de la tranchée, le 10 mars,
eut lieu l'assaut de l'un des principaux ouvrages de la
place. L'attaque était conduite par le marquis de la Trousse
et le comte de Saint-Géran. Les assiégés ne purent résister à l'élan des Français, qui emportèrent le bastion attaqué, en chassèrent les ennemis, les poursuivirent dans
la ville, où ils entrèrent pêle-mêle avec eux, de telle sorte
que le roi apprit la prise de Valenciennes presque en même
temps que celle de ses ouvrages avancés. Il préserva les
habitants du pillage, et accorda à la garnison les hon-

[1] *Mercure galant* (1677), t. 1ᵉʳ, p. 177.
[2] *Ibid.*, p. 180.

neurs militaires. Tous ceux auxquels madame de Sévigné
s'intéressait se distinguèrent à ce siége mémorable. Son
fils même y reçut une blessure : « M. le marquis de
Sévigné, dit en finissant la relation que nous avons
sous les yeux, a aussi été blessé, à la tête des Dauphins,
en portant des fascines avec une intrépidité sans
exemple[1]. »

Le reste de la campagne répondit à ce brillant début.
En moins de deux mois, les deux fortes places de Saint-
Omer et de Cambrai tombèrent en notre pouvoir, et
MONSIEUR, frère du roi, eut la bonne fortune de battre
dans une véritable bataille rangée le prince d'Orange,
qui voulait secourir la première de ces villes. Nous em-
prunterons seulement quelques lignes, sur cette campagne, aux mémoires de celui qui y commandait le
corps où servait le baron de Sévigné :

« Monsieur, dit le marquis de la Fare, attaqua Saint-
Omer, et le roi, Cambrai : ces deux conquêtes ne
furent pas si faciles. Le prince d'Orange marcha, avec
trente mille hommes, au secours de Saint-Omer, mais
Monsieur le battit bien à Cassel : après quoi le roi fit à
son aise le siége de la ville et de la citadelle de Cambrai,
et s'en retourna glorieusement à Versailles, non sans
mal au cœur de ce que Monsieur avoit par-dessus lui une
bataille gagnée. On remarqua qu'après la prise de Cambrai, étant venu voir Saint-Omer et Monsieur qui y
étoit, il fut fort peu question de cette bataille dans leur
conversation ; qu'il n'eut pas la curiosité d'aller voir le
lieu du combat, et ne fut apparemment pas trop content

[1] *Mercure galant* (1677), t. Ier, p. 202, et *Mémoires de la
Fare*, coll. Michaud, t. XXXII, p. 285.

de ce que les peuples, sur son chemin, crioient : *Vivent le roi, et Monsieur qui a gagné la bataille!* Aussi a-ce été et la première et la dernière de ce prince; car, comme il fut prédit dès lors par des gens sensés, il ne s'est retrouvé de sa vie à la tête d'une armée. Cependant il étoit naturellement intrépide et affable sans bassesse, aimoit l'ordre, étoit capable d'arrangement, et de suivre un bon conseil. Il avoit assez de défauts pour qu'on soit obligé en conscience de rendre justice à ses bonnes qualités [1]. »

Les troupes furent mises dans leurs cantonnements, et Louis XIV, comme on vient de le voir, s'en revint triomphant à Versailles, vers la fin du mois de mai. Cette rapide campagne, plus brillante encore que celle de l'année précédente, avait frappé tous les esprits. Ce fut un concert unanime de louanges. Tous les corps vinrent complimenter le prince heureux qui avait pleinement prouvé, au profit de la France, qu'il pouvait se passer des généraux jusque-là réputés indispensables. Le peuple était dans l'ivresse au spectacle de cette grandeur nationale croissante, et l'imperturbable prospérité du roi augmentait encore le respect par l'admiration; aussi appela-t-on cette année 1677, *l'année de Louis le Grand* [2]. Jours heureux, siècle d'or de la royauté à la fois imposante et populaire! mémorable époque, aussi, pour la France, alors pleinement identifiée avec son roi!

Tous les poëtes s'en mêlèrent. Les recueils du temps

---

[1] *Mémoires de la Fare*, coll. Michaud, t. XXXII, p. 285. *Voy.* aussi sur cette campagne, même collection, t. XXX, p. 559, et *Mémoires du maréchal de Villars*, t. XXXIII, p. 14.

[2] *Mercure*, janvier 1678, p. 1.

sont pleins de vers, sonnets, rondeaux, odes, épîtres, la plupart détestables, à la louange de Louis et de son frère. L'année d'avant Boileau disait au roi :

Grand roi, cesse de vaincre, ou je cesse d'écrire !

Il avait chanté *Bouchain et Condé terrassés.* Corneille, cette année, le devança, et, dans sa reconnaissance ra-vivée, écrivit ces vers, qui ne se ressentent en rien de la vieillesse de l'auteur :

Je vous l'avois bien dit, ennemis de la France,
Que pour vous la victoire auroit peu de constance,
Et que de Philisbourg à vos armes rendu
Le pénible succès vous seroit cher vendu.
A peine la campagne aux zéphyrs est ouverte,
Et trois villes déjà réparent notre perte,
Trois villes dont la moindre eût pu faire un État,
Lorsque chaque province avoit son potentat ;
Trois villes qui pouvoient tenir autant d'années,
Si le ciel à Louis ne les eût destinées :
Et, comme si leur prise étoit trop peu pour nous,
Mont-Cassel vous apprend ce que pèsent nos coups.
. . . .
Partout vous trouverez son âme et son ouvrage,
Des chefs faits de sa main, formés sur son courage;
Pleins de sa haute idée, intrépides, vaillants,
Jamais presque assaillis, toujours presque assaillants;
Partout de vrais François, soldats dès leur enfance,
Attachés au devoir, prompts à l'obéissance;
Partout enfin des cœurs qui savent aujourd'hui
Le faire partout craindre et ne craindre que lui.
Sur le zèle, grand roi, de ces âmes guerrières
Tu peux te reposer du soin de tes frontières,
Attendant que leur bras, vainqueur de tes Flamands,
Mêle un nouveau triomphe à tes délassements,
Qu'il réduise à la paix la Hollande et l'Espagne,
Que, par un coup de maître, il ferme la campagne,

　　Et que l'Aigle jaloux n'en puisse remporter
　　Que le sort des Lions que tu viens de dompter [1]. »

La plus grande partie de la noblesse revint à Paris en
même temps que le roi. Madame de Grignan, avant de
partir, put y revoir son beau-frère, qui, selon sa coutume,
avoit honorablement figuré au siége de Valenciennes et
à la bataille de Cassel, et son frère, qui avait à guérir
une incommode blessure au talon.

Sévigné, à son retour, obtint ou plutôt se donna, pour
son argent, un avancement qui le fît enfin sortir de son
éternel *guidonage*. A la date du 19 mai, sa mère annonce
ce changement en ces termes à Bussy, retourné, depuis
quelques jours, en Bourgogne, sans avoir pu, cette
fois encore, se raccommoder avec ses ennemis : « Mon fils
a traité de la sous-lieutenance des Gendarmes de M. le
Dauphin, avec la Fare, pour douze mille écus et son
enseigne. Cette charge est fort jolie : elle nous revient à
quarante mille écus ; elle vaut l'intérêt de l'argent. Il se
trouve par là à la tête de la compagnie, M. de la Trousse
étant lieutenant-général. M. le Dauphin devient tous les
jours plus considérable. La paix rendra cette charge encore plus belle que la guerre [2]. » Les gendarmes-Dauphin étaient une espèce de gardes du corps de l'héritier
de la couronne. Le lieutenant avait le grade de brigadier
ou de maréchal de camp, et le sous-lieutenant, le rang de
colonel. « La charge est jolie, répond Bussy avec son expérience des choses de la guerre, et très-jolie pour un homme

[1] Ces vers ont été donnés pour la première fois dans le *Mercure*
de juillet 1677, p. 166.
[2] SÉVIGNÉ, *Lettres*, t. V, p. 81. *Voy.* aussi *Lettres inédites
de madame de Sévigné*, 1814, éd. Klostermann, p. 74.

de son âge. Vous voyez qu'avec de la patience il n'y a
guère d'affaires au monde dont on ne vienne à bout [1]. »

Le marquis de la Fare a consigné dans ses mémoires
ce fait de la biographie du baron de Sévigné, ainsi que
les motifs qui le déterminèrent lui-même à se défaire de
sa charge, mais avec une différence relativement au prix
mentionné par madame de Sévigné. « En ce temps-là,
dit-il, ce général (M. de Luxembourg) ayant demandé
que je fusse fait brigadier, attendu que plusieurs autres
qui avoient moins de service que moi étoient déjà maréchaux de camp, il me fut répondu sèchement par Louvois
que j'avois raison, mais que cela ne serviroit de rien. Cette
réponse brutale et sincère du ministre alors tout-puissant, qui me haïssoit depuis longtemps, et à qui jamais je
n'avois voulu faire ma cour, jointe au méchant état de mes
affaires, à ma paresse et à l'amour que j'avois pour une
femme qui le méritoit, tout cela me fit prendre le parti de
me défaire de ma charge de sous-lieutenant des gendarmes de monseigneur le Dauphin, que j'avois presque toujours commandés depuis la création de ma compagnie, et je
puis dire avec honneur. Je vendis donc cette charge, avec
la permission du roi, quatre-vingt-dix mille livres au marquis de Sévigné, enseigne de la même compagnie. C'est
ainsi que la haine de Louvois me fit quitter le service,
parce que je m'imaginois que cet homme étoit immortel.
Il le fit quitter à bien d'autres, qui valoient bien mieux que
moi, et, entre autres, au duc de Lesdiguières, un des plus
grands seigneurs de France et des plus capables de bien
servir [2]. » Cette femme dont parle le marquis de la Fare

[1] *Correspondance de Bussy-Rabutin*, t. III, p. 197.
[2] *Collection Michaud*, t. XXXII, p. 285.

était madame de la Sablière, à laquelle il sacrifiait alors
sa carrière, et qu'il quitta, hélas! pour le jeu, peu d'années après.

S'adressant à un ami, le comte de Guitaud, que nous
voyons souvent, à partir de cet instant, figurer dans sa
correspondance, madame de Sévigné explique ces chiffres
d'une manière qui doit faire préférer sa version à celle
de M. de la Fare. Dans cette lettre, à laquelle un éditeur
des *Lettres inédites* a donné, sans désigner le jour, la
date du mois de mai 1677, et qui est évidemment antérieure à celle qu'elle écrit à Bussy le 19, madame de Sévigné montre son fils occupé à la fois de céder son guidon
à M. de Verderonne, et d'acheter une sous-lieutenance
des chevau-légers du roi, ne sachant point alors que M. de
la Fare voulait quitter le service. Elle confie à M. de
Guitaud que Sévigné « perd quarante mille francs sur
sa charge, car il ne la vend que quatre-vingt; » mais,
ajoute-t-elle, « les charges sont fort rabaissées [1]. » Douze
mille écus, déjà mentionnés, plus quatre-vingt mille livres,
se rapprochent plus des quarante mille écus dont parlait
madame de Sévigné, que des quatre-vingt-dix mille
livres énoncées par le marquis de la Fare. On voit par là
ce qu'étaient les charges militaires, même les plus modestes; et on y voit aussi (c'est surtout ce que nous avons
voulu établir), que madame de Sévigné, si dévouée aux
intérêts de sa fille, ne reculait devant aucun sacrifice
pour améliorer la carrière de son fils, et même pour satisfaire ses seules convenances. Elle avait pour ce fils une
réelle et solide tendresse, mais elle était d'une autre nature
que cette adoration perpétuelle pour madame de Grignan,

[1] *Lettres inédites*, éd. Bossange (1819), p. 72.

dont, au reste, Sévigné n'était nullement jaloux, car il aimait lui aussi tendrement sa sœur.

Le cœur de madame de Sévigné fut mis à une cruelle épreuve pendant ce court séjour de madame de Grignan à Paris. La santé de celle-ci, sa fraîcheur, sa beauté, entières jusque-là, commencèrent à subir des atteintes qui durèrent plusieurs années, dues à ses préoccupations morales, causées à leur tour par le désordre des affaires de sa maison, ou, si l'on adopte une version de Bussy, à ses nombreuses couches, et probablement à ces deux causes à la fois. Il est facile de se figurer les alarmes et les tourments de madame de Sévigné. Au moindre symptôme elle s'inquiétait aussitôt, et madame de Grignan, répugnant à s'avouer malade, se refusait, par système, à tous les soins. Insistance d'un côté, résistance de l'autre : la mère veut que sa fille craigne, afin d'être assurée de sa prudence et de sa docilité, et celle-ci, en dissimulant ses souffrances, prétendait par là ménager sa mère et lui prouver son amour. Depuis la grave maladie de madame de Sévigné, sa fille avait aussi la tendance opposée de croire, au moindre signe, sa mère malade, et voulait exiger d'elle encore plus de précautions et de soins. Ainsi c'était à force de ménagements, d'attentions mutuelles, de sollicitude, de bonne volonté et de délicates intentions, que ces deux femmes en arrivaient à se rendre vraiment malheureuses. Mais cela n'autorise pas à dire, comme on l'a fait, qu'elles passaient leur vie à souhaiter d'être ensemble, et qu'elles ne pouvaient y vivre une fois réunies. On s'est emparé, à cet égard, des lettres très-rares de madame de Sévigné qui portent la trace des malentendus qui ont pu, à deux ou trois reprises, exister entre elle et sa fille, et l'on en a conclu

à la froideur de celle-ci et à son manque de gracieuseté pour sa mère.

Par quelques passages relevés dans la correspondance qui suivit immédiatement le départ de madame
de Grignan, nous allons faire bien connaitre quelle
fut leur vie intime pendant ces six mois dont on a
invoqué le trouble et l'agitation pour prouver qu'il
y avait entre elles une complète incompatibilité d'humeur [1]. Le lecteur approuvera qu'en cet endroit, comme
dans deux ou trois autres qui vont suivre, nous recueil-
lions avec soin toutes les traces de ces discussions.
C'est la bonne fortune du cadre élargi, adopté par le
premier et savant auteur des *Mémoires sur madame de
Sévigné*, de permettre, à cet égard, le seul exposé
complet qui ait été encore donné de ces petits orages
intérieurs. Il n'en faut rien négliger, afin que l'on puisse
bien juger le procès qui a été fait à la passion proverbiale de la mère, et à la froideur également tradition-
nelle de la fille.

Voyant donc qu'à force d'attentions réciproques, elles
en étaient venues à ne plus s'entendre, M. de Grignan se
décida à hâter le départ de sa femme, après s'être bien
assuré toutefois auprès des médecins les plus habiles que
non-seulement le voyage n'aurait aucun inconvénient
pour sa santé, mais qu'il aiderait, au contraire, à un ré-
tablissement que, suivant eux, l'air de la Provence devait
infailliblement compléter; car, grâce au ciel, madame de
Grignan n'était point atteinte de cette redoutable maladie
de poitrine que sa mère, effrayée de sa maigreur soudaine,

[1] Conf. *Réflexion sur les Lettres de madame de Sévigné*, par
M. l'abbé de Vauxcelles, réimprimées en tête de l'édition des *Lettres
choisies*, Paris, 1817, chez Bossange et Masson.

s'était prise à craindre. Cette opinion des docteurs, partagée par les amis, n'en effraye pas moins madame de
Sévigné. Elle croit sa fille perdue, en songeant aux fatigues de la route et à la *bise* de Grignan. Et si, contre
son attente, tout tourne à bien, quelle humiliation que
l'on puisse dire que l'éloignement leur est plus salutaire
que leur présence ! Mais que sa fille guérisse, cela seul
importe : elle en aura à la fois la joie et l'affront.

A peine madame de Grignan partie, cette mère éplorée
continue avec la plume la conversation interrompue par
ce brusque départ :

« Paris, mardi 8 juin 1677.

« Non, ma fille, je ne vous dis rien, rien du tout :
vous ne savez que trop ce que mon cœur est pour vous ;
mais puis-je vous cacher tout à fait l'inquiétude que me
donne votre santé ? C'est un endroit par où je n'avois pas
encore été blessée ; cette première épreuve n'est pas
mauvaise : je vous plains d'avoir le même mal pour moi ;
mais plût à Dieu que je n'eusse pas plus de sujet de
craindre que vous ! Ce qui me console, c'est l'assurance
que M. de Grignan m'a donnée de ne point pousser à
bout votre courage ; il est chargé d'une vie où tient
absolument la mienne : ce n'est pas une raison pour lui
faire augmenter ses soins ; celle de l'amitié qu'il a pour
vous est la plus forte. C'est aussi dans cette confiance,
mon très-cher comte, que je vous recommande encore
ma fille : observez-la bien, parlez à Montgobert (*femme
de madame de Grignan*), entendez-vous ensemble pour
une affaire si importante. Je compte fort sur vous, ma
chère Montgobert. Ah ! ma chère enfant, tous les soins
de ceux qui sont autour de vous ne vous manqueront

pas, mais ils vous seront bien inutiles si vous ne vous
gouvernez vous-même. Vous vous sentez mieux que personne ; et si vous trouvez que vous ayez assez de force
pour aller à Grignan, et que tout d'un coup vous trouviez
que vous n'en avez pas assez pour revenir à Paris ; si enfin les médecins de ce pays-là, qui ne voudront pas que
l'honneur de vous guérir leur échappe, vous mettent
au point d'être plus épuisée que vous ne l'êtes ; ah ! ne
croyez pas que je puisse résister à cette douleur. Mais
je veux espérer qu'à notre honte tout ira bien. Je ne me
soucierai guère de l'affront que vous ferez à l'air natal,
pourvu que vous soyez dans un meilleur état. Je suis
chez la bonne Troche, dont l'amitié est charmante ; nulle
autre ne m'étoit propre ; je vous écrirai encore demain
un mot ; ne m'ôtez point cette unique consolation. J'ai
bien envie de savoir de vos nouvelles ; pour moi, je suis
en parfaite santé, les larmes ne me font point de mal.
Adieu, mes chers enfants ; que cette calèche que j'ai vue
partir est bien précisément ce qui m'occupe, et le sujet
de toutes mes pensées ! » Madame de la Troche continue : « La voilà, cette chère commère, qui a la bonté
de me faire confidence de sa sensible douleur. Je viens
de la faire dîner, elle est un peu calmée ; conservez-vous,
belle comtesse, et tout ira bien ; ne la trompez point sur
votre santé, ou, pour mieux dire, ne vous trompez point
vous-même ; observez-vous, et ne négligez pas la moindre
douleur ni la moindre chaleur que vous sentirez à cette
poitrine : tout est de conséquence, et pour vous et pour
cette aimable mère. Adieu, belle comtesse, je vous assure que je suis bien vive pour sa santé, et que je suis à
vous bien tendrement. » Madame de Sévigné ajoute le
lendemain : « Adieu, mon ange, je vous rends ce que

vous me dites sans cesse : songez que votre santé fait la
mienne, et que tout m'est inutile dans le monde, si
vous ne guérissez '. »

Vraiment, c'est la mère ; mais c'est quelque chose de
plus que la tendresse maternelle ordinaire. Il y a
dans l'expression un feu, un pathétique qui ne peut venir que d'un cœur dont madame de Grignan a été le seul
amour. Qu'on en juge par ces lignes, qui font également
honneur à la tendresse de celle-ci, aussi vive que sa mère
sur ces mutuelles inquiétudes de santé, quoiqu'elle se
montre toujours moins démonstrative, moins facile à
l'attendrissement et aux larmes.

« Il me semble que, pourvu que je n'eusse mal qu'à
la poitrine, et vous qu'à la tête, nous ne ferions qu'en
rire ; mais votre poitrine me tient fort au cœur, et vous
êtes en peine de ma tête ; hé bien ! je lui ferai, pour l'a-
mour de vous, plus d'honneur qu'elle ne mérite ; et,
par la même raison, mettez bien, je vous supplie, votre
petite poitrine dans du coton... Songez à vous, ma
chère enfant, ne vous faites point de *dragons;* songez
à me venir achever votre visite, puisque, comme vous
dites, la destinée, c'est-à-dire la Providence, a coupé si
court, contre toute sorte de raison, celle que vous aviez
voulu me faire.... Quelle journée ! quelle amertume !
quelle séparation ! Vous pleurâtes, ma très-chère, et c'est
une affaire pour vous ; ce n'est pas la même chose pour
moi, c'est mon tempérament. La circonstance de votre
mauvaise santé fait une grande augmentation à ma douleur : il me semble que, si je n'avois que l'absence pour
quelque temps, je m'en accommoderois fort bien ; mais

' SÉVIGNÉ, *Lettres* (juin 1677), t. V, p. 83.

cette idée de votre maigreur, de cette foiblesse de voix, de ce visage fondu, de cette belle gorge méconnoissable, voilà ce que mon cœur ne peut soutenir. Si vous voulez donc me faire tout le plus grand bien que je puisse désirer, mettez toute votre application à sortir de cet état... Adieu, ma très-chère ; je me trouve toute nue, toute seule, de ne plus vous avoir. Il ne faut regarder que la Providence dans cette séparation : on n'y comprendroit rien autrement ; mais c'est peut-être par là que Dieu veut vous redonner votre santé. Je le crois, je l'espère, mon cher comte, vous nous en avez quasi répondu ; donnez donc tous vos soins, je vous en conjure [1]. »

Pendant que cette fille adorée chemine sous la conduite prudente de M. de Grignan, et retrouve, à chaque étape, une santé qui l'attendait sur la route, madame de Sévigné se soulage dans ses lettres de la contrainte qu'elle s'est imposée et qu'on lui a imposée ; car, *on lui a fait bien des injustices* depuis deux mois ! non point sa fille, qu'elle proclame affectueuse et bonne, quoique celle-ci s'accuse du contraire, craignant (madame de Sévigné doit être au fond de cet avis) de n'avoir pas montré assez d'amour à une mère qui en mérite tant.

« Enfin, ma fille, il est donc vrai que vous vous portez mieux, et que le repos, le silence et la complaisance que vous avez pour ceux qui vous gouvernent, vous donnent un calme que vous n'aviez point ici. Vous pouvez vous représenter si je respire, d'espérer que vous allez vous rétablir ; je vous avoue que nul remède au monde n'est si bon pour me soulager le cœur, que de m'ôter de l'esprit l'état où je vous ai vue ces derniers jours. Je ne sou-

---

[1] SÉVIGNÉ, *Lettres* (11 juin 1677), t. V, p. 87.

tiens point cette pensée ; j'en ai même été si frappée que
je n'ai pas démêlé la part que votre absence a eue dans ce
que j'ai senti. Vous ne sauriez être trop persuadée de la
sensible joie que j'ai de vous voir, et de l'ennui que je
trouve à passer ma vie sans vous : cependant je ne suis
pas encore entrée dans ces réflexions, et je n'ai fait que
penser à votre état, transir pour l'avenir, et craindre
qu'il ne devienne pis ; voilà ce qui m'a possédée ; quand
je serai en repos là-dessus, je crois que je n'aurai pas le
temps de penser à toutes ces autres choses, et que vous
songerez à votre retour. Ma chère enfant, il faut que les
réflexions que vous ferez entre ci et là vous ôtent un peu
des craintes inutiles que vous avez pour ma santé : je me
sens coupable d'une partie de vos *dragons ;* quel dommage
que vous prodiguiez vos inquiétudes pour une santé
toute rétablie, et qui n'a plus à craindre que le mal que
vous faites à la vôtre !... Vous qui avez tant de raison et
de courage, faut-il que vous soyez la dupe de ces vains
fantômes ? Vous croyez que je suis malade, je me porte
bien : vous regrettez Vichy, je n'en ai nul besoin que par
une précaution qui peut fort bien se retarder ; ainsi de
mille autres choses... Quant à moi, si j'ai de l'inquiétude, elle n'est que trop bien fondée ; ce n'est point une
vision que l'état où je vous ai laissée. M. de Grignan et
tous vos amis en ont été effrayés. Je saute aux nues quand
on vient me dire : Vous vous faites mourir toutes deux,
il faut vous séparer ; vraiment voilà un beau remède, et
bien propre, en effet, à finir tous mes maux ; mais ce
n'est pas comme ils l'entendent : ils lisoient dans ma
pensée, et trouvoient que j'étois en peine de vous ; et de
quoi veulent-ils donc que je sois en peine ? Je n'ai jamais
vu tant d'injustice qu'on m'en a fait dans ces derniers

temps Ce n'étoit pas vous; au contraire, je vous conjure, ma fille, de ne point croire que vous ayez rien à vous reprocher à mon égard : tout cela rouloit sur ce soin de ma santé dont il faut vous corriger; vous n'avez point caché votre amitié, comme vous le pensez. Que voulez-vous dire? est-il possible que vous puissiez tirer un *dragon* de tant de douceurs, de caresses, de soins, de tendresses, de complaisances? Ne me parlez donc plus sur ce ton : il faudroit que je fusse bien déraisonnable, si je n'étois pleinement satisfaite...... [1] »

« ....Quels remercîments ne dois-je point à Dieu de l'état où vous êtes? Enfin vous dormez, vous mangez un peu, vous avez du repos : vous n'êtes point accablée, épuisée, dégoûtée comme ces derniers jours : ah! ma fille! quelle sûreté pour ma santé, quand la vôtre prend le chemin de se rétablir! Que voulez-vous dire du mal que vous m'avez fait? c'est uniquement par l'état où je vous ai vue; car, pour notre séparation, elle m'auroit été supportable dans l'espérance de vous revoir plutôt qu'à l'ordinaire; mais, quand il est question de la vie, ah! ma très-chère, c'est une sorte de douleur dont je n'avois jamais senti la cruauté, et je vous avoue que j'y aurois succombé. C'est donc à vous à me guérir et à me garantir du plus grand de tous les maux [2]. »

Puis viennent les résolutions de mieux vivre à l'avenir, dont madame de Sévigné prend quelques-unes à son compte, mais en en laissant la plus grande part à sa fille, qui a eu le double tort de ne pas se croire malade et de prêter des maux à sa mère. Il faut se corriger,

[1] SÉVIGNÉ, *Lettres* (14 juin 1677), t. V, p. 89.
[2] *Ibid.* (15 juin 1677), t. V, p. 92.

user mutuellement de complaisance, de confiance, afin
de ne plus jouer la partie de M. de Grignan, qui, dépo-
sant sa femme presque guérie dans son château, répète,
l'affreux homme! que le meilleur remède à leurs maux
réels ou imaginaires est une bonne séparation.

« Il faut penser, ma fille, à vous guérir l'esprit et le
corps; et si vous ne voulez point mourir dans votre pays,
et au milieu de nous, il ne faut plus voir les choses que
comme elles sont, ne les point grossir dans votre imagination, ne point trouver que je suis malade quand je me
porte bien : si vous ne prenez cette résolution, on vous
fera un régime et une nécessité de ne jamais me voir :
je ne sais si ce remède seroit bon pour vous; quant à
moi, je vous assure qu'il seroit indubitable pour finir ma
vie. Faites sur cela vos réflexions; quand j'ai été en peine
de vous, je n'en avois que trop de sujet; plût à Dieu
que ce n'eût été qu'une vision! le trouble de tous vos
amis et le changement de votre visage ne confirmoient
que trop mes craintes et mes frayeurs. Travaillez donc,
ma chère enfant, à tout ce qui peut rendre votre retour
aussi agréable que votre départ a été triste et douloureux.
Pour moi, que faut-il que je fasse? Dois-je me bien porter? je me porte très-bien; dois-je songer à ma santé?
j'y pense pour l'amour de vous; dois-je enfin ne me
point inquiéter sur votre sujet? c'est de quoi je ne vous
réponds pas quand vous serez dans l'état où je vous
ai vue. Je vous parle sincèrement : travaillez là-dessus;
et, quand on vient me dire présentement : Vous voyez
comme elle se porte; et vous-même, vous êtes en repos :
vous voilà fort bien toutes deux. Oui, fort bien, voilà
un régime admirable; tellement que, pour nous bien
porter, il faut que nous soyons à deux cent mille lieues

l'une de l'autre ; et l'on me dit cela avec un air tranquille :
voilà justement ce qui m'échauffe le sang, et me fait sauter aux nues. Au nom de Dieu, ma fille, rétablissons notre
réputation par un autre voyage, où nous soyons plus raisonnables, c'est-à-dire vous, et où l'on ne nous dise plus :
Vous vous tuez l'une l'autre. Je suis si rebattue de ces
discours que je n'en puis plus... Adieu, ma très-chère,
profitez de vos réflexions et des miennes ; aimez-moi, et
ne me cachez point un si précieux trésor. Ne craignez
point que la tendresse que j'ai pour vous me fasse du
mal, c'est ma vie [1]. »

Cette crainte, qu'au nom de leur santé réciproque on
ne veuille les tenir dorénavant éloignées l'une de l'autre,
demeure la constante préoccupation de madame de Sévigné. Afin donc que cette expérience ne fasse point autorité, elle ne peut se lasser de dire et de prouver que les
choses se fussent passées bien différemment et au plus
grand avantage de madame de Grignan, si celle-ci y avait
mis une docilité dont sa mère veut, pour l'avenir, recevoir la promesse, car là seulement est pour elle la certitude de la santé de sa fille, et la possibilité de son retour.

« ...Vous étiez disposée, ajoute-t-elle, d'une manière si
extraordinaire, que les mêmes pensées qui vous ont déter-
minée à partir m'ont fait consentir à cette douleur, sans
oser faire autre chose que d'étouffer mes sentiments. C'é-
toit un crime pour moi, que d'être en peine de votre santé : je
vous voyois périr devant mes yeux, et il ne m'étoit pas permis de répandre une larme ; c'étoit vous tuer, c'étoit vous
assassiner ; il falloit étouffer : je n'ai jamais vu une sorte
de martyre plus cruel ni plus nouveau. Si, au lieu de

[1] SÉVIGNÉ, *Lettres* (16 juin 1679), t. V, p. 94.

cette contrainte, qui ne faisoit qu'augmenter ma peine,
vous eussiez été disposée à vous tenir pour languissante,
et que votre amitié pour moi se fût tournée en complaisance, et à me témoigner un véritable désir de suivre les
avis des médecins, à vous nourrir, à suivre un régime, à
m'avouer que le repos et l'air de Livry vous eussent
été bons ; c'est cela qui m'eût véritablement consolée, et
non pas d'écraser tous nos sentiments. Ah ! ma fille ! nous
étions d'une manière sur la fin qu'il falloit faire comme
nous avons fait. Dieu nous montroit sa volonté par cette
conduite : mais il faut tâcher de voir s'il ne veut pas bien
que nous nous corrigions, et qu'au lieu du désespoir auquel
vous me condamniez par amitié, il ne seroit point un
peu plus naturel et plus commode de donner à nos
cœurs la liberté qu'ils veulent avoir, et sans laquelle il
n'est pas possible de vivre en repos. Voilà qui est dit une
fois pour toutes ; je n'en dirai plus rien : mais faisons nos
réflexions chacune de notre côté, afin que, quand il plaira
à Dieu que nous nous retrouvions ensemble, nous ne
retombions pas dans de pareils inconvénients. C'est une
marque du besoin que vous aviez de ne plus vous contraindre, que le soulagement que vous avez trouvé dans les
fatigues d'un voyage si long. Il faut des remèdes extraordinaires aux personnes qui le sont ; les médecins n'eussent jamais imaginé celui-là : Dieu veuille qu'il continue
d'être bon, et que l'air de Grignan ne vous soit point
contraire ! Il falloit que je vous écrivisse tout ceci une
seule fois pour soulager mon cœur, et pour vous dire
qu'à la première occasion, nous ne nous mettions plus
dans le cas qu'on vienne nous faire l'abominable compliment de nous dire, avec toute sorte d'agrément, que, pour
être fort bien, il faut ne nous revoir jamais. J'admire la

22.

patience qui peut souffrir la cruauté de cette pensée[1]. »

Je n'en dirai plus rien; c'est-à-dire que, même après cette longue explosion, elle ne peut s'en taire. « Vous me mandez des choses admirables de votre santé (écrit-elle le 19 juillet, heureuse et humiliée du prodige accompli, contre ses prévisions, par ce redoutable air de Grignan); vous dormez, vous mangez, vous êtes en repos : point de devoirs; point de visites ; point de mère qui vous aime : vous avez oublié cet article, et c'est le plus essentiel. Enfin, ma fille, il ne m'étoit pas permis d'être en peine de votre état; tous vos amis en étoient inquiétés, et je devois être tranquille! J'avois tort de craindre que l'air de la Provence ne vous fît une maladie considérable; vous ne dormiez ni ne mangiez; et vous voir disparoître devant mes yeux devoit être une bagatelle qui n'attirât pas seulement mon attention! Ah ! mon enfant, quand je vous ai vue en santé, ai-je pensé à m'inquiéter pour l'avenir? Étoit-ce là que je portois mes pensées? Mais je vous voyois, et je vous croyois malade d'un mal qui est à redouter pour la jeunesse ; et, au lieu d'essayer à me consoler par une conduite qui vous redonne votre santé ordinaire, on ne me parle que d'absence : c'est moi qui vous tue, c'est moi qui suis cause de tous vos maux. Quand je songe à tout ce que je cachois de mes craintes, et le peu qui m'en échappoit faisoit de si terribles effets, je conclus qu'il ne m'est pas permis de vous aimer, et je dis qu'on veut de moi des choses si monstrueuses et si opposées que, n'espérant pas d'y pouvoir parvenir, je n'ai que la ressource de votre bonne santé pour me tirer de cet embarras. Mais, Dieu merci, l'air et le repos

de Grignan ont fait ce miracle ; j'en ai une joie propor-
tionnée à mon amitié. M. de Grignan a gagné son procès, et doit craindre de me revoir avec vous, autant qu'il
aime votre vie : je comprends ses bons tons et vos plaisanteries là-dessus Il me semble que vous jouez bon jeu,
bon argent : vous vous portez bien, vous le dites, vous
en riez avec votre mari ; comment pourroit-on faire de la
fausse monnoie d'un si bon aloi [1] ? »

Sa joie continue à chaque lettre : « Je tâche de me consoler (dit-elle le 23, songeant toujours à cette visite interrompue de sa fille), dans la pensée que vous dormez, que
vous mangez, que vous êtes en repos, que vous n'êtes plus
dévorée de mille *dragons*, que votre joli visage reprend
son agréable figure, que votre gorge n'est plus comme
celle d'une personne étique : c'est dans ces changements
que je veux trouver un adoucissement à notre séparation... » Le 28 elle ajoute, forte de l'attestation de sa
femme de confiance, car les assurances de sa fille ont auprès d'elle besoin d'une caution : « Enfin, ma très-chère, je
suis assurée de votre santé ; Montgobert ne me trompe
pas ; dites-le-moi cependant encore ; écrivez-le-moi en vers
et en prose ; répétez-le-moi pour la trentième fois : que
tous les échos me redisent cette charmante nouvelle :
si j'avois une musique comme M. de Grignan, ce seroit
là mon opéra. Il est vrai que je suis ravie de penser au
miracle que Dieu a fait en vous guérissant par ce pénible
voyage, et ce terrible air de Grignan qui devoit vous
faire mourir : j'en veux un peu à la prudence humaine ;
je me souviens de quelques tours qu'elle a faits, et qui
sont dignes de risée : la voilà décriée pour jamais. Com-

[1] SÉVIGNÉ, *Lettres*, t. V, p. 136.

prenez-vous bien la joie que j'aurai, si je vous revois avec cet aimable visage qui me plaît, un embonpoint raisonnable, une gaieté qui vient quasi toujours de la bonne disposition ; quand j'aurai autant de plaisir à vous regarder que j'ai eu de douleur sensible ; quand je vous verrai comme vous devez être, étant jeune, et non pas usée, consumée, dépérie, échauffée, épuisée, desséchée ; enfin quand je n'aurai que les chagrins courants de la vie, sans en avoir un qui assomme? Si je puis jamais avoir cette consolation, je pourrai me vanter d'avoir senti le bien et le mal en perfection. Cependant votre exemple coupe la gorge, à droite et à gauche : le duc de Sully dit à sa femme : « Vous êtes malade, venez à Sully; « voyez madame de Grignan, le repos de sa maison l'a « rétablie sans qu'elle ait fait aucun remède [1]. »

Revenue en santé, madame de Grignan croit pouvoir se permettre avec sa mère une innocente plaisanterie, et lui écrit à son tour que l'expérience vient bien de démontrer qu'elles sont plus heureuses éloignées qu'ensemble. Il faut voir *sauter aux nues* madame de Sévigné! Elle n'admet pas de plaisanterie en semblable matière. « Je reprends, ma fille, lui répond-elle le 11 août, les derniers mots de votre lettre; ils sont assommants : « Vous ne « sauriez plus rien faire de mal, car vous ne m'avez plus; « j'étois le désordre de votre esprit, de votre santé, de « votre maison ; je ne vaux rien du tout pour vous. » Quelles paroles! comment les peut-on penser? et comment les peut-on lire? Vous dites bien pis que tout ce qui m'a tant déplu, et qu'on avoit la cruauté de me dire quand vous partites. Il me paroissoit que tous ces gens-là avoient

[1] SÉVIGNÉ, *Lettres*, t. V, p. 145 et 152.

parié à qui se déferoit de moi le plus promptement. Vous continuez sur le même ton : je me moquois d'eux quand je croyois que vous étiez pour moi ; à cette heure je vois bien que vous êtes du complot. Je n'ai rien à vous répondre que ce que vous me disiez l'autre jour : « Quand la vie et les arrangements sont tournés d'une « certaine façon, qu'elle passe donc cette vie tant qu'elle « voudra ; » et même le plus vite qu'elle pourra : voilà ce que vous me réduisez à souhaiter avec votre chienne de Provence [1] ! »

C'est la fin de ces tendres explications. Après avoir combattu avec une vivacité que l'on apporte à la défense du foyer, le système de M. de Grignan sur les avantages d'une séparation qui fait tout son tourment dans ce monde, madame de Sévigné se met à désirer de nouveau la venue de sa fille, bien inspirée toutefois, si, dans l'impossibilité d'aimer moins cette chère et parfois trop froide idole, elle s'était attachée à le laisser moins paraître.

---

[1] Sévigné, *Lettres*, t. V, p. 183.

262   MÉMOIRES SUR MADAME DE SÉVIGNÉ.

CHAPITRE VII.

1677.

Vie active de madame de Sévigné. — Son empressement pour les membres de la famille de Grignan : c'est sa fille qu'elle aime en eux. — Le cardinal de Retz toujours l'objet d'une plus vive affection. — Madame de Sévigné s'inquiète de la santé de cette *chère Éminence*. — Les amis du cardinal veulent le ramener à Paris. — La retraite lui pèse, mais il est retenu par le respect humain. — Madame de Sévigné reprend sa chronique habituelle des amours royales. — Courte faveur de madame de Ludre. — Le roi l'abandonne. — Madame de Montespan sans pitié pour elle. — Madame de Sévigné compatit à l'infortune de la *pauvre Io*. — Madame de Ludre se retire au couvent. — Ascendant croissant de madame de Maintenon. — Le baron de Sévigné revient de l'armée, et retourne à sa vie dissipée. Sa mère et sa sœur cherchent inutilement à le marier. — Madame de Sévigné se rend pour la seconde fois aux Eaux. De Vichy; elle loue à Paris l'*hôtel Carnavalet* pour elle et sa fille, qui lui annonce son prochain retour. — Elles s'y retrouvent au mois de novembre.

Restée seule, madame de Sévigné reprend sa vie accoutumée, pleine de mouvement, de courses, de visites, et nous la voyons à Saint-Maur, où madame de la Fayette cherche à rétablir une santé délabrée, et dont les médecins disent qu'il est grand temps « de s'en inquiéter[1]; » chez Gourville, près de l'hôtel de Condé, avec tous leurs amis, dans un jardin où ils trouvent « des jets d'eau, des cabinets, des allées en terrasses, six hautbois dans

---

[1] SÉVIGNÉ, *Lettres* (9 juillet 1677), t. V, p. 121.

un coin, six violons dans un autre, des flûtes douces un peu plus près, un souper enchanté, une basse de viole admirable, une lune qui fut témoin de tout [1]; » au Palais, où elle sollicite un procès en personne, et où « elle fit si bien, le *bon abbé* le dit ainsi, qu'elle obtint une petite injustice (on s'en vante!) après en avoir souffert beaucoup de grandes, par laquelle elle touchera deux cents louis, en attendant sept cents autres qu'elle devroit avoir il y a huit mois, et qu'on dit qu'elle aura cet hiver [2]; » chez le frère du roi, à la cour duquel elle se montre plus souvent qu'à Versailles, car elle y est toujours très-bien reçue, et où « Monsieur, qui étoit chagrin, ne parla qu'à elle [3]; » chez son ami le ministre, à Pomponne, où elle trouve un membre nouveau de cette famille d'anachorètes, Arnauld de Lusancy, « qui avoit trois ans de solitude par-dessus M. d'Andilly, leur père [4]; » à Livry enfin, où elle va souvent pour fuir la ville et retrouver sa fille.

Mais, en l'absence de madame de Grignan, c'est à ceux qui portent ce nom et qui se trouvent à Paris, aux membres de cette famille d'adoption et devenue bien sienne, au coadjuteur, au *bel abbé,* au chevalier, à la Garde, que la marquise de Sévigné demande ses meilleurs, ses plus doux moments. C'est un besoin d'intimité, un entraînement dont l'expression est plaisante : « Je m'en vais chercher des Grignan, écrit-elle le 18 juin, je ne puis vivre sans en avoir pied ou aile [5]. » — « J'ai été cher-

---

[1] SÉVIGNÉ, *Lettres* (16 juillet 1677), t. **V**, p. 130.

[2] SÉVIGNÉ, *Lettres* (16 juillet), t. **V**, p. 130.

[3] SÉVIGNÉ, *Lettres* (15 juin), t. **V**, p. 106.

[4] SÉVIGNÉ, *Lettres* (19 juillet), t. **V**, p. 135.

[5] SÉVIGNÉ, *Lettres*, t. **V**, p. 98.

cher des Grignan, répète-t-elle, car il m'en falloit [1] ; » et la semaine suivante : « Je ne puis être longtemps sans quelque Grignan, je les cherche, je les veux, j'en ai besoin [2]. » Sans doute leurs qualités sont pour beaucoup dans cet empressement; mais il est peu probable que la gouvernante de la Provence leur ait montré ces trois lignes de la lettre suivante : « Je suis fort contente des soins de tous vos Grignan ; je les aime, et leurs amitiés me sont nécessaires par d'autres raisons encore,que par leur mérite [3]. » Leur plus grand mérite, on le devine, c'est que madame de Sévigné peut avec eux parler sans retenue de sa fille. C'est cette fille qu'elle aime en eux.

Un autre culte, moins vif, mais non moins réel, était celui qu'elle avait voué à cette *chère Éminence* qu'elle craignait tant de ne plus revoir. Madame de Sévigné est, autant que la politique le lui permet, l'unique et minutieux biographe des dernières années de Retz ; aussi mettons-nous du soin à recueillir ce qu'elle nous a conservé de ce personnage fameux [4]. Corbinelli, ambassadeur des amis communs, était allé le trouver dans sa retraite de Commercy, peut-être pour l'engager à sortir d'un isolement que l'on croyait funeste à sa santé [5]. Il envoie exactement son bulletin à madame de Sévigné, qui le repasse à sa fille : « Je vous envoie, lui dit-elle le 16 juin, ce que m'écrit Corbinelli de la vie de notre cardinal et de ses dignes occupations [6]. » Malheureusement nous ne possédons point

[1] SÉVIGNÉ, *Lettres* (18 juin 1677), t. V, p. 99.
[2] SÉVIGNÉ, *Lettres* (23 juin), t. V, p. 104.
[3] SÉVIGNÉ, *Lettres* (25 juin), t. V, p. 106.
[4] Sur les années précédentes *Conf.* WALCKENAER, t. V, p. 162.
[5] Retz avait déjà quitté Saint-Mihiel pour Commercy.
[6] SÉVIGNÉ, *Lettres*, t. V, p. 96.

les lettres de Corbinelli, qui nous eussent fait entièrement connaître la vie intérieure du cardinal de Retz, occupé à rédiger les dernières pages de ses mémoires. Mais le prudent ambassadeur, connu par sa finesse, ne devait pas tout écrire de ce qui concernait l'ancien chef de la Fronde, alors dans le feu des souvenirs de ses exploits passés. Avide de renseignements nouveaux et plus complets, madame de Sévigné alla l'attendre, au retour, sous les discrets ombrages de Livry, qui se trouvait sur sa route. « Je me fais un plaisir, dit-elle, de l'attendre sur le grand chemin de Châlons, et de le tirer du carrosse au bout de l'avenue, pour l'amener passer un jour avec nous : nous causerons beaucoup ; je vous en tiendrai compte [1]. » Mais elle en fut pour sa course. « Je suis ici depuis hier matin (écrit-elle le lendemain). J'avois dessein d'attendre Corbinelli au passage, et de le prendre au bout de l'avenue, pour causer avec lui jusqu'à demain. Nous avons pris toutes les précautions, nous avons envoyé à Claie, et il se trouve qu'il avoit passé une demi-heure auparavant. Je vais demain le voir à Paris, et je vous manderai des nouvelles de son voyage [2] » Elle le voit, parle de longues heures avec lui, mais elle en écrit à sa fille avec une gêne et une discrétion désolantes :

« .... J'ai fort causé avec Corbinelli : il est charmé du cardinal ; il n'a jamais vu une âme de cette couleur : celles des anciens Romains en avoient quelque chose. Vous êtes tendrement aimée de cette âme-là, et je suis assurée plus que jamais qu'il n'a jamais manqué à cette amitié : on voit quelquefois trouble, et cela vient du

[1] SÉVIGNÉ, *Lettres* (2 juillet 1677), t. V, p. 112.
[2] SÉVIGNÉ, *Lettres*, t. V, p. 116.

péché originel. Il faudroit des volumes pour vous rendre
le détail de toutes les merveilles qu'il me conte ¹…. La
santé du cardinal n'est pas mauvaise présentement,
quelquefois sa goutte fait peur ; il semble qu'elle veuille
remonter. J'ai une si grande amitié pour cette bonne Éminence, que je serois inconsolable que vous voulussiez
lui faire le mal de lui refuser la vôtre ; ne croyez pas que
ce soit pour lui une chose indifférente ²…. Corbinelli est
revenu encore plus philosophe de Commercy. Il me paroît
qu'il a bien diverti le cardinal : nous en parlons sans
cesse, et tout ce qu'il en dit augmente l'admiration et
l'amitié qu'on a pour cette Éminence ³. »

Voilà tout ce qu'on trouve dans madame de Sévigné sur
cette mission de l'habile et ténébreux Corbinelli. Ce sont
autant d'énigmes jetées à notre curiosité impuissante.
Une seule chose nous apparaît clairement, c'est qu'un désaccord s'était manifesté entre le cardinal de Retz et *sa
chère nièce*, et que madame de Sévigné poussait de toutes
ses forces à la paix : nous rencontrerons bientôt d'autres détails qui complètent ce point délicat de la biographie de madame de Grignan.

Quinze jours après, la marquise de Sévigné reçut, sur
le compte de cet ami pour elle si cher et si illustre, des
nouvelles qui vinrent troubler toute la joie que lui
avaient causée les assurances rapportées par Corbinelli
au sujet d'une santé soumise à d'inquiétantes intermittences. « Il est revenu, mande-t-elle, un gentilhomme
de Commercy, depuis Corbinelli, qui m'a fait peur de la

---

¹ SÉVIGNÉ, *Lettres* (7 juillet), t. V, p. 118.

² SÉVIGNÉ, *Lettres*, t. V, p. 120.

³ SÉVIGNÉ, *Lettres* (14 juillet), t. V, p. 128.

santé du cardinal ; ce n'est plus une vie, c'est une langueur : j'aime et honore cette Éminence d'une manière à me faire un tourment de cette pensée : le temps ne répare point de telles pertes [1]. »

Soit qu'ils craignissent réellement pour lui le séjour de Commercy, soit désir de jouir encore de sa précieuse société, les plus chauds amis du cardinal de Retz avaient formé le dessein de l'attirer d'abord à Saint-Denis, dont il était abbé. Saint-Denis n'était pas Paris, mais s'en trouvait bien près ; aussi était-il difficile de faire accepter à ce dégoûté théâtral ou convaincu, un tel séjour comme une continuation de sa retraite proclamée définitive. On entama probablement auprès du pape une négociation dans le but de lui faire intimer l'ordre au cardinal de quitter Commercy [2]. Dans le passage suivant, madame de Sévigné nous indique que, malgré la désapprobation de quelques amis de Retz, peut-être les plus considérables, qui, surtout soucieux de sa dignité, blâmaient ce retour déguisé, si peu de temps après son départ solennel, le projet allait son train, et elle loue fort sa fille, plus tendre à l'Éminence par lettre que de près, de si bien s'associer au désir des plus zélés : « Pour notre cardinal, j'ai pensé souvent comme vous ; mais, soit que les ennemis ne soient pas en état de faire peur, ou que les amis ne soient pas sujets à prendre l'alarme, il est certain que rien ne se dérange. Vous faites très-bien d'en écrire à d'Hacqueville, et même au cardinal. Est-il un enfant ? ne sauroit-il venir à Saint-Denis sans le consentement de ses précepteurs ? et s'ils l'oublient, faut-il qu'il se laisse égorger ? Vous avez très-

[1] Sévigné, *Lettres* (28 juillet), t. V, p. 156.
[2] Peut-être était-ce là l'objet de la mission de Corbinelli.

bonne grâce à vous inquiéter sur la conservation d'une
personne si considérable, et à qui vous devez tant d'a-
mitié [1]. »

A deux mois de là, les choses en étaient au même point.
Retz, qui évidemment s'ennuyait dans son exil volontaire,
hésitait encore, car ses amis étaient toujours divisés sur
l'opportunité de son retour. Quant à madame de Sévigné,
plus que jamais son choix est fait, et le croyant en danger à Commercy, où, pour vaincre l'ennui qui le dévore, il
s'épuise de travail et s'est mis à étudier les sciences les plus
ardues, elle rappelle de tous ses vœux, au moins à Saint-
Denis (elle préférerait Paris), cet ami qu'elle aime trop en
femme qu'emporte son cœur pour raffiner sur sa dignité et
sa réputation ; bien appuyée en cela par madame de Grignan, qui se souvient à propos que Retz, ce parent plus
proche par les sentiments que par le sang, était le parrain de sa fille Pauline. « Je ne suis point du tout contente, écrit sa mère le 12 octobre, de ce que j'ai appris
de la santé du Cardinal ; je suis assurée que, s'il demeure
à Commercy, il ne la fera pas longue : il se casse la tête
d'application ; cela me touche sensiblement [2]. » Et le 15 :
« Je suis en peine, comme vous de son parrain (de Pauline) ; cette pensée me tient au cœur et à l'esprit. Vous
ignorez la grandeur de cette perte : il faut espérer que
Dieu nous le conservera ; il se tue, il s'épuise, il se casse
la tête ; il a toujours une petite fièvre. Je ne trouve pas
que les autres en soient aussi en peine que moi : enfin,
hormis le quart d'heure qu'il donne du pain à ses truites,
il passe le reste avec dom Robert [3], dans les distillations

---

[1] SÉVIGNÉ, *Lettres* (28 août 1677), t. V, p. 209.
[2] SÉVIGNÉ, *Lettres*, t. V, p. 252.
[3] Son aumônier.

et les distinctions de métaphysique, qui le feront mourir. On dira : Pourquoi se tue-t-il ? Et que diantre veut-on qu'il fasse ? Il a beau donner un temps considérable à l'église, il lui en reste encore trop[1]. » Cette hésitation dura encore quelques mois, au grand chagrin de madame de Sévigné, qui cependant n'en parle plus dans ses lettres de cette année[2].

A peine madame de Grignan partie, madame de Sévigné retourne à son rôle de chroniqueur de tout ce monde qu'elle redonne à sa fille, pour son agrément et son instruction, vivant et pris sur le fait. C'est surtout des choses de la cour qu'elle est soigneuse de l'instruire, et madame de Sévigné, nous le redisons, est véritablement l'historien, et l'historien le plus complet, le plus fin, le plus piquant et le mieux renseigné, de ces révolutions féminines qui tenaient alors en éveil toute cette nation à part appelée *la cour*, laquelle ne se composait pas seulement des *courtisans* présents à Versailles ou à Paris, mais de tous ceux qui accidentellement se trouvaient disséminés dans les provinces.

« Nous attendons le roi (écrivait la marquise de Sévigné à Bussy, quelques jours avant le départ de sa fille), et les beautés sont alertes pour savoir de quel côté il tournera : ce retour-là est assez digne d'être observé[3]. » Ce qui piquait surtout la curiosité publique, c'était de savoir quelle serait la conduite du roi à l'égard de madame de Ludre, qu'il avait distinguée depuis quelque temps, et dans laquelle plusieurs voulaient voir une rivale préférée

---

[1] Sévigné, *Lettres*, t. V, p. 270.
[2] Voy. la notice sur Retz en tête de ses Mémoires, coll. M, t. XXVI.
[3] Sévigné, *Lettres*, t. V, p. 81.

et l'héritière présomptive de madame de Montespan. Les
courtisans n'attendaient qu'un signe pour tourner le dos
à la favorite régnante, et acclamer la belle chanoinesse.
Mais l'illusion ne fut·pas de longue durée. « Ah! ma
fille (s'écrie madame de Sévigné dès le 11 juin, en revenant de la cour), quel triomphe à Versailles! quel orgueil
redoublé! quel solide établissement! quelle duchesse de
Valentinois [1]! quel ragoût, même par les distractions et
par l'absence! quelle reprise de possession! Je fus une
heure dans cette chambre ; elle (*madame de Montespan*)
étoit au lit, parée, coiffée : elle se reposoit pour la *médianoche*. Je fis vos compliments ; elle répondit des douceurs, des louanges : sa sœur, en haut (*madame de
Thianges*), se trouvant en elle-même toute *la gloire de
Niquée*, donna des traits de haut en bas sur la pauvre *Io*
(madame de Ludre), et rioit de ce qu'elle avoit l'audace
de se plaindre d'elle. Représentez-vous tout ce qu'un
orgueil peu généreux peut faire dire dans le triomphe,
et vous en approcherez. On dit que la petite reprendra
son train ordinaire chez MADAME. Elle s'est promenée,
dans une solitude parfaite, avec la Moreuil, dans les
jardins du maréchal du Plessis [2]. »

La marquise de Sévigné parle avec quelque intérêt de
cette pauvre Ludre, qui était depuis longtemps l'une
des bonnes amies de son amie madame de Coulanges [3],
dont Sévigné, quatre ans auparavant, avait été ou avait
voulu être amoureux, car « son ambition, disait à

_____

[1] Allusion à la puissante et longue faveur de Diane de Poi-
tiers.

[2] SÉVIGNÉ, *Lettres* (11 juin 1677), t. V, p. 88.

[3] SÉVIGNÉ, *Lettres* (24 février 1673), t. III, p. 72.

ce propos M. de la Rochefoucauld, est de mourir d'une amour qu'il n'a pas [1]; » et qui surtout, rencontrée un jour à Saint-Germain par la mère de la gouvernante de la Provence, n'avait pas eu de peine à faire sa conquête, en s'écriant devant toute la cour, avec sa prononciation germanique, qui n'était pas sans grâce dans sa jolie bouche : *Ah! pour matame te Grignan, elle est atorable* [2] !

Cet amour pour madame de Ludre avait duré ce que dure un caprice. A son retour de Flandre, désirant calmer l'esprit jaloux et froissé de madame de Montespan, Louis XIV afficha pour la chanoinesse du Poussay une indifférence, une froideur qui la livra aux moqueries de la cour et aux représailles sans pitié de sa rivale. Celle-ci, bien plus encore que sa sœur, ne devait lui pardonner l'audace qu'elle avait eue de penser un instant pouvoir la supplanter, et, rétablie, du moins en apparence, dans tout son empire, elle lui fit payer cher la peur qu'elle-même avait éprouvée, bien plus réelle que ses mépris ne voulaient dire. Tout cela se trouve épars dans les lettres de madame de Sévigné, de cette seconde moitié de l'année 1677. Tantôt elle désigne madame de Ludre sous le nom d'*Io*, tantôt sous celui d'*Isis*, par une allusion à l'opéra de ce nom, représenté au commencement de l'année. « Cet opéra, dit M. Monmerqué dans une note à la lettre du 23 juin, ne réussit pas à cause de madame de Montespan, que toute la cour crut reconnaître dans le rôle de Junon, et l'on ne manqua pas de faire à madame de Ludre l'ap-

---

[1] SÉVIGNÉ (lettre de madame de la Fayette du 19 mai 1673), t. III, p. 81.

[2] SÉVIGNÉ, *Lettres* (24 avril 1671), t. II, p. 32.

plication de ces vers qu'Argus adresse à *Io*, dans la première scène du troisième acte :

> Vous êtes aimable ;
> Vos yeux devoient moins charmer :
> Vous êtes coupable
> De vous faire trop aimer.
> C'est une offense cruelle,
> De paroître belle
> A des yeux jaloux ;
> L'amour de Jupiter a trop paru pour vous [1].

« *Io*, ajoute madame de Sévigné le 15 juin, a été à la messe (*à Versailles*) ; on l'a regardée sous cape ; mais on est insensible à son état et à sa tristesse. Elle va reprendre sa pauvre vie ordinaire : ce conseil est tout simple, il n'y a point de peine à l'imaginer. Jamais triomphe n'a été si complet que celui des autres ; il est devenu inébranlable depuis qu'il n'a pu être ébranlé. Je fus une heure dans cette chambre ; on n'y respire que la joie et la prospérité : je voudrois bien savoir qui osera s'y fier désormais [2]. »

L'une des amies qui correspondent le plus assidûment avec Bussy, lui donne de piquants détails sur cet incident de la messe royale, qui fut une cause d'affront pour cette malheureuse *Io*, si facilement sacrifiée à la jalousie de Junon irritée : « Le roi, allant ou revenant de la messe, regarda madame de Ludre, et lui dit quelque chose en passant ; le même jour, cette dame-ci étant allée chez madame de Montespan, celle-ci la pensa étrangler, et lui fit une vie enragée. Le lendemain, le roi dit à

[1] Sévigné, *Lettres*, t. V, p. 104.
[2] Sévigné, *Lettres*, t. V, p. 93.

Marsillac, qui étoit présent à la messe la veille, qu'il étoit son espion ; de quoi Marsillac fut fort embarrassé ; et le lendemain, il pria le roi de trouver bon qu'il allât faire un petit voyage de quinze jours à Liancourt. On dit qu'il ne reviendra pas sitôt, et qu'il pourroit bien aller en Poitou, car Sa Majesté lui accorda son congé fort librement. Tout le monde croit madame de Ludre abîmée sans ressource, et madame de Montespan triomphante [1]. »

Le fils de la Rochefoucauld était, on le sait, le confident, dirons-nous le complaisant de Louis XIV ; mais il était, en même temps, l'ami de madame de Montespan qui, de son côté, avait contribué à sa haute faveur, et il la défendait de son mieux contre ces rivalités passagères, et surtout contre une rivalité bien plus redoutable, entourée de mystère encore, mais cheminant d'un pas sûr quoique lent, à l'ombre même et sous le couvert de ces infidélités bruyantes et peut-être calculées. Le bruit courait, en effet, qu'à son retour de l'armée, le roi, voulant faire d'un seul coup à madame de Maintenon la fortune qui lui manquait, lui avait donné pour deux cent mille écus de pierreries, comme témoignage de sa satisfaction pour les soins prodigués à ses enfants [2].

En abandonnant madame de Ludre, Louis XIV voulut aussi pourvoir à son sort et lui fit offrir, disait-on, une somme de quatre cent mille francs. La délaissée refusa d'abord tous les bienfaits. Il faut en faire honneur aux premières inspirations d'une âme honnête ; toutefois son dépit et sa douleur furent grands, car elle avait ambi-

---

[1] Lettre de madame de Montmorency du 18 juin 1677, *Corr. de Bussy*, t. III, p. 280.

[2] *Correspondance de Bussy*, t. III, p. 209.

tionné, sans trop d'amour peut-être, la première place dans le cœur du roi. Ce sont les amies de Bussy qui nous font connaître ces détails. « Madame de Ludre, écrit madame de Scudéry, est à Versailles, malade et affligée; on dit qu'elle a refusé deux cent mille francs que le roi lui a envoyés. En effet, cela est peu de chose à qui a prétendu partager le cœur et, en quelque façon, la couronne. Si elle n'avoit pas tant fait la sultane pendant qu'elle espéroit le devenir, on auroit pitié d'elle. » — « On dit, ajoute la même à dix jours de là, qu'on lui offre quatre cent mille francs, qu'elle refuse. Elle se conduit assez noblement et assez fièrement en tout ceci; mais tout ce qu'on fait sans fortune ne brille guère. Elle sortit, l'autre jour, de chez la reine comme le roi y entroit, et, à la chapelle, elle détourne la tête quand elle passe. Madame de Montespan est plus belle que jamais[1]. »

Bussy répond à ces lettres. « J'ai été surpris (dit-il fort désappointé à madame de Scudéry) de ne voir point de changement au retour du roi. Il me sembloit, par tout ce que j'avois entendu dire, qu'il y en auroit un. Ces immutabilités (voilà un grand mot) n'accommodent pas les misérables : ils voudroient, tous les jours, un changement jusqu'à ce qu'ils soient plus heureux; cependant il faut s'accommoder aux inclinations aussi bien qu'aux volontés du maître, et attendre avec tranquillité des conjonctures favorables. Madame de Montespan a eu de grandes alarmes cet hiver : la voilà un peu rassurée. Qui peut croire que cela durera longtemps? Elle-même, après les premiers moments de joie de son raf-

[1] *Correspondance de Bussy-Rabutin*, t. III, p. 269 et 277.

fermissement, ne reprendra-t-elle pas de nouvelles craintes de retomber? car le temps, qui incommode les affaires des exilés, ruine celles des maîtresses. Pour madame de Ludre, les damnés souffrent-ils plus qu'elle? Et le roi lui-même, qui fait leur bonne et mauvaise fortune, aussi bien que celle de toute l'Europe, ce prince heureux et si digne de l'être, le croyez-vous content, madame? Pour moi, je ne le crois pas : il a le cœur trop bien fait pour mettre, sans quelques remords, le poignard dans le sein d'une fille qu'il quitte après l'avoir aimée, ou du moins après l'avoir persuadée de sa passion [1]. » — « Si le refus, écrit-t-il avec son franc cynisme à madame de Montmorency, que fait madame de Ludre de ce qu'on lui veut donner, lui fait revenir son amant, je la trouverai fort habile : sinon, je dirai avec le vieux Senneterre, que les gens d'honneur n'ont point de chausses. Il n'appartient pas à ceux qui n'ont point de pain de faire les généreux [2]. »

Aux prises avec les mépris de madame de Montespan et ne trouvant plus la position tenable, la belle chanoinesse prit le parti de quitter la cour, et se retira pendant quelque temps au Bouchet, chez la maréchale de Clérambault. « La belle *Isis* est au Bouchet, dit le 23 juin madame de Sévigné; le repos de la solitude lui plaît davantage que la cour ou Paris [3]. » La semaine d'après, suivant jusqu'au bout son allusion mythologique, elle

---

[1] *Correspondance de Bussy-Rabutin* (lettre du 19 juin 1677), t. III, p. 281.

[2] *Correspondance de Bussy-Rabutin* (lettre du 23 juin), p. 285.

[3] Sévigné, *Lettres*, t. V, p. 104.

ajoute : « *Io* est dans les prairies, en toute liberté, et n'est observée par aucun Argus : Junon tonnante et triomphante [1]. » Madame de Montespan, en effet, ne cessait d'afficher sa victoire dans tout son faste comme dans sa dureté. « *Quanto* et son ami, lit-on dans une lettre du 2 juillet, sont plus longtemps et plus vivement ensemble qu'ils n'ont jamais été : l'empressement des premières années s'y retrouve, et toutes les contraintes sont bannies, afin de mettre une bride sur le cou, qui persuade que jamais on n'a vu d'empire plus établi [2]. » (30 juillet) : « Madame de Montespan étoit, l'autre jour, toute couverte de diamants; on ne pouvoit soutenir l'éclat d'une si brillante divinité. L'attachement paroît plus fort qu'il n'a jamais été ; ils en sont aux regards : il ne s'est jamais vu d'amour reprendre terre comme celui-là [3]. »

Mais les hauteurs de madame de Montespan avaient fini par valoir quelque sympathie à la pauvre abandonnée : « Vous ne pouvez assez plaindre, écrit à sa fille la marquise de Sévigné, ni assez admirer la triste aventure de cette nymphe : quand une certaine personne (*madame de Montespan*) en parle, elle dit *ce haillon*. L'événement rend tout permis [4]. » Ce mot ne s'accorde point avec la réputation de beauté de madame de Ludre, que constate madame de Sévigné en annonçant son retour à son service de dame d'honneur de la duchesse d'Orléans : « *Isis* est retournée chez MADAME, tout comme elle étoit, belle comme un ange. Pour moi, j'aimerois mieux

[1] SÉVIGNÉ, *Lettres*, t. V, p. 111.
[2] SÉVIGNÉ, *Lettres*, t. V, p. 113.
[3] SÉVIGNÉ, *Lettres*, t. V, p. 167.
[4] SÉVIGNÉ, *Lettres*, t. V, p. 119.

ce haillon loin que près [1]. » Ailleurs elle l'appelle *la belle Ludre*, et s'extasie sur *sa divine beauté*[2]. Elle n'était pas sans esprit comme sans ambition, témoin ces deux mots que rapporte madame de Sévigné : « Un homme de la cour disoit, l'autre jour, à madame de Ludre : « Madame, vous êtes, ma foi, plus belle que jamais! — Tout de bon, dit-elle, j'en suis bien aise, c'est un « ridicule de moins. » — « Madame, disoit, l'autre jour, à madame de Ludre, en badinant avec un compas : « Il faut que je crève ces deux yeux-là qui font tant de « mal. — Crevez-les, madame, puisqu'ils n'ont pas « fait tout celui que je voulois[3]. »

Mais, ne pouvant supporter l'humiliation à laquelle l'avait réduite la ruine éclatante de ses ambitieux desseins, madame de Ludre prit le parti définitif de se retirer aux Dames de Sainte-Marie du faubourg Saint-Germain. Lorsque Monsieur, à qui elle avait demandé la permission de quitter le service de la duchesse d'Orléans pour se mettre au couvent, fut venu sonder à cet égard la volonté du roi : « N'y est-elle pas déjà? » répondit celui-ci [4]. Ce fut le coup de grâce.

Si l'on en croit les lettres de la Palatine, madame de Montespan serait surtout parvenue à dégoûter Louis XIV de madame de Ludre en lui persuadant que, par l'effet d'un poison qu'on lui avait fait prendre dans sa première jeunesse, cette belle avait conservé une maladie de

[1] Sévigné, *Lettres* (28 juillet), t. V, p. 157.
[2] Sévigné, *Lettres* (12 octobre), t. V, p. 254.
[3] Sévigné, *Lettres* (4 et 6 septembre), t. V, p. 219 et 221.
[4] Lettre de madame de Scudéry du 28 janvier 1678. (*Corresp. de Bussy*, t. IV, p. 21).

peau d'une dangereuse espèce [1]. La dureté du roi peut
s'expliquer, sans cela, par l'inconstance de son cœur et son
désir d'apaiser madame de Montespan et de lui faire
illusion sur la durée de son règne. Il faut aussi prendre quelques-uns des motifs donnés par Bussy. « Du
Ludre, dit-il dans une lettre à madame de Scudéry, a eu
la plus méchante conduite du monde dans le temps
qu'elle disputoit le cœur du roi ; il sembloit, par le bruit
qu'elle faisoit, qu'elle songeoit plus à passer pour maîtresse qu'à l'être, et le roi n'aime pas ces ostentations-là.
Il faut dire la vérité, elle n'a ni le visage ni l'esprit com-
parables à l'esprit et au visage de madame de Montespan,
et le mérite d'être la dernière en date n'est quelquefois
pas considérable aux personnes qui sont gens d'habitude
comme est le roi [2]. » Quoi qu'il en soit, en qualité d'i-
dole tombée avant d'avoir brillé, madame de Ludre ne
tarda pas à être profondément oubliée. Un mois à peine
après sa retraite au couvent, madame de Scudéry écrit
dans une lettre à Bussy, cette ligne, qui ressemble à une
épitaphe : « De Ludre est oubliée comme si elle étoit
morte du temps du déluge [3]. » Mais son oraison funèbre, la voici : « Vous savez bien, dit la marquise de Sévigné à sa fille à deux ans et demi de là, que madame de
Ludre, lasse de bouder sans qu'on y prît garde, a enfin
obtenu de son orgueil, si bien réglé, de prendre du roi
deux mille écus de pension, et vingt-cinq mille francs pour
payer ses pauvres créanciers, qui, n'ayant point été ou-
tragés, souhaitoient fort d'être payés grossièrement, sans

[1] *Corresp. de* MADAME, duchesse d'Orléans. Ed. G. Brunet, t. 1er,
457.

[2] *Corresp. de Bussy-Rabutin* (10 février 1678), t. IV, p. 32.

[3] *Corresp. de Bussy-Rabutin*, t. IV, p. 43.

rancune ¹. » A cette date, elle quitta la maison des
Dames de Sainte-Marie, pour se retirer dans l'un des
couvents de Nancy, où à soixante-dix ans, assure la
duchesse d'Orléans, elle était encore belle ².

Pendant ces derniers triomphes de madame de Montespan, madame de Maintenon quittait Paris, et se rendait,
pour la troisième fois, aux eaux de Baréges, auxquelles
elle allait demander l'entière guérison de son royal élève.
Le duc du Maine arriva, vers le milieu du mois de mai
1677, à Cognac, où commandait le comte d'Aubigné, qui
lui fit une réception toute princière, destinée aussi, dans
son intention, à honorer sa sœur. Le *Mercure* donne
les détails caractéristiques de ce troisième voyage peu
connu de madame de Maintenon et de son élève. Le
comte d'Aubigné, à la tête de cent gentilshommes des
plus qualifiés de la province, et comme lui à cheval,
vint plus d'une lieue au-devant des voyageurs. En entrant
dans la ville, le jeune prince y fut reçu « au bruit des
boîtes et des mousquetades, que toute la bourgeoisie,
qui étoit sous les armes, déchargea à son arrivée³. »
Pour lui servir de garde pendant les deux jours qu'il devait rester à Cognac, le gouverneur avait formé une
compagnie des premiers enfants de la ville, qui, vêtus en
Aragonnais, firent le service, la pique à la main, à la
porte de sa chambre, ce qui le divertit fort. A Jonzac, la
comtesse de ce nom vint prendre les voyageurs sur la
route, et les hébergea magnifiquement. A Blaye, le duc
du Maine trouva le duc de Roquelaure et M. de Sève, l'un

¹ SÉVIGNÉ, *Lettres* (2 octobre 1680), t. VII, p. 11.
² *Corresp.* de MADAME, duchesse d'Orléans, t. 1ᵉʳ, p. 457.
³ *Mercure galant*, juillet 1677, p. 142.

gouverneur, l'autre intendant de la Guyenne, qui l'attendaient à la tête d'une députation des Jurats de Bordeaux. L'artillerie de la place annonça sa venue et son départ. Le lendemain il arriva dans la capitale de la province, et, en y entrant, il fut complimenté par le premier Jurat, M. de la Lande. Le même jour, le jeune prince visita Bordeaux, sous la conduite du duc de Roquelaure, mais toujours accompagné de sa gouvernante, que chacun traitait avec une déférence où il entrait quelque involontaire pressentiment. Lorsque le duc du Maine parut dans la cour du château Trompette, il y trouva toute la garnison rangée en bataille, qui lui présenta les armes au bruit des tambours et des fanfares. C'étaient là de véritables honneurs souverains[1]. On lui préparait d'autres fêtes, mais madame de Maintenon redouta l'exagération provinciale, déjà trop surexcitée, et, malgré les instances faites pour la retenir quelques jours à Bordeaux, elle en repartit le lendemain, avec son élève, pour se rendre à Baréges, où elle demeura quatre mois entiers, en apparence étrangère aux événements, aux intrigues encore embrouillées de la cour, mais toujours présente, par sa correspondance directe avec le roi, privilége essentiel qu'elle maintenait avec autorité, après l'avoir conquis avec peine. Cette correspondance entretenait de loin ce charme d'égale douceur, de lumineuse et forte raison, si puissant déjà sur l'esprit ébranlé du prince, et bientôt décisif auprès d'un homme qui se trouvait aux prises avec les restes orageux d'une passion presque éteinte, et les caprices fréquents d'un tempérament mal dompté.

[1] Voir ces détails dans le *Mercure galant*, juillet 1677, p. 143 et suiv.

Après la prise de Saint-Omer, dans le courant du mois de mai, Charles de Sévigné, on l'a vu, était venu rejoindre sa mère, afin de guérir sa blessure au talon, ce qui ne l'empêchait guère, toutefois, de courir la ville et les environs, en quête d'aventures et de futiles amours. Impuissante à le retenir, sa mère le persifle sans pitié sur ses bonnes fortunes et ses tribulations galantes. Ce qui la dépite ou la console, c'est que c'est sans passion au fond du cœur, qu'il se lance dans cette vie laborieuse, et compromettante pour sa réputation d'homme sérieux, qui formait l'ambition constamment déçue de sa mère. « Rien n'est si occupé, écrit celle-ci à madame de Grignan, qu'un homme qui n'est point amoureux ; il représente en cinq ou six endroits, quel martyre[1] ! » Le baron de Sévigné éprouvait ou simulait alors une grande passion pour madame du Gué-Bagnols. M. Walckenaer a fait connaître, par anticipation, ses amours avec cette sœur de madame de Coulanges, amours d'un jour pour une femme ridicule, qui, en vérité, ne méritait pas mieux[2] : nous n'en dirons rien ici.

Lorsque Sévigné avait douze ans de moins déjà sa mère était sa confidente ; et quelles confidences ! ses rapports avec Ninon, qui l'a qualifié avec tant de mépris amoureux. Aujourd'hui encore, il égaye cette mère, qui, comme autrefois, l'écoute pour le ramener, de la correspondance burlesque de sa nouvelle et bientôt défunte passion : « On pâme de rire avec moi, dit-elle, du style, de l'orthographe[3]. » Elle le plaint sincèrement d'être condamné à

---

[1] SÉVIGNÉ, *Lettres*, t. V, p. 105.
[2] Conf. *Mémoires,*etc., t. V, p. 360-369.
[3] SÉVIGNÉ, *Lettres* (26 juillet 1677), t. V, p. 150.

répondre, trois fois la semaine, à de pareille prose : « Ma
fille, cela est cruel, je vous assure... le pauvre garçon
y succomberoit, sans la consolation qu'il trouve en moi [1]. »
Mais cela n'empêche point Sévigné de donner ses soins à
sa mère. Ils se gardent l'un l'autre, et rien n'est charmant comme cette existence de mère et de fils, vivant
ensemble en amis qui se soignent, sans se gêner. Qu'on
en juge par cette gracieuse peinture que trace la fine
plume du baron de Sévigné : « Pour vous montrer que
votre frère, le sous-lieutenant, est plus joli garçon que
vous ne croyez, c'est que j'ôte la plume des mains de
maman mignonne, pour vous dire moi-même que je
fais fort bien mon devoir. Nous nous gardons mutuellement, nous nous donnons une honnête liberté; point de
petits remèdes de femmelettes. Vous vous portez bien, ma
chère maman, j'en suis ravi. Vous avez bien dormi, cette
nuit : comment va la tête? point de vapeurs? Dieu soit
loué; allez prendre l'air, allez à Saint-Maur (*chez madame de la Fayette*), soupez chez madame de Schomberg, promenez-vous aux Tuileries; du reste, vous n'avez
point d'incommodité, je vous mets la bride sur le cou.
Voulez-vous manger des fraises, ou prendre du thé? Les
fraises valent mieux. Adieu, maman, j'ai mal au talon :
vous me garderez, s'il vous plaît, depuis midi jusqu'à trois
heures, et puis *vogue la galère*. Voilà, ma petite sœur,
comme font les gens raisonnables [2]. »

Afin de soustraire son fils à cette vie de dissipation
stérile, madame de Sévigné aurait voulu le marier, et
madame de Grignan, s'associant au désir de leur mère,

---

[1] SÉVIGNÉ, *Lettres*, t. V, p. 150.

[2] SÉVIGNÉ, *Lettres* (25 juin 16‑7), t. V, p. 10?.

essaya de lui faire épouser la fille de l'intendant de la Provence, M. de Rouillé, qui jouissait d'une fortune considérable. C'est ce qui se lit dans ce passage d'une lettre du 21 juillet, où l'on voit la loyauté de madame de Sévigné, sa rondeur dans les affaires mêmes les plus délicates : « Nous avons fort causé ici de nos desseins pour la petite intendante : madame de Vins m'assure que tout dépend du père, et que, quand la balle leur viendra, ils feront des merveilles. Nous avons trouvé à propos, pour ne point languir si longtemps, de vous envoyer un mémoire du bien de mon fils, et de ce qu'il peut espérer, afin qu'en confidence, vous le montriez à l'intendant, et que nous puissions savoir son sentiment, sans attendre tous les retardements et toutes les intructions qu'il faudroit essuyer si vous ne lui faisiez voir la vérité ; mais une telle vérité, que si vous souffrez qu'il en rabatte, comme on fait toujours, et qu'il croie que votre mémoire est exagéré, il n'y a plus rien à faire. Notre style est si simple, et si peu celui des mariages, qu'à moins qu'on ne nous fasse l'honneur de nous croire, nous ne parviendrons jamais à rien : il est vrai qu'on peut s'informer, et que c'est où la franchise et la naïveté trouvent leur compte. Enfin, ma fille, nous vous recommandons cette affaire, et surtout un oui ou un non, afin que nous ne perdions pas un grand temps à une vision inutile [1]. »

Madame de Grignan fit tous ses efforts pour procurer à un frère qu'elle aimait ce riche établissement. Madame de Sévigné lui rend bien cette justice : « Je suis persuadée du plaisir que vous auriez à marier votre frère : je connois parfaitement votre cœur, et combien il seroit touché

[1] SÉVIGNÉ, *Lettres* (21 juillet 1677), t. V, p. 143.

d'une chose si extraordinaire[1]. » Cette chose extraordinaire n'eut point lieu, et il fallut quelques tentatives
encore et quelques années au baron de Sévigné, avant
de trouver un établissement qui, à la grande joie de sa
mère, mit fin à cette vie de fades intrigues qui le com-
promettait et le diminuait. « Le roi, écrit celle-ci le 3 juillet 1677, a parlé encore comme étant persuadé que Sévigné a pris le mauvais air des officiers subalternes de
cette compagnie[2]; » la compagnie des Gendarmes-Dauphin, dont les officiers, renommés pour leur bravoure,
semblaient peu soucieux de la discipline, et montraient
peu de goût pour les détails journaliers et fastidieux du
service. Pour ceux-là, la correspondance de madame de
Sévigné en fournit maint exemple, Louis XIV et Louvois
n'avaient point de pitié[3].

Depuis quelques mois, les armées étaient au repos. Mais,
vers la fin de juillet, le prince d'Orange ayant fait quelques mouvements, les officiers en congé reçurent l'ordre
de rejoindre leurs corps. Sévigné souffrait réellement encore de sa blessure et ne marchait qu'avec grand'peine.
Cependant, comme il ne laissait pas de vivre en homme
de plaisir, et qu'il se faisait partout voir, en voiture ou en
chaise, son intérêt, sa réputation, lui conseillèrent de
partir; sa mère l'y engageait. « Je trouve, dit madame de Sévigné à ce propos, la réputation des hommes
bien plus délicate et blonde que celle des femmes[4]. »
Le sentiment du devoir est chez elle très-net, et supé-

---

[1] SÉVIGNÉ, *Lettres* (5 août 1677), t. V, p. 174.

[2] SÉVIGNÉ, *Lettres* (5 août 1677), t. V, p. 117.

[3] Conf. lettre du 16 juillet 1677, t. V, p. 133.

[4] SÉVIGNÉ, *Lettres* (28 juillet 1677), t. V, p. 154.

rieur aux inquiétudes de la mère. « J'attends mon fils, ajoute-t-elle, il s'en va à l'armée : il n'étoit pas possible qu'il fît autrement; je voudrois même qu'il ne traluât point, et qu'il eût tout le mérite d'une si honnête résolution [1]. » Mais, le bruit du siége de Charleroy par les ennemis s'étant répandu, Sévigné, alors, n'hésite plus entre ses plaisirs et la nécessité jusqu'à cet instant problématique de sa présence à l'armée. Il part avec son ardeur des jours de combat. « La nouvelle du siége de Charleroy, écrit madame de Sévigné à sa fille, le 10 août, a fait courir tous les jeunes gens et même les boiteux. Mon fils s'en va demain en chaise, sans nul équipage : tous ceux qui lui disent qu'il ne devroit pas y aller trouveroient fort étrange qu'il n'y allât pas. Il est donc fort louable de prendre sur lui pour faire son devoir [2]. » Et, le 13, elle annonce, pour le louer encore, son départ en boitant : « Mon fils partit hier; il est fort loué de cette petite équipée; tel l'en blâme qui l'auroit accablé s'il n'étoit point parti : c'est dans ces occasions que le monde est plaisant... pour moi, j'ai fort approuvé son dessein, je l'avoue [3]. »

Mais ce ne fut qu'une fausse alerte, et la marquise de Sévigné apprit la levée du siége de Charleroy et le retour prochain de son fils, au moment où elle allait pour la seconde fois demander aux eaux de Vichy l'entière guérison des restes tenaces de son cruel rhumatisme.

Au plus fort de ses inquiétudes relativement à sa mère, madame de Grignan lui avait fait promettre d'aller

[1] SÉVIGNÉ, *Lettres* (5 août), t. V, p 173.
[2] SÉVIGNÉ, *Lettres*, t. V, p. 178.
[3] SÉVIGNÉ, *Lettres*, t. V, p. 184.

passer une nouvelle saison à ces Eaux dont elle s'était
si bien trouvée l'année d'avant. Madame de Sévigné
n'y allait, en vérité, que pour donner à sa fille un
exemple d'obéissance en matière de santé. « Songez
à votre santé, lui redit-elle le 15 août en partant, si
vous aimez la mienne; elle est si bonne, que, sans
vous, je ne penserois pas à faire le voyage de Vichy;
il est difficile de porter son imagination dans l'avenir,
quand on est sans aucune sorte d'incommodité; mais
enfin vous le voulez, et voilà qui est fait[1]. » Elle partait avec son oncle, l'abbé de Coulanges, et devait
trouver à Vichy le chevalier de Grignan. Elle prit, cette
fois, par la Bourgogne; donna quelques jours au château
d'Époisse, à son bon ami, M. de Guitaud; une journée
à Bussy, dans sa résidence de Chasen; mit quelques
affaires en ordre dans son domaine paternel de Bourbilly, et arriva, le 4 septembre, à Vichy, où elle trouva
une société encore plus nombreuse que l'année précédente[2].

La narration de ce voyage de vingt jours, que nous
sommes obligé d'omettre, est délicieuse dans madame de
Sévigné. Parmi les incidents dont il fut semé, nous ne
voulons relever que celui-ci, que l'on lit dans une
lettre de Bussy-Rabutin à Corbinelli, et qui est aussi
joliment conté que si madame de Sévigné avait tenu la
plume.

« ... J'oubliois de vous dire que nous allâmes cinq lieues
au-devant de la marquise. Elle nous fit mettre dans son
carrosse, ne voulant fier sa conduite qu'à un cocher cé-

---

[1] SÉVIGNÉ, *Lettres*, t. V, p. 188.
[2] SÉVIGNÉ, *Lettres*, t. V, p. 189-217.

lèbre qu'elle a depuis peu. A la vérité, à un quart de
lieue de la dînée, il nous versa dans le plus beau chemin
du monde. Le bon abbé de Coulanges étant tombé sur
sa nièce, et Toulongeon sur la sienne, cela nous donna
un peu de relâche. Mais admirez la fermeté de notre
amie et son bon naturel. Dans le moment que nous ver-
sâmes, elle parloit de l'histoire de don Quichotte. Sa
chute ne l'étourdit point, et, pour nous montrer qu'elle
n'avoit pas la tête cassée, elle dit qu'il falloit remettre
le chapitre de don Quichotte à une autre fois, et demanda comment se portoit l'Abbé. Il n'eut non plus
de mal que les autres. On nous releva, et ma cousine fut
trop heureuse de se remettre à la conduite du cocher de
ma fille qu'elle avoit tant méprisé. Vous croyez bien
que notre aventure ne tomba pas à terre, comme nous
avions fait. Nous badinâmes quelque temps sur ce chapitre, et ce fut là où nous commençâmes à vous trouver à
redire [1]. »

Nous avons déjà fait connaître Vichy et la vie qu'on
y menait [2]. Le défaut d'espace ne nous permet pas, non
plus, de demander à madame de Sévigné de nouvelles
peintures de cette existence si différente de nos usages
actuels. Aucun des hôtes de Vichy n'était réellement
malade, sauf le chevalier de Grignan, déjà travaillé de
sa goutte précoce. Les Eaux lui furent très-salutai-
res : au bout de quinze jours, « il marchoit tout seul et
n'avoit nul besoin d'assistance. » Quant au *Bien Bon*,
c'était une nouvelle provision de santé à dépenser en
bons repas, qu'il était venu chercher, car *il aime à*

---

[1] *Correspond. de Bussy-Rabutin* (1er sept. 1677), t. III, p. 340.
[2] Voir *supra*, p. 139 et suiv.

remplir son sac ; et, pour madame de Sévigné, Vichy
apporta une nouvelle amélioration à ses mains si éprou-
vées, sans cependant faire entièrement disparaitre ce mal
interminable : « L'incommodité qui en reste, écrit-elle
à sa fille en guise de consolation, est si petite que le temps
est le seul remède que je veuille souffrir [1]. »

Une grande affaire, un vif souci domestique préoccupait la marquise de Sévigné, pendant son séjour à Vichy.
Dans son désir persistant d'attirer sa fille à Paris, lorsque
le moment serait venu pour le jeune duc de Vendôme
d'aller prendre possession de son gouvernement de Provence dont M. de Grignan n'était qu'intérimaire, elle
était en quête d'une grande maison, d'un véritable
hôtel, où tous les membres des deux familles pussent
tenir. Loger ensemble, c'était diminuer notablement la
dépense et ajouter aux agréments de la société entre gens
qui se convenaient et qui perdaient chaque jour beaucoup de temps à se trouver.

Depuis plusieurs années, la marquise de Sévigné n'a-
vait pas quitté cette maison ou plutôt cet appartement
de la rue Saint-Anastase, où elle était venue s'installer
en 1672, en sortant de la rue de Thorigny, après avoir
habité aussi la rue du Temple [2]. Dès le 14 juillet, un
mois avant son départ pour Vichy, nous la voyons cherchant et faisant chercher une habitation commode pour
elle et sa fille. Elle hésite entre l'une des maisons de la
place Royale, appartenant à madame du Plessis-Guénégaud, et un hôtel de la rue des Trois-Pavillons, toujours
dans ce quartier du Marais, où elle est née, et qu'elle a

[1] SÉVIGNÉ, *Lettres*, t. V, p. 231, 234 et 245.
[2] Conf. WALCKENAER, t. IV, p. 68 et 334.

de la répugnance à abandonner[1]. Elle ne trouve pas facilement ce qu'elle veut, et elle n'est pas la seule : « Ce qui la console, c'est que la Bagnols et M. de la Trousse sont aussi embarrassés qu'elle[2]. » Enfin, elle avisa un grand et bel hôtel, entre cour et jardin, situé rue Culture-Sainte-Catherine, à deux pas de la Place-Royale, et depuis un siècle illustré plus par les souvenirs de Jean Goujon, qui l'avait décoré, que par ceux des sires de Carnavalet qui l'avaient fait bâtir. L'*Hôtel Carnavalet* était devenu la propriété d'un M. d'Agaurry, conseiller au parlement de Grenoble, et il se trouvait alors occupé par la comtesse de Lillebonne, dont le temps devait expirer à la Saint-Rémy, c'est-à-dire, le 1er octobre, à moins que cette locataire qui avait témoigné l'intention de quitter la place, ne demandât, ce qui paraissait dans son droit, un renouvellement de bail. C'est dans cette appréhension que madame de Sévigné était partie de Paris, et ses craintes étaient vives, car l'hôtel Carnavalet; par ses dimensions, sa distribution, le nombre de ses appartements, se prêtait mieux qu'aucune des nombreuses maisons qu'elle avait visitées, à ses projets si caressés de vie en commun avec madame de Grignan, laquelle lui faisait espérer son arrivée pour le commencement de l'hiver.

Madame de Sévigné avait chargé le zélé mais formaliste d'Hacqueville de suivre cette affaire, qui forme un article obligé de toutes ses lettres de Vichy. « Je vous conjure (écrit-elle le 7 septembre à sa fille, qui mettait, elle aussi, dans la conclusion sa part d'indécision) de man-

---

[1] SÉVIGNÉ, *Lettres*, t. V, p. 127 et 162.
[2] SÉVIGNÉ, *Lettres* (14 juillet), t. V, p. 129.

der à d'Hacqueville ce que vous avez résolu pour cet hiver, afin que nous prenions l'hôtel de Carnavalet ou
non [1]. » Cette même semaine lui apporta l'assurance de la
venue de sa fille qui la priait, nous ne savons pourquoi, de
n'en point trop parler. Le vieil archevêque d'Arles, le patriarche et l'oracle de la famille, avait décidé que ce voyage,
où l'on devait produire les filles d'un premier lit de M. de
Grignan, était dans les intérêts de la maison. Madame de
Sévigné s'empressa d'écrire le dernier mot à d'Hacqueville. « La Providence veut donc que vous veniez cet
hiver, répond-elle en même temps tout heureuse à madame de Grignan, et que nous soyons en même maison : je n'ai nul dessein d'en sonner la trompette ; mais
il a fallu le mander à d'Hacqueville pour nous arrêter le
Carnavalet. Il me semble que c'est une grande commodité à toutes deux, et bien de la peine épargnée, de ne
pas avoir à nous chercher. Il y a des heures du soir et
du matin, pour ceux qui logent ensemble, qu'on ne
remplace point quand on est pêle-mêle avec les visites. »
Dans la crainte que, malgré ces raisons si cordiales et
si vraies, son gendre ou sa fille n'aient quelque projet
personnel pour leur établissement à Paris, elle leur fait
entendre qu'ils sont encore libres de refuser, car ce qui
lui importe avant tout, c'est que sa fille revienne ; et
pour l'attirer, et en souvenir des récentes querelles,
elle lui promet une mère bien accommodante, bien
obéissante, ce qui est peut-être une manière délicate
de lui prêcher la docilité. « Si je me trompe, lui dit-
elle donc, et que vous ayez pour vous seule une autre
maison trouvée, je me conformerai à vos desseins, j'en-

trerai dans vos pensées, je me ferai un plaisir de vos
volontés; vous me ferez changer d'opinion, je croirai
que tout ce que j'avois imaginé n'étoit point bien; car
je veux sur toutes choses que vous soyez contente, et
quand vous le serez, je le serai[1]. » Mais le courrier suivant vint complétement rassurer madame de Sévigné,
au moins du côté de sa fille. Celle-ci lui déclarait *fort
nettement* « qu'elle vouloit dérober la chambre de quelqu'un (dans telle maison que sa mère choisirait) et
venir loger chez elle, sans se soucier si elle le trouve
bon ou non, seulement pour lui apprendre à l'avoir persuadée qu'elle ne pouvoit jamais l'incommoder. » —
« Venez, venez, ma très-chère, s'écrie cette mère ravie,
voilà un style qui convient mieux à la tendresse que
j'ai pour vous, que celui que vous aviez l'autre jour dans
une de vos lettres, » — et auquel, sans doute, madame
de Sévigné faisait réponse en lui mettant maternellement et le cœur gros, le marché à la main pour cet hôtel
Carnavalet si désiré, qu'elle veut maintenant plus que
jamais, puisque sa fille entend l'habiter avec elle. « Je
crois, ajoute-t-elle, que d'Hacqueville nous a pris *la
Carnavalette,* nous nous y trouverons fort bien; il
faudra tâcher de s'y accommoder, rien n'étant plus
honnête, ni à meilleur marché que de loger ensemble.
J'espère que ce voyage, qui est l'ouvrage de la politique
de toute la famille, sera aussi heureux que l'autre a
été triste et désagréable par le mauvais état de votre
santé[2]. »

Mais maintenant c'est d'Hacqueville qui tarde. Il veut

[1] SÉVIGNÉ, *Lettres* (13 septembre 1677), t. V, p. 224.
[2] SÉVIGNÉ, *Lettres* (16 septembre 1677), t. V, p. 228.

si bien faire les choses, si justement peser le pour et le
contre, les avantages et les inconvénients; voir, sur le
point de conclure, s'il ne trouverait pas quelque demeure
plus à la convenance de ses amies, qu'il ne peut se décider à en finir; et cependant il n'était d'abord question
que d'un bail à l'essai de six mois. Madame de Sévigné
s'impatiente contre ce méticuleux et trop obligeant ami :
« D'Hacqueville lanterne tant pour *la Carnavalette*, que
je meurs de peur qu'il ne la laisse aller : hé, bon Dieu!
faut-il tant de façons pour six mois? Avons-nous mieux?
Écrivez-lui, comme moi, qu'il ne se serve point en cette
occasion de son profond jugement[1]. » Madame de Sévigné en écrit dans les mêmes termes à l'un de ses con-
fidents, M. de Guitaud : « J'espère que M. d'Hacqueville
nous louera l'hôtel de Carnavalet, à moins que son profond jugement, qui veut que tout soit parfait, ne lui fasse
perdre cette occasion, qui nous mettroit entièrement sur
le pavé. Vous verrez par cette lettre, que je vous envoie
quasi tout entière, que nous avons besoin d'une maison,
puisque la bonne Grignan est forcée de venir à Paris,
par M. l'archevêque, qui a prononcé *ex cathedrâ*, que
ce voyage étoit nécessaire[2]. »

Mais d'Hacqueville continue à se taire, et les inquiétudes de la marquise de Sévigné se tournent de nouveau
du côté de madame de Lillebonne. « Je crois (mande-
t-elle à sa fille le 21), que d'Hacqueville nous louera
l'hôtel de Carnavalet, à moins que madame de Lillebonne ne se ravise et n'en veuille point sortir à cette
Saint-Rémy : je reconnoîtrois bien notre guignon à

[1] SÉVIGNÉ, *Lettres* (19 septembre), t. V, p. 2?0.
[2] *Lettres inédites de madame de Sévigné*, p. 21.

cela¹. » Le lendemain, même incertitude, même tourment ; décidément d'Hacqueville est trop soigneux, trop
parfait : « Nous verrons ce que fera le grand d'Hacqueville; je meurs de peur que madame de Lillebonne ne
veuille pas déloger². » Madame de Sévigné quitta Vichy
le 22 septembre, sans savoir encore si décidément elle
resterait maîtresse de cet hôtel si vif objet de son envie.

Afin de stimuler l'irrésolu d'Hacqueville elle lui avait
adjoint la pétulante madame de Coulanges, et elle augu-
rait bien de cette intervention. Du château de Langlar, où elle ne trouva point son ami l'abbé Bayard, qui
précisément à cette heure mourait à Paris, elle ajoute :
« J'attends des nouvelles de d'Hacqueville sur cet hôtel de
Carnavalet; mais il est si plein de difficultés, que si nous
l'avons ce sera par madame de Coulanges, qui les apla-
nit toutes³. » Rien encore à la station de Saint-Pierre-le-
Moûtier. Elle ne sait où elle va descendre à Paris. Elle
pense que madame de Grignan est sans doute mieux instruite, et qu'on lui aura directement écrit : « Vous
savez mieux que moi si nous avons une maison ou non ;
je n'ai plus de lettres de d'Hacqueville, et je marche en
aveugle, sans savoir ma destinée; qu'importe, c'est un
plaisir, » — puisqu'elle va attendre sa fille à Paris⁴.
Enfin, à Autri, elle trouve une lettre de d'Hacqueville lui
annonçant que tout est terminé, et que l'hôtel Carnavalet est bien à elle ! « Je m'en vais vous ranger *la Carnavalette*, écrit-elle toute joyeuse à madame de Gri-

¹ SÉVIGNÉ, *Lettres*, t. V, p. 232.
² SÉVIGNÉ, *Lettres*, t. V, p. 231.
³ SÉVIGNÉ, *Lettres* (24 septembre 1677), t. V, p. 236.
⁴ SÉVIGNÉ, *Lettres*, t. V, p. 239.

gnan, car enfin nous l'avons, et j'en suis fort aise [1] »

Arrivés à Paris, la marquise de Sévigné et le *Bien Bon*
allèrent descendre chez M. de Coulanges, où toute leur
famille et leurs amis les attendaient. Si elle revenait de
Vichy avec les mains encore un peu raides, madame de
Sévigné en rapportait une seconde jeunesse qui semblait
devoir toujours durer, même à faire la part de l'exagération pleine de verve et de cordialité de son joyeux cousin.
« Nous la tenons enfin cette incomparable mère-Beauté,
écrit le gai chansonnier à madame de Grignan, plus
incomparable et plus mère-Beauté que jamais : car
croyez-vous qu'elle soit arrivée fatiguée? croyez-vous
qu'elle ait gardé le lit? rien de tout cela; elle me fit
l'honneur de débarquer chez moi, plus belle, plus fraîche, plus rayonnante qu'on ne peut dire; et, depuis
ce jour-là, elle a été dans une agitation continuelle,
dont elle se porte très-bien, quant au corps s'entend :
et, pour son esprit, il est, ma foi, avec vous, et, s'il
vient faire un tour dans son beau corps, c'est pour
parler encore de cette rare comtesse qui est en Provence [2]. »

Madame de Sévigné s'empressa d'aller visiter *son*
hôtel Carnavalet qu'elle n'avait vu que superficiellement
jusque-là. Elle en rend bon compte à sa fille : « Dieu
merci, nous avons l'hôtel de Carnavalet. C'est une affaire
admirable; nous y tiendrons tous, et nous aurons le bel
air : comme on ne peut pas tout avoir, il faut se passer
des parquets et des petites cheminées à la mode; mais
nous aurons une belle cour, un beau jardin, un beau

---

[1] SÉVIGNÉ, *Lettres* (4 octobre), t. V, p. 245.

[2] SÉVIGNÉ, *Lettres* (7 octobre 1677), t. V, p. 249.

quartier, et de bonnes *petites Filles bleues* qui sont fort commodes [1] ; et nous serons ensemble, et vous m'aimerez, ma chère enfant : je voudrois pouvoir retrancher de ce trésor qui m'est si cher, toute l'inquiétude que vous avez pour ma santé ; demandez à tous ces hommes, comme je suis belle[2]... » Coulanges a répondu pour tous.

Arrivée le 6 octobre, dès le 12 Mme de Sévigné commence son emménagement. « Nous sommes en l'air, dit-elle le 15, tous mes gens occupés à déménager : j'ai campé dans ma chambre, je suis présentement dans celle du *Bien Bon*, sans autre chose qu'une table pour vous écrire ; c'est assez : je crois que nous serons tous fort contents de *la Carnavalette* [3]. » Pendant que ce déménagement, sans doute considérable, s'opérait, et qu'on disposait, en même temps, pour les convenances de ses nouveaux hôtes l'hôtel Carnavalet, madame de Sévigné avait pris gîte chez son cousin de Coulanges. Elle y resta plusieurs jours, car le 20, rendant compte à madame de Grignan, de toutes ses fatigues et de ses tracas, elle écrit : « Il faut un peu que je vous parle, ma fille, de notre hôtel de Carnavalet. J'y serai dans un jour ou deux : mais comme nous sommes très-bien chez M. et madame de Coulanges, et que nous voyons clairement qu'ils en sont fort aises, nous nous rangeons, nous nous établissons, nous meublons notre chambre, et ces jours de loisir nous ôtent tout l'embarras et tout le désordre du délogement. Nous irons

---

[1] Madame de Sévigné veut parler de l'église du couvent des religieuses de l'*Annonciade*, nommées *Filles bleues*, de leur costume, qui se trouvait dans la rue Culture-Sainte-Catherine même.

[2] SÉVIGNÉ, *Lettres* (7 octobre 1677), t. V, p. 248.

[3] SÉVIGNÉ, *Lettres*, t. V, p. 265.

coucher paisiblement, comme on va dans une maison où l'on demeure depuis trois mois. N'apportez point de tapisserie, nous trouverons ici ce qu'il vous faut : je me divertis extrêmement à vous donner le plaisir de n'avoir aucun chagrin, *au moins en arrivant....* Je reçois des visites en l'air, des Rochefoucauld, des Tarente; c'est quelquefois dans la cour de Carnavalet, sur le timon de mon carrosse. Je suis dans le chaos; vous trouverez le démêlement du monde et des éléments [1]. » Huit jours après, tenant sa fille au courant des dispositions prises, et la croyant en route, elle ajoute : « M. de Coulanges est parti ce matin pour aller à Lyon; il vous dira comme nous sommes logés fort honnêtement. Il n'y avoit pas à balancer à prendre le haut pour nous, le bas pour M. de Grignan et ses filles : tout sera fort bien [2]. »

Le 3 novembre, madame de Grignan n'était point encore arrivée, car sa mère écrit à Bussy : « Je suis logée à l'hôtel de Carnavalet. C'est une belle et grande maison; je souhaite d'y être longtemps, car le déménagement m'a beaucoup fatiguée. J'y attends la belle comtesse [3]. » Ce ne fut point impunément que, dans sa vive impatience d'être plus tôt prête à recevoir son idole, madame de Sévigné avait multiplié les fatigues; elle fut prise tout à coup d'une assez sérieuse indisposition que, malgré son habituelle répugnance pour les remèdes, elle attaqua avec une grande vigueur, voulant surtout guérir avant l'arrivée de sa fille, dont elle craignait évidemment les reproches. C'est ce qu'on lit dans

[1] SÉVIGNÉ, *Lettres*, t. V, p. 272.
[2] SÉVIGNÉ, *Lettres*, t. V, p. 275.
[3] SÉVIGNÉ, *Lettres*, t. V, p. 281.

cette lettre adressée à M. et à madame de Guitaud, qui venaient de quitter Paris pour retourner en Bourgogne : « Comment vous portez-vous, monsieur et madame, de votre voyage? Vous avez eu un assez beau temps ; pour moi j'ai eu une colique néphrétique et bilieuse (rien que cela) qui m'a duré depuis le mardi, lendemain de votre départ, jusqu'à vendredi. Ces jours sont longs à passer, et si je voulois vous dire que, depuis que vous êtes partis, les jours m'ont duré des siècles, il y auroit un air assez poétique dans cette exagération, et ce seroit pourtant une vérité. Je fus saignée le mercredi, à dix heures du soir, et parce que je suis très-difficile, on m'en tira quatre palettes, afin de n'y pas revenir une seconde fois ; enfin, à force de remèdes, de ce qu'on appelle remèdes, dont on compteroit aussitôt le nombre que celui des sables de la mer, je me suis trouvée guérie le vendredi ; le samedi on me purgea, afin de ne manquer à rien ; le dimanche je vais à la messe avec une pâleur honnête, qui faisoit voir à mes amis que j'avois été digne de leurs soins ; et aujourd'hui je garde ma chambre et fais l'entendue dans mon hôtel de Carnavalet, que vous ne reconnoîtriez pas depuis qu'il est rangé. J'y attends la belle Grignan dans cinq ou six jours [1]. »

Madame de Grignan arriva, en effet, vers le milieu du mois de novembre, seule, son mari étant retenu encore par son service en Provence. Elle prit possession, à son tour, d'une maison que la mère et la fille conservèrent pendant vingt ans, et qui fut la dernière habitation de madame de Sévigné à Paris : grande illustration pour cette

[1] *Lettres inédites de madame de Sévigné.* Ed. **Klostermann,** p. 113.

demeure que nous décrirons dans l'un des chapitres
suivants. Cette considération que madame de Sévigné
y passa le reste de son existence, nous a paru justifier
l'espèce d'historique qui précède.

CHAPITRE VIII.

1678-1679.

Mauvaise santé de madame de Grignan. — Bussy console sa mère.
— Madame de Sévigné veut faire nommer son cousin historiographe du roi. — Le baron de Sévigné se distingue à la bataille
de Mons. — Paix de Nimègue. — Apogée de Louis XIV. — La
Princesse de Clèves. — Retour de Retz à Paris. — Mort de d'Hacqueville. — Le coadjuteur d'Arles prêche devant le roi. — Grâces
aux exilés et aux prisonniers. — Mademoiselle de Fontanges. —
Nouvelles discussions entre madame de Sévigné et sa fille. —
Mort du cardinal de Retz.

Madame de Sévigné garda sa fille deux ans avec elle,
en proie à de nouvelles inquiétudes sur cette santé si
chère, moins sérieusement compromise qu'elle ne se le
figurait, mais cependant assez sérieusement atteinte pour
altérer une beauté qui non-seulement était son orgueil,
mais faisait sa sécurité. « La *belle Madelonne* [1] est ici
(dit-elle le 8 décembre 1677 à Bussy, son correspondant assidu pendant ces deux années), mais comme il
n'y a pas un plaisir pur en ce monde, la joie que j'ai de
la voir est fort troublée par le chagrin de sa mauvaise
santé. Imaginez-vous, mon pauvre cousin, que cette
jolie personne, que vous avez trouvée si souvent à votre

---

[1] Ce nom, on le sait, était donné à madame de Grignan par Bussy
en souvenir de la belle héroïne de *Pierre de Provence.*

gré, est devenue d'une maigreur et d'une délicatesse qui
la rend une autre personne, et sa santé est tellement
altérée, que je ne puis y penser sans en avoir une
véritable inquiétude. Voila ce que le bon Dieu me gar-
doit, en me redonnant ma fille [1]. »

Dès le premier jour, ce sont les mêmes alarmes, les
mêmes exagérations qu'au voyage précédent, si rempli de craintes démenties par l'événement. Bussy ne
prend point ainsi au tragique l'état de maigreur et d'é-
puisement de madame de Grignan, et il en fait le texte
de quelques plaisanteries conjugales, dont le ton seul
devait scandaliser sa cousine, car, au fond, elle pensait
comme lui, et avait plus d'une fois fait, auprès de son
gendre, acte de belle-mère indiscrète et grondeuse. « Ce
que vous me mandez de la *belle Madelonne*, lui répond-
il, me touche extrêmement pour son intérêt et pour le
vôtre, car je vous aime fort toutes deux. Je vous disois,
quand vous me mandâtes le dessein que vous aviez de
donner votre fille à M. de Grignan, que vous ne pouviez
mieux faire, et que je ne trouvois rien à redire en lui, sinon qu'il usoit trop de femmes. En effet, n'est-ce pas
une honte, et un honnête assassinat de faire six enfants
à une pauvre enfant elle-même, en neuf ans? Dieu me
garde d'être prophète!.... mais quand il ne lui feroit
d'autre mal que de l'avoir mise dans l'état où elle est,
c'en seroit assez pour diminuer l'amitié que j'avois pour
lui. Cependant, madame, il faut avoir grand soin de
cette infante; il la faut surtout réjouir... Mais cela est
plaisant que je m'embarque à vous dire pour une simple
maigreur, tout ce qu'on diroit pour les plus grands mal-

[1] SÉVIGNÉ, *Lettres*, t. V, p. 285.

heurs. C'est vous qui m'avez surpris en vous lamentant
pour cela, comme si c'étoit un mal incurable. Cependant
le plaisir de vous voir, et Paris, engraisseront, avant
qu'il soit deux mois, la *belle Madelonne ;* un peu de
célibat lui seroit fort salutaire ; je ne sais, pourtant, si
elle n'aimeroit pas mieux le mal que le remède : mais,
n'est-ce pas assez parler d'elle pour une fois [1] ?.... »

Le mois suivant, à cause de la rigueur exceptionnelle de
l'hiver, revinrent les grandes inquiétudes au sujet de la
poitrine de madame de Grignan. « Je vous avoue, redit
avec douleur sa mère à Bussy, que la mauvaise santé de
cette pauvre Provençale me comble de tristesse ; sa poitrine est d'une délicatesse qui me fait trembler, et le froid
l'avoit tellement pénétrée, qu'elle en perdit, hier, la voix
plus de trois heures ; elle avoit une peine à respirer qui
me faisoit mourir. Avec cela elle est opiniâtre, et refuse
le seul remède qui la pourroit guérir, qui est le lait de
vache : je crois que la nécessité l'y contraindra à la fin ;
en attendant, il est bien triste de la voir dans l'état où
elle est [2]. »

Bussy qui, malgré de grandes protestations de paroles,
n'est pas bienveillant pour madame de Grignan, laquelle,
sous les mêmes apparences amicales, le lui rendait bien,
cherche à rassurer sa mère par des arguments où il y a
plus de malice enveloppée que de véritable intérêt. « Une
égratignure avec du chagrin, lui dit-il, fait plus de mal
que la fièvre quarte avec un esprit content d'ailleurs.
Je vous parle ainsi, ma chère cousine, parce que je crois

---

[1] *Correspondance de Bussy-Rabutin* (lettre du 13 décembre
1677), t. III, p. 438.

[2] Sévigné, *Lettres* (2 janvier 1678), t. V, p. 295.

26

que tous les maux de la *belle Madelonne* viennent de sa tête. Tant qu'elle a été *la plus jolie fille de France* [1], elle a été la plus saine ; elle est encore jeune, et cela me fait assurer qu'il n'y a que son esprit qui rende ses maux incurables. Son opiniâtreté est un bon témoignage ; si elle vouloit guérir, elle ne résisteroit pas aux conseils des habiles gens en ces matières. Qu'elle se retourne de bon cœur à Dieu, en lui demandant la patience ; qu'elle aime à vivre et à vivre gaiement. Je ne lui conseille rien que je n'aie pratiqué depuis douze ans [2]. »

Bussy voulait dire par là que madame de Grignan s'ennuyait en Provence, et regrettait Paris. « Je crois (lui écrivait-il trois ans auparavant, pendant le deuxième séjour de la jeune gouvernante auprès de sa mère), que vous aimeriez mieux aller et demeurer en Provence, que de faire la moindre des choses contre votre devoir ; mais je crois que vous souhaiteriez extrêmement que votre devoir s'accordât à demeurer à Paris [3]. » Dans ce même voyage de 1678, madame de Grignan ayant cru mander une douceur à Bussy en lui disant qu'il faisait fort mal de passer ses hivers en Bourgogne, quand elle passait les siens dans la capitale : « Vous savez aussi bien que moi (lui réplique-t-il avec une vivacité peu courtoise et un malicieux sous-entendu) que n'est pas à Paris qui veut [4]!.... »

Pour qui connaît Bussy, *Paris* ne veut pas signifier ici madame de Sévigné, mais la cour ; et ce ne serait

---

[1] C'est le nom que donnait Bussy à mademoiselle de Sévigné.
[2] *Correspondance de Bussy-Rabutin* (lettre du 5 janvier 1678), t. IV, p. 2.
[3] *Corr. de Bussy Rabutin* (lettre du 20 mars 1675), t. III, p. 11.
[4] *Ibid.* p. 360.

peut-être pas calomnier ce bon parent que de dire qu'à
ce moment il lui passait dans l'esprit, pour en faire un
sujet de regret à sa cousine, quelque souvenir des projets
gratuitement attribués à Louis XIV, et qui le portaient
à écrire à madame de Montmorency avec autant de joie
que peu de scrupule : « Je serois fort aise que le roi s'at-
tachât à mademoiselle de Sévigné, car la demoiselle est
fort de mes amies, et il ne pourroit être mieux en maîtresse [1]. » M. Walckenaer a déjà désintéressé Louis XIV
de ce dessein, et, par conséquent, il n'y a rien à en dire
quant à madame de Grignan. En la tenant donc pour ce
que la reconnaît Bussy, pour une femme qui mettait le
devoir avant tout, il n'y aurait point à la blâmer d'avoir
souhaité, ce qu'elle chercha inutilement à obtenir, une
charge de cour pour son mari, qui l'eût fait elle-même vivre
et probablement briller sur un théâtre plus digne d'elle, lui
eût donné les moyens de relever la fortune de ses enfants,
et surtout lui eût permis de passer sa vie avec sa mère.

Mais Bussy n'aime point madame de Grignan. A la
mère il proteste « qu'en quelque lieu que sa fille et lui
se trouvent, il l'aimera et l'estimera toujours extrêmement [2] : » sa correspondance de 1678 nous fournit deux
exemples de cette tendresse, qui n'ont pas été relevés
dans la biographie de madame de Grignan, et qui doivent trouver place ici, car ils constituent un de ces con-
trastes, entre ce qu'on dit et ce qu'on pense, qui sont à la
fois plaisants et tristes.

Afin d'empêcher un luxe désordonné, auquel même les

---

[1] *Correspondance inédite de Bussy-Rabutin,* lettre du 17 juillet 1668, citée par Mʳ le baron WALCKENAER, t. III, p. 92.

[2] *Correspondance de Bussy-Rabutin*, t. III, p. 18.

304 MÉMOIRES SUR MADAME DE SÉVIGNÉ.

femmes qui passaient pour les plus sages prenaient part,
le roi avait, sous peine d'amende, défendu le port des
étoffes d'or et d'argent [1]. C'est à ce propos que l'une des
nombreuses amies de Bussy, madame de Seneville, lui
mande de Paris, le 25 avril : « Je ne saurois fermer
ma lettre sans vous dire que votre belle cousine de Grignan, étant ces jours passés au Petit Saint-Antoine, toute
couverte d'or et d'argent, malgré l'étroite défense et la
plus exactement observée que jamais, essuya la répri-
mande et les menaces d'un commissaire qui en étonna
tout le monde, et dont la dame fut fort embarrassée [2]. »
« Cela est bien imprudent à madame de Grignan, répond
Bussy, de s'exposer à recevoir un affront; mais je ne
comprends pas que le commissaire se soit contenté de la
menacer, et ne lui ait pas fait payer l'amende. Cette
femme-là a de l'esprit, mais un esprit aigre, d'une gloire
insupportable, et fera bien des sottises. Elle se fera
autant d'ennemis que sa mère s'est fait d'amis et d'a-
dorateurs [3]. » Trois mois après, et madame de Grignan à
peu près guérie mais toujours très-maigre, l'amie la
plus assidue de Bussy lui mande à son tour : « Je ren-
contrai, l'autre jour, madame de Sévigné, en vérité encore belle. On dit que madame de Grignan ne l'est plus,
et qu'elle voit partir sa beauté avec un si grand regret,
que cela la fera mourir [4]. » Bussy reprend, toujours affectueux pour la mère, mais fort peu tendre au chagrin
de la fille : « Ce n'est pas seulement le bon tempérament

[1] VOLTAIRE : *Siècle de Louis XIV*, chap. XVI.
[2] *Correspondance de Bussy*, t. IV, p. 99.
[3] *Corresp. de Bussy*, t. IV, p. 101 (lettre du 28 avril).
[4] *Corr. de Bussy* (lettre de madame de Scudéry du 14 juillet
1678), t. IV, p. 152.

de madame de Sévigné qui la fait encore belle, c'est aussi son bon esprit. Je crois que quand on a la tête bien faite, on en a le visage plus beau. Pour madame de Grignan, je la trouve bien folle de ne vouloir pas survivre à sa beauté[1]. » Ces rudesses, qui révèlent le fond du cœur, ont été raturées avec soin par Bussy ou par les siens[2] sur le manuscrit où il a copié de sa main les lettres qu'il écrivait et celles qu'il recevait, et qui, à défaut des missives autographes, a servi de texte original au dernier éditeur de sa correspondance. Il faut remercier celui-ci d'avoir, par une habile lecture, rétabli ces passages caractéristiques ainsi que plusieurs autres fragments intéressants que n'avaient pu déchiffrer ses devanciers. Bussy se gardait bien de faire connaître de tels blasphèmes à madame de Sévigné, et il continua à simuler pour la fille une grande tendresse, tout en éprouvant pour la mère une sincère et touchante affection, que l'âge ne faisait qu'accroître, affection mutuelle dont on trouve des marques nombreuses dans leur correspondance suivie de ces deux remarquables années 1678 et 1679[3].

Ces deux années virent le point culminant de la grandeur de Louis XIV et de la prospérité de l'ancienne monarchie. Les victoires antérieures n'avaient pu encore décider l'Europe à la paix. Dans la campagne de 1678, Louis voulut frapper un grand coup qui décourageât toutes les espérances et forçât toutes les volontés. La guerre fut reprise, au cœur même de l'hiver, en Allemagne et en

---

[1] *Correspondance de Bussy*, t IV, p. 153.

[2] Note de M. Ludovic Lalanne à la lettre de Bussy du 28 avril.

[3] Elle se compose de quarante trois lettres. Ce sont les deux années qui en fournissent le plus pendant toute la durée des relations de Bussy avec sa cousine.

Flandre. Le roi partit lui-même, dès le 7 février, pour aller faire le siége de Gand, qui ouvrit ses portes le 9 mars, en même temps qu'on investissait Mons, Namur, Charleroy et Ypres, par une ruse de guerre dont l'ennemi fut complètement la dupe [1].

Madame de Sévigné rend bon compte à Bussy, son correspondant militaire, de ce nouveau succès : « Que dites-vous de la prise de Gand ? Il y avoit longtemps, mon cousin, qu'on n'y avoit vu un roi de France. En vérité, le nôtre est admirable, et mériteroit bien d'avoir d'autres historiens que deux poëtes : vous savez aussi bien que moi ce qu'on dit en disant des poëtes ? Il n'en auroit nul besoin ; il ne faudroit ni fable ni fiction pour le mettre au-dessus des autres ; il ne faudroit qu'un style droit, pur et net d'un homme de qualité et de guerre comme j'en connois. J'ai toujours cela dans la tête, et je reprendrai le fil de la conversation avec le ministre, comme le doit une bonne Françoise [2]. » Ce ministre était M. de Pomponne, et madame de Sévigné veut parler ici d'un projet que, dans sa sollicitude de parente, elle avait formé d'obtenir pour Bussy le titre d'historiographe du roi, espérant qu'il y trouverait quelque occasion de profit ou de faveur.

Elle en avait déjà entretenu son cousin, quelques mois auparavant, en lui annonçant que le roi venait de charger Boileau et Racine d'écrire son histoire, et c'est à ceux-ci qu'elle fait allusion dans le passage que nous venons de transcrire. « Vous savez bien, lui disait-elle, que le roi a donné deux mille écus de pension à Racine et à Des-

---

[1] SÉVIGNÉ, *Lettres*, t. V, p. 60.
[2] SÉVIGNÉ, *Lettres* (19 mars 1678), t. V, p. 317. *Correspondance de Bussy-Rabutin*, t. IV, p. 61.

préaux, en leur commandant de tout quitter pour travailler à son histoire, dont il aura soin de leur donner des mémoires. Je voudrois déjà voir ce bel ouvrage [1]. »
— « Je ne pense pas, riposte Bussy, que Despréaux et Racine soient capables de bien faire l'histoire du roi; mais ce sera sa justice et sa clémence qui le rendront recommandable à la postérité; sans cela on découvriroit toujours que les louanges qu'on lui auroit données ne seroient que des flatteries [2]. » Le bel esprit, le capitaine-académicien, le *Mestre de camp de la cavalerie légère* et *Maréchal de France in petto*, en parle avec moins de modestie encore à son ami le duc de Saint-Aignan : « On m'a mandé que le roi avoit chargé Racine et Despréaux de travailler à son histoire. Sans parler du caractère de ces gens-là, que je tiens plus propres à des vers qu'à de la prose, j'avois cru qu'il falloit de plus nobles mains que les leurs pour cet ouvrage. Outre qu'un homme de guerre n'eût pas eu besoin de consulter personne pour parler en termes du métier, il me paroît que les actions du plus grand roi du monde devoient être écrites par un de ses principaux capitaines, si lui-même, comme César, ne s'en vouloit pas donner la peine [3]. »

Dix-sept ans auparavant Bussy-Rabutin avoit conçu de lui-même le dessein formé dans ces derniers temps par l'amitié de sa cousine. C'est lui qui nous l'apprend en ces termes dans une lettre à Corbinelli : « Quand je priai le duc de Saint-Aignan, en 1664, de dire au roi qu'en attendant

---

[1] Sévigné, *Lettres* (13 octobre 1677), t. V, p. 262. — *Correspondance de Bussy*, t. III, p. 388.

[2] *Correspondance de Bussy-Rabutin*, t. III, p. 390.

[3] *Correspondance de Bussy Rabutin*, t. III, p. 424.

que je pusse recommencer à le servir dans la guerre, je
suppliois Sa Majesté de trouver bon que j'écrivisse son
histoire, il me fit réponse qu'il n'avoit pas encore assez
fait pour cela, mais qu'il espéroit me donner un jour de
la matière [1]. » Aujourd'hui que la matière commençait à
devenir suffisamment riche, Louis XIV avait mieux aimé
confier le soin de sa renommée aux plumes respectées de
Racine et de Boileau, qu'à celle de l'historien de madame de Montglat et de la comtesse d'Olonne.

Il est vrai que l'auteur d'*Andromaque* et son fidèle
ami s'annonçaient un peu trop en *poëtes*, c'est-à-dire en
exagérateurs, ainsi que le sous-entend madame de Sévigné. Sa réponse à Bussy en note un exemple : « Vous
me parlez fort bien, en vérité, sur Racine et sur Despréaux. Le roi leur dit, il y a quatre jours : « Je suis
« fâché que vous ne soyez venus à cette dernière
« campagne; vous auriez vu la guerre et votre voyage
« n'eût pas été long. » Racine lui répondit : « Sire, nous
« sommes deux bourgeois qui n'avons que des habits de
« ville; nous en commandâmes de campagne, mais les
« places que vous attaquiez furent plutôt prises que nos
« habits ne furent faits. » Cela fut reçu très-agréablement. Ah! que je sais un homme de qualité à qui j'aurois
bien plutôt fait écrire mon histoire qu'à ces bourgeois-là, si
j'étois son maître : c'est cela qui seroit digne de la postérité [2] ! » Il n'est pas possible de prendre au sérieux de
telles exclamations. Parents, amis, avons-nous dit, traitent cette vanité comme une maladie incurable. On passe

---

[1] *Correspondance de Bussy-Rabutin*, t. III, p. 330.
[2] SÉVIGNÉ, *Lettres* (3 novembre 1677), t. V, p. 281, et BUSSY,
t. III, p. 405.

tout à un homme qui ne doit point guérir. Madame de Sévigné suivait, cependant, avec sincérité, son projet auprès de M. de Pomponne, pressé par elle de pressentir le roi. En se faisant appuyer par Corbinelli, elle demande à son cousin, dans l'espoir de le faire parvenir au maître, un fragment choisi de ses Mémoires, comme échantillon de son savoir-faire, ce que Bussy s'empressa de lui envoyer, en y joignant un commencement de l'histoire de Louis XIV, qu'il avait essayé pendant son séjour à la Bastille [1].

Le roi avait emmené avec lui, au siége de Gand, ses deux historiens-poëtes, qui avaient eu tout le temps de s'équiper en guerre. La marquise de Sévigné s'égaye à leurs dépens, prenant le ton de la noblesse militaire, laquelle ne pensait pas que *des bourgeois*, ce qui veut alors dire tout ce qui n'était pas d'épée, eussent qualité pour parler des choses de la guerre : « Ces deux poëtes-historiens suivent donc la cour, plus ébaubis que vous ne le sauriez penser, à pied, à cheval, dans la boue jusqu'aux oreilles, couchant poétiquement aux rayons de la belle maîtresse d'Endymion. Il faut cependant qu'ils aient de bons yeux pour remarquer exactement toutes les actions du prince qu'ils veulent peindre. Ils font leur cour par l'étonnement qu'ils témoignent de ces légions si nombreuses, et des fatigues qui ne sont que trop vraies. Il me semble qu'ils ont assez de l'air des deux *Jean Doucet* [2]. Ils disoient l'autre jour au roi, qu'ils n'étoient plus si étonnés de la valeur extraordinaire des soldats, qu'ils avoient

---

[1] SÉVIGNÉ, *Lettres*, t. V, p. 303. — *Correspondance de Bussy*, t. IV, p. 14 et 15.

[2] Personnages de comédie.

raison de souhaiter d'être tués pour finir une vie si épouvantable. Cela fait rire, et ils font leur cour. Ils disoient
aussi qu'encore que le roi craigne les senteurs, ce *Gand
d'Espagne* ne lui fera point de mal à la tête. J'y ajoute
qu'un prince moins sage et moins grand que Sa Majesté,
en pourroit bien être entêté, sans avoir de vapeurs. Voilà
bien des sottises, mon cher cousin ; je ne sais comme
Racine et Despréaux m'ont conduite sans y penser ; c'est
ma plume qui a mis tout ceci sans mon consentement [1]. »
N'y avait-il pas là, de la part de madame de Sévigné,
quelque légère pointe de rancune contre l'impitoyable
bourreau de ce pauvre Chapelain, son maître, et contre
le compagnon de joyeuse jeunesse de son fils, un con-
frère en Champmeslé, et, de plus, rival heureux de
notre *vieil ami* Corneille?

Dans son beau travail sur madame de Maintenon, M. le
duc de Noailles a reproduit une page des souvenirs de Racine fils qui doit figurer en cet endroit, car elle fait bien
connaître toutes les circonstances de ce curieux épisode
d'histoire littéraire, où se trouvent mêlés le nom de
madame de Montespan et celui de sa rivale, avec des
détails qui se rattachent à la chute de l'une et à l'élévation de l'autre :

« A cette époque (1677) on eut l'idée de faire une histoire par les médailles, des principaux événements du
règne. « Ce projet, dit Louis Racine dans ses Mémoires
sur la vie de son père, se changea bientôt en celui d'une
histoire suivie du règne entier. C'est chez madame de
Montespan qu'il fut agité et résolu. C'était elle qui l'a-

---

[1] SÉVIGNÉ, *Lettres* (19 mars), t. V, p. 318. *Corr. Bussy*, t. IV,
p. 61.

vait imaginé, et, lorsqu'on eut pris ce parti, ce fut madame de Maintenon qui proposa au roi de charger du soin d'écrire cette histoire Boileau et mon père. Le roi, qui les en jugea capables, les nomma ses historiographes en 1677. Les deux historiens se mirent aussitôt à l'œuvre, et quand ils avaient écrit quelque morceau intéressant, ils allaient le lire au roi. Ces lectures se faisaient chez madame de Montespan. Tous deux avaient leur entrée chez elle aux heures que le roi venait y jouer, et madame de Maintenon était ordinairement présente à la lecture. Elle avait, au rapport de Boileau, plus de goût pour mon père que pour lui, et madame de Montespan avait, au contraire, plus de goût pour Boileau que pour mon père ; mais ils faisaient toujours leur cour ensemble, sans aucune jalousie entre eux. Lorsque le roi arrivait chez madame de Montespan, ils lui lisaient quelque chose de son histoire ; ensuite le jeu commençait, et lorsqu'il échappait à madame de Montespan, pendant le jeu, des paroles un peu aigres, ils remarquèrent, quoique fort peu clairvoyants, que le roi sans lui répondre regardait en souriant madame de Maintenon, qui était assise vis-à-vis de lui sur un tabouret, et qui enfin disparut tout à coup de ces assemblées. Ils la rencontrèrent dans la galerie, et ils lui demandèrent pourquoi elle ne venait plus écouter leur lecture. Elle leur répondit fort froidement : « Je ne suis « plus admise à ces mystères. » Comme ils lui trouvaient beaucoup d'esprit, ils en furent mortifiés et étonnés. Leur étonnement fut bien plus grand lorsque le roi, obligé de garder le lit, les fit appeler avec ordre d'apporter ce qu'ils avaient écrit de nouveau sur son histoire, et qu'ils virent en entrant madame de Maintenon assise dans un fauteuil, près du chevet du roi, s'entretenant fa-

milièrement avec Sa Majesté. Ils allaient commencer
leur lecture, lorsque madame de Montespan, qui n'était
point attendue, entra, et après quelques compliments au
roi en fit de si longs à madame de Maintenon que, pour
les interrompre, le roi lui dit de s'asseoir; « n'étant pas
« juste, ajouta-t-il, qu'on lût sans vous un ouvrage que
« vous avez vous-même commandé. » Son premier mouvement fut de prendre une bougie pour éclairer le lecteur.
Elle fit ensuite réflexion qu'il était plus convenable de
s'asseoir et de faire tous ses efforts pour paraître atten-
tive à la lecture. Depuis ce jour le crédit de madame de
Maintenon alla en augmentant d'une manière si visible
que les deux historiens lui firent leur cour autant qu'ils
la savaient faire[1]. » Dans ce rôle étudié, dans ce courroux concentré de madame de Montespan, on pressent
la jalousie, les éclats, la colère dont nous serons bientôt
les témoins.

Ce projet d'histoire confié au double talent de Boileau et
de Racine, qui devaient se consulter avec Pellisson, déjà
chargé précédemment de la même mission, n'aboutit
point[2]. Quinze ans après, l'abbé de Choisy en parle comme
. d'un travail en cours d'exécution et dont on attendait
encore les premières feuilles[3]. Brossette s'entretient souvent avec son ami de cette œuvre longue et difficile qui paraît avoir rebuté deux hommes pourvus de tous les dons

---

[1] *Mémoires sur la vie de Jean Racine*, par Louis Racine, son
fils, p. 108, cités par M. le duc de Noailles, *Histoire de madame
de Maintenon*, t. 1ᵉʳ, p. 126.

[2] *Correspondance de Bussy-Rabutin*, t. III, p. 399, 401, 414
et 417.

[3] *Mémoires de l'abbé de Choisy*. (Coll. Michaud., t. XXX,
p. 553.)

de l'écrivain, mais à qui la nature avait refusé le génie tout particulier de l'histoire[1].

Soit que Louis XIV n'acceptât point l'offre qui lui était faite au nom de Bussy, soit que M. de Pomponne se souciât peu d'intervenir dans cette délicate affaire, madame de Sévigné en fut pour ses peines et ses vœux. Mais Bussy avait pris goût au projet; il s'y entêta, et, comme il s'était créé lui-même maréchal de France, il s'adjugea la mission plus loisible et mieux justifiée d'écrire l'histoire du roi. Il voulut l'en aviser directement par une lettre des plus bizarres, datée de son lieu d'exil, et où, entre autres choses, il lui dit ce qui suit : « Ce qui donnera encore beaucoup de créance à ce que j'écrirai de vous, Sire, ce sera de voir que je ne suis pas payé pour en parler, et de peur même qu'on ne croie, un jour, que c'étoit pour être rappelé que j'en disois tant de bien, je supplie Votre Majesté très-humblement de me laisser ici le reste de ma vie, où je la servirai mieux que la plupart de ceux qui l'approchent tous les jours. J'ai de la naissance et de l'esprit, Sire, aussi bien que M. de Comines, pour faire estimer ce que j'écrirai, et j'ai plus de services à la guerre que lui, ce qui donnera plus de poids à des mémoires qui traitent des actions d'un grand capitaine aussi bien que d'un grand roi[2]. » Pour n'être pas d'un poëte, le lecteur voit qu'il ne manque rien à cet éloge. Quant à la bizarrerie du tour employé pour faire agréer sa demande, Bussy en donne, lui-même, une explication qui, sous le peu de modestie des termes, révèle toute l'habileté d'un courtisan sans cesse en quête de combi-

[1] *Correspondance de Boileau Despréaux et Brossette* publiée par M. Laverdet; Paris, 1858, p. 231, 232, 233, 367 et 387.
[2] *Correspondance de Bussy-Rabutin*, t. IV, p. 355.

naisons capables de rappeler cette *folle de Fortune à qui véritablement il déplaît* [1]. « Cette lettre (dit-il en la trans-crivant et en l'annotant sur ses manuscrits pour l'édifica-tion de la postérité) paroîtra si extraordinaire à la plu-part du monde qui ne regardent que le dehors des af-faires, que je veux dire les raisons qui me l'ont fait écrire. Premièrement, il faut qu'on sache que je ne vou-drois pas avoir permission de retourner à la cour ou seu-lement à Paris, si l'on ne me donnoit, en même temps, des honneurs et du bien; car j'aurois beaucoup plus de peine de voir de près des gens, qui ont toujours été au-dessous de moi, tenir un plus grand rang et marcher d'un plus grand air, que je n'en ai de demeurer dans une pro-vince où les emplois que j'ai eus me distinguent de tout le monde; et quand même on me donneroit le bien et les honneurs que je devrois avoir, à quoi je ne vois nulle apparence, je m'en soucierois fort peu. L'âge que j'ai (soixante et un ans) et les injustices qu'on m'a faites me donnent un grand mépris de tout cela : cependant je vou-drois bien établir mes enfants, et c'est ce qui m'oblige de faire au roi un grand sacrifice, en apparence, qui ne me coûte guère en effet, croyant ou qu'il ne se voudra pas laisser vaincre en honnêtetés, et qu'il me fera justice, ou qu'au moins il fera quelque chose pour ma famille. Si l'on examine cette lettre on la trouvera délicate et fine, et si elle ne fait pas l'effet qu'on en devroit attendre, ce se-roit la faute de la Fortune, sans laquelle les desseins les mieux concertés et les mieux conduits ont toujours un méchant succès [2]. »

[1] *Corresp. de Bussy-Rabutin* (23 déc. 1676) t. III, p. 355.
[2] *Correspondance de Bussy-Rabutin* (lettre du 30 avril 1679), t. IV, p. 356.

Louis XIV reçut avec une sorte de compassion cette épître qui lui fut remise par M. de Pomponne. C'est ce qu'on peut induire de la réponse de ce ministre à Bussy : « J'ai satisfait, monsieur, à ce que vous désiriez de moi. J'ai lu au roi la lettre que vous avez bien voulu m'adresser pour Sa Majesté. Elle étoit telle et si pleine de zèle et de passion pour sa gloire et pour son service, qu'elle m'a paru en avoir été agréablement écoutée. Personne, assurément, monsieur, ne peut mieux traiter que vous le grand sujet que vous proposez de l'histoire de Sa Majesté [1]. »

Bussy se pare de ce résultat négatif auprès de tous ses amis, ou de ceux qu'il croyait tels, quêtant de doubles félicitations, pour la lettre qu'il avait écrite et la banale réponse qui lui était faite. Sa cousine, en lui payant le tribut charitable et usité de ses louanges, lui donne quelques détails plus flatteurs pour son amour-propre sur l'accueil fait à sa mémorable épître par le roi et son bienveillant ministre. « Je loue fort, lui dit-elle, la lettre que vous avez écrite au roi ; je l'avois déjà dit à son ministre, et nous avions admiré ensemble comme le désir de l'immortalité et de ne rien perdre de toutes les grandes vérités que l'on doit dire de son règne, ne l'a point porté à vouloir un historien digne de lui. Il reçut fort bien votre lettre, et dit en souriant : « Il a bien de l'esprit; il écrira bien « quand il voudra écrire. » On dit là-dessus tout ce qu'il faut dire, et cela demeure tout court. Il n'importe, je trouve votre lettre d'un style noble, libre et galant, qui me plaît fort. Je ne crois pas qu'autre que vous ait jamais

---

[1] *Correspondance de Bussy-Rabutin* (lettre du 16 mai 1679), t. IV, p. 364.

conseillé à son maître de laisser dans l'exil son petit serviteur, afin de donner créance au bien qu'on a à dire de
lui, et d'ôter tout soupçon de flatterie à l'histoire qu'on
veut écrire. » Le fidèle et compatissant Corbinelli ajoute
aussi son coup d'encensoir et renchérit encore sur le style
de madame de Sévigné, sachant bien qu'avec cet amour-
propre robuste, il n'y a pas d'exagération à craindre, et
qu'on ne peut jamais outrer la condescendance ni l'éloge.
« J'ai lu, monsieur, lui dit-il, la lettre que vous écrivez
au roi ; je l'ai trouvée charmante par les sentiments, par
le tour, par le style, par la noble facilité, et par tout ce
qui peut rendre un ouvrage de cette espèce incomparable.
Je n'y ai rien vu dont on se pût passer, ni rien non plus
à y ajouter. Le roi devroit vous commander d'être son
unique historien[1]. »

C'est chose risible de voir l'épanouissement de satisfaction et de reconnaissante tendresse qui se manifeste chez
Bussy enivré par de telles complaisances. « Je voudrois,
répond-il d'abord à sa cousine, que vous vissiez avec
quelle joie je reçois vos lettres, madame ; tout ce que je
vous dirai jamais de plus tendre ne vous persuaderoit pas
si bien que je vous aime, ni toutes les louanges que je
vous donnerai, ne vous feront pas tant voir combien je
vous estime... Je suis charmé de l'approbation que vous
donnez à la lettre que j'ai écrite au roi ; c'est, à mon gré,
mon chef-d'œuvre, et je trouve que quand Sa Majesté ne
seroit pas touchée de ce que je fais pour elle, son intérêt
propre l'obligeroit à quelque reconnoissance pour moi ou
pour ma maison. Je crois que mes *Mémoires*, et particu-

---

[1] SÉVIGNÉ, *Lettres* (27 juin 1679), t. V, p. 408. — *Correspondance de Bussy-Rabutin*, t. IV, p. 396.

lièrement cette dernière lettre, seront à la postérité une
satire contre lui s'il est ingrat ; et j'ai trouvé plus sûr,
plus délicat et plus honnête de me venger ainsi des maux
qu'il m'a faits, en cas qu'il ne veuille point les réparer,
que de m'emporter contre lui en injures que j'aurois de
la peine à faire passer pour légitimes[1]. » Et dans un
post-scriptum, à l'adresse de Corbinelli, Bussy saisit encore l'occasion de varier son double thème sur ses mérites propres et sur les obligations du roi : « J'ai trouvé
ma lettre au roi fort belle, monsieur, quand je l'eus écrite ;
mais on ne peut jamais mieux connoître si elle l'est effectivement que vous le faites, ni le mieux dire. Il ne me
paroît pas que Sa Majesté me dût commander de faire
son histoire. Il devroit, seulement, avoir de la reconnoissance pour la manière dont je parle de lui, qui lui fera
bien plus d'honneur que tout ce que diront les Pellisson,
les Despréaux et les Racine. Qu'il soit aussi long qu'il
voudra à reconnoître ce que je fais pour lui, sa lenteur à
me faire du bien ne me ralentira pas à en dire de lui, et
j'ai mes raisons de dire la vérité jusqu'au bout. Je fais
depuis vingt ans tout ce que je puis pour faire dignement
son éloge, et lui, il fait tout ce qu'il peut par son ingratitude pour faire de cet éloge une satire[2]. »

On voit ce qu'il y avait sous cette résignation factice
et toute d'apparat. Bussy, quoi qu'il en ait dit, ne cessa
jamais d'espérer, non pas seulement son retour à la cour,
mais sa réintégration dans ses emplois. En attendant, il

[1] *Correspondance de Bussy-Rabutin* (lettre du 4 juillet 1679),
t. IV, p. 400.
[2] *Ibid.* Cette dernière phrase ne se trouve point dans le texte publié
par M. L. Lalanne, mais on la lit dans l'édition des *Lettres de Madame de Sévigné* par M. Monmerqué, t. V, p. 412.

multipliait les prétextes de solliciter quelques faveurs pour ses deux fils, l'un d'épée et l'autre d'église, qu'on lui fît attendre, et qui furent médiocres, car le roi se contenta de donner au premier une compagnie de cavalerie, et une abbaye au second.

La marquise de Sévigné avait le sien à la guerre qui se poursuivait avec des succès constants. Quelques jours après la prise de Gand, le roi avait en personne attaqué Ypres, qui, malgré une vive défense, fut obligé de se rendre le 25 avril 1678 [1]. Ce dernier succès décida de la paix, et Louis XIV retourna à Versailles pendant que les négociateurs de Nimègue activaient sérieusement leur œuvre, conduite jusque-là avec tant de lenteurs calculées. Mais toutes les puissances coalisées ne se rendirent point en même temps. La Hollande, qui avait le plus souffert depuis le commencement de la lutte, céda la première, et, le 10 août, un traité fut signé entre les envoyés des États généraux et les plénipotentiaires de la France, au grand dépit du tenace Guillaume d'Orange, qui, connaissant probablement (on l'en a accusé) la conclusion de la paix,

---

[1] *Art de vérifier les dates*, éd. in 8°, 2ᵉ partie, t. VI, p. 289. *Correspondance de Bussy-Rabutin*, t. IV, p. 80. — Nous ajoutons ici un passage d'une lettre de Pellisson, datée du camp devant Ypres, le 19 mars 1678, qui vient à l'appui de ce que nous avons déjà dit (chap. II, p. 61) sur le calme et le sang-froid de Louis XIV à la guerre : « .... Comme le roi regardoit la place avec les excellentes lunettes du capucin de Paris, un boulet de canon passa sur sa tête, mais assez haut. Il remarqua qu'on chargeoit la pièce pour pointer plus bas, et le dit : on n'y manqua pas, et le coup donna à côté et fort proche. Il vit pointer une troisième fois, et dit à ceux qui le suivoient : Otons-nous d'ici ; et, un peu après, le coup porta sur l'endroit où il avoit été longtemps arrêté. » (*Lettres historiques de Pellisson*, année 1678.)

quatre jours après n'en voulut pas moins combattre une dernière fois les Français qui tenaient la campagne sous le commandement de Luxembourg, dans le voisinage de Mons : il espérait en avoir bon marché, en les surprenant dans la croyance où ils étaient de la cessation des hostilités.

Madame de Sévigné donne sur cette rencontre inattendue des détails où la belle conduite de son fils tient une grande et maternelle part. « Où est votre fils, mon cousin (écrit-elle à Bussy)? Pour le mien, il ne mourra jamais, puisqu'il n'a pas été tué dix ou douze fois auprès de Mons. La paix étant faite et signée le 9 août, M. le prince d'Orange a voulu se donner le divertissement de ce tournoi. Vous savez qu'il n'y a pas eu moins de sang répandu qu'à Senef. Le lendemain du combat, il envoya faire des excuses à M. de Luxembourg, et lui manda que, s'il lui avoit fait savoir que la paix étoit signée, il se seroit bien gardé de le combattre. Cela ne vous paroît-il pas ressembler à l'homme qui se bat en duel à la comédie, et qui demande pardon à tous les coups qu'il donne dans le corps de son ennemi. Les principaux officiers des deux partis prirent donc, dans une conférence, un air de paix, et convinrent de faire entrer du secours dans Mons. Mon fils étoit à cette entrevue romanesque. Le marquis de Grana (*il commandait le contingent espagnol dans l'armée coalisée*) demanda à M. de Luxembourg qui étoit un escadron qui avoit soutenu, deux heures durant, le feu de neuf de ses canons, qui tiroient sans cesse pour se rendre maîtres de la batterie que mon fils soutenoit. M. de Luxembourg lui dit que c'étoient les gendarmes-Dauphin, et que M. de Sévigné, qu'il lui montra là présent, étoit à leur tête. Vous comprenez tout ce qui lui fut dit d'a-

gréable, et combien, en pareille rencontre, on se trouve
payé de sa patience. Il est vrai qu'elle fut grande ; il eut
quarante de ses gendarmes tués derrière lui. Je ne comprends pas comment on peut revenir de ces occasions si
chaudes et si longues, où l'on n'a qu'une immutabilité qui
nous fait voir la mort mille fois plus horrible que quand on
est dans l'action, et qu'on s'occupe à battre et à se défendre. Voilà l'aventure de mon pauvre fils, et c'est ainsi que
l'on en usa le propre jour que la paix commença. C'est
comme cela qu'on pourroit dire de lui, plus justement
qu'on ne disoit de Dangeau : *Si la paix dure dix ans,
il sera maréchal de France* [1]. » Dangeau était devenu
général sans presque avoir vu le feu : on ne pouvait
mieux se moquer d'un avancement militaire obtenu
seulement par des services de cour [2].

Cette belle conduite de Charles de Sévigné, qui inaugurait dignement ainsi son premier commandement militaire, est attestée par un journal soigneux d'enregis-
trer les nouvelles de guerre, et qui trouve moyen de
joindre à l'éloge du sous-lieutenant des gendarmes-Dauphin, celui de sa mère et de sa sœur. « M. le marquis
de Sévigné, dit l'auteur du *Mercure galant* à sa correspondante anonyme, commandant la compagnie de
monseigneur le Dauphin, demeura exposé pendant trois
heures à neuf pièces de canon des ennemis, qui tuèrent
ou blessèrent quarante cavaliers de son escadron. On ne
peut montrer plus de fermeté qu'il n'en fit paroître en
cette rencontre. Vous n'en serez pas surprise après ce que

---

[1] SÉVIGNÉ, *Lettres* (23 août 1678), t. V, p. 352. *Correspondance
de Bussy*, t. IV, p. 176.

[2] Conf. SAINT-SIMON, t. X, p. 207.

je vous ai dit de lui dans plusieurs de mes lettres. Elles vous ont appris qu'il s'est souvent distingué, et on est aisément persuadé, par tout ce qu'il a fait, qu'il n'a pas moins de cœur qu'il y a de beauté et d'esprit dans sa famille[1]. »

Le procédé de Guillaume d'Orange fut diversement apprécié dans cette circonstance. « Les amis du prince, dit le chevalier Temple, firent, aussi bien que ses ennemis, plusieurs réflexions sur cette bataille. Quelques-uns dirent que Son Altesse savoit, avant le commencement du combat, que la paix avoit été signée ; qu'il avoit trop hasardé les forces des États (de Hollande) et fait un trop grand sacrifice à son honneur, puisqu'il ne lui en pouvoit revenir aucun avantage. D'autres dirent que les lettres que les États écrivoient au prince pour l'avertir que la paix avoit été conclue, étoient, à la vérité, arrivées au camp au commencement du combat, mais que le marquis de Grana les avoit interceptées et les avoit cachées au prince, dans l'espérance que cette action pourroit empêcher les effets du traité. Je n'ai jamais pu être informé de la vérité de cette affaire; ce qu'il y a de certain, est que le prince d'Orange ne pouvoit finir la guerre avec plus de gloire, ni témoigner un plus grand ressentiment qu'on lui arrachât des mains une si belle occasion, en signant si précipitamment la paix, qu'il n'avoit jamais cru que les États pussent signer sans le consentement de l'Espagne[2]. » « Mais (ajoute le diplomate anglais, lequel, malgré sa mauvaise humeur, ne marchande pas les louanges à

---

[1] *Mercure galant*, vol. de septembre 1678, p. 312.

[2] *Mémoires du chevalier Temple.* (Coll. Michaud, t. **XXXII**, p. 158.)

la France, c'est-à-dire à son chef, qui, avec tant de succès et de gloire, faisait alors ses destinées), l'Espagne fut contrainte, d'une nécessité indispensable, d'accepter les conditions de paix que les Hollandois avoient négociées pour elle, ce qui laissa la paix de l'Empire et la restitution de la Lorraine entièrement à la discrétion de la France. Tout ce que je viens de rapporter me fait encore conclure que la conduite des François dans toute cette affaire a été admirable, et qu'il est très-vrai, selon le proverbe italien, que *gli Francesi pazzi sono morti* [1]. »

Les négociations ayant pour objet de procurer une paix générale prirent encore près d'une année. Enfin les premiers mois de 1679 virent successivement à Paris les cérémonies, les compliments et les fêtes pour la signature des divers traités avec la Hollande, l'Espagne, l'empereur d'Allemagne et le marquis de Brandebourg, qui n'était point encore roi de Prusse, traités où la France intervenait comme la puissance prépondérante en Europe. Ce furent dans tout le royaume, comme à Paris, des réjouissances infinies [2]. On était heureux et fier d'une aussi glorieuse issue de dix ans de guerres, qui avaient accru le renom de la France, tout en augmentant son territoire. Louis XIV en reçut ce nom de *Grand*, qui étonnait moins l'Europe qu'il ne nous étonne, et qu'elle traduisait à sa façon, en appelant *le roi* celui qu'il est de mode aujourd'hui d'amoindrir, parce qu'on ne veut voir que les malheurs et les fautes de sa vieillesse, trop

---

[1] *Mémoires du chevalier Temple* (Coll. Michaud, t. XXXII, p. 158.)

[2] V. le *Mercure galant*. Les volumes de janvier, février, mars, juin et juillet sont remplis des détails de ces fêtes

oublieux des grandes choses accumulées dans les vingt-cinq années de sa splendeur. On sait que Louis XIV avait pris, ou, pour mieux dire, qu'on lui avait donné le soleil pour emblème. M. Clément, membre de l'Académie des inscriptions et belles-lettres, fit à propos de la paix générale une nouvelle devise pour lui. Elle se composait de l'arc-en-ciel, brillant après l'orage, avec ces mots : *Solis opus*[1]. Tout le monde applaudit à cette devise si bien trouvée.

La paix publiée, les armées rentrèrent en France, et la plupart des corps furent licenciés. Sévigné et le chevalier de Grignan revinrent à Paris, et contribuèrent pour leur part à l'agrément de l'hôtel Carnavalet, qui, grâce aux nombreux amis de madame de Sévigné et de sa fille, commençait à devenir l'un des centres de la vie parisienne, qu'il ne faut pas confondre avec la vie de cour.

Pendant ces deux radieuses années de 1678 et 1679, la mère et la fille furent témoins de plusieurs événements publics et privés, bien faits, les derniers surtout, pour provoquer leur intérêt, car ils concernaient des amis ou des connaissances dont les noms reviennent souvent dans ces Mémoires.

Le 16 mars 1678 parut, chez Barbin, un ouvrage annoncé d'avance, longtemps attendu avec impatience, et connu sans doute de madame de Sévigné par des lectures faites dans l'intimité. Nous voulons parler de *la Princesse de Clèves* de madame de La Fayette[2]. Il faut lire dans la notice exquise dont M. Sainte-Beuve a orné cette galerie de portraits de femmes qu'il a pris le temps de faire courts, et qui est un véritable écrin littéraire, il

[1] *Mercure galant*, volume de janvier 1679.
[2] *Mercure galant*, vol. de mars 1678, p. 359.

faut lire, disons-nous, tout ce qui est relatif à la composition, à l'apparition, au succès, à la portée et à l'influence de
ce délicieux roman, qui accomplit la révolution du genre [1].
Malgré quelques prétentions de coopération attribuées à
Segrais, et que ce juge à l'œil sûr écarte d'une manière
définitive, *la Princesse de Clèves*, ainsi qu'il le dit, « fut
bien reçue comme l'œuvre de la seule madame de La
Fayette, aidée du goût de M. de La Rochefoucauld. » Madame de Sévigné avait trop de goût elle-même, et aimait
trop les auteurs, pour ne pas apprécier favorablement
leur livre ; aussi en écrit-elle d'abord à Bussy sur le ton
du plus complet éloge : « C'est une des plus charmantes
choses, dit-elle, que j'aie jamais lues. » Mais Bussy trouve
à redire ; il distingue, il épluche, et, sur la demande de sa
cousine, il lui envoie sa critique, assez bénigne toutefois. « Votre critique de *la Princesse de Clèves* est admirable, mon cousin, lui répond-elle un peu vite ; j'y ai
trouvé ce que j'en ai pensé [2]!.. » C'est là un de ces traits
qui ont fait accuser madame de Sévigné de prendre assez
facilement l'opinion des gens, de hurler parfois avec les
loups. Non dans cette circonstance ; et c'est bien plutôt une
approbation de formule, telle qu'elle est depuis quelque
temps dans l'habitude d'en prodiguer à Bussy.

Elle se montra moins facile à lui donner gain de
cause sur le compte d'un autre ami dont le retour à
Paris réalisait l'un de ses vœux les plus ardents, mais
scandalisait fort ceux qui avaient admiré et approuvé sa
disparition du monde. Après avoir longtemps hésité, le

[1] *Portraits de femmes*, par M. SAINTE-BEUVE (Madame de La
Fayette), 2ᵉ édition ; Paris, 1857, chez Didier et Cⁱᵉ.
[2] SÉVIGNÉ, *Lettres*, t. V, p. 319, 343 et 346.

cardinal de Retz s'était enfin décidé à quitter sa retraite de Commercy, et, non content du séjour de Saint-Denis, était venu prendre gîte chez sa vraie nièce, à l'hôtel Lesdiguières, où il se dédommageait, paraît-il, de sa longue contrainte. C'est madame de Scudéry, toujours friande de détails malicieux, qui annonce cette nouvelle à Bussy en ces termes, à la date du 29 avril 1678 : « Le cardinal de Retz est ici logé avec M. et madame de Lesdiguières; c'est une maison qui fait grosse figure, et le seul réduit (*lieu de réunion*) de Paris. Toute la France y est tous les soirs [1]. » Bussy, qui avait cru à l'éternelle retraite de Retz, se répand en exclamations : « Le cardinal de Retz a donc jeté le froc aux orties. A qui se fiera-t-on après cela? Je n'ai jamais vu une vocation qui eût non-seulement tant d'apparence de sincérité, mais encore de durer jusqu'au tombeau. On m'a dit que le roi lui avoit fait mille amitiés. Je vois bien qu'on n'est dévot que jusqu'aux caresses d'un grand prince [2]. » Toujours courtisan sous cachet : il sait bien que la poste a peu de respect et de scrupules et il veut avoir les bonnes grâces du Cabinet noir.

Quelques jours après l'arrivée de Retz à Paris, la marquise de Sévigné en écrit à l'un de ceux auxquels elle ouvre son cœur avec le plus de confiance. Cette lettre curieuse, qui fait connaître les motifs du retour du cardinal, ou du moins le tour que ses amis voulaient donner à sa rentrée dans le monde, ainsi que le mécontentement du public en regard de la joie un peu isolée de madame de Sévigné, ne se trouve pas dans la correspondance générale de celle-ci. On la lit dans le recueil particulier des

[1] *Correspondance de Bussy-Rabutin*, t. IV, p. 101.
[2] *Corr. de Bussy* (*Lettre* du 5 mai 1678), t. IV, p. 101.

Lettres inédites, publiées une première fois par Millevoye
en 1814, et qui devront, quoi qu'en ait pensé le plus savant des éditeurs de notre illustre épistolaire, être comprises intégralement dans toute nouvelle édition de sa
Correspondance[1]. Voici cette lettre, envoyée de Paris, le
28 avril, à M. le comte de Guitaud :

« J'ai épuisé tout mon esprit à écrire à mes hommes
d'affaires, vous n'aurez que le reste. M. le cardinal de
Retz est arrivé tout tel qu'il est parti : il loge à l'hôtel
Lesdiguières. Il est allé, ce matin, à Saint-Germain ; il a
un procès à faire juger, qui achève de payer ses dettes,
cela vaut bien la peine qu'il le sollicite lui-même. Je crois
qu'il sera à Saint-Denis pendant le voyage du roi, qui
s'en va le dixième de mai. Tout le monde meurt d'envie
de trouver à reprendre quelque chose à cette Éminence ;
et il semble même que l'on soit en colère contre lui, et
qu'on veuille rompre à feu et à sang. Je ne comprends
point cette conduite, et, pour moi, j'ai été extrêmement
aise de le voir : je ne suis point payée ni députée de la part
de la forêt de Saint-Mihiel pour la venger de ce qu'il n'y
passe point le reste de sa vie ; je trouve que le pape en a
mieux disposé qu'il n'auroit fait lui-même : le monde
tout entier ne vaut pas la peine d'une telle contrainte, il
n'y a que Dieu qui mérite qu'on soutienne ces sortes de
retraites. Je lui fais crédit pour sa conduite ; tous ses
amis se sont si bien trouvés de s'être fiés à lui, que je
veux m'y fier encore ; il saura très-bien soutenir la gageure par la règle de sa vie. Vous ne le verrez point de
ruelle en ruelle soutenir les conversations et juger les
beaux ouvrages ; il sera retiré de bonne heure, fera et

[1] M. Monmerqué les trouve d'un trop mince intérêt.

recevra peu de visites, ne verra que ses amis et des gens
qui lui conviennent, et qui ne seront point de contrebande
à la régularité de sa vie. Voilà de quoi je trouve qu'on
doit s'accommoder : pour moi, j'en suis contente, et j'aime
et honore cette Éminence plus que jamais. Il m'a témoigné beaucoup d'amitié ; la méchante santé de ma
fille l'a empêchée de pouvoir rendre ce premier devoir
par une visite [1]. »

Cette espèce de plaidoyer adressé par madame de Sévigné au comte de Guitaud, qui évidemment ne le lui demandait pas, indique la situation d'esprit des amis du
cardinal de Retz : ils le défendent plus qu'on ne l'attaque,
tant ils sentent le côté faible de sa conduite. On voit aussi,
dans cette lettre, la confirmation qui va devenir plus
formelle tout à l'heure, de cette négociation pressentie des
amis de Retz, pour obtenir du pape qu'il usât envers lui
d'une autorité qui devait trouver peu de résistance.

C'est dans ces circonstances que Bussy, voulant avoir
le cœur net sur la réapparition qu'on lui disait très-
mondaine, d'un homme dont il avait fort loué la retraite,
s'adressa à sa cousine, qui, mieux que personne, pouvait le renseigner à cet égard. « Mais je vous supplie, lui
écrit-il le 14 juin, de me mander ce que c'est que le retour du cardinal de Retz dans le monde ; cet homme que
nous ne croyions revoir qu'au jour du jugement, est dans
l'hôtel de Lesdiguières avec tout ce qu'il y a d'honnêtes
gens en France [2]. Expliquez-moi cela, madame, car il me
semble que ce retour n'est autre chose que ce que disoient
ceux qui se moquoient de sa retraite [3]. » — « Pour le

[1] SÉVIGNÉ, *Lettres inédites* (28 avril 1678); Paris, 1814, p. 17.
[2] *Honnêtes gens*, personnes de distinction.
[3] *Corr. de Bussy*, t. IV, p. 126.

cardinal de Retz (répond madame de Sévigné reprenant les choses d'un peu haut), vous savez qu'il a voulu se démettre de son chapeau de cardinal. Le pape ne l'a pas voulu, et non-seulement s'est trouvé offensé qu'on veuille se défaire de cette dignité quand on veut aller en paradis, mais il lui a défendu de faire aucun séjour à Saint-Mihiel, à trois lieues de Commercy, qui est le lieu qu'il avoit choisi pour demeure, disant qu'il n'est pas permis aux cardinaux de faire aucune résidence dans d'autres abbayes que dans les leurs. C'est la mode de Rome ; et l'on ne se fait point ermite *al dispetto del Papa*. Ainsi Commercy étant le lieu du monde le plus passant, il est venu demeurer à Saint-Denis, où il passe sa vie très-conformément à la retraite qu'il s'est imposée. Il a été quelque temps à l'hôtel de Lesdiguières ; mais cette maison étoit devenue la sienne. Ce n'étoient plus les amis du duc qui y dînoient, c'étoient ceux du cardinal. Il a vu très-peu de monde, et il est, il y a plus de deux mois, à Saint-Denis. Il a un procès qu'il fera juger, parce que, selon qu'il se tournera, ses dettes seront achevées d'être payées ou non. Vous savez qu'il s'est acquitté de onze cent mille écus. Il n'a reçu cet exemple de personne, et personne ne le suivra. Enfin, il faut se fier à lui de soutenir sa gageure. Il est bien plus régulier qu'en Lorraine, et il est toujours très-digne d'être honoré. Ceux qui veulent s'en dispenser l'auroient aussi bien fait, quand il seroit demeuré à Commercy, qu'étant revenu à Saint-Denis[1]. »

Ainsi le biais donné à la résurrection de cet ermite à bout de voies, c'était que Commercy se trouvant trop accessible et trop mondain, et Saint-Mihiel n'étant point sa propre

[1] SÉVIGNÉ, *Lettres* (27 juin 1678), t. V, p. 339.

abbaye, le cardinal, par esprit d'obéissance et un plus grand amour de la solitude, avait dû venir se loger à Saint-Denis, dont il était abbé titulaire, mais en subissant l'obligation d'en sortir lorsque ses affaires l'appelleraient à Paris, ce qui, quoi qu'en dise son heureuse, indulgente et peut-être candide amie, lui arrivait souvent. La considération du procès était pourtant réelle, si toutefois la présence de Retz eût été indispensable pour assurer le succès d'une cause juste. Ce procès fut gagné, et l'ancien dissipateur put achever de payer ses dettes. « Je suis bien aise (répond Bussy, décidé à se contenter de peu, évidemment pour plaire à sa cousine), que vous m'ayez éclairci de la conduite du cardinal de Retz, qui, de loin, me paroissoit changée, car j'aimois à l'estimer, et cela me fait croire qu'il soutiendra jusqu'au bout la beauté de sa retraite[1]. » On voit combien Bussy est accommodant d'appeler retraite ce nouveau genre de vie dont Retz ne se départit point.

Le contentement de la marquise de Sévigné fut douloureusement troublé par la perte d'un ami unique, qui était aussi pour le cardinal de Retz l'un des *trois fidèles* qui, lors de son départ, lui avaient fait la conduite jusqu'à la frontière de la Lorraine[2]. Nous voulons parler de ce d'Hacqueville, révélé seulement mais pour toujours connu par la correspondance de madame de Sévigné : cet ami si dévoué, si obligeant, « trésor de bonté, de capacité, d'application, d'exactitude et d'impénétrable discrétion; » cet homme *adorable, sans pareil, inépuisable,* qui « faisoit des affaires de ses amis les siennes propres »,

---

[1] *Corr. de Bussy-Rabutin*, t. IV, p. 140.
[2] SÉVIGNÉ, *Lettres* (19 juin 1675), t. III, p. 299.

et même, « n'aimoit que ceux dont il étoit accablé »;
si *allant, si venant, toujours courant,* si habile à se mul-
tiplier qu'on l'avait surnommé *les d'Hacqueville,* dans
l'impossibilité de croire qu'un seul pût rendre tant de
services à la fois, et que madame de Sévigné, dans sa
reconnaissance bien justifiée, nomme à son tour *le grand
d'Hacqueville* [1].

Les lettres où elle devait parler de la perte de cet ami
ne nous sont point parvenues. Son meilleur éditeur, sans
rien rapporter des circonstances de cette mort, nous
apprend qu'une note ancienne, inscrite sur une lettre
adressée à la comtesse de Guitaud par d'Hacqueville,
énonce que celui-ci était mort subitement à Paris, le
31 juillet 1678 [2]. On trouve, à cet égard, dans la nouvelle
Correspondance de Bussy et de ses amis, quatre lignes
négligées par les précédents éditeurs, que nous reproduisons, malgré la nature des détails qu'elles nous font
connaître : « M. d'Hacqueville, écrit le 5 août M. de
Gaignères [3], est mort en sept heures de temps, après avoir
pris un lavement : chacun l'a cru empoisonné ; cependant
on l'a ouvert, et l'on a trouvé que le lavement avoit fait
crever un abcès qu'il avoit dans le boyau [4]. » Bussy
repousse cette idée d'un empoisonnement si étrange. « Il
faut avoir bien envie, répond-il, de trouver des causes
étrangères à la mort de d'Hacqueville pour l'attribuer
au poison. Pour moi je m'étonnois qu'avec le visage qu'il

[1] SÉVIGNÉ, *Lettres,* t. III, p. 80 et 458; IV, p. 43, 74, 132, 268,
269, 411 et 432 ; t. V, *passim.*

[2] Note de M. Monmerqué à la Lettre du 24 juillet 1680.

[3] Connu par son zèle pour l'histoire et la Collection qui porte son
nom à la Bibliothèque impériale.

[4] *Corr. de Bussy,* t. IV, p. 169.

avoit il y avoit si longtemps, il eût tant vécu, outre qu'il
étoit si généralement aimé que personne n'en vouloit à
sa vie [1]. »

C'est une des premières fois, depuis la Brinvilliers,
que revient, dans les correspondances du temps, ce mot
sinistre d'empoisonnement, qui, avant un an, va de
nouveau épouvanter Paris [2]. Le passage si précis et si
peu destiné à déguiser la vérité, de Gaignères, doit suffire pour enlever à la mort de d'Hacqueville tout caractère extraordinaire. Cependant les soupçons dont
parle le correspondant de Bussy ont été recueillis par un
autre contemporain, l'abbé Blache, qui dans des Mémoires inouïs, non-seulement affirme que d'Hacqueville serait mort empoisonné, mais l'accuse lui-même
(ceci est tout un monde de menées et d'horreurs soûter-
raines) d'avoir été le complice du cardinal de Retz et
de la marquise d'Assérac, dans un complot ourdi pendant de longues années, pour faire périr par le poison
d'abord le cardinal Mazarin, et plus tard Louis XIV et le
Dauphin son fils [3]. Des preuves, l'abbé Blache n'en donne
point dans son œuvre, qui offre souvent des caractères
d'évidente extravagance; mais il nous a semblé que nous

[1] *Corr. de Bussy*, t. IV, p. 173.
[2] La première mention, réellement, se lit dans une lettre de madame
de Scudéry à Bussy, à propos de la mort de madame de Monaco :
« On l'a crue empoisonnée, dit-elle; mais on n'accuse pas son mari
quoique Italien. » Bussy est ou plus crédule, ou plus juste, ou plus
cruel; il ne doute pas que madame de Monaco n'ait été empoisonnée : « Elle méritoit de l'être, ajoute-t-il, et son mari est Italien. » (T. IV, p. 124 et 129.)
[3] *Mémoires de l'abbé Blache* dans la *Revue rétrospective*, t. 1er,
r. 5 et suiv. —Conf. *Corresp. de Bussy-Rabutin*, note de l'éditeur,
t. IV, p. 488.

ne devions rien déguiser au lecteur de ce qui concerne les principaux personnages de cette histoire[1].

Ce mois de juillet vit encore le mariage de la fille de l'un des hommes qui figurent souvent dans la correspondance de madame de Sévigné. Mais pour elle ce n'était qu'un *ami de province*, c'est-à-dire un de ceux à qui elle montrait une bienveillance un peu banale à cause de son séjour à Aigues-Mortes, où il avait été relégué, ce qui lui permettait de donner à madame de Grignan quelques soins dont la mère était reconnaissante. Nous voulons parler de ce brillant et perverti marquis de Vardes, exilé en 1672 pour avoir dévoilé à la reine Marie-Thérèse les amours de son époux et de la Vallière[2]. Lié depuis bien des années avec le disgracié, Corbinelli avait été choisi par lui pour *son résident* à Paris et auprès des puissances, et, prudent et de bon conseil, il conduisait ses affaires au contentement de toute la famille[3]. « C'est lui (écrit madame de Sévigné, deux ans avant, dans cette lettre que nous venons de citer), qui maintient l'union entre madame de Nicolaï (*belle-mère de Vardes*) et son gendre; c'est lui qui gouverne tous les desseins qu'on a pour la petite (*la fille de Vardes*); tout a relation et se mène par Corbinelli; il dépense très-peu à Vardes, car il est honnête, philosophe et discret[4]. » En 1678, Corbinelli avait négocié le mariage de mademoiselle de Vardes, une riche héritière, avec Louis de Rohan-Chabot, duc de Rohan. L'agrément du roi ob-

---

[1] Conf. sur d'Hacqueville WALCKENAER, t. I, p. 219; II, p. 8 et 121; III, p. 339.

[2] *Siècle de Louis XIV.* Chap. XXVI.

[3] SÉVIGNÉ (*Lettre du* 2 septemb. 1676), t. IV, p. 452.

[4] *Ibid.*

tenu, il partit pour le Languedoc, afin d'y faire consentir
le père, à qui le roi demandait sa charge de capitaine
des Cent-Suisses, pour en revêtir le marquis de Tilla-
det, et le prix probablement en être compté à sa fille.
L'exilé voulait, au préalable, obtenir comme compensa-
tion son retour à la cour. Corbinelli revint du Languedoc
avec la démission de Vardes et son consentement au
mariage, qui eut lieu le 28 juillet, en son absence, son
rappel devant se faire attendre encore cinq années[1].

Les amis de Corbinelli se flattaient que, satisfait de
ses services, Vardes, dont la générosité était connue,
profiterait de cette occasion pour accomplir, vis-à-vis
de son résident, quelqu'un de ces actes de libéralité
qu'un gentilhomme pauvre pouvait alors accepter sans
honte et sans blâme, d'un plus grand seigneur que lui,
favorisé de la fortune, et auquel il *appartenait*. Il n'en
fut rien pour cette fois. Mais un ami, devenu plus magnifique à mesure qu'il avait mis plus d'ordre dans ses
affaires, vint au secours d'un dénûment si philosophi-
quement supporté jusque-là. « M. le cardinal de Retz,
(mande à Bussy madame de Sévigné toute joyeuse et à
cause de celui qui reçoit et à cause de celui qui donne),
le plus généreux et le plus noble prélat du monde, a
voulu donner à Corbinelli une marque de son amitié
et de son estime. Il le reconnoît pour son allié, mais,
bien plus, pour un homme aimable et fort malheureux. Il a trouvé du plaisir à le tirer d'un état où
M. de Vardes l'a laissé, après tant de souffrances pour
lui, et tant de services importants, et enfin il lui porta,

---

[1] SÉVIGNÉ, *Lettres*, t. V, p. 333, 335 et 340. *Corr. de Bussy-
Rabutin*, t. IV, p. 112, 123, 133, 138 et 140.

avant-hier, deux cents pistoles pour une année de la
pension qu'il lui veut donner. Il y a longtemps que je
n'ai eu une joie si sensible. La sienne est beaucoup
moindre ; il n'y a que sa reconnoissance qui soit infinie ;
sa philosophie n'en est pas ébranlée ; et comme je sais que
vous l'aimez, je suis assurée que vous serez aussi aise que
moi [1]. » Bussy montre, en effet, un contentement égal : « Si
vous saviez, dit-il, le redoublement d'estime et d'amitié
que j'ai pour M. le cardinal de Retz depuis les grâces que
j'ai appris qu'il a faites à notre ami, vous comprendriez
combien je l'aime, et je suis si content du cardinal que je
lui souhaiterois dix ans de moins que son pensionnaire ;
ce seroit le compte de tous les deux [2]. » Lors de la guerre
de la Fronde, Bussy avait plus d'une fois utilisé les services de Corbinelli, resté pour lui un ami [3]. La parenté, prise évidemment pour prétexte par Retz dans cet
acte de libéralité, venait du mariage d'Antoine de Gondi
avec Madeleine Corbinelli, contracté en 1463, quand les
deux familles habitaient ensemble à Florence [4]. Mais le
cardinal de Retz, qui avait curieusement étudié sa généa-
logie, n'en était pas, en 1678, à découvrir cette particula-
rité de l'histoire de sa maison. Il est plus probable que
ce qu'il récompensait d'une pension chez Corbinelli, c'é-
tait un dévouement récemment mis à l'épreuve, et une
participation habile et discrète aux faits qui avaient amené
son retour à Saint-Denis, ou pour mieux dire à Paris.

A la fin de cette année, M. de Grignan, après avoir

---

[1] SÉVIGNÉ, Lettres, t. V, p. 383.

[2] Correspondance de Bussy-Rabutin, t. IV, p. 269.

[3] Mémoires de Bussy, t. Iᵉʳ, passim.

[4] Histoire généalogique de la maison de Gondi, par Corbinelli et Pezay, Paris, 1705.

tenu les Etats de la Provence à Lambesc, vint rejoindre
sa femme à Paris. En annonçant leur clôture, de Visé
ajoute avec sa galanterie habituelle pour le nom de Sévigné : « C'est M. le comte de Grignan, lieutenant-général
de la province, qui a clos cette assemblée, et le même
qui nous a enlevé la belle mademoiselle de Sévigné qui
faisoit un des agréables ornements de la cour [1]. » Le
mois suivant, le même recueil annonce que « le duc
de Vendôme avoit prêté serment de fidélité entre les
mains du roi, pour son gouvernement de Provence [2]. »
Malgré cela, le jeune duc, aussi avide de plaisirs qu'il
venait de se montrer passionné pour la guerre, était fort
peu pressé d'aller prendre possession de son gouvernement, qu'il laissa, au gré de la cour, deux années encore
entre les mains de son habile lieutenant.

Le recueil que nous consultons volontiers, et auquel
nous trouvons à emprunter des détails nouveaux et négligés par les éditeurs de madame de Sévigné, nous apprend qu'au commencement de cet hiver, l'un des membres de la famille de Grignan, le coadjuteur d'Arles, qui,
déjà, lors de la mort de Turenne, avait su se faire applaudir
en haranguant le roi au nom du clergé [3], s'était de nouveau signalé en prêchant à Versailles à l'occasion de la fête
de tous les Saints. Après avoir constaté avec complaisance
« l'éloquence qu'on admira dans le sermon que M. de Grignan, coadjuteur d'Arles, fit à Versailles, le jour de la
Toussaint, en présence de Leurs Majestés, » le *Mercure* de
décembre ajoute : « Il seroit difficile d'exprimer les ap-

---

[1] *Mercure galant*, volume de décembre 1678, p. 266.
[2] *Ibid.*, janvier, 1679, p. 300.
[3] Voir dans ce volume, chap. 1ᵉʳ p. 38.

plaudissements qu'il en reçut. Le roi, lui-même, l'en fé-
licita, et eut la bonté de lui dire qu'il n'avoit jamais mieux
entendu prêcher [1]. » Le mot est fort, à cette époque où
la chaire retentissait de ces voix éloquentes ayant nom
Fléchier, Bourdaloue, Bossuet. Il est difficile cependant
de révoquer en doute cette courtoisie royale vis-à-vis
du coadjuteur d'Arles, car, si bienveillant qu'il paraisse
pour la famille de Grignan, De Visé, l'auteur du *Mercure
galant*, à l'excès prudent et timide, n'eût osé gratuitement
prêter au roi des discours que celui-ci n'aurait point te-
nus. Il y revient, et avec plus de détails, en rendant compte
au mois de janvier de l'année suivante, des nouveaux
succès obtenus par le coadjuteur à la station de l'Avent,
que Louis XIV, évidemment satisfait de lui, l'avait chargé
de prêcher devant la cour. Nous copions le *Mercure,* qui
profite de l'occasion pour faire l'éloge des divers membres de la maison de Grignan, surtout de leur doyen
vénéré, l'archevêque d'Arles, l'une des grandes situations
du clergé provincial d'alors :

« Je me souviens de vous avoir parlé, le dernier mois,
du succès qu'avoit eu M. le coadjuteur d'Arles en prêchant devant le roi, le jour de la fête de tous les
Saints. J'aurois aujourd'hui beaucoup à vous dire, si
j'entreprenois de vous marquer combien toute la cour a
donné d'applaudissements à ses derniers sermons de
l'Avent. Il est certain que Sa Majesté n'avoit de longtemps entendu un prédicateur, ni avec tant d'assiduité,
ni avec tant de satisfaction : aussi a-t-elle dit plusieurs
fois, à son avantage, qu'elle n'avoit jamais ouï mieux
prêcher. Tous les compliments que lui a faits ce digne

---

[1] Volume de décembre, p. 252.

prélat, ont été aussi justes que bien tournés ; et dans les louanges qu'il a données au roi, il a conservé toujours un certain air grave et d'autorité qu'inspire aux prédicateurs la dignité de leur caractère. Vous savez qu'il est de la maison de Grignan. Il a pour frères M. le comte de Grignan, lieutenant de roi en Provence, M. le chevalier de Grignan, mestre de camp et brigadier de cavalerie, qui s'est signalé dans plusieurs occasions pendant cette dernière guerre, et M. l'abbé de Grignan, que nous avons vu agent du clergé. Ils sont tous neveux de M. l'archevêque d'Arles, commandeur des ordres du roi. Personne n'ignore le mérite de ce grand prélat. Il est d'une vertu consommée, et, tout aveugle qu'il est, on peut dire qu'il y a peu d'hommes en France aussi éclairés que lui. J'irois loin si je m'engageois à vous faire ici l'éloge en particulier de tous ceux que je viens de vous nommer. Je vous dirai seulement une chose qui les fait admirer de toute la terre, c'est la parfaite union qu'on leur voit garder entre eux. Ils ont tous une si tendre et si cordiale amitié l'un pour l'autre, et ils vivent dans une si étroite correspondance, qu'il semble qu'ils n'aient qu'un cœur et qu'une âme. C'est ce qui fera toujours subsister cette illustre famille dans le même état, et qu'on peut prendre pour un présage assuré d'une prospérité éternelle [1]. » L'union des Grignan, leur amour, leur fidèle dévouement de famille, ressortent de toutes les pages de la correspondance de madame de Sévigné, sauf toutefois en ce qui concerne le coadjuteur d'Arles, qui est l'occasion de cet éloge collectif, et dont nous verrons les coupables froideurs à l'égard d'un oncle qu'il fuyait

---

[1] *Mercure galant*, vol. de janvier 1679, p. 161.

trop pour le bruit de Paris. Quant à la prospérité présente de la maison de Grignan, madame de Sévigné nous dira bientôt ce qu'il fallait en penser; et ces promesses de splendeur future nous font un singulier effet à nous, qui connaissons les embarras alors cachés du gouverneur de la Provence, et qui savons que madame de Simiane se vit obligée, à quarante ans de là, de vendre le château de ses pères pour payer les frais de leur faste traditionnel.

M. de Grignan, qui avait amené avec lui son jeune fils, âgé de sept ans, fit pendant ce séjour à Paris sortir de leur couvent les deux filles nées de son premier mariage avec Angélique-Claire d'Angennes [1], et la correspondance de la marquise de Sévigné avec Bussy nous montre tout ce monde vivant plutôt de la vie de famille que des plaisirs du temps, dans l'hôtel de Carnavalet où l'on n'était point définitivement établi, ne l'ayant d'abord pris qu'à titre d'essai.

Pour la Cour et les grandes réunions mondaines de la Ville, l'hiver était des plus brillants. La paix mettait la joie dans tous les cœurs. C'était à Saint-Germain qu'avaient encore lieu les fêtes royales, en attendant l'achèvement de ce fastueux, ruineux et meurtrier Versailles, appelé avec raison un *favori sans mérite*, car il semblait un défi jeté à la nature par une volonté impatiente de tout dominer, même les éléments. « Le roi (dit à ce propos madame de Sévigné, le 12 octobre 1678) veut aller samedi à Versailles, mais il semble que Dieu ne le veuille pas, par l'impossibilité de faire que les bâtiments soient en état de le recevoir, et par la mortalité

---

[1] Conf. WALCKENAER, t. III, p. 137.

prodigieuse des ouvriers, dont on emporte, toutes les nuits, comme de l'Hôtel-Dieu, des chariots pleins de morts : on cache cette triste marche pour ne pas effrayer les ateliers, et ne pas décrier l'air de *ce favori sans mérite*. Vous savez ce bon mot sur Versailles [1]. » La marquise de Sévigné ne dit point l'auteur de ce mot, qui n'était pas sans courage, et qu'elle accompagne de commentaires, pour le temps non moins hardis ; mais Voltaire l'attribue au duc de Créqui [2].

Cet hiver, comme le précédent, fut d'une rigueur inusitée. Madame de Sévigné se plaint fort « des glaces et des neiges insupportables qui avoient fait des rues autant de grands chemins rompus d'ornières ; » et, voulant justifier, auprès de Bussy, sa fille en retard d'une réponse, elle ajoute : « Sa poitrine, son encre, sa plume, ses pensées, tout est gelé [3]. » Ce grand froid ne les empêchait point de courir aux prédications du rival de Bossuet, qui alors attiraient tout Paris. « Nous sommes occupées présentement, (écrit en février, au même, la marquise de Sévigné) à juger des beaux sermons : le père Bourdaloue tonne à Saint-Jacques de la Boucherie ; il falloit qu'il prêchât dans un lieu plus accessible ; la presse et les carrosses y font une telle confusion, que le commerce de tout ce quartier-là en est interrompu [4]. »

La joie de la paix était encore accrue par les bruits répandus de grâces prochaines. La pensée se reportait vers les disgraciés, les exilés, les prisonniers. Louis XIV était

---

[1] Sévigné, *Lettres*, t. V, p. 371.

[2] *Siècle de Louis XIV*, chap. XXVIII.

[3] Sévigné, *Lettres* (18 décembre 1678 et 27 février 1679), t. V, p. 385 et 393.

[4] Sévigné, *Lettres*, t. V, p. 393.

triomphant , l'opinion le faisait clément. Après avoir vaincu l'extérieur, il voulait , disait-on, remporter sa dernière victoire sur le cœur de ses sujets. Madame de Sévigné recueillait avidement tous ces bruits, son regard tourné vers la Bourgogne et Pignerol. Ce n'est pas elle, toutefois, qui annonce à son cousin, son seul correspondant de cette date, et, de plus, fort intéressé à la chose , la nouvelle des premières grâces faites par le roi ; c'est le marquis de Trichâteau, gouverneur de Semur, l'un des voisins de terre du disgracié, lequel lui apprend, dans une lettre du 13 janvier 1679, qu'on lui mande de Paris que « le roi a fait revenir d'exil MM. d'Olonne, de Vassé, Vineuil, les abbés d'Effiat et de Bellébat [1] , » éloignés des résidences royales, comme soupçonnés d'avoir pris part à des intrigues de cour pendant la jeunesse de Louis XIV.

Ce bon traitement envers des personnages relativement obscurs, ouvrait les cœurs à l'espérance pour d'autres absents plus célèbres et plus malheureux. C'était un sujet d'entretien toujours saisi avec empressement par la marquise de Sévigné. Le 27 février, elle mentionne à Bussy une conversation tenue à cet égard chez un personnage qu'elle ne désigne point, ce qui nous laisse flotter entre M. de Pomponne, M. de La Rochefoucauld, ou plutôt le cardinal de Retz, à cause de certains vœux de mauvaise fortune, formés à l'encontre de gens puissants : « J'étois, l'autre jour, en un lieu où l'on tailloit en plein drap sur les grâces que le public attendoit de la bonté du roi. On ouvroit des prisons, on faisoit revenir des exilés , en remettoit plusieurs choses à leur place, et on

---

[1] *Correspondance de Bussy-Rabutin*, t. IV, p. 280.

en ôtoit plusieurs aussi de celles qui y sont. Vous ne fûtes
pas oublié dans ce remue-ménage, et l'on parla de vous
dignement. Voilà tout ce qu'une lettre vous en peut apprendre[1]. » Et comme présage de cet avenir souhaité, elle
est heureuse de mander que celui qui tient évidemment
une place privilégiée dans ses préoccupations et dans
ses vœux, vient enfin d'obtenir une première faveur.
« Savez-vous, reprend-t-elle, l'adoucissement de la prison
de MM. de Lauzun et Fouquet ? Cette permission qu'ils
ont de voir tous ceux de la citadelle, et de se voir eux-
mêmes, de manger et de causer ensemble, est peut-être
une des plus sensibles joies qu'ils auront jamais[2]. » Est-
ce le hasard ou une sorte d'affectation d'indifférence en
parlant à l'homme le plus malicieux et le mieux disposé à
ne rien laisser tomber, qui lui fait ainsi nommer Lauzun,
dont elle se soucie peu, avant Fouquet, toujours son ami?

Le premier, on le sait, après l'éclair de faveur extraordinaire qui faillit lui faire épouser la cousine germaine
de Louis XIV, s'était par ses violences envers madame
de Montespan, à laquelle il attribuait sa déconvenue,
attiré le courroux royal, et au mois de novembre 1671
il avait été enfermé dans la citadelle de Pignerol, à
côté du surintendant, qui resta neuf ans à se douter
d'un pareil voisinage[3]. Fouquet obtint bientôt d'autres adoucissements que ceux dont parle son ancienne
amie. Il put recevoir les habitants de Pignerol : enfin sa

[1] SÉVIGNÉ, *Lettres*, t. V, p. 394.
[2] *Ibid.*
[3] Conf. *Mémoires sur madame de Sévigné*, t. III, p. 241 : M. le
baron Walckenaer y a traité d'une manière aussi heureuse que
complète tout cet épisode des amours de Lauzun et de mademoiselle de Montpensier.

famille fut autorisée à le visiter et même à demeurer avec
lui. Déjà son frère, l'abbé Fouquet, avait vu lever la défense qui, depuis vingt ans, pesait sur lui d'habiter Paris [1].

Les grâces que devait amener la paix se bornèrent
là, et Bussy attendit encore trois ans avant de voir arriver son tour.

D'autres préoccupations vinrent bientôt captiver l'attention de la cour. C'est à l'année 1679 que se place le commencement du règne éphémère de cette beauté d'esprit
simple, qu'on appelait mademoiselle de Fontanges. La
première mention que l'on trouve d'elle se lit dans le
Mercure du mois d'octobre 1678. En annonçant sa réception comme fille d'honneur de MADAME, seconde duchesse d'Orléans, De Visé, louangeur intrépide, lui accorde un témoignage qu'il ne craint pas d'étendre de sa
personne à son esprit. « Le roi, dit-il, étant parti pour
Versailles, le 16 de ce mois, Leurs Altesses Royales
vinrent ici (*à Paris*) le lendemain, et reçurent mademoiselle de Fontanges à la place de mademoiselle de Mes-
nières, à présent duchesse de Villars. C'est une fort
belle personne. Elle est grande, blonde, a le teint vif,
les yeux bleus, et mille belles qualités de corps et
d'esprit dans une grande jeunesse. M. le comte de
Roussille, son père, est d'Auvergne [2]. Elle devait
être présentée par madame la princesse Palatine, qui l'a
donnée; mais, comme elle étoit malade, madame la du-

---

[1] Conf. WALCKENAER, t. II, p. 277. —DELORT, *Histoire de la détention des philosophes et des gens de lettres*, t. 1er, p. 286. —
Notice sur Fouquet, par M. P. Clément, en tête de sa *Vie de Colbert*; Paris, 1846, p. 67.

[2] Toutes les biographies disent de Rouergue.

chesse de Ventadour l'a présentée au lieu d'elle » '. Née
en 1661, mademoiselle de Fontanges avait alors dix-huit
ans. MADAME confirme, en un point, ce portrait de
l'auteur du *Mercure* : « Elle était, écrit-elle, belle des
pieds jusqu'à la tête; » mais (ajoute-t-elle aussitôt) « elle
avait peu de jugement » ². De plus, MADAME lui accorde
« un fort bon cœur. » Elle ne parut pas plaire d'abord
au roi : « Voilà un loup qui ne me mangera pas, » dit-
il en riant à sa belle-sœur ³.

Mais son éclatante beauté, sa jeunesse radieuse, ne tardèrent pas à fixer tous les regards. « Mademoiselle de Fontanges fait bruit à la cour, » mande le 23 novembre madame de Scudéry ⁴. Six mois ne s'étaient pas écoulés
que des scènes vives et multipliées entre madame de
Montespan et le roi, vinrent faire connaître à tous un
amour que Louis XIV désirait tenir caché, amour violent
comme une passion dernière de jeunesse attardée. Voulant surtout tenir de madame de Sévigné, si curieuse de
tels faits, si bien renseignée de ces mystères, l'histoire
de la nouvelle galanterie royale, nous renvoyons au chapitre suivant tous détails à cet égard, que nous fournira
avec abondance sa correspondance bientôt reprise avec
sa fille, et qui ici nous fait défaut. Il en sera de même
de l'affaire dite *des Poisons*, qui commença aussi vers
le même temps, et dont madame de Sévigné, une fois
sa fille partie, lui déroule au long l'histoire vraiment
inouïe.

---

¹ *Mercure galant*, oct. 1678, p. 338.
² *Correspondance de madame la duchesse d'Orléans*. Éd. de
M. G. Brunet; Paris, Charpentier, 1859, t. Iᵉʳ, p. 198, 254 et 390.
³ *Ibid.*, t. II, p. 221.
⁴ *Correspondance de Bussy-Rabutin*, t. IV, p. 239.

Au mois de mai de cette année 1679, madame de
Grignan avait formé le projet de s'en retourner en Provence, car le désir du duc de Vendôme de ne point encore
quitter sa vie de plaisirs, y rappelait son mari. Le 29
du mois la marquise de Sévigné annonce en ces termes à
Bussy une douleur pour elle toujours nouvelle : « Il y
a dix jours que nous sommes tous à Livry par le plus
beau temps du monde : ma fille s'y portoit assez bien ; elle
vient de partir avec plusieurs Grignans ; je la suivrai demain. Je voudrois bien qu'elle me demeurât tout l'été :
je crois que sa santé le voudroit aussi, mais elle a une
raison austère qui lui fait préférer son devoir à sa vie.
Nous l'arrêtâmes l'année passée, et, parce qu'elle croit
se porter mieux, je crains qu'elle ne nous échappe
celle-ci [1]. » Mais dès la lettre suivante elle reprend : « Ma
fille ne s'en ira qu'au mois de septembre. Elle se porte
mieux. Elle vous fait mille amitiés. Si vous la con-
noissiez davantage, vous l'aimeriez encore mieux [2]. »

Qu'est-ce qui décida ainsi tout d'un coup madame de
Grignan à prolonger de quatre mois son séjour à Paris,
et fit aussi consentir M. de Grignan, pressé pourtant
de retourner à son poste, à attendre sa femme pendant
tout ce temps? Il y a là un petit mystère d'intérieur qui
n'a jamais été recherché, ni même, ce nous semble,
soupçonné, et qui nous paraît emprunter quelque lumière
de certains points négligés de la correspondance de madame de Sévigné.

On a vu tout son culte pour le cardinal de Retz; on
connaît aussi les sentiments affectueux et publiquement

[1] SÉVIGNÉ, *Lettres*, t. V, p. 401. — *Corr. de Bussy*, t. IV, p. 371.
[2] SÉVIGNÉ, t. V, p. 409.

manifestés de celui-ci pour cette amie si ancienne et si fidèle, ainsi que pour sa fille [1]. Gondi avait presque fait le mariage de mademoiselle de Rabutin-Chantal avec le marquis de Sévigné, son parent. Il avait voulu être le parrain du troisième enfant de madame de Grignan qu'il se plaisait à appeler *sa nièce*, quoiqu'il n'y eût, au fond, entre eux, qu'une alliance fort éloignée. On lui attribuait des intentions testamentaires favorables à la maison de Grignan : mais ce n'était point à Pauline, sa filleule, que l'on pensait qu'il laisserait une portion, peut-être la totalité d'une fortune considérable encore, malgré de grands payements de dettes effectués depuis quelques années. Le cardinal avait paru s'attacher d'une manière toute particulière au jeune marquis de Grignan, qui annonçait une intelligence heureuse et un charmant caractère. Il lui avait déjà témoigné de loin de bienveillantes dispositions : la gentillesse de ses sept ans ne fit qu'accroître, à ce premier voyage à Paris, un attachement tout paternel et plein d'espérances. Comme la duchesse de Lesdiguières, la plus proche parente du cardinal de Retz, n'avait qu'un fils déjà puissamment riche, rien ne faisait obstacle à ce que celui de madame de Grignan fût choisi pour l'héritier du prélat.

C'était là l'un des rêves les plus choyés de madame de Sévigné, qui devinait, plus encore qu'elle ne la connaissait, la position gênée de son gendre. En vue de sa réalisation, elle ne négligeait rien de tout ce que pouvaient lui inspirer son amour passionné pour sa fille, son tact, son adresse, qu'amnistiait en ceci son véritable dévouement pour le cardinal de Retz. Elle trouvait

---

[1] Conf. WALCKENAER, t. Ier, p. 20.

un aide dans Corbinelli, pleinement associé à ses vœux et à ses projets, et employant sans restriction, dans l'intérêt des Grignan, son influence récente, mais réelle, sur l'esprit du cardinal.

Quoique désirant fort pour son fils une fortune si nécessaire à son avenir, madame de Grignan était loin de mettre à sa poursuite la vivacité et les soins de sa mère. La tournure de son caractère, sa susceptibilité, sa roideur, la rendaient peu propre à ce manége obstiné, au moyen duquel les gens experts savent attirer à eux les successions les plus éloignées, les plus improbables. Incapable, autant qu'elle, de rien tenter d'excessif et de déloyal, madame de Sévigné eût voulu que sa fille se montrât, du moins, prévenante, polie sinon gracieuse, pour un homme dont l'amitié présente, indépendamment de tout futur bienfait, était à ses yeux un honneur et une source d'avantages.

Françoise de Sévigné avait été élevée à aimer le cardinal de Retz. Mais, depuis son mariage, elle paraissait avoir apporté dans ses relations avec lui une réserve, une tiédeur que n'expliqueraient pas suffisamment les restrictions prudentes mises par Retz à l'assentiment qui lui était demandé pour l'union de sa nièce avec le comte de Grignan, dont il pressentait les embarras de fortune. Le médiocre penchant, parfois visible, de celui-ci pour l'Éminence trop avisée, est-il un indice que cette opinion peu favorable lui fut connue? Quoi qu'il en soit, on peut trouver d'autres raisons du peu de cordialité qu'il éprouvait et que très-probablement il contribua à inspirer à sa femme, et c'est ici que se placent quelques aperçus, que nous croyons nouveaux, que l'on trouvera vraisemblablement hasardés, et dont nous ne

nous dissimulons pas la délicatesse, sur la biographie de
la fille de madame de Sévigné.

On connaît, par ce qu'il en a dit lui-même après
beaucoup d'autres, la réputation galante de l'abbé de
Gondi : coadjuteur, il n'en perdit rien ; devenu cardinal,
il en garda quelque chose, et, quoiqu'il ne fût plus
jeune, on l'eût difficilement vu, sans soupçon injuste ou
fondé, rendre des soins assidus à une jeune et jolie
femme, qui, de son côté, se fût montrée heureuse ou
seulement flattée de ses assiduités. M. de Grignan n'avait
donc nul désir que sa femme se prêtât aux empresse-
ments souvent manifestés par Retz, qui, sous le couvert
d'une parenté illusoire, eût pu prétendre à de faciles et
dangereuses privautés. Rien ne permet de supposer au
prélat des desseins, encore moins des entreprises, dont
nulle trace sérieuse ne subsiste dans les souvenirs écrits
du temps. Mais tout dans la conduite de madame de
Grignan dénote une préoccupation, un souci, une crainte
même de l'opinion, qui est à nos yeux la seule cause
et l'explication plausible de sa froideur pour la *chère
Éminence* de sa mère.

Cette froideur était intermittente, et la comtesse de
Grignan en témoignait plus ou moins suivant les oscilla-
tions de l'opinion et de la médisance parisiennes. Parfois
elle semblait répondre à l'affection affichée de cet oncle
pour rire. Nous en trouvons un exemple dans ce passage
d'une lettre de la vigilante madame de Scudéry, écrite
quatre ans auparavant, à l'époque où le prince de l'Église,
selon ses prôneurs pleinement dégoûté, préludait par la
démission de son chapeau à une retraite que l'on disait
sans retour : « Notre ami, le cardinal de Retz, quitte pro-
chainement son chapeau, mais il ne quitte point, dit-on,

madame de Grignan ni madame de Coulanges. Il passe le
jour avec ces dames. Que dites-vous de cette retraite [1] ? »
Madame de Scudéry fournit aussi la preuve que, même à
l'époque où ce récit est parvenu, après le retour si peu édi-
fiant de Commercy, Retz n'avait rien rabattu de ses allures
mondaines, on pourrait dire de ses habitudes galantes : le
vieil homme subsistait toujours, sa pénitence au désert
n'avait pu le changer. « On dit, écrit à Bussy sa fidèle
amie, le 23 novembre 1678, que notre ami le cardinal de
Retz ne bouge de chez madame de Bracciano. Cela n'est-
il pas étrange qu'il faille de ces amusements-là toute la
vie? qu'est-ce qui paroissoit avoir mieux renoncé à tout
cela que lui? » [2] Bussy s'en explique d'abord avec son
voisin de Semur, M. de Trichâteau : « On me mande, lui
dit-il, que le cardinal de Retz achève de faire sa pénitence chez madame de Bracciano, qui, comme vous
savez, étoit madame de Chalais, fille de Noirmoutier.
Si cela est, je ne désespère pas de voir l'abbé de La Trappe
revenir soupirer pour quelques dames de la Cour [3]. »
Dans sa réponse à madame de Scudéry, il manifeste encore son étonnement de voir le cardinal, dont il avait
admiré le renoncement, quitter la voie de l'abbé de
Rancé pour s'attacher aux pas de la future princesse
des Ursins. « Si le cardinal de Retz, ajoute-t-il, va au
paradis par chez madame de Bracciano, l'abbé de La
Trappe est bien sot de tenir le chemin qu'il tient pour y
aller » [4]. C'est en tout bien tout honneur, nous voulons le

---

[1] Lettre sans date de madame de Scudéry à Bussy, *Corresp. de
Bussy-Rabutin*, t. III, *Appendice*, p. 435.

[2] *Correspondance de Bussy-Rabutin*, t. IV, p. 240.

[3] *Correspondance de Bussy*, t. IV, p. 244.

[4] *Correspondance de Bussy*, t. IV, p. 247. Anne-Marie, fille de

croire, que le cardinal de Retz fréquentait avec cette assiduité l'hôtel de la duchesse de Bracciano, encore jeune
et belle ; mais le peu de réserve de sa vie et la curiosité
dont ses moindres actions étaient l'objet, suffisent pour
expliquer et nous dirons justifier la conduite de madame
de Grignan, amoureuse de sa bonne renommée.

Nous ne pensons pas que celle-ci eût fait à sa mère
la confidence de son for intérieur et de ses scrupules à
l'endroit du mondain prélat. Madame de Sévigné, qui
croyait à la vertu de sa fille, comme elle croyait à son
esprit et à sa raison, c'est-à-dire avec une foi tenant
du culte, n'eût point accordé aux plus malintentionnés
le pouvoir d'effleurer même sa pure réputation : d'un
autre côté elle tenait son ami pour incapable d'autoriser
tout mauvais jugement ; c'était donc sans préoccupation
aucune qu'elle poussait madame de Grignan à rendre
au cardinal des soins plus assidus, et par reconnaissance
d'une affection qu'elle lui certifiait, et à cause des
espérances qu'elle avait conçues pour son petit-fils, dernier soutien d'une maison chancelante.

Déjà, en 1675, la marquise de Sévigné avait entretenu
sa fille des dispositions favorables de leur ami commun,
mais dans des termes indiquant qu'alors c'était à madame
de Grignan, elle-même, que Retz voulait laisser tout ou
partie de sa fortune. On va voir dans le passage suivant le
peu de penchant qu'avait celle-ci à cultiver avec suite
et bonne grâce ces chances de succession : « Pour ce
que vous me dites de l'avenir touchant M. le cardinal, il

Louis de la Trémouille, duc de Noirmoutier, veuve en première noces
de Talleyrand, prince de Chalais, épousa en 1675 Flavio des Ursins,
duc de Bracciano. Connue d'abord sous ce dernier nom, elle prit,
vers 1698, celui de des Ursins qu'elle a rendu fameux.

est vrai que je l'ai vu fort possédé de l'envie de vous témoigner en grand volume son amitié, quand il aura payé
ses dettes ; ce sentiment me paroît assez obligeant pour
que vous en soyez informée ; mais, comme il y a deux
ans à méditer sur la manière dont vous refuserez ses
bienfaits, je pense, ma chère enfant, qu'il ne faut point
prendre des mesures de si loin : Dieu nous le conserve
et nous fasse la grâce d'être en état, dans ce temps, de
lui faire entendre vos résolutions; il est fort inutile,
entre ci et là, de s'en inquiéter. ' » Évidemment c'était
là aux yeux de madame de Grignan un héritage compromettant.

Sa répugnance sur ce point allait jusqu'à repousser
les présents en apparence les plus innocents. M. Walckenaer a déjà parlé du refus de cette cassolette d'argent, de forme gothique, valant trois cents francs à
peine, et que le cardinal de Retz, partant pour Saint-Mihiel, avait voulu envoyer comme souvenir à sa nièce ² :
rien ne put décider madame de Grignan à accepter ce
mince cadeau, ni les instances du prélat, ni les prières
et même les reproches de sa mère. « Il n'y a rien de
noble à cette vision de générosité, lui écrivait celle-ci ;
je crois n'avoir pas l'âme trop intéressée, et j'en ai
fait des preuves, mais je pense qu'il y a des occasions où
c'est une rudesse et une ingratitude de refuser : que
manque-t-il à M. le cardinal pour être en droit de vous
faire un tel présent? à qui voulez-vous qu'il envoie
cette bagatelle? Il a donné sa vaisselle à ses créanciers; s'il y ajoute ce bijou, il en aura bien cent écus;

---

¹ SÉVIGNÉ, Lettres du 14 juin 1675, t. III, p. 312.
² Mémoires sur madame de Sévigné, tom V, p. 167.

c'est une curiosité, c'est un souvenir, c'est de quoi
parer un cabinet : on reçoit tout simplement avec
tendresse et respect ces sortes de présents, et, comme
il disoit cet hiver, il est au-dessous du *magnanime* de
les refuser; c'est les estimer trop que d'y faire tant
d'attention [1]. » Le cardinal, sans doute pour forcer la
main à madame de Grignan, s'étant obstiné à lui faire
adresser dans son château ce présent malencontreux,
celle-ci n'hésita pas à le lui renvoyer [2]. « Savez-vous
bien, lui dit sa mère avec humeur, que vous n'avez
pas pensé droit sur la cassolette, et qu'il (le cardinal)
a été piqué de la hauteur dont vous avez traité cette
dernière marque de son amitié ! Assurément vous avez
outré les beaux sentiments; ce n'est pas là, ma fille,
où vous devez sentir l'horreur d'un présent d'argenterie : vous ne trouverez personne de votre sentiment,
et vous devez vous défier de vous quand vous êtes seule
de votre avis [3]. » Nous dirons encore ici que ce don
avait trop peu de valeur pour que le refus vînt uniquement d'une excessive et même ridicule générosité de caractère.

Trois ans après, comme le cardinal de Retz, toutes
ses dettes payées, persistait dans son désir de témoigner à madame de Grignan son amitié « en grand volume », le moment était venu pour elle de refuser,
comme elle en avait eu jusque-là le dessein, cette considérable et très-significative marque d'une affection plus
redoutée que cultivée. C'est alors, sans doute, que

---

[1] Sévigné, *Lettres* (26 juin 1675), tom. III, p. 307.
[2] Sévigné, *Lettres*, tom. III, p. 336.
[3] Sévigné, *Lettres* (9 sept. 1675), p. 460.

Retz, soit par une inspiration personnelle, soit par
suite de quelque maternelle insinuation de madame de
Sévigné, soit plutôt par l'effet d'un habile conseil donné
par le fidèle et ingénieux Corbinelli, s'arrêta à l'idée
d'adopter pour héritier le jeune marquis de Grignan.
Cette combinaison sauvait toutes les apparences : madame de Grignan n'était pas en nom, et cependant le
bien arrivait à ce qu'elle avait de plus cher au monde.
Nous pensons que c'est lorsque cette perspective s'ouvrit devant elle que la comtesse de Grignan, qui était sur
le point de partir pour la Provence, se décida, de l'aveu
de son mari, à rester à Paris, afin d'y suivre les chances
qui se prononçaient en faveur de leur maison.

Mais, en faisant cette concession, madame de Grignan
ne put prendre sur elle de changer sa conduite vis-à-vis
du cardinal de Retz. Elle eût souhaité que la fortune
vînt à son fils, mais sans paraître s'en occuper elle-
même ; et, bizarrerie que l'on conçoit après ce que
nous venons de dire, plus le dessein du cardinal prenait
forme et couleur, plus elle affichait de réserve et de
froideur. Elle voulait et ne voulait pas. Sa tendresse
maternelle lui faisait vivement désirer le succès, la
crainte de l'opinion le lui faisait appréhender. Alternativement elle avouait et désavouait sa mère, qui, elle,
marchait au but sans hésitation, sans souci jugé su-
perflu. Tantôt elle trouvait le zèle de Corbinelli indiscret, et tantôt elle entrait à son égard dans d'injustes
défiances, le prenant pour un faux ami. Que l'on ajoute
à cela ce vice de caractère, ce défaut d'expansion, de
confiance, de communication relativement à ses affaires domestiques, plus marqués encore à ce dernier
voyage ; que l'on tienne compte enfin d'une jalousie

véritable, non moins vive qu'imméritée, contre l'ami le plus dévoué mais en même temps le confident le p'us secret de sa mère, et l'on aura une idée de la situation morale de cette femme, d'ailleurs maladive de corps comme d'esprit, et, par contre-coup, des tribulations, des souffrances de madame de Sévigné.

Ce trouble douloureux a laissé des traces plus accusées encore que la première agitation de 1677, dont nous avons entretenu le lecteur au chapitre précédent, en mettant les textes sous ses yeux [1]. Nous voulons procéder de même dans cette seconde occasion : il ne faut rien perdre de l'expression de ces orages d'intérieur, car, intérêt de style et éloquence du cœur à part, ce sont des pièces de ce procès d'incompatibilité d'humeur qu'il a paru piquant d'intenter à cette mère idolâtre et a cette fille solidement dévouée.

Voici d'abord une lettre écrite à l'hôtel Carnavalet, d'une chambre à l'autre, après une véritable scène d'amoureux, où l'on s'est dit de désagréables choses, le cœur gros d'impatience, de tendresse, et surtout de larmes, qui débordent le lendemain, dans un assaut de générosité où chacune revendique pour elle seule les torts de la veille :

« J'ai mal dormi; vous m'accablâtes hier au soir, je n'ai pu supporter votre injustice. Je vois plus que les autres les qualités admirables que Dieu vous a données. J'admire votre courage, votre conduite. Je suis persuadée du fonds de l'amitié que vous avez pour moi. Toutes ces vérités sont établies dans le monde, et plus encore chez mes amis. Je serois bien fâchée qu'on pût douter

[1] *V. supra,* p. 247.

que, vous aimant comme je fais, vous ne fussiez point pour
moi comme vous êtes. Qu'y a-t-il donc? C'est que c'est
moi qui ai toutes les imperfections dont vous vous char-
giez hier au soir ; et le hasard a fait qu'avec confiance je me
plaignis hier à M. le chevalier que vous n'aviez pas assez
d'indulgence pour toutes ces misères ; que vous me les
faisiez quelquefois trop sentir, que j'en étois quelquefois
affligée et humiliée. Vous m'accusez aussi de parler à des
personnes à qui je ne dis jamais rien de ce qu'il ne faut
point dire. Vous me faites, sur cela, une injustice trop
criante ; vous donnez trop à vos préventions ; quand elles
sont établies, la raison et la vérité n'entrent plus chez
vous. Je disois tout cela *uniquement* à M. le chevalier, il
me parut convenir avec bonté de bien des choses ; et quand
je vois, après qu'il vous a parlé sans doute dans ce sens,
que vous m'accusez de trouver ma fille tout imparfaite,
toute pleine de défauts, tout ce que vous me dites hier
au soir, et que ce n'est point cela que je pense et que
je dis, et que c'est au contraire de vous trouver trop dure
sur mes défauts dont je me plains, je dis : Qu'est-ce que
ce changement? et je sens cette injustice, et je dors mal ;
mais je me porte fort bien et prendrai du café, ma bonne,
si vous le voulez bien [1]. »

Au mois de mai 1679, la mésintelligence avait déjà
commencé, et madame de Sévigné ayant peut-être un peu
brusquement quitté l'hôtel Carnavalet pour les ombrages
de Livry, si favorables aux soupirs, pendant que sa

---

[1] *Lettres inédites* de madame de Sévigné, éd. Klostermann,
p. 202, année 1679. — Le second éditeur des *Lettres inédites*,
Bossange, donne à celle-ci la date de 1678 ; mais nous adoptons
de préférence la date de 1679 indiquée par MM. le comte Germain
et de Monmerqué sur un exemplaire de M. de La Porte.

fille allait faire à Versailles une expédition utile aux
intérêts de sa maison, celle-ci se permit quelques reproches, auxquels répond le billet suivant :

« Vous qui savez, ma bonne, comme je suis frappée
des illusions et des fantômes, vous deviez bien m'épargner
la vilaine idée des dernières paroles que vous m'avez dites. Si je ne vous aime pas, si je ne suis point aise de
vous voir, si j'aime mieux Livry que vous, je vous
avoue, ma belle, que je suis la plus trompée de toutes les
personnes du monde. J'ai fait mon possible pour oublier vos reproches, et je n'ai pas eu beaucoup de peine
à les trouver injustes. Demeurez à Paris et vous verrez
si je n'y courrai pas avec bien plus de joie que je
ne suis venue ici. Je me suis un peu remise en pensant à tout ce que vous allez faire où je ne serai point,
et vous savez bien qu'il n'y a guère d'heure où vous
puissiez me regretter ; mais je ne suis pas de même et j'aime
à vous regarder et à n'être pas loin de vous pendant que
vous êtes en ces pays où les jours vous paroissent si longs ;
ils me paroîtroient tout de même si j'étois longtemps
comme je suis présentement... ¹. »

Mais le précieux recueil édité par Millevoye nous
fournit la plus curieuse de toutes les lettres de madame
de Sévigné, publiées jusqu'ici sur ces troubles de
famille.

En remettant au chevalier de Perrin la correspondance
de son aïeule pour la première édition autorisée de 1734,
la marquise de Simiane avait eu soin d'en retirer ce qui
accusait de trop vives discussions entre la mère et la
fille. Les lettres fournies par elle contiennent cependant

¹ SÉVIGNÉ, Lettres (27 mai 1679), t V, p. 400.

la preuve de ces dissentiments passagers; on l'a vu pour l'année 1677, on le verra tout à l'heure pour cette nouvelle crise. Mais dans ce que la piété trop timorée de la petite-fille a laissé passer, rien n'approche de la netteté et de la franchise émue de cet accent ma-.ternel qui domine dans la lettre qu'un hasard heureux avait mise entre les mains de Millevoye. C'est toujours le même cœur idolâtre, mais qui veut en finir avec un caractère malheureux, cause de chagrins renaissants. Toutefois, au courant de ce langage inusité de froide raison et de maternelle autorité, madame de Sévigné se sent prise d'un accès de plus tendre faiblesse à l'idée d'une séparation prochaine, que ces nouveaux malentendus semblent devoir hâter. Les autres parties de la lettre ont reçu leur commentaire de ce que nous avons dit de la situation d'esprit de madame de Grignan à l'égard du confident de sa mère, et du cardinal de Retz, ainsi que des démarches qui étaient faites en vue de la succession du prélat. On y voit encore que celui-ci avait cru devoir renouveler, mais sans plus de succès que pour sa cassolette, l'offre de quelque libéralité nouvelle, afin d'éprouver la docilité de sa nièce en matière de présents.

Paris, 1679.

« Il faut, ma chère bonne, que je me donne le plaisir de vous écrire, une fois pour toutes, comme je suis pour vous. Je n'ai point l'esprit de vous le dire; je ne vous dis rien qu'avec timidité et de mauvaise grâce, tenez-vous donc à ceci. Je ne touche point au fond de la tendresse sensible et naturelle que j'ai pour vous; c'est un prodige. Je ne sais pas quel effet peut faire en vous l'opposition que

vous dites qui est dans nos esprits ; il faut qu'elle ne soit
pas si grande dans nos sentiments, ou qu'il y ait quelque chose d'extraordinaire pour moi, puisqu'il est vrai
que mon attachement pour vous n'en est pas moindre.
Il semble que je veuille vaincre ces obstacles, et que cela
augmente mon amitié plutôt que de la diminuer : enfin,
jamais, ce me semble, on ne peut aimer plus parfaitement.
Je vous assure, ma bonne, que je ne suis occupée que
de vous, ou par rapport à vous, ne disant et ne faisant
rien que ce qui me paroît vous être le plus utile. C'est
dans cette pensée que j'ai eu toutes les conversations
avec S. E. qui ont toujours roulé sur dire que vous
avez de l'aversion pour lui. Il est très-sensible à la perte
de la place qu'il croit avoir eue dans votre amitié; il ne
sait pourquoi il l'a perdue. Il croit devoir être le premier de vos amis, il croit être des derniers. Voilà ce qui
cause ses agitations et sur quoi roulent toutes ses pensées.
Sur cela, je crois avoir dit et ménagé tout ce que l'amitié
que j'ai pour vous, et l'envie de conserver un ami si bon
et si utile, pouvoit m'inspirer, contestant ce qu'il falloit
contester, ne lâchant jamais que vous eussiez de l'horreur
pour lui, soutenant que vous aviez un fonds d'estime,
d'amitié et de reconnoissance, qu'il retrouveroit s'il prenoit d'autres manières; en un mot, disant toujours si
précisément tout ce qu'il falloit dire, et ménageant si
bien son esprit malgré ses chagrins, que, si je méritois
d'être louée de faire quelque chose de bien pour vous, il
me sembloit que ma conduite l'eût mérité. C'est ce qui
me surprit, lorsqu'au milieu de cette exacte conduite, il
me parut que vous faisiez une mine de chagrin à Corbinelli, qui la méritoit justement comme moi, et encore
moins, s'il se peut, car il a plus d'esprit et sait mieux

frapper où il veut. C'est ce que je n'ai pas encore compris, non plus que la perte que je vois que vous voulez bien faire de cette Éminence. Jamais je n'ai vu un cœur si aisé à gouverner pour peu que vous voulussiez en prendre la peine. Il croyoit avoir retrouvé, l'autre jour, ce fonds d'amitié dont je lui avois toujours répondu ; car j'ai cru bien faire de travailler sur ce fonds ; mais je ne sais comme tout d'un coup cela s'est tourné d'une autre manière. Est-il juste, ma bonne, qu'une bagatelle sur quoi il s'est trompé, m'assurant que vous la souffririez sans colère, m'étant moi-même appuyée sur sa parole pour la souffrir ; est-il possible que cela puisse faire un si grand effet ? Le moyen de le penser ! Eh bien ! nous avons mal deviné ; vous ne l'avez pas voulu : on l'a supprimé et renvoyé : voilà qui est fait ; c'est une chose non avenue, cela ne vaut pas, en vérité, le ton que vous avez pris. Je crois que vous avez des raisons ; j'en suis persuadée par la bonne opinion que j'ai de votre raison. Sans cela ne seroit-il point naturel de ménager un tel ami ? Quelle affaire auprès du roi, quelle succession, quel avis, quelle économie pourroit jamais vous être si utile, qu'un cœur dont le penchant naturel est la tendresse et la libéralité, qui tient pour une faveur de souffrir qu'il l'exerce pour vous, qui n'est occupé que du plaisir de vous en faire, qui a pour confident toute votre famille, et dont la conduite et l'absence ne peuvent, ce me semble, vous obliger à de grands soins ? Il ne lui faudroit que d'être persuadé que vous avez de l'amitié pour lui, comme il a cru que vous en aviez eu, et même avec moins de démonstrations, parce que ce temps est passé. Voilà ce que je vois du point de vue où je suis ; mais comme ce n'est qu'un côté, et que du vôtre je ne sais aucune de vos raisons ni de vos sen-

timents, il est très-possible que je raisonne mal. Je trouvois moi-même un si grand intérêt à vous conserver cette
source inépuisable, et cela pourroit être bon à tant de
choses, qu'il étoit bien naturel de travailler sur ce fonds.

« Mais je quitte ce discours pour revenir un peu à moi.
Vous disiez bien cruellement, ma bonne, que je serois
trop heureuse quand vous seriez loin de moi, que vous
me donniez mille chagrins, que vous ne faisiez que me
contrarier. Je ne puis penser à ce discours sans avoir le
cœur percé, et fondre en larmes. Ma très-chère, vous
ignorez bien comme je suis pour vous, si vous ne savez
que tous les chagrins que me peut donner l'excès de la
tendresse que j'ai pour vous, sont plus agréables que tous
les plaisirs du monde où vous n'avez point de part. Il est
vrai que je suis quelquefois blessée de l'entière ignorance
où je suis de vos sentiments, du peu de part que j'ai à
votre confiance : j'accorde avec peine l'amitié que vous
avez pour moi avec cette séparation de toutes sortes de
confidences. Je sais que vos amis sont traités autrement;
mais enfin, je me dis que c'est mon malheur que vous
êtes de cette humeur, qu'on ne se change point ; et, plus
que tout cela, ma bonne, admirez la faiblesse d'une véritable tendresse, c'est qu'effectivement votre présence, un
mot d'amitié, un retour, une douceur, me ramène et me
fait tout oublier. Ainsi, ma belle, ayant mille fois plus de
joie que de chagrin, et le fonds étant invariable, jugez
avec quelle douleur je souffre que vous pensiez que je
puisse aimer votre absence. Vous ne sauriez le croire, si
vous pensez à l'infinie tendresse que j'ai pour vous; voilà
comme elle est invariable et toujours sensible. Tout autre
sentiment est passager et ne dure qu'un moment, le fonds
est comme je vous le dis. Jugez comme je m'accommo-

derai d'une absence qui m'ôte de légers chagrins que je
ne sens plus, et qui m'ôte une créature dont la présence
et la moindre amitié fait ma vie et mon unique plaisir.
Joignez-y les inquiétudes de votre santé, et vous n'aurez
pas la cruauté de me faire une si grande injustice; son-
gez-y, ma bonne, à ce départ, et ne le pressez point, vous
en êtes la maitresse. Songez que ce que vous appelez des
forces a toujours été par votre faute et l'incertitude de
vos résolutions; car, pour moi, hélas! je n'ai jamais eu
qu'un but, qui est votre santé, votre présence, et de vous
retenir avec moi. Mais vous ôtez tout crédit par la force
des choses que vous dites pour confondre, qui sont précisément contre vous. Il faudroit quelquefois ménager
ceux qui pourroient faire un bon personnage dans les occasions. Ma pauvre bonne, voilà une abominable lettre;
je me suis abandonnée au plaisir de vous parler et de vous
dire comme je suis pour vous. Je parlerois d'ici à demain,
je ne veux point de réponse; Dieu vous en garde, ce n'est
pas mon dessein. Embrassez-moi seulement et me demandez pardon; mais je dis pardon, d'avoir cru que je
puisse trouver du repos dans votre absence [1]. »

Mais l'événement le plus imprévu allait mettre fin à
cette délicate et pénible situation. Vers le milieu du
mois d'août, le cardinal de Retz, dont la santé semblait
s'être raffermie depuis son retour, tomba subitement
malade. En peu de jours le mal eut fait de tels progrès
que ses amis purent tout craindre, surtout en voyant la
complète divergence d'opinions des médecins et des personnes qui le soignaient à l'hôtel Lesdiguières, où il s'é-
tait alité. Sa maladie paraît avoir été une veritable fièvre

---

[1] *Lettres inédites* de madame de Sévigné, éJ. Klostermann,
p. 204.

pernicieuse que l'on s'obstinait à traiter par les moyens impuissants de la vieille médecine, quand on avait sous la main le remède infaillible, le *Quinquina*, introduit, depuis quelques années, avec de grandes contestations de la part de l'École, mais alors, précisément, popularisé par un médecin venu de Londres. Le chevalier Talbot, c'est son nom, avait dû à la précieuse écorce du Pérou des cures éclatantes qui, en peu de temps, l'avaient rendu lui-même célèbre : on ne l'appelait plus que l'*Anglois*, et son remède qui était du vin fortement saturé de quina, le *remède de l'Anglois*.

Les merveilles, avec raison attribuées au Quinquina, étaient faites pour séduire un esprit hardi et porté aux nouveautés comme le cardinal de Retz, et, quelque temps auparavant, l'abbé de Livry, cet oncle si utile et si cher à madame de Sévigné, ayant été atteint d'une fièvre catarrhale, qui pouvait devenir grave, ce fut le cardinal qui décida facilement son amie, vraie disciple de Molière à l'égard de la pédantesque Faculté, à faire appeler l'*Anglois* pour soigner son Bien-Bon. En quelques jours le chevalier Talbot eut coupé la fièvre de l'abbé de Coulanges, donnant ainsi tout loisir de guérir, sans crainte de complication fâcheuse, une oppression de poitrine qui avait grandement effrayé madame de Sévigné. Aussi, dès que la fièvre du cardinal de Retz eut pris une tournure alarmante, la marquise fût-elle une des plus vives à réclamer que le remède de l'Anglois lui fût administré, soutenue en cela par sa fille et madame de la Fayette, qui, comme elle, visitaient assidûment l'hôtel de Lesdiguières. Mais elles n'y avaient pas la même influence que les maîtres de la maison qui d'accord avec quelques autres amis considérables, paraissent avoir été opposés à l'emploi du curatif nouveau, soit par crainte de froisser les sommités médicales qui entouraient le cardinal, soit, ce qu'il vaut mieux penser, par une conviction contraire à cette panacée, dénigrée et vantée avec un égal emportement, mais que, cependant, le malade réclamait avec insistance. Après quelques jours de ces débats funestes, et devant l'impuissance avouée de l'École officielle, on se décida enfin à recourir au chevalier Talbot. A la vue du malade, celui-ci déclara qu'on l'avait fait appeler trop tard. Le lendemain, 24 août, en effet, à deux heures de l'après-midi, le cardinal de Retz rendait le dernier soupir, à la grande désolation de madame de Sévigné, empressée de raconter cette mort et sa douleur à son correspondant des choses délicates et intimes, le comte de Guitaud. Voici son récit, emprunté au recueil de Millevoye, dont l'importance se trouve, par ces détails, confirmée une fois de plus :

« Hélas ! mon pauvre monsieur, quelle nouvelle vous allez apprendre, et quelle douleur j'ai à supporter ! M. le cardinal de Retz mourut hier, après sept jours de fièvre continue. Dieu n'a pas voulu qu'on lui donnât du remède de l'Anglois, quoiqu'il le demandât, et que l'expérience de notre bon abbé de Coulanges fût tout chaud, et que ce fût même cette Éminence qui nous décidât pour nous tirer de la cruelle Faculté, en protestant que s'il avoit un seul accès de fièvre, il enverroit quérir ce médecin anglois. Sur cela, il tombe malade, il demande ce remède ; il a la fièvre ; il est accablé d'humeurs qui lui causent des faiblesses ; il a un hoquet qui marque la bile dans l'estomac. Tout cela est précisément ce qui est propre pour être guéri et consommé par le remède chaud et vineux de cet Anglois. Mme de la Fayette, ma fille et moi, nous crions miséricorde, et nous présentons notre abbé ressuscité, et Dieu ne veut pas que personne décide, et chacun, en disant : Je ne veux me charger de rien, se charge de tout; et enfin M. Petit, soutenu de M. Belay, l'a premièrement fait saigner quatre fois en trois jours, et puis deux petits verres de casse, qui l'ont fait mourir dans l'opération, car la casse n'est pas un remède indifférent quand la fièvre est maligne. Quand ce pauvre cardinal fut à l'agonie, ils consentirent qu'on envoyât quérir l'Anglois : il vint et dit qu'il ne savoit pas ressusciter les morts. Ainsi est péri devant nos yeux cet homme si aimable et si illustre, que l'on ne pouvoit connoître sans l'aimer.

« Je vous mande tout ceci dans la douleur de mon cœur, par cette confiance qui me fait vous dire plus qu'aux autres, car il ne faut point, s'il vous plaît, que cela retourne. Le funeste succès n'a que trop justifié nos discours, et l'on ne peut retourner sur cette conduite, sans faire beaucoup de bruit; voilà ce qui me tient uniquement à l'esprit. Ma fille est touchée comme elle le doit. Je n'ose parler de son départ; il me semble pourtant que tout me quitte et que le pis qui me puisse arriver, qui est son absence, va bientôt m'achever d'accabler. Monsieur et madame, ne vous fais-je pas un peu de pitié? Ces différentes tristesses m'ont empêchée de sentir assez la convalescence de notre bon abbé, qui est revenu de la mort... J'aurois cent choses à vous dire, mais le moyen, quand on a le cœur pressé [1] ! »

Voilà de la vraie douleur. Ainsi exprimés, ces regrets honorent celui qui les inspire et celle qui les ressent. Le

---

[1] Sévigné, *Lettres inédites* (25 août 1679), éd. Klostermann, p. 35.

même jour, la marquise de Sévigné mande cette perte
à Bussy, dans des termes également sentis, quoiqu'on y
trouve moins de confiance et d'abandon : « Plaignez-
moi, mon cousin, d'avoir perdu le cardinal de Retz.
Vous savez combien il étoit aimable et digne de l'estime de tous ceux qui le connoissoient. J'étois son amie
depuis trente ans, et je n'avois jamais reçu que des
marques tendres de son amitié. Elle m'étoit également
honorable et délicieuse. Il étoit d'un commerce aisé plus
que personne du monde. Huit jours de fièvre continue
m'ont ôté cet illustre ami. J'en suis touchée jusqu'au
fond du cœur..... Notre bon abbé de Coulanges a pensé
mourir. Le remède du médecin anglois l'a ressuscité.
Dieu n'a pas voulu que M. le cardinal de Retz s'en ser-
vît, quoiqu'il le demandât sans cesse. L'heure de sa
mort étoit marquée et cela ne se dérange point [1]. » La
réponse de Bussy est assez sèche : « Votre lettre m'a
d'abord réjoui, Madame, mais ensuite j'ai été fâché de
voir qu'elle n'étoit que d'une petite feuille de papier, et
je l'ai été bien davantage quand j'y ai vu la mort de
M. le cardinal de Retz ; je sais l'amitié qui étoit entre vous
deux, et quand je ne le regretterois pas par l'estime que
j'avois pour lui, et par l'amitié qu'il m'avoit promise, je
le regretterois pour l'amour de vous, aux intérêts de
qui je prends toute la part qu'on peut prendre.... Je suis
ravi que le bon abbé n'ait pas suivi le cardinal. Il est
encore plus nécessaire que Son Éminence [2]. »

Madame de Sévigné nous fournit à peu près les seuls

---

[1] SÉVIGNÉ, *Lettres* (25 août 1679), t. V, p. 421.

[2] SÉVIGNÉ, *Lettres* (28 août), p. 423. — *Corresp. de Bussy-Rabutin*, t. IV, p. 440.

détails que nous possédions sur la mort du cardinal de Retz, comme presque seule elle nous a fait connaître l'emploi de ses dernières années. Dans la publication mensuelle qui tient registre exact de tous les faits relatifs aux personnages notables du temps, nous lisons cependant ces quelques lignes qui ont échappé aux biographes du célèbre cardinal : « On a trouvé pour plus de trois millions quatre cent mille livres de quittances de ses dettes...... Sa résignation à la mort a été admirable. Il a employé ses derniers moments à des actes d'humilité, et voulu être enterré à Saint-Denis, hors le chœur, et sur la main droite, et sans aucune cérémonie. Il a été porté dans un carrosse, avec un seul prêtre, comme il l'avoit expressément demandé. Messieurs de l'Abbaye n'ont pas laissé de lui faire tous les honneurs qui lui étoient dus, et sont venus recevoir son corps à la porte de la ville. On a su, depuis sa mort, une chose très-particulière. Le pape lui avoit écrit, depuis quelque temps, pour lui demander l'idée d'un parfait cardinal, afin qu'apprenant de lui les qualités qu'il jugeoit nécessaires à le former, il ne fît aucun choix sans connoissance. La lettre étoit pleine de marques d'estime pour M. le cardinal de Retz, qu'on assure avoir travaillé à cet ouvrage. Il est mort âgé de soixante-six ans[1]. »

En avril était morte la duchesse de Longueville et en juillet la non moins fameuse duchesse de Chevreuse. Ainsi disparaissaient, en plein midi de la royauté triomphante, ces premiers acteurs de la Fronde, dont les noms, coup sur coup prononcés, réveillèrent pour un court

[1] *Mercure galant* de septembre 1679, p. 194.

instant le souvenir effacé de leur importance évanouie.
Vingt-huit ans à peine s'étaient écoulés depuis cette
époque si pleine de bruit et de passions heureusement
contraires; on eût dit d'un siècle, tant le pouvoir royal
(effet ordinaire des révolutions avortées et des tentatives malavisées de gratuite anarchie) avait grandi en
force et en éclat !

Ce qui se faisait toujours, même pour des personnages qui n'avaient ni l'importance ni la célébrité du
cardinal de Retz, n'eut point lieu à la mort de l'ancien
chef de la Fronde. Il ne fut prononcé en son honneur
aucune oraison funèbre, œuvre délicate, on le conçoit,
et, par conséquent, peu recherchée. Six ans après, Bossuet, dans son panégyrique du chancelier Le Tellier,
ayant à louer la fidélité de son héros, pendant la crise de
1648, ne recula pas devant la figure de ce Gracque en
camail, et, en quelques traits de sa main de maître, il
reproduisit, saisissante pour tous, une physionomie peut-
être unique dans l'histoire de nos troubles et de nos
mœurs. On a cité vingt fois ce passage à la Tacite, dont
les premiers mots firent aussitôt circuler dans tout l'au-
ditoire le nom du cardinal de Retz : « Puis-je oublier
celui que je vois partout dans le récit de nos malheurs,
cet homme si fidèle aux particuliers, si redoutable à l'É-
tat, d'un caractère si haut qu'on ne pouvoit ni l'estimer,
ni le craindre, ni l'aimer, ni le haïr à demi; ferme génie
que nous avons vu, en ébranlant l'univers, s'attirer une
dignité qu'à la fin il voulut quitter comme trop chèrement achetée, ainsi qu'il eut le courage de le reconnoître dans le lieu le plus éminent de la chrétienté, et
enfin comme peu capable de contenter ses désirs? tant
il connut son erreur et le vide des grandeurs humaines !

Mais, pendant qu'il vouloit acquérir ce qu'il devoit un jour mépriser, il remua tout par de secrets et de puissants ressorts; et après que tous les partis furent abattus, il sembla encore se soutenir seul, et seul encore menacer le favori victorieux de ses tristes et intrépides regards [1]. »

Quatre années auparavant, un portrait de Retz dans le goût du temps, plus détaillé, plus familier, mais également vrai quoique d'une manière bien différente, avait couru dans la société de madame de Sévigné, laquelle s'était empressée de l'envoyer à sa fille, avec cette annonce qui en certifie la ressemblance et le prix : « Voilà un portrait qui s'est fait brusquement sur le cardinal; celui qui l'a fait n'est point son intime ami, il n'a nul dessein que le cardinal le voie, ni que cet écrit coure ; il n'a point prétendu le louer : le portrait m'a paru très-bon par toutes ces raisons; je vous l'envoie et vous prie de n'en donner aucune copie : on est si lassé de louanges en face, qu'il y a du ragoût à pouvoir être assuré que l'on n'a eu nul dessein de faire plaisir, et que voilà ce qu'on dit quand on dit la vérité toute nue, toute naïve [2].

Portrait du cardinal de Retz.

« Paul de Gondi, cardinal de Retz, a beaucoup d'é-
« lévation, d'étendue d'esprit, et plus d'ostentation
« que de vraie grandeur de courage. Il a une mémoire
« extraordinaire, plus de force que de politesse dans ses

[1] *Oraison funèbre du chancelier Le Tellier*, prononcée dans l'église de Saint-Gervais le 2 janvier 1686.
[2] SÉVIGNÉ, *Lettres* (19 juin 1675), t. III, p. 301.

« paroles, l'humeur facile, de la docilité et de la foi-
« blesse à souffrir les plaintes et les reproches de ses
« amis; peu de piété, quelques apparences de religion.
« Il paroît ambitieux sans l'être; la vanité, et ceux qui
« l'ont conduit, lui ont fait entreprendre de grandes
« choses, presque toutes opposées à sa profession : il
« a suscité les plus grands désordres de l'État, sans
« avoir un dessein formé de s'en prévaloir; et bien
« loin de se déclarer ennemi du cardinal Mazarin, pour
« occuper sa place, il n'a pensé qu'à lui paroître redou-
« table, et à se flatter de la fausse vanité de lui être
« opposé. Il a su, néanmoins, profiter avec habileté
« des malheurs publics pour se faire cardinal; il a souf-
« fert sa prison avec fermeté, et n'a dû sa liberté qu'à
« sa hardiesse. La paresse l'a soutenu avec gloire du-
« rant plusieurs années dans l'obscurité d'une vie er-
« rante et cachée; il a conservé l'archevêché de Paris
« contre la puissance du cardinal Mazarin; mais, après
« la mort de ce ministre, il s'en est démis, sans con-
« noître ce qu'il faisoit et sans prendre cette conjoncture
« pour ménager les intérêts de ses amis et les siens
« propres. Il est entré dans divers conclaves, et sa con-
« duite a toujours augmenté sa réputation. Sa pente
« naturelle est l'oisiveté; il travaille, néanmoins, avec
« activité dans les affaires qui le pressent, et il se
« repose avec nonchalance quand elles sont finies. Il a
« une grande présence d'esprit, et il sait tellement tour-
« ner à son avantage les occasions que la fortune lui
« offre, qu'il semble qu'il les ait prévues et désirées.
« Il aime à raconter; il veut éblouir indifféremment
« tous ceux qui l'écoutent par des aventures extraordi-
« naires, et souvent son imagination lui fournit plus

« que sa mémoire. Il est faux dans la plupart de ses
« qualités, et ce qui a le plus contribué à sa réputation,
« est de savoir donner un beau jour à ses défauts. Il est
« insensible à la haine et à l'amitié, quelques soins
« qu'il ait pris de paroître occupé de l'une ou de l'autre.
« Il est incapable d'envie et d'avarice, soit par vertu,
« soit par inapplication. Il a plus emprunté de ses amis,
« qu'un particulier ne pouvoit espérer de leur pouvoir
« rendre; il a senti de la vanité à trouver tant de cré-
« dit, et à entreprendre de s'acquitter. Il n'a point de
« goût ni de délicatesse; il s'amuse à tout, et ne se plaît
« à rien; il évite avec adresse de laisser pénétrer qu'il n'a
« qu'une légère connoissance de toutes choses [1]..... »

Dans une lettre subséquente, la marquise de Sévigné
donne à sa fille le nom de l'auteur de ce portrait, qui
était pour elle un ami presque à l'égal du cardinal de
Retz. Elle lui fait connaître, en même temps, l'opinion
de ce dernier sur cette appréciation de son caractère
que, par une indiscrétion louable dans ses motifs, elle
n'avait pu se tenir de lui communiquer. « Il m'a paru,
dit-elle, que l'envie d'être approuvé de l'académie
d'Arles pourra vous faire avoir quelques *Maximes* de
M. de La Rochefoucauld. Le *portrait* vient de lui, et ce
qui me le fît trouver bon, et le montrer au cardinal,
c'est qu'il n'a jamais été fait pour être vu : c'étoit un
secret que j'ai forcé, par le goût que je trouvai à des
louanges en absence, de la part d'un homme qui n'est

[1] SÉVIGNÉ, *Lettres*, t. III, p. 302. M. Walckenaer (*Mémoires
sur madame de Sévigné*, t. V, p. 164) a parlé de ce portrait,
dont il n'a donné que la dernière phrase, que, pour cette raison,
nous avons omise. Elle a trait au départ du cardinal pour Saint-
Mihiel, départ dont l'auteur ne se montre point la dupe.

ni intime ami, ni flatteur. Notre cardinal trouva le même plaisir que moi à voir que c'étoit ainsi que la vérité forçoit à parler de lui quand on ne l'aimoit guère, et qu'on croyoit qu'il ne le sauroit jamais [1]. » De l'aveu de Retz et de son amie, cette peinture où, avec un art infini et dans une forme exquise, les parts sont faites égales à l'ombre et à la lumière, à l'éloge et au blâme, est donc ressemblante et fidèle. On pouvait dire plus en faveur du personnage, et la supériorité que déploya le cardinal de Retz dans les négociations religieuses où il fut employé après sa réconciliation avec la cour, n'est pas ici suffisamment accusée. Mais un trait surtout, le plus honorable pour le caractère du prélat, a été omis par La Rochefoucauld, trait qu'a recueilli avec soin un autre contemporain : « Quand il pouvoit découvrir, dit Saint-Évremont, que des personnes qu'il considéroit manquoient des choses nécessaires, il trouvoit mille moyens ingénieux pour soulager leur besoin et pour ménager leur amour-propre. Les dernieres années de sa vie, il leur distribuoit, le premier jour de chaque mois, une somme assez considérable, qu'il prenoit sur son entretien [2]. »

Corbinelli avait été un de ceux à qui l'ingénieuse libéralité du cardinal de Retz savait forcer la main. Mais l'impassible philosophe, dont la Fortune semblait vouloir fatiguer la patience, ne jouit pas longtemps de la pension que, sous le couvert de leur parenté illusoire, le prélat généreux lui avait fait accepter. « Admirez en

---

[1] SÉVIGNÉ, *Lettres* (3 juillet 1675), t. III, p. 318.

[2] *Mémoires du cardinal de Retz*, t. II, *Appendice* (édition faisant partie de la *Bibliothèque variée* publiée par le *Comptoir des Imprimeurs-unis*, sous la direction de Charles Nodier.)

passant (écrit à ce propos à son cousin la marquise de
Sévigné) le malheur de Corbinelli. M. le cardinal de
Retz l'aimoit chèrement : il commence à lui donner
une pension de deux mille francs ; son étoile a, je crois,
fait mourir cette Éminence [1]. » Et Bussy, rappelant la
mort non moins inopportune d'un protecteur encore plus
puissant de leur ami commun, ajoute : « C'est notre
ami Corbinelli qui est encore plus à plaindre ; personne
ne perd tant que lui. Il y a longtemps que j'ai remarqué
que son étoile changeoit le bien en mal, et qu'il portoit
malheur à ses amis. Le pape Urbain VIII, qui le recon-
noissoit pour son parent, et qui, sur ce pied-là, l'auroit
avancé, mourut dès qu'il commença de l'aimer. Le cardinal de Retz veut lui faire du bien : il ne passe pas
l'année [2]. »

Quant à la succession du cardinal, la promptitude de
sa mort l'empêcha sans doute d'en disposer ainsi qu'il
en avait témoigné le désir : l'absence de testament
fit donc passer ce qui lui restait à la duchesse de Lesdiguières, sa nièce à la mode de Bretagne, et la famille
de Grignan se vit ainsi privée d'un héritage qui lui eût
été si utile. Le souvenir et le regret de l'inutilité de ses
efforts à cet égard, poursuivent encore à un an de là madame de Sévigné passant au pied du château de Nantes
où son ami avait été retenu prisonnier après la Fronde
et d'où il s'était évadé avec une grande audace. « Nous
venons d'arriver en cette ville si bien située (écrit-elle à
sa fille le 13 mai 1680); je ne puis jamais passer au
pied d'une certaine tour que je ne me souvienne de ce

[1] Sévigné, *Lettres* (25 août 1679), t. V, p. 421.
[2] *Corresp. de Bussy-Rabutin*, t. IV, p. 440.

pauvre cardinal et de sa funeste mort, encore plus funeste que vous ne le sauriez penser. Je passe entièrement sur cet article sur quoi il y auroit trop à dire; il vaut mieux se taire mille fois; peut-être que la Providence voudra quelque jour que nous en parlions à fond [1]. » Ce passage de madame de Sévigné a fait penser à quelques-uns que la mort du cardinal de Retz n'avait pas été naturelle; d'autres ont cru qu'il avait lui-même abrégé ses jours, par le poison sans doute [2]. M. Monmerqué estime que cette double opinion n'est pas fondée. Il fait remarquer avec raison que madame de Grignan ayant assisté comme sa mère aux derniers moments du cardinal, celle-ci ne pouvait lui apprendre aucun détail qui lui fût inconnu. Nous dirons comme lui que cette mort inopinée aura été *funeste* à la fortune de madame de Grignan, en empêchant le prélat de faire en faveur de son fils des dispositions testamentaires qu'il semblait avoir depuis longtemps arrêtées. A l'appui de cette explication on peut invoquer avec M. Monmerqué le passage suivant d'une lettre écrite par madame de Sévigné à sa fille le 25 août 1680 : « Il y a bientôt un an que je vous ai quittée, et ce fut comme hier que le petit marquis fît une grande perte [3]. » Une preuve que la mort du cardinal de Retz fut naturelle nous paraît encore résulter de ce fragment tiré d'une lettre du 18 août de la même année, et qui n'a point été relevé : « J'ai songé, ma fille, en quel état étoit ce bon abbé il y a un an, et tous vos

[1] SÉVIGNÉ, *Lettres*, t. VI, p. 269.

[2] Deuxième édition des *Lettres inédites* (Paris, Bossange), note à la lettre V[e], p. 204. — Notes de M. Monmerqué, *Lettres de madame de Sévigné*, t. V, p. 422 et VI, p. 269.

[3] SÉVIGNÉ, *Lettres*, t. VI, p. 433.

soins aimables, que je dois mettre sur mon compte, et
quels secours je tirois de vos conseils, et cet Anglois, *et
ce cardinal, qui mourut, ce me semble, de la maladie
de l'abbé*[1]. »

[1] T. VI, p. 423. A la fin de l'édition nouvelle des *Mémoires* du cardinal de Retz, donnée par MM. Champollion-Figeac dans la collection Michaud et Poujoulat (t. XXV), on trouve d'intéressantes pièces relatives à la seconde partie de sa vie. Dans le tome III des *Lettres d'Antoine Arnauld, docteur de Sorbonne* (Nancy, 1727, p. 153
et 155) il faut recueillir aussi deux lettres de condoléance adressées
par le célèbre docteur à madame de Lesdiguières et à la mère du Far-
gis de Port-Royal, autre parente du cardinal de Retz. Le père Lelong
a remarqué avec raison que les Lettres d'Arnauld « renfermaient
« bien des faits depuis 1640 jusqu'en 1694. » Elles peuvent être très-
utilement consultées par l'histoire.

CHAPITRE IX.

1679—1680.

Madame de Grignan retourne en Provence. — Douleur toujours nouvelle de madame de Sévigné. — Dernières explications entre la mère et la fille. — Mariage de Louise d'Orléans avec Charles II, roi d'Espagne. — La duchesse de Villars accompagne la jeune reine à Madrid. — Sa correspondance avec mesdames de Coulanges et de Sévigné. — Disgrâce de M. de Pomponne. — Belle conduite de madame de Sévigné. — Le ministre disgracié emporte dans sa retraite l'estime publique et les regrets de la cour.

La comtesse de Grignan quitta Paris, le 13 septembre, sous la conduite de son mari, et en compagnie de son fils et des deux demoiselles de Grignan, « dans une santé assez délicate (écrit madame de Sévigné à Bussy), pour qu'elle en soit continuellement en peine [1]. » Ces préoccupations, dues à l'excessive maigreur de sa fille, durèrent encore près d'une année. Afin de ménager madame de Grignan, le voyage devait avoir lieu en grande partie par eau : sur la Seine et l'Yonne de Paris à Auxerre, en diligence d'Auxerre à Châlons, et sur la Saône et le Rhône, de cette dernière ville à Grignan [2].

---

[1] Sévigné, *Lettres*, t. V, p. 474.

[2] On peut lire des détails curieux et entièrement nouveaux sur les moyens de voyager alors, par les *Coches* d'eau et les *Diligences*, nouvellement établies, dans le savant ouvrage de M. Eugène

A chaque séparation de madame de Sévigné d'avec sa fille, on est tenté de reproduire ses plaintes, toujours répétées, mais toujours nouvelles, sur la cruelle destinée qui lui faisait passer le meilleur de sa vie loin de cette idole de son cœur. Nous ne voulons point faire subir au lecteur d'inutiles redites. La maternelle tendresse de madame de Sévigné n'est point à prouver; non qu'on ne l'ait niée, on conteste bien, depuis quelque temps, son mérite d'écrivain, car, pas plus que les contemporains d'Aristide, les Athéniens de Paris n'aiment les longues et monotones réputations. Mais nous nous sommes promis de couler à fond ce qui concerne les démêlés qui ont eu lieu entre la mère et la fille, démêlés souvent invoqués pour établir que cette grande passion affichée de madame de Sévigné n'avait été qu'un thème littéraire, un sujet d'amplification, une vanité de cœur, née du désir de paraître, dans son temps, la plus tendre mère, quand en réalité sa fille et elle ne pouvaient vivre quelques mois ensemble sans se piquer et se quereller. Ces querelles, dans toute leur vie, se sont reproduites trois fois : en 1674, et M. Walckenaer a fait connaître à quel propos [1]; en 1677, et nous avons vu que le souci réciproque de leur santé en fut la seule cause; et dans cette dernière circonstance, dont il nous reste trop peu à dire pour laisser incomplet un exposé qui ne pouvait trouver place dans les notices et biographies publiées jusqu'ici sur madame de Sévigné, à cause de leur cadre trop restreint, mais que la dimension de ces Mémoires nous a sollicité à reproduire dans son entier.

d'Auriac, intitulé : *Histoire anecdotique de l'Industrie française*, in-12; Paris, Dentu, 1861, p. 107, 200 et suiv.

[1] Conférez *Mémoires sur madame de Sévigné*, t. V, p. 140-142.

Madame de Sévigné est restée le double type du genre épistolaire et de l'amour maternel. On dit indifféremment l'auteur des Lettres, et la mère de madame de Grignan. Quant à l'écrivain, il n'est pas une page de son recueil qui ne le défende; la mère y éclate aussi dans toute sa sincère exagération et son adoration inquiète; et, selon nous, les passages les plus troublés, ceux qui ont trait aux discussions survenues entre ces deux femmes, fournissent la plus saisissante preuve d'une tendresse avec raison devenue proverbiale. Ils prouvent aussi, toute différence de caractère gardée, la véritable et solide affection de madame de Grignan, dont il faut apprécier avec une équitable indulgence la situation difficile, partagée qu'elle était entre ses devoirs souvent contradictoires de fille et d'épouse. Nous allons donc réunir ici les quelques fragments qui se lisent encore sur ce sujet dans la correspondance de madame de Sévigné, après le départ de sa fille : ils sont la dernière et plus caractéristique expression de ces querelles faute de s'entendre.

Comme à la précédente séparation, une fois partie, madame de Grignan, qui, afin de complaire à son mari, avait refusé de prolonger son séjour à Paris, a senti ce que dans ces derniers mois son humeur malheureuse pouvait avoir eu de blessant et d'injuste pour une telle mère. Son âme droite et son cœur honnête, s'exagérant l'offense, prodiguent les réparations, et, dès ses premières lettres, écrites à chaque étape, elle se répand en tendres excuses, implorant un pardon qui a devancé ses regrets.

Madame de Sévigné est venue cacher son ennui à Livry. C'est de là qu'elle répond à sa fille :

« J'attendois votre lettre avec impatience, et j'a-
vois besoin d'être instruite de l'état où vous êtes; mais je
n'ai jamais pu voir sans fondre en larmes tout ce que
vous me dites de vos réflexions et de votre repentir sur
mon sujet. Ah! ma très-chère, que me voulez-vous dire
de pénitence et de pardon? je ne vois plus rien que tout
ce que vous avez d'aimable, et mon cœur est fait d'une
manière pour vous, qu'encore que je sois sensible jusqu'à l'excès à tout ce qui vient de vous, un mot, une
douceur, un retour, une caresse, une tendresse, me dé-
sarme, me guérit en un moment comme par une puissance
miraculeuse, et mon cœur retrouve toute sa tendresse
qui, sans se diminuer, change seulement de nom, selon
les différents mouvements qu'elle me donne. Je vous ai
dit ceci plusieurs fois, je vous le dis encore, et c'est une
vérité; je suis persuadée que vous ne voulez pas en abuser,
mais il est certain que vous faites toujours, en quelque
façon que ce puisse être, la seule agitation de mon âme :
jugez si je suis sensiblement touchée de ce que vous me
mandez. Plût à Dieu, ma fille, que je pusse vous revoir
à l'hôtel de Carnavalet, non pas pour huit jours, ni pour
y faire pénitence, mais pour vous embrasser et vous
faire voir clairement que je ne puis être heureuse sans
vous, et que les chagrins que l'amitié que j'ai pour vous
m'a pu donner, me sont plus agréables que toute la
fausse paix d'une ennuyeuse absence! Si votre cœur
étoit un peu plus ouvert, vous ne seriez pas si injuste :
par exemple, n'est-ce pas un assassinat que d'avoir cru
qu'on vouloit vous ôter de mon cœur, et sur cela me
dire des choses dures [1]? Et le moyen que je pusse deviner

---

[1] Ceci se rapporte à Corbinelli.

la cause de ces chagrins ? Vous dites qu'ils étoient fondés :
c'étoit dans votre imagination, ma fille, et sur cela vous
aviez une conduite qui étoit plus capable de faire ce que
vous craigniez, si c'étoit une chose faisable, que tous les
discours que vous supposiez qu'on me faisoit : ils étoient
sur un autre ton ; et puisque vous voyiez bien que je vous
aimois toujours, pourquoi suiviez-vous votre injuste pensée, et que ne tâchiez-vous plutôt, à tout hasard, de
me faire connoître que vous m'aimiez ? Je perdois beaucoup à me taire ; j'étois digne de louange dans tout ce
que je croyois ménager, et je me souviens que deux ou
trois fois vous m'avez dit le soir des mots que je n'enten-
dois point du tout alors. Ne retombez donc plus dans de
pareilles injustices ; parlez, éclaircissez-vous, on ne devine
pas ; ne faites point comme disoit le maréchal de Gram-
mont, ne laissez point vivre ni rire des gens qui ont la
gorge coupée et qui ne le sentent pas. Il faut parler aux
gens raisonnables ; c'est par là qu'on s'entend, et l'on
se trouve toujours bien d'avoir de la sincérité : le
temps vous persuadera peut-être de cette vérité. Je ne
sais comme je me suis insensiblement engagée dans ce
discours, il est peut-être mal à propos [1]..... »

Deux jours après, elle continue : « Je reçois, ma
très-aimable, votre lettre de tous les jours, et puis enfin
d'Auxerre. Cette lettre m'étoit nécessaire. Je vous vois
hors de ce bateau, où vous avez été dans un faux repos ;
car, après tout, cette allure est incommode. Ne me dites
plus que je vous regrette sans sujet ; où prenez-vous que
je n'en aie pas tous les sujets du monde ? Je ne sais pas
ce qui vous repasse dans la tête ; pour moi, je ne vois

---

[1] SÉVIGNÉ, *Lettres* (18 septembre 1679), t. V, p. 427-429.

que votre amitié, que vos soins, vos bontés, vos caresses; je vous assure que c'est tout cela que j ai perdu,
et que c'est là ce que je regrette, sans que rien au
monde puisse m'effacer un tel souvenir, ni me consoler
d'une telle perte. Soyez bien persuadée, ma très-chère,
que cette amitié, que vous appelez votre bien, ne vous
peut jamais manquer : plût à Dieu que vous fussiez aussi
assurée de conserver toutes les autres choses qui sont à
vous [1] ! » Le surlendemain, d'un style plus tendre encore,
elle ajoute : « Je pense toujours à vous, et comme j'ai
peu de distractions, je me trouve bien des pensées.... Je
suis déjà trop vivement touchée du désir extrême de
vous revoir, et de la tristesse d'une année d'absence;
cette vue en gros ne me paroît pas supportable. Je suis
tous les matins dans ce jardin que vous connoissez; je
vous cherche partout, et tous les endroits où je vous ai
vue me font mal; vous voyez bien que les moindres
choses de ce qui a rapport à vous, ont fait impression
dans mon pauvre cerveau. Je ne vous entretiendrois pas
de ces sortes de foiblesses, dont je suis bien assurée
que vous vous moquez, sans que la lettre d'aujourd'hui
est un peu sur la pointe des vents : je ne réponds à
rien, et je ne sais point de nouvelles.... Vos lettres
aimables font toute ma consolation; je les relis souvent, et voici comme je fais : je ne me souviens plus
de tout ce qui m'avoit paru des marques d'éloignement et d'indifférence; il me semble que cela ne vient
point de vous, et je prends toutes vos tendresses, et
dites et écrites, pour le véritable fond de votre cœur
pour moi. Êtes-vous contente, ma belle ? est-ce le moyen

---

[1] SÉVIGNÉ, *Lettres* (20 septembre 1679), t. V, p. 433.

de vous aimer? et pouvez-vous jamais douter de mes
sentiments, puisque, de bonne foi, j'ai cette conduite [1]? »

Voici enfin le plus vif et le plus pur accent de cette
passion maternelle, qu'on a eu raison de comparer à
l'amour même, artisan d'émotions et de trouble, et qui
s'accroît par la souffrance :

« .... Il y a justement aujourd'hui quinze jours que je
vous voyois et vous embrassois encore ; il me semble
que je ne pourrai jamais avoir le courage de passer un
mois, et deux mois, et trois mois sans ma chère enfant.
Ah! ma fille, c'est une éternité! J'ai des bouffées et des
heures de tendresse que je ne puis soutenir. Quelle possession vous avez prise de mon cœur, et quelle trace
vous avez faite dans ma tête! Vous avez raison d'en
être bien persuadée, vous ne sauriez aller trop loin; ne
craignez point de passer le but ; allez, allez, portez
vos idées où vous voudrez, elles n'iront pas au delà :
et, pour vous, ma fille, ah! ne croyez point que j'aie
pour remède à ma tendresse la pensée de n'être pas
aimée de vous; non, non, je crois que vous m'aimez, je
m'abandonne sur ce pied-là, et j'y compte sûrement.
Vous me dites que votre cœur est comme je le puis souhaiter et comme je ne le crois pas; défaites-vous de
cette pensée, il est comme je le souhaite et comme je le
crois. Voilà qui est dit, je n'en parlerai plus, je vous
conjure de vous en tenir là, et de croire, vous même,
qu'un mot, un seul mot sera toujours capable de me remettre devant les yeux cette vérité, qui est toujours
dans le fond de mon cœur, et que vous y trouverez

---

[1] SEVIGNE, *Lettres* (22 septembre 1679), t. V, p. 435.

quand vous voudrez m'ôter les illusions et les fantômes
qui ne font que passer ; mais je vous l'ai dit une fois,
ma fille, ils me font peur et me font transir, tout fantômes qu'ils sont : ôtez-les moi donc, il vous est aisé,
et vous y trouverez toujours, je dis *toujours*, le même
cœur persuadé du vôtre, ce cœur qui vous aime uniquement, et que vous appelez *votre bien* avec justice, puisqu'il ne peut vous manquer. Finissons ce chapitre, qui
ne finiroit pas naturellement, la source étant inépuisable,
et parlons, ma chère enfant, des fatigues infinies de
votre voyage [1]..... »

Facile aux concessions vis-à-vis de sa fille pour les
personnes médiocrement aimées, madame de Sévigné
ne lui cède jamais pour ce qui concerne ses vrais amis,
ceux dont le dévouement lui est prouvé, dont la
loyauté lui est connue, et elle les défend contre des préventions trop souvent injustes avec une vivacité qui
surprend et plaît en même temps. C'est surtout du ca-
lomnié Corbinelli qu'elle se fait le défenseur obstiné.
« Vous me répondez trop *aimablement* (écrit-elle à
madame de Grignan dans la lettre suivante) ; il faut
que je fasse ce mot exprès pour l'article de votre lettre,
où vous me paraissez persuadée de toutes les vérités que
je vous ai dites sur le retour sincère de mon cœur :
mais que veut dire *retour?* mon cœur n'a jamais été
détourné de vous. Je voyois des froideurs sans les pouvoir comprendre, non plus que celles que vous aviez
pour ce pauvre Corbinelli ; j'avoue que celles-là m'ont
touchée sensiblement, elles étoient apparentes, et c'é-
toit une sorte d'injustice dont j'étois si bien instruite et

---

[1] SÉVIGNÉ, *Lettres* (27 septembre 1679), t. V, p. 439.

que je voyois tous les jours si clairement qu'elle me foi-
soit petiller : bon Dieu! combien étoit-il digne du contraire! Avec quelle sagesse n'a-t-il pas supporté cette
injuste disgrâce! je le retrouvois toujours le même
homme, c'est-à-dire fidèlement appliqué, avec tout ce
qu'il a d'esprit et d'adresse, à vous servir solidement[1].»
Mais la gouvernante de la Provence était partie pleinement réconciliée avec Corbinelli, et, à dater de cet instant, elle ne cessa d'avoir pour lui des sentiments con-
formes à ceux de sa mère.

Au commencement d'octobre, madame de Grignan,
bien confessée, bien pardonnée, mourante, suivant sa
mère, mieux portante selon son mari, arriva dans son
château, où elle devait trouver le repos et une entière
guérison, et où le lieutenant de M. de Vendôme se proposait de réaliser quelques économies rendues nécessaires
par le séjour coûteux de la capitale. Ce fut, nous l'a-
vons dit, la fin des querelles, mais non des explications,
et un an après, dans une lettre de Bretagne, nous trouvons ce ressouvenir des vieux péchés, naturellement
amené par un accès de cordiale confiance de la part
d'une cousine, mademoiselle de Méri, sœur de M. de la
Trousse, et assez semblable à madame de Grignan par
son esprit susceptible et ses manières peu ouvertes :

.... « Ah! mon enfant, qu'il est aisé de vivre avec
moi! qu'un peu de douceur, d'espèce de société, de confiance, même superficielle, que tout cela me mène loin!
Je crois, en vérité, que personne n'a plus de facilité que
moi dans le commerce de la vie civile; je voudrois que
vous vissiez comme cela va bien, quand notre cousine

---

[1] SÉVIGNÉ, *Lettres* (4 octobre 1679), t. V, p. 449.

veut : elle me témoigna, l'autre jour, qu'elle savoit en gros les malheurs de mon fils, et qu'elle eût bien voulu en savoir davantage ; je me tins obligée de cette curiosité, et je lui contai tout le détail de nos misères, ainsi que de plusieurs autres choses [1]. Voilà ce qui s'appelle vivre avec les vivants ! Mais quand on ne peut jamais rien dire qui ne soit repoussé durement ; quand on croit avoir pris les tours les plus gracieux, et que toujours ce n'est pas cela, c'est tout le contraire ; qu'on trouve toutes les portes fermées sur tous les chapitres qu'on pourroit traiter ; que les choses les plus répandues se tournent en mystère ; qu'une chose avérée est une médisance et une injustice ; que la défiance, l'aigreur, l'aversion, sont visibles et sont mêlées dans toutes les paroles ; en vérité cela serre le cœur, et franchement cela déplait un peu. On n'est point accoutumé à ces chemins raboteux ; et quand ce ne seroit que pour vous avoir enfantée, on devroit espérer un traitement plus doux. Cependant, ma fille, j'ai souvent éprouvé ces manières si peu honnêtes ; ce qui fait que je vous en parle, c'est que cela est changé, et que j'en sens la douceur : si ce retour pouvoit durer, je vous jure que j'en aurois une joie sensible, mais je vous dis sensible ; il faut me croire quand je parle, je ne parle pas toujours. Ce n'a point été un raccommodement, c'est un radoucissement de sang, entretenu par des conversations douces et assez sincères, et point comme si on revenoit toujours d'Allemagne. Enfin, je suis contente, et je vous assure qu'il faut peu pour me contenter : la privation des rudesses me tiendroit lieu

[1] Il est ici question d'une nouvelle et fort ridicule campagne amoureuse du baron de Sévigné.

d'amitié en un besoin : jugez ce que je sentirai si vous pouvez faire que l'honnêteté, la douceur, une superficie de confiance, la causerie, et tout ce qu'on a enfin avec ceux qui savent vivre, puisse être désormais établi entre elle et moi [1]. »

Ceci est d'un ton moins affectueux qu'au lendemain de la séparation. Madame de Sévigné prévoit le retour de sa fille, et, de peur d'une rechute qu'elle veut empêcher à tout prix, soit par apostrophe directe, soit sous le couvert de mademoiselle de Méri, elle cherche à produire sur son esprit une impression salutaire et définitive. Dans toute la suite de la correspondance on ne trouve plus rien de ce style. Le lecteur sait donc bien maintenant, car tout a été mis sous ses yeux, ce qu'il faut penser de ce point délicat de la biographie de madame de Sévigné et de sa fille : elles ont, en vérité, vécu comme des amants, et ce n'est certes point de l'indifférence que prouvent ces brouilles d'un jour suivies de tendres raccommodements.

La comtesse de Grignan avait promis à sa mère de revenir dans un an. Cette année fut passée par madame de Sévigné moitié à Paris, et moitié en Bretagne. Mais avant de se rendre à sa terre des Rochers, elle put faire connaître à sa fille toute une série d'événements dont l'importance croissante donne à sa correspondance de cette date un prix vraiment exceptionnel. On y trouve, en effet, avec des détails qu'on demanderait vainement aux autres chroniqueurs contemporains, — les mariages de Louise d'Orléans avec le roi d'Espagne, du prince de Conti avec la fille de la Vallière, et du Dauphin avec la princesse de Bavière; le règne éphémère de mademoiselle de

---

[1] SÉVIGNÉ, *Lettres* (5 novembre 1680), t. VII, p 33.

Fontanges, l'exaltation de madame de Maintenon, la
sinistre affaire des *Poisons*, la disgrâce imprévue de
M. de Pomponne, la mort de Fouquet, et enfin celle de
La Rochefoucauld. Certes, il y aurait là de quoi faire un
volume bien rempli, mais nous avons tant à dire encore,
et il nous reste si peu de place, que nous abrégeons for-
cément, et le lecteur nous excusera si nous ne tirons pas
de ces sujets intéressants tout le parti dont ils sont facilement susceptibles.

Le premier fait, en date, est le mariage de cette fille de la
belle et infortunée Henriette d'Angleterre, comme sa
mère destinée au malheur. Déjà, le 20 juillet, la marquise
de Sévigné avait annoncé à Bussy les préparatifs d'une
union par laquelle Louis XIV préludait au rôle qu'il voulait jouer dans les affaires de l'Espagne [1]. Mais l'ambition
de Louise d'Orléans, si ce n'est son cœur, était ailleurs.
Se doutant, la première, du désir de la jeune princesse
d'épouser le Dauphin, la grande *Mademoiselle* avait reproché à son père, à qui elle attribue les mêmes projets,
de la mener trop souvent à la cour : « Cela lui donnera,
« disait-elle, des dégoûts pour tous les autres partis, et
« si elle n'épouse pas M. le Dauphin, vous lui empoi-
« sonnez le reste de sa vie par l'espérance qu'elle en aura
« eue [2]. » Aussi, quand il fut question, pour la fille de
Monsieur, de quitter la France, même aux magnifiques
conditions que la fortune lui offrait sans attendre, elle
ne put s'empêcher de manifester son désappointement et
sa tristesse. « Je vous fais reine d'Espagne, lui dit le

---

[1] Sévigné, *Lettres*, t. V, p. 414.
[2] *Mémoires de mademoiselle de Montpensier*, 4e partie, année
1679 (coll. Michaud, t. XXVIII, p. 488).

« roi, que pourrois-je de plus pour ma fille? — Ah! lui
« répondit-elle, vous pourriez plus pour votre nièce[1]! »
A en croire MADEMOISELLE, le Dauphin, pas plus que
Louis XIV, n'avait donné à entendre qu'il désirât ce mariage, et lorsqu'il vint féliciter sa cousine, soit défaut
naturel de galanterie, soit désir d'éteindre une passion
qu'il ne partageait point, il se borna à lui demander
de lui envoyer de Madrid un produit du pays, appelé
du Tourou, ajoutant, pour toute gracieuseté, *qu'il l'aimait fort*. « Cela la mit au désespoir, dit MADEMOI-
SELLE, et elle ne l'oublia pas[2]. »

La correspondance de madame de Sévigné est toute
pleine des douleurs et des larmes de cette pauvre Louise
d'Orléans, si désolée de quitter la France pour aller
s'enfouir dans l'étouffante étiquette des palais espagnols. « La reine d'Espagne crie et pleure, » écrit-elle à
madame de Grignan, dans sa première lettre[3]. « La reine
d'Espagne, ajoute-t-elle le 18 septembre, crie toujours
miséricorde, et se jette aux pieds de tout le monde;
je ne sais comme l'orgueil d'Espagne s'accommode
de ces désespoirs. Elle arrêta, l'autre jour, le roi par-
delà l'heure de la messe; le roi lui dit : « Madame, ce
« seroit une belle chose que la reine catholique empê-
« chât le roi très-chrétien d'aller à la messe. » On dit
qu'ils seront tous fort aises d'être défaits de cette catholique[4]. »

[1] VOLTAIRE, *Siècle de Louis XIV*, chap XXVI, p. 296.

[2] *Mémoires*, ibid. Sur les cérémonies du mariage de Louise
d'Orléans, voir *Correspondance de Bussy*, t. IV, p. 444, et surtout le *Mercure Galant* (2e vol. de septembre), ainsi que le n° 73
de la *Gazette de France*.

[3] SÉVIGNÉ, *Lettres* (15 septembre 1679), t. V, p. 426.

[4] SÉVIGNÉ, *Lettres*, ibid., p. 432.

La cour s'apitoyait peu sur le sort de cette princesse, malheureuse de devenir reine. Mais outre son attachement, on le verra payé de retour, pour la fille de la première MADAME qu'elle avait bien connue, la marquise de Sévigné, au lendemain du départ de sa fille, ne pouvait s'empêcher de compatir à la situation d'une jeune femme qui allait pour jamais quitter tous les siens. « La reine d'Espagne, mande-t-elle le 20 septembre, devient fontaine aujourd'hui ; je comprends bien aisément le mal des séparations[1]. » Le 22, elle y revient : « On dit que la reine d'Espagne pleura excessivement en disant adieu au roi ; ils retournèrent deux ou trois fois aux embrassades et au redoublement des sanglots : c'est une horrible chose que les séparations[2] ! » La semaine d'après, enfin, elle donne ces derniers détails sur le départ triste et forcé de cette aimable princesse pressentant, peut-être, la tragique destinée qui l'attendait dans sa nouvelle patrie : « La reine d'Espagne va toujours criant et pleurant. Le peuple disoit, en la voyant dans la rue Saint-Honoré : « Ah ! « MONSIEUR est trop bon, il ne la laissera point aller, « elle est trop affligée. » Le roi lui dit devant madame la Grande-Duchesse (la duchesse de Toscane, Marguerite-Louise de France, séparée de son mari, et à qui Louis XIV semble avoir voulu donner une leçon) : « Madame, je « souhaite de vous dire adieu pour jamais ; ce seroit le « plus grand malheur qui vous pût arriver que de revoir « la France[3]. »

Louise d'Orléans quitta Paris sous la conduite du prince et de la princesse d'Harcourt, chargés dans cette

[1] SÉVIGNÉ, *Lettres*, t. V, p. 434.
[2] *Ibid.*, p. 438.
[3] SÉVIGNÉ, *Lettres* (27 septembre 1679), t. V, p. 443.

circonstance de représenter le roi, de la maréchale de
Clérembault, gouvernante des enfants de MONSIEUR,
et de madame, ou plutôt mademoiselle de Grancey, fille
du maréchal de ce nom. Les lecteurs des *Mémoires sur
madame de Sévigné* ont déjà pu se faire de ces
deux derniers personnages une juste et suffisante idée[1].
M. Walckenaer a eu occasion de parler également, en faisant connaître leurs relations avec la marquise de Sévigné, du duc et de la duchesse de Villars, père et mère
du futur maréchal de ce nom, envoyés devant pour recevoir la jeune reine à Madrid et aider ses premiers pas
dans un monde pour elle si nouveau[2].

Pendant son ambassade de dix-huit mois, la duchesse
de Villars eut, avec madame de Coulanges, une correspondance dont il ne nous est parvenu que trente-sept
lettres, d'un style simple, aisé, parfois piquant, pleines
d'intérêt quant au fond et faisant bien connaître la cour
d'Espagne de ce temps, les mœurs et les usages du pays,
mais ne pouvant certes lutter d'originalité, d'inspiration,
de *brio* et d'ampleur, avec les lettres de son amie, madame de Sévigné[3]. A la mort du chevalier Marius de
Perrin, éditeur de cette dernière (1754), la correspondance de madame de Villars, qui lui avait été confiée
pour la publier pareillement, se trouva dans ses papiers,
et c'est d'après la copie qu'il avait préparée et qu'il n'eut

[1] Conf. WALCKENAER, t. V, p. 271. — Sur la maréchale de Clérembault, conf. SAINT-SIMON, III, p. 383 ; VI, 110, et IX, 425-427.

[2] Conf. WALCKENAER, t. V, p. 349-351 ; SAINT-SIMON, t. I, p. 49,
et III, p. 158.

[3] V. *Lettres de mesdames de Villars, de la Fayette, de Tencin,
etc.*, accompagnées de notices biographiques et de notes explicatives ; Paris, 1805, chez Léopold Collin, 1 vol. in-12.

point le temps de faire imprimer que ces lettres ont été publiées depuis.

La duchesse de Villars était liée à la fois avec mesdames de Sévigné, de la Fayette et de Coulanges. Si elle fit choix pour sa correspondante ordinaire de celle-ci, plus jeune, plus répandue et non moins spirituelle, aimée et choyée par madame de Maintenon, et, de plus, cousine de Louvois, c'est qu'on la citait moins pour sa discrétion que pour sa vanité et son désir de paraître, et madame de Villars n'était point fâchée qu'on connût à Versailles les détails de son ambassade.

Cette conduite d'une amie ne laisse pas que d'émouvoir la susceptibilité de la marquise de Sévigné. « Madame de Villars (mande-t-elle à sa fille, le 8 novembre 1679) n'a écrit uniquement, en arrivant à Madrid, qu'à madame de Coulanges, et, dans cette lettre, elle nous fait des compliments à toutes nous autres, vieilles amies : madame de Schomberg, mademoiselle de Lestranges, madame de la Fayette, tout est en un paquet. Madame de Villars dit *qu'il n'y a qu'à être en Espagne pour n'avoir plus d'envie d'y bâtir des châteaux.* Vous voyez bien qu'elle ne pouvoit mieux adresser sa lettre, puisqu'elle vouloit mander cette gentillesse[1]. »

Dans cette correspondance de dix-huit mois, qu'il serait trop long d'analyser, on voit bien les débuts de l'histoire de cette belle et triste fille d'une malheureuse mère : on y suit sa marche à travers l'Espagne pauvre et déchue; son arrivée à Madrid, ému un instant de sa venue; les premiers enchantements de Charles II, surpris de la beauté et heureux du bon esprit de sa compagne;

[1] SÉVIGNÉ, *Lettres*, t. VI, p. 16.

puis les ennuis de celle-ci dans une cour où l'on déteste
la France, ses quelques fautes de conduite ou plutôt ses
quelques erreurs d'étiquette, et les commencements de
son crédit sur l'esprit de son époux, qui lui coûtera la vie.

Charles II, accompagné de l'ambassadeur de France,
était parti pour aller au-devant de la reine jusqu'au delà
de Burgos, « transporté d'amour et d'impatience (écrit
la duchesse de Villars), et d'une telle impétuosité qu'on
ne peut le suivre[1]. » La première entrevue ayant eu beaucoup de témoins, les conducteurs de la princesse, entre
autres, et leur suite, fut connue à Paris bien avant que
la relation que madame de Villars tenait de son mari,
partie de Madrid le 29 novembre, eût pu parvenir à madame de Coulanges. Aussi, dès le 6 décembre, la marquise de Sévigné en envoie les détails à sa fille :

« On lit mille relations de la reine d'Espagne. Elle est
toute livrée à l'Espagne : elle n'a conservé que quatre
femmes de chambre françoises. Le roi la surprit comme
elle se coiffoit, il ouvrit la porte lui-même ; elle voulut se
jeter à genoux et lui baiser la main ; il la prévint, et lui
baisa la sienne, de sorte qu'ils étoient tous deux à genoux. Ils se marièrent sans cérémonie, et puis se retirè-
rent pour *causer :* la reine entend l'espagnol ; ils étoient
habillés à l'espagnole. Ils arrivèrent à Burgos ; ils se couchèrent à huit heures, et furent au lit le lendemain matin
jusqu'à dix. La reine écrit de là à MONSIEUR, et lui
mande qu'elle est heureuse et contente ; qu'elle a trouvé
le roi bien plus aimable qu'on ne lui avoit dit. Le roi
est fort amoureux : la reine a été très-bien conseillée, et
s'est fort bien conduite dans tout cela : devinez par quels

---

[1] MADAME DE VILLARS, *Lettres* (2 novembre 1679), p. 1.

conseils? Par ceux de madame de Grancey, car la maréchale (*de Clérembault*) étoit immobile, ayant joint une dose de la gravité d'Espagne avec sa philosophie stoïcienne. C'est donc madame de Grancey qui a fait le plus raisonnable personnage; aussi a-t-elle reçu de grandes louanges et de grands présents. Le roi (*d'Espagne*) lui donne une pension de six mille francs qu'elle prendra sur Bruxelles ; elle a un don de dix mille écus sur un avis que Los Balbasez lui donna, et pour dix mille écus de pierreries. Elle mande que l'âme de madame de Fiennes est passée en elle, qu'elle prend à toutes mains, et qu'elle s'y accoutumera si bien, qu'elle s'ennuiera en France si on ne la traite comme en Espagne [1]. »

Madame de Fiennes, renommée par sa causticité, l'était aussi par son avarice et son avidité. C'est d'elle que mademoiselle de Montpensier a dit qu'elle ambitionnait le bonheur des laquais, habitués qu'ils étaient à recevoir des étrennes [2]. Madame de Grancey, de son côté, avait bien peu de violence à se faire pour ouvrir les deux mains, car, si l'on en croit la seconde MADAME, il ne se vendait pas une charge dans la maison de MONSIEUR qu'on n'en payât un pot-de-vin à madame de Grancey et au chevalier de Lorraine, son amant, et favori scandaleux du duc d'Orléans [3]. Quant à la maréchale de Clérembault, qui avait paru s'acquitter de mauvaise grâce et même avec humeur d'une mission où elle trouvait, sans doute, que le profit ne compensait pas la peine, elle se vit remerciée avant son retour et bientôt remplacée comme

---

[1] SÉVIGNÉ, *Lettres* (6 décembre 1679), t. VI, p. 52.
[2] *Mémoires, etc.* (coll. Michaud), t. XXVIII.
[3] SÉVIGNÉ, t. VI, p. 53.

gouvernante des enfants de Monsieur, par la marquise d'Effiat [1].

Vers la fin de décembre, l'une des lettres de la duchesse de Villars, lettre perdue, fut pour madame de Sévigné, qui en donne cette analyse à sa fille : « J'ai reçu, ce matin, une grande lettre de madame de Villars ; je vous l'enverrois sans qu'elle ne contient que trois points qui ne vous apprendroient rien de nouveau. Il me paroît, de plus, qu'elle se renferme fort chez elle, voulant éviter tous les airs d'empressement, et faire mentir les prophéties. La reine veut la voir *incognito* ; elle se fait prier pour se donner un nouveau prix. La reine est adorée ; elle a paru, pour la dernière fois, chez la reine, sa belle-mère, habillée et parée à la françoise. Elle apprend le françois au roi, et le roi lui apprend l'espagnol : tout va bien jusqu'ici [2]. » Ces lignes disent que l'ambassadrice de France à Madrid réservait pour la seule madame de Coulanges ses relations étendues et ses confidences intimes. Elles nous apprennent aussi que la connaissance du caractère un peu vain de la duchesse de Villars avait fait *prophétiser* qu'elle voudrait se rendre importante, et afficher son influence à la cour d'Espagne, par le moyen de la jeune reine, qui, en effet, lui témoignait un grand attachement. Mais, bien dirigée par son mari, madame de Villars se faisait, au contraire, désirer dans un palais où tout ce qui appartenait à la France était mal vu ; non, comme le dit avec un peu de malice la marquise de Sévigné, pour donner à ses visites plus de prix, mais pour ne pas assumer, soit à Madrid, soit à

[1] Sévigné, *Lettres* (6 et 8 décembre 1679), t. VI, p. 53 et 56.
[2] Sévigné, *Lettres* (5 janvier 1680), t. VI, p. 95.

Versailles, la responsabilité de tout ce que ferait et dirait la reine. Louis XIV n'eût point approuvé que l'on dégoûtât sa nièce de sa nouvelle patrie, « si loin de Versailles pour l'élégance et les amusements[1] ». Aussi la duchesse de Villars est-elle alerte à prendre ses précautions sur ce point, dans ses lettres qu'elle adresse plus encore, nous l'avons dit, à madame de Maintenon qu'à madame de Coulanges : « Vous pouvez penser, dit-elle à cette dernière, que je ne tiens guère à la reine de propos qui soient propres à la faire soupirer incessamment après la France[2]. »

La correspondance de madame de Villars obtenait un grand succès dans la société de la marquise de Sévigné, presque toute composée de ceux qui avaient aimé la mère de Louise d'Orléans et reportaient sur celle-ci des sentiments par elle connus et partagés. Madame de Sévigné constate ce succès, tout en laissant percer quelque jalousie de la préférence presque exclusive accordée à madame de Coulanges, et en faisant malicieusement honneur à l'air de l'Espagne d'un radoucissement dans l'humeur de l'ambassadrice, ce qui semblerait justifier quelque peu Saint-Simon, lequel, avec sa manière excessive, a dit d'elle : *de l'esprit comme un démon, — méchante comme un serpent*[3] : « Madame de Villars mande mille choses agréables à madame de Coulanges, chez qui on vient apprendre les nouvelles. Ce sont des relations qui font la joie de beaucoup de personnes : M. de La Rochefoucauld en est curieux. Madame de Vins et moi

---

[1] MADAME DE VILLARS, *Lettres*, p. 17.

[2] *Ibid.*, *Lettre* du 12 janvier 1680, p. 25.

[3] Conf. WALCKENAER, t. V, p. 34. *Mémoires de Saint-Simon*, t. XV, p. 352.

nous en attrapons ce que nous pouvons. Nous comprenons les raisons qui font que tout est réduit à ce bureau d'adresse ; mais cela est mêlé de tant d'amitié et de tendresse, qu'il semble que son tempérament soit changé en Espagne, et qu'elle ait même oublié de souhaiter qu'on nous en fasse part. Cette reine d'Espagne est belle et grasse, le roi amoureux et jaloux sans savoir de quoi ni de qui : les combats de taureaux affreux, deux grands pensèrent y périr, leurs chevaux tués sous eux ; très-souvent la scène est ensanglantée : voilà les divertissements d'un royaume chrétien : les nôtres sont bien opposés à cette destruction, et bien plus aisés à comprendre[1]. »

Quelques mois après, l'ambassadrice faisait frissonner ses amies de Paris par des relations, que sa correspondance imprimée n'a point reproduites, sur les abominables divertissements que la cour et le peuple de Madrid cherchaient dans ces *auto-da-fé*, dignes des nations et des temps les plus barbares. Ceci a été écrit en plein dix-septième siècle ! (13 juin 1680) « Il y aura lundi une fête de taureaux. On s'y attend à beaucoup de plaisir, parce qu'on n'a jamais vu de taureaux si furieux... Il y aura une autre fête, le 31 de ce mois, dont je vous ferai écrire une ample relation. Vous la trouverez bien extraordinaire ; elle ne se fait que de cinquante en cinquante ans. On y brûle beaucoup de Juifs ; et il y a d'autres supplices pour des hérétiques et des athées. Ce sont des choses horribles. » — (25 juillet) « Je n'ai pas eu le courage d'assister à cette horrible exécution des Juifs. Ce fut un affreux spectacle, selon ce que j'en

---

[1] SÉVIGNÉ, *Lettres* (28 janvier 1680), t. VI, p. 181.

ai entendu dire; mais, pour la semaine du jugement,
il fallut bien y être, à moins de bonnes attestations
de médecins d'être à l'extrémité, car autrement on
eût passé pour hérétique; on trouve même très-mauvais
que je ne parusse pas me divertir tout à fait de ce qui
s'y passoit. Mais ce qu'on a vu exercer de cruautés à la
mort de ces misérables, c'est ce qu'on ne vous peut décrire[1]. » Ne se croirait-on pas revenu à Philippe II et
au duc d'Albe?

Quoique la préférence trop marquée de la duchesse de
Villars pour madame de Coulanges eût mis un peu de froideur entre elle et madame de Sévigné, si friande pour sa
fille de nouvelles de première main, elles ne laissèrent pas,
néanmoins, d'échanger quelques lettres, et dans celle-ci,
datée du mois de mars, on trouve cette nouvelle trace
d'une correspondance malheureusement perdue; on y voit,
en outre, que la jeune reine conservait fidèle souvenir des
amis de sa mère, restés les siens : « J'ai reçu, par cet
ordinaire, une lettre de madame de Sévigné. Je ne saurois lui faire réponse aujourd'hui, quelque envie que j'en
aie. J'ai fait lire à la reine l'endroit où madame de Sévigné parle d'elle et de ses jolis pieds, qui la faisoient
si bien danser, et marcher de si bonne grâce. Cela lui a
fait beaucoup de plaisir. Ensuite elle a pensé que ses
jolis pieds, pour toute fonction, ne vont présentement
qu'à faire quelques tours de chambre, et à huit heures et
demie, tous les soirs, à la conduire dans son lit. Elle
m'a ordonné de vous faire à toutes deux bien des amitiés... La reine me demanda fort des nouvelles de madame de Grignan, et si elle ne reviendroit point cet hiver

[1] MADAME DE VILLARS, *Lettres*, p. 59.

à Paris¹. » Louise d'Orléans savait, comme tous les amis de la marquise de Sévigné, les moyens de plaire à cette mère idolâtre.

Deux mois après, et les choses se dessinant de jour en jour mieux à la cour d'Espagne, madame de Villars peut transmettre à madame de Coulanges ce résumé fidèle et complet de la situation : « La reine m'ordonne, et, si j'ose le dire, me prie instamment de la voir souvent. L'ennui du palais est affreux, et je dis quelquefois à cette princesse, quand j'entre dans sa chambre, qu'il me semble qu'on le sent, qu'on le voit, qu'on le touche, tant il est répandu épais. Cependant je n'oublie rien pour faire en sorte de lui persuader qu'il faut s'y accoutumer et tâcher de le moins sentir qu'elle pourra ; car il n'est pas en mon pouvoir de la gâter, en la flattant de sottises et de chimères, dont beaucoup de gens ne sont que trop prodigues.... Je ne m'entremets de rien ici : la reine a du plaisir à voir une Françoise, et à parler sa langue naturelle. Nous chantons ensemble des airs d'opéra. Je chante quelquefois un menuet qu'elle danse. Quand elle me parle de Fontainebleau, de Saint-Cloud, je change de discours ; et il faut éviter de lui en écrire des relations. Quand elle sort, rien n'est si triste que ses promenades. Elle est avec le roi dans un carrosse fort rude, tous les rideaux tirés. Mais, enfin, ce sont les usages d'Espagne ; et je lui dis souvent qu'elle n'a pas dû croire qu'on les changeroit pour elle ni pour personne. Entre nous, ce que je ne comprends pas, c'est qu'on ne lui ait pas cherché par mer et par terre, et au poids de l'or, quelque femme d'esprit, de mérite et de prudence, pour servir à cette

¹ MADAME DE VILLARS, *Lettres* (6 mars 1680), p. 40.

princesse de consolation et de conseil. Croyoit-on qu'elle n'en eût pas besoin en Espagne ? Elle se conduit envers le roi avec douceur et complaisance. Pour des plaisirs, elle n'en voit aucun à espérer dans cette cour; mais, comme je n'ai aucun personnage à faire auprès d'elle, et que je n'ai ni chargé ni mission de m'en mêler, ni de pénétrer rien sur le présent, le passé et l'avenir, elle me fait beaucoup d'honneur de vouloir que je sois souvent auprès d'elle; mais quand cela n'est pas, je ne meurs point d'ennui avec M. de Villars, avec qui j'aime bien autant m'aller promener [1]. »

Malgré ses précautions et son habileté, malgré tout ce soin de ne pas s'immiscer dans des débuts délicats, et sa crainte d'en être soupçonnée, la duchesse de Villars n'était pas depuis un an à Madrid, que, déjà, les ministres espagnols l'accusaient d'intriguer et de vouloir exercer une influence indiscrète sur l'esprit de leur reine. Au mois de mars 1681, ils en vinrent jusqu'à demander le rappel de M. de Villars, auquel on ne reprochait rien, mais pour se débarrasser de sa femme, qu'ils redoutaient surtout. L'ambassadrice proteste, dans ses lettres à madame de Coulanges, qu'elle est pure de toute intrigue. « Vous et mes enfants, lui écrit-elle, me dites que j'ai fait des intrigues dans le palais. Si on savoit ce que c'est que l'intérieur de ce palais, et qu'aucune dame ni moi, ne nous disons jamais que bonjour et bonsoir, parce que je n'ai pu apprendre la langue du pays, on ne diroit pas que ç'a été avec les femmes, non plus qu'avec les hommes, dont aucun ne met le pied dans tout l'appartement de la reine.... Avec toute la tranquillité que doit

---

[1] MADAME DE VILLARS, *Lettres* (28 mai 1680), p. 54.

inspirer le repos d'une bonne conscience, je suis pourtant affligée du malheur que j'ai de ne pouvoir quasi douter que mon nom n'a jamais été proféré que bien sinistrement devant tout ce qu'il y a de plus grand et de plus respectable dans le monde ; et ce que je souffre à cet égard, me fait porter une véritable envie aux gens dont on n'a jamais entendu parler ni en bien ni en mal [1]. » Ce qu'il y a *de plus grand*, c'est Louis XIV, et ce qu'il y a *de plus respectable*, évidemment madame de Maintenon.

Madame de Coulanges servait, néanmoins, de tout son pouvoir la duchesse de Villars à Versailles et à Paris, et celle-ci reconnaît dans ses lettres ces bons offices par d'inimaginables flatteries [2]. Mais Louis XIV n'avait point encore révélé sa politique future envers l'Espagne ; vingt ans devaient s'écouler avant qu'il pût asseoir son petit-fils sur le trône de Charles II. Il était alors dans la période de ces ménagements habiles par lesquels il savait toujours masquer la préparation de ses hardis desseins. Il eut l'air de faire une concession à l'influence rivale de la France, et il rappela de Madrid le duc et la duchesse de Villars, toutefois sans leur infliger aucun blâme, car l'un et l'autre ne paraissent avoir eu d'autre tort à se reprocher que d'être trop bien reçus par la jeune reine, toujours fidèle et trop fidèle à son ancienne patrie.

Son amour pour la France lui coûta, on le sait, la vie dix ans après. Madame de La Fayette qui a raconté la tragique mort d'Henriette d'Angleterre, nous donne aussi des détails sinistres et précis sur la fin de cette nouvelle

[1] MADAME DE VILLARS, *Lettres* (3 avril 1681), p. 101.
[2] *Ibid.* Voy. notamment la lettre du 8 août 1680.

et innocente victime de la scélératesse des cours. « La reine d'Espagne, lit-on dans les *Mémoires de la cour de France,* mourut empoisonnée. Elle en avoit toujours eu du soupçon, et le mandoit presque tous les ‘ordinaires à MONSIEUR. Enfin MONSIEUR lui avoit envoyé du contre-poison qui arriva le lendemain de sa mort. Le roi d'Espagne aimoit passionnément la reine ; mais elle avoit conservé pour sa patrie un amour trop violent pour une personne d'esprit. Le conseil d'Espagne, qui voyoit qu'elle gouvernoit son mari, et qu'apparemment, si elle ne le mettoit pas dans les intérêts de la France, tout au moins l'empêcheroit-elle d'être dans des intérêts contraires, ce conseil, dis-je, ne pouvant souffrir cet empire, prévint par le poison l'alliance qui paroissoit devoir se faire. La reine fut empoisonnée, à ce que l'on a jugé, par une tasse de chocolat. Quand on vint dire à l'ambassadeur qu'elle étoit malade, il se transporta au palais, mais on lui dit que ce n'étoit pas la coutume que les ambassadeurs vissent les reines au lit. Il fallut qu'il se retirât, et le lendemain on l'envoya quérir dans le temps qu'elle commençoit à n'en pouvoir plus. La reine pria l'ambassadeur d'assurer MONSIEUR qu'elle ne songeoit qu'à lui en mourant, et lui redit une infinité de fois qu'elle mouroit de sa mort naturelle. Cette précaution qu'elle prenoit augmenta beaucoup les soupçons au lieu de les diminuer. Elle mourut plus âgée de six mois que feue MADAME, qui étoit sa mère, et qui mourut de la même mort, et eut à peu près les mêmes accidents [1]. »

Mais revenons sur nos pas. En même temps qu'il unis-

[1] *Mémoires de la cour de France,* par madame de La Fayette (Coll. Michaud, t. XXXII, p. 232).

sait sa nièce au roi d'Espagne, Louis XIV négociait le mariage de son fils unique avec la princesse Christine-Vic-
toire de Bavière. L'un des frères de Colbert, président au
parlement, Colbert, marquis de Croissy, avait été envoyé
auprès de l'Électeur bavarois, afin de lui demander sa
fille pour l'héritier de la couronne de France. Quelque
brillante que fût cette alliance, le duc de Bavière hésitait,
influencé sans doute par les menées de l'Autriche, en
tout et partout hostile à la France et craignant de
la voir prendre ainsi pied au cœur de l'Allemagne.
Depuis un mois Louis XIV attendait une solution
qu'on lui faisait désirer, et le marquis de Pomponne,
chargé du département des affaires étrangères, avait
reçu recommandation de suivre cette affaire avec un
soin tout particulier. Mais celui-ci, depuis quelque temps,
se trouvait en butte aux sourdes menées de Louvois et de
Colbert, réunis pour le perdre en une commune jalousie,
avant d'en arriver à se disputer la prépondérance dans
le conseil. L'aménité et la sûreté de son caractère lui
avaient valu l'amitié et la considération du public ainsi
que l'estime du maître. C'est ce qui faisait l'envie de ses
deux collègues, plus craints qu'aimés. Ils avaient d'abord
exploité contre lui l'épouvantail du jansénisme, où
Louis XIV voyait à la fois un trouble religieux et une cabale politique. Mais la pureté et la prudence de conduite
de M. de Pomponne étaient telles qu'on ne pouvait, sans
une criante injustice, lui rien imputer de la polémique gê-
nante et hautaine du grand Arnauld, son oncle, qui venait, au reste, de se retirer à Bruxelles afin d'user, sans
compromettre personne, de toute la liberté de son in-
domptable esprit. Colbert et Louvois se rabattirent sur
les détails du service d'un collègue dont ils voulaient se

débarrasser dans l'espoir de le remplacer par un homme à eux. M. de Pomponne avait dans ses habitudes quelque nonchalance qui faisait son seul défaut, et contrastait avec la fiévreuse activité, l'imperturbable exactitude et l'initiative hardie de ses deux collègues. Ils le prirent par là, faisant valoir au roi, difficile sur les détails, des minuties comme des affaires de conséquence. Louis XIV, au comble de la puissance et dans tout l'éclat de sa renommée, sorti sans rivaux du congrès de Nimègue, reprochait aussi alors au ministre chargé de traduire sa politique en Europe, de mettre trop de douceur, de contours polis, de formes conciliantes dans son langage; il eût voulu chez lui plus d'accent et plus d'élévation; un peu de hauteur même ne lui eût pas déplu. Mais Pomponne, qui ne manquait à l'occasion ni de dignité ni de fermeté, ne pouvait demander à l'exquise mesure de sa nature douce et tempérée, rien de ce qui froisse et de ce qui blesse.

Les choses en étaient là, lorsqu'un fait vraiment inexplicable vint précipiter sa chute.

Louis XIV, avons-nous dit, attendait avec une impatience croissante l'acquiescement de la cour de Munich à l'alliance qu'il avait proposée. Le jeudi, 18 novembre, M. de Pomponne reçut enfin les dépêches par lesquelles le président Colbert faisait pressentir au roi l'heureuse conclusion de cette affaire. Il montait en voiture pour retourner à sa résidence favorite de *Pomponne*, sur les bords de la Marne, où il s'était attardé pendant quelques journées d'arrière-saison, au milieu d'une société d'intimes, tels que le duc de Chaulnes, M. de Caumartin, madame de Sévigné et quelques autres, également liés avec l'aimable ministre et sa charmante et influente belle-sœur, la marquise de Vins. Les dépêches de Bavière étaient chiffrées;

34.

M. de Pomponne les envoya à Paris pour être traduites, et, pensant que le roi ne connaîtrait point la date précise de l'arrivée du courrier, par une négligence, il faut le dire blâmable, il resta deux jours entiers avant de lui porter la correspondance tant désirée. Mais l'ambassadeur avait chargé le même courrier de remettre à son frère, le ministre, une lettre dans laquelle il lui donnait le résumé de ses dépêches ; Colbert le fit lire au roi, qui, ayant inutilement attendu M. de Pomponne tout le vendredi et le samedi, ne le voyant point paraître, se décida enfin à le sacrifier. Louvois, qui avait le plus poussé à la chute, n'eut pas le bénéfice de cette campagne entreprise en commun avec son rival ; celui-ci en recueillit tous les fruits, et ce fut le président Colbert de Croissy qui fut appelé au département des affaires étrangères.

L'histoire de la disgrâce de M. Pomponne forme l'un des épisodes les plus complets, les mieux sentis de la correspondance de madame de Sévigné : c'est avec le cœur, le cœur d'une amie de trente ans, qu'elle l'a racontée à sa fille. Les lettres qu'elle lui a consacrées sont un égal éloge pour le ministre tombé et pour son amie fidèle. Elles font bien comprendre aussi ce qu'était alors une disgrâce, mot effrayant, dernier des malheurs, sous un régime où la faveur royale, comme une divinité mystérieuse et redoutée, est l'objet de tous les hommages, de toutes les adorations, mêlées à la fois d'espérance et d'effroi. A ces divers titres, ces pages, remarquables d'ailleurs, doivent trouver place ici ; ce n'est pas de la grande histoire, mais un intéressant chapitre de mémoires, destiné à faire connaître ce qu'on peut appeler le ménage intérieur du gouvernement de Louis XIV.

Voici la lettre qui annonça à madame de Grignan

étonnée la chute d'un ministre qui était un intermédiaire utile, sinon un patron puissant, pour le lieutenant
de la Provence :

A Paris, mercredi 22 novembre 1679.

« Vous allez être bien surprise et bien fâchée, ma
chère enfant ; M. de Pomponne est disgracié ; il eut ordre
samedi au soir, comme il revenoit de *Pomponne*, de se
défaire de sa charge. Le roi avoit réglé qu'il auroit sept
cent mille francs, et que la pension de vingt mille francs
qu'il avoit comme ministre lui seroit continuée : Sa Majesté vouloit lui marquer par cet arrangement qu'elle
étoit contente de sa fidélité. Ce fut M. Colbert qui lui
fit ce compliment, en l'assurant qu'il *étoit au désespoir
d'être obligé*, etc. M. de Pomponne demanda s'il ne
pourroit point avoir l'honneur de parler au roi, et apprendre de sa bouche quelle étoit la faute qui avoit attiré ce coup de tonnerre ; on lui dit qu'il ne le pouvoit pas,
en sorte qu'il écrivit au roi pour lui marquer son extrême
douleur et l'ignorance où il étoit de ce qui pouvoit avoir
contribué à sa disgrâce : il lui parla de sa nombreuse
famille et le supplia d'avoir égard à huit enfants qu'il
avoit. Il fit remettre aussitôt ses chevaux au carrosse
et revint à Paris où il arriva à minuit. M. de Pomponne
n'étoit pas de ces ministres sur qui une disgrâce tombe à
propos pour leur apprendre l'humanité qu'ils ont presque
tous oubliée ; la fortune n'avoit fait qu'employer les
vertus qu'il avoit pour le bonheur des autres ; on l'aimoit surtout, parce qu'on l'honoroit infiniment. Nous
avions été, comme je vous l'ai mandé, le vendredi
à *Pomponne*, M. de Chaulnes, Caumartin et moi :
nous le trouvâmes, et les dames, qui nous reçurent fort

gaiement. On causa tout le soir, on joua aux échecs :
ah! quel échec et mat on lui préparoit à Saint-Germain !
Il y alla dès le lendemain matin, parce qu'un courrier
l'attendoit, de sorte que M. Colbert, qui croyoit le trouver
le samedi au soir à l'ordinaire, sachant qu'il étoit allé
droit à Saint-Germain, retourna sur ses pas et pensa
crever ses chevaux. Pour nous, nous ne partîmes de
Pomponne qu'après dîner ; nous y laissâmes les dames,
madame de Vins m'ayant chargée de mille amitiés
pour vous. Il fallut donc leur mander cette triste nouvelle : ce fut un valet de chambre de M. de Pomponne,
qui arriva le dimanche à neuf heures dans la chambre
de madame de Vins ; c'étoit une marche si extraordinaire que celle de cet homme, et il étoit si excessivement
changé, que madame de Vins crut absolument qu'il venoit lui dire la mort de M. de Pomponne, de sorte que,
quand elle sut qu'il n'étoit que disgracié, elle respira ;
mais elle sentit son mal quand elle fut remise ; elle
alla le dire à sa sœur. Elles partirent à l'instant, laissant
tous ces petits garçons en larmes, et, accablées de douleur, elles arrivèrent à Paris à deux heures après midi.
Vous pouvez vous représenter leur entrevue avec M. de
Pomponne, et ce qu'ils sentirent en se revoyant si différents de ce qu'ils pensoient être la veille.

« Pour moi, j'appris cette nouvelle par l'abbé de Grignan ; je vous avoue qu'elle me toucha droit au cœur.
J'allai à leur porte dès le soir ; on ne les voyoit point en
public, j'entrai, je les trouvai tous trois. M. de Pomponne m'embrassa sans pouvoir prononcer une parole :
les dames ne purent retenir leurs larmes ni moi les miennes : ma fille, vous n'auriez pas retenu les vôtres ; c'é-
toit un spectacle douloureux : la circonstance de ce que

nous venions de nous quitter à *Pomponne* d'une manière
si différente augmenta notre tendresse. Enfin, je ne puis
vous représenter cet état; la pauvre madame de Vins que
j'avois laissée si fleurie n'étoit pas reconnoissable; je dis
pas reconnoissable, une fièvre de quinze jours ne l'auroit
pas tant changée : elle me parla de vous, et me dit
qu'elle étoit persuadée que vous sentiriez sa douleur et
l'état de M. de Pomponne; je l'en assurai. Nous parlâmes
du contre-coup qu'elle ressentoit de cette disgrâce; il est
épouvantable, et pour ses affaires, et pour l'agrément
de sa vie et de son séjour, et pour la fortune de son mari;
elle voit tout cela bien douloureusement. M. de Pomponne n'étoit point en faveur; mais il étoit en état d'obtenir de certaines choses ordinaires, qui font pourtant
l'établissement des gens : il y a bien des degrés au-
dessous de la faveur des autres, qui font la fortune des
particuliers. C'étoit aussi une chose bien douce de se trouver naturellement établie à la cour : ô Dieu, quel changement! quel retranchement! quelle économie dans cette
maison! Huit enfants, n'avoir pas eu le temps d'obtenir
la moindre grâce! Ils doivent trente mille livres de rente;
voyez ce qu'il leur restera : ils vont se réduire triste-
ment à Paris, à *Pomponne*. On dit que tant de voyages,
et quelquefois des courriers qui attendoient, même celui
de Bavière qui étoit arrivé le vendredi, et que le roi attendoit impatiemment, ont un peu attiré ce malheur. Mais
vous comprendrez aisément ces conduites de la Providence, quand vous saurez que c'est M. le président Colbert qui a la charge; comme il est en Bavière, son
frère la fait en attendant, et lui a écrit, en se réjouissant
et pour le surprendre, comme si on s'étoit trompé au-dessus de la lettre : *A monsieur, monsieur Colbert, ministre*

et secrétaire d'État. J'en ai fait mes compliments dans
la maison affligée ; rien ne pouvoit être mieux. Faites un
peu de réflexion à toute la puissance de cette famille, et
joignez les pays étrangers à tout le reste ; et vous verrez
que tout ce qui est de l'autre côté *où l'on se marie,* ne
vaut point cela.

« Ma pauvre enfant, voilà bien des détails et des
circonstances ; mais il me semble qu'ils ne sont point désagréables dans ces sortes d'occasions : il me semble
que vous voulez toujours qu'on vous parle ; je n'ai que
trop parlé. Quand votre courrier viendra, je n'ai plus
à le présenter ; c'est encore un de mes chagrins de vous
être désormais entièrement inutile : il est vrai que je
l'étois déjà par madame de Vins ; mais on se rallioit ensemble. Enfin, ma fille, voilà qui est fait, voilà le monde.
M. de Pomponne est plus capable que personne de
soutenir ce malheur avec courage, avec résignation et
beaucoup de christianisme. Quand, d'ailleurs, on a usé
comme lui de la fortune, on ne manque point d'être
plaint dans l'adversité [1]. »

Toute l'histoire de la disgrâce de M. de Pomponne
est, en abrégé, dans cette première lettre. On y voit la
cause occasionnelle de sa chute, la ligue antérieure de
Colbert et de Louvois, le succès du premier et la déconvenue *de ce côté où l'on se marie* (mademoiselle de Louvois était à la veille d'épouser le petit-fils de La Rochefoucauld, fils de Marsillac le favori), la portée de cette
disgrâce pour M. de Pomponne et les siens, sa résignation religieuse, et, enfin, les regrets dont il est l'objet.

Pendant deux mois, madame de Sévigné ne cesse de

[1] SÉVIGNÉ, *Lettres*, t VI, p. 22.

développer ces divers points, afin de satisfaire la curiosité de sa fille, curiosité inspirée par sa reconnaissance envers un ministre qui avait souvent aidé M. de Grignan dans son administration et son amitié plus particulière pour la belle-sœur de celui-ci, la marquise de Vins.

« Il est extrêmement regretté; toute la cour le plaint et lui fait des compliments, » dit madame de Sévigné, au lendemain de la chute [1]. Un mois après, en constatant qu'elle venait de voir chez M. de Pomponne plus de gens considérables qu'avant sa disgrâce, elle ajoute : « C'est le prix de n'avoir point changé pour ses amis; vous verrez qu'ils ne changeront point pour lui [2]. » Et, pensant aux flatteurs habituels du succès, et peut-être aux Argus de Louvois, lequel cumulait avec le ministère de la guerre la surintendance des postes : « Un ministre de cette humeur, dit-elle, avec une facilité d'esprit et une bonté comme la sienne, est une chose si rare qu'il faut souffrir qu'on sente un peu une telle perte [3]. » Madame de Grignan, au bout de peu de jours, se trouvant *trop pleine* d'une nouvelle qu'elle croyait déjà vieille pour la cour : « Elle ne sera pas sitôt oubliée de beaucoup de gens (lui réplique sa mère, forcée toutefois d'avouer que le temps a déjà passé par-là), car, pour le torrent, il va comme votre Durance quand elle est endiablée; mais elle n'entraîne pas tout avec elle [4]. »

Quant à elle, avec un ton qu'autorise l'indépendance de son âme, elle s'écrie : « Le malheur ne me chassera

---

[1] SÉVIGNÉ, *Lettres* (24 novembre 1679), t. VI, p. 30.

[2] *Ibid.* (29 décembre), t. VI, p. 86.

[3] SÉVIGNÉ, *Lettres* (29 novembre et 29 décembre), t. VI, p. 30 et 86.

[4] *Ibid.*, p. 59.

pas de cette maison : il y a trente ans (c'est une belle
date) que je suis amie de M. de Pomponne, je lui jure
fidélité jusqu'à la fin de ma vie, plus dans la mauvaise
que dans la bonne fortune [1]. » Elle se fait la compagne,
le courtisan assidu des affligés, mais avec des ménagements que la plus exquise délicatesse peut seule inspirer.
« Je leur rends, dit-elle, des soins si naturellement que
je me retiens, de peur que le vrai n'ait l'air d'une affectation et d'une fausse générosité. » Elle ajoute, et on le
conçoit de reste : « Ils sont contents de moi [2]. »

M. de Pomponne s'honorait par la façon simple et
digne dont il supportait la disgrâce. Dès le premier jour
son amie l'avait dit : « M. de Pomponne prendra bien son
parti, et soutiendra dignement son infortune [3]. » Elle le
peint, la semaine suivante, « sans tristesse et sans abattement, mais, pourtant, sans affectation d'être gai, et
d'une manière si noble, si naturelle, et si précisément
mêlée et composée de tout ce qu'il faut pour attirer l'admiration, qu'il n'a pas de peine à y réussir [4]. » Elle proclame que c'est la tête la mieux faite qu'elle ait vue.
« Comme le ministère ne l'avoit pas changé, dit-elle, la
disgrâce ne le change point aussi. » « Enfin, ajoute-t-
elle, nous l'allons revoir ce M. de Pomponne si parfait,
comme nous l'avons vu autrefois : il ne sera plus que
le plus honnête homme du monde [5]. »

Pomponne appartenait à une famille de fervents dis-
ciples de la Providence. Il n'était pas de ceux qui atten-

---

[1] *Lettres inédites.* Éd. Klostermann, p. 40.
[2] SÉVIGNÉ, *Lettres,* t. VI, p. 36.
[3] *Ibid.,* p. 30.
[4] *Ibid.,* p. 36.
[5] *Ibid.,* p. 36 et 75.

dent l'adversité pour penser à Dieu. Il s'humilia et ne
s'irrita point. Ame croyante et, pour sa part, rési-
gnée aux nécessités d'une vie qui avait trompé tous
ses vœux, son amie était faite pour le comprendre et
l'approuver. Le lendemain du coup, c'est le sujet de leur
premier entretien. « Nous avons bien parlé de la Providence, dit madame de Sévigné en quittant son cher disgracié, il entend bien cette doctrine. » « Il faut en revenir à la Providence, redit-elle dans la lettre suivante,
dont M. de Pomponne est adorateur et disciple ; et le
moyen de vivre sans cette divine doctrine ? il faudroit se
pendre vingt fois le jour, et encore, avec tout cela, on a
bien de la peine à s'en empêcher [1]. »

Madame de Vins prenait avec moins de fermeté et
surtout moins de résignation religieuse cette ruine de la
commune fortune. Madame de Sévigné lui prodigue de
plus féminines consolations dans la persuasion où elle
est « qu'elle sentira bien plus longtemps cette douleur
que M. de Pomponne [2]. » Madame de Grignan et madame de Villars, ses deux meilleures amies, étant absen-
tes, la marquise de Sévigné les remplace auprès d'elle.
Elle lui sert de compagnie et de contenance dans ses visites à ceux qui aujourd'hui la plaignent ou en ont l'air,
et qui la courtisaient hier à cause de son influence reconnue sur son beau-frère. Un grand mois après, elle n'a-
vait pu trouver encore la force nécessaire pour accepter ce
renversement soudain d'une position dont elle s'était fait
une douce habitude, et qui devait profiter à l'avancement
de son mari et à l'établissement de son fils. « Madame

[1] SÉVIGNÉ, *Lettres* t. VI, p. 30 et 37.
[2] *Ibid.*, p. 36.

de Vins, écrit à sa fille madame de Sévigné le 29 décembre, me paroît toujours touchée jusqu'aux larmes, dont j'ai vu rougir plusieurs fois ses beaux yeux. Elle ne veut faire de visites qu'avec moi, puisque vous et madame de Villars lui manquez; elle peut disposer de ma personne tant qu'elle s'en accommodera. J'ai trop de raisons pour me trouver heureuse de ce goût... Son cœur la mène et lui fait souhaiter le séjour de *Pomponne;* cet attachement est digne d'être honoré, et adoucit les malheurs communs [1]. »

Madame de Sévigné resta seize jours à recevoir la réponse de sa fille à la lettre par laquelle elle lui faisait connaître le renvoi de leur ami. Comme elle avait à s'expliquer sur un acte plus ou moins loyal des deux principaux ministres, la gouvernante de la Provence jugea prudent de ne point adresser directement sa lettre à sa mère; elle la lui fit parvenir par une voie détournée, ce qui apporta dans sa correspondance un retard inusité, dont madame de Sévigné, on s'en doute, fut prompte à s'alarmer. « Le voilà donc, ce cher paquet (s'écrie-t-elle le 8 décembre en tenant enfin la réponse de sa fille), le voilà! Vous avez très-bien fait de le déguiser et de le dépayser un peu. Je ne suis point du tout surprise de votre surprise, ni de votre douleur; ce que j'en ai senti, je le sens encore tous les jours [2]; » et elle loue « les réflexions si tendres, si justes, si sages et si bonnes » de madame de Grignan. Celle-ci envoyait à sa mère, pour M. de Pomponne et madame de Vins, des lettres dont nous avons l'une, celle adressée au ministre déchu, où,

[1] SÉVIGNÉ, *Lettres,* t. VI, p. 86.

[2] SÉVIGNÉ, *Lettres,* t. VI, p. 59.

en des termes un peu trop entortillés pourtant, elle lui demande, comme le plus honorable et le plus précieux des biens qu'elle ait encore reçus de lui, la continuation de son amitié. « Avec les sentiments que je me trouve pour vous, monsieur (lui dit-elle en terminant, du ton d'un hommage naturel et mieux senti), il m'est difficile de vous plaindre ; il me semble que vous auriez beaucoup perdu si vous aviez cessé d'être M. de Pomponne, quand vous avez eu d'autres dignités ; mais de quelle perte ne doit-on pas se consoler quand on est assuré d'être toujours l'homme du monde dont les vertus et le singulier mérite se font le plus aimer et respecter [1]. » Les condoléances de madame de Grignan furent accueillies comme venant aussi d'un cœur sincère. Le 27 décembre, sa mère lui mande que M. de Pomponne lui avait parlé fort tendrement d'elle, et lui avait paru fort touché de sa dernière lettre, et que madame de Vins s'était attendrie en parlant de la bonté de son cœur ; « et tous nos yeux rougirent, » ajoute-t-elle [2].

L'une des réflexions de madame de Grignan, réflexion bien singulièrement personnelle, était que son malheur, sa mauvaise fortune avait dû influer sur la disgrâce de M. de Pomponne, leur patron. La marquise de Sévigné n'hésite pas à revendiquer pour son fils et pour elle une part de ce *guignon* de famille. Mais, en répondant à sa fille, elle lui donne une meilleure explication de la chute de leur ami, amenée, nous l'avons dit, par les efforts communs de ses deux collègues, de Louvois surtout, qui se trouva, à son grand désappointement, n'avoir travaillé que

---

[1] Lettres de madame de Sévigné, t. VI, p. 70.
[2] SÉVIGNÉ, t. VI, p. 75.

pour son rival. Madame de Sévigné précise mieux ici les
détails relatifs à cette dépêche de Bavière, qui fit éclater
l'orage. Madame de Grignan avait paru craindre de trop
s'appesantir sur un sujet qui déjà, depuis quelque temps,
faisait tous les frais de la correspondance de sa mère :

« ... Parlons-en tant que vous voudrez, ma très-chère, lui
dit celle-ci ; vous aurez vu par toutes mes lettres que je
traite ce chapitre très-naturellement, et qu'il me seroit difficile de m'en taire puisque j'y pense très-souvent, et que
si j'ai un degré de chaleur moins que vous pour la belle-
sœur, j'en ai aussi bien plus que vous pour le beau-frère.
Les anciennes dates, les commerces, les liaisons, me font
trouver, dans cette occasion, plus d'attachement que je ne
pensois en avoir. Ils sont encore à la campagne : je vous envoie deux de leurs billets qu'ils m'écrivent en me renvoyant
vos paquets. Voilà l'état où ils sont ; se peut-il rien ajouter
à la tendresse et à la droiture de leurs sentiments ? Je n'ou-
blierai rien pour leur confirmer la bonne opinion qu'ils
ont de l'amitié et de l'estime que j'ai pour eux ; elle est
augmentée par leurs malheurs : je suis persuadée, ma
fille, que le nôtre a contribué à leur disgrâce. Jetez les
yeux sur tous nos amis, et vous trouverez vos réflexions
fort justes. Il y auroit bien des choses à dire sur toute
cette affaire ; tout ce que vous pensez est fort droit. Je crois
vous avoir fait entendre que depuis longtemps on faisoit
valoir les minuties : cela avoit formé une disposition
qui étoit toujours fomentée dans la pensée d'en profiter, et la dernière faute impatienta et combla cette
mesure : d'autres se servirent sur-le-champ de l'occasion,
et tout fut résolu en un moment. Voici le fait : un courrier
attendu avec impatience étoit arrivé le jeudi au soir ; M. de
Pomponne donne tout à déchiffrer, et c'étoit une af-

faire de vingt-quatre heures. Il dit au courrier de ne point
paroître; mais, comme le courrier étoit à celui qui l'envoyoit, il donna les lettres à la famille : cette famille,
c'est-à-dire le frère, dit à Sa Majesté ce qu'on mandoit
de Bavière; l'impatience prit de savoir ce qu'on déchif-
froit; on attendit donc le jeudi au soir, le vendredi tout
le jour, et le samedi jusqu'à cinq heures du soir. Vraiment, quand M. de Pomponne arriva, tout étoit fait; et le
matin encore on eût pu se remettre dans les arçons. Il
étoit chez lui à la campagne, persuadé qu'on ne sauroit
rien; il y reçut les déchiffrements le soir du vendredi;
il partit le samedi matin à dix heures; mais il étoit
trop tard. Et voilà la raison, le prétexte, et tout ce qu'il
vous plaira; car il est certain que, soit cela, soit autre
chose, on avoit enfin renversé cette fortune qui ne tenoit plus à rien. Mais le plaisant de cette affaire, c'est
que celui qui avoit ses desseins n'en a pas profité, et
a été plus affligé qu'on ne peut croire [1]. »

Madame de Grignan, comme sa mère, avait bien pensé
que cette affaire de courrier n'était que la goutte d'eau
qui fait répandre le vase [2]. Les courtisans, néanmoins,
ceux qui dans le silence du maître ne sont jamais embarrassés pour trouver à sa décharge les justes motifs d'une rigueur, disaient (c'est madame de Sévigné qui parle) que,
depuis deux ans, M. de Pomponne était gâté auprès du
roi, qu'il était opiniâtre au conseil, qu'il allait trop souvent à *Pomponne*, que cela lui ôtait l'exactitude et que
les courriers attendaient [3]. Madame de Grignan avait

[1] SÉVIGNÉ, *Lettres* (13 décembre 1679), t. VI, p. 61.
[2] T. VI, p. 59.
[3] *Ibid.*, p. 30 et 49.

pensé aussi que, sans doute, le nom d'Arnauld n'était
point étranger à la disgrâce de Pomponne : « Personne
ne croit, lui répond sa mère, que le nom y ait eu part;
peut-être aussi qu'il y est entré pour sa *vade* ¹. » Et elle
résume ainsi, d'une manière piquante, son opinion conforme à celle de sa fille : « Vous avez raison, la dernière
faute n'a point fait tout le mal, mais elle a fait résoudre
ce qui ne l'étoit pas encore. Un certain homme (*Louvois*) avoit donné de grands coups depuis un an, espérant tout réunir : mais on bat les buissons, et les autres
prennent les oiseaux, de sorte que l'affliction n'a pas été
médiocre... C'est donc un *mat* qui a été donné, lorsqu'on
croyoit avoir le plus beau jeu du monde, et rassembler
toutes ses pièces ensemble.² » On comprend que Louis XIV
n'eût pas voulu mettre dans les mêmes mains les affaires
étrangères et la guerre.

Malgré la résignation de M. de Pomponne, son calme
et sa force d'esprit, ses amis redoutaient pour lui le vide de
sa nouvelle existence. C'est une pensée venue, dès le début, à madame de Sévigné. Elle avait fait, avec madame
de Coulanges, une visite à son ami le lendemain de sa disgrâce : « Ce premier jour nous toucha, remarque-t-elle;
il étoit désoccupé et commençoit à sentir la vie et la véritable longueur des jours, car, de la manière dont les
siens étoient pleins, c'étoit un torrent précipité que sa
vie; il ne la sentoit pas; elle couroit rapidement sans
qu'il pût la retenir³. » Six semaines après, on trouve
cet aveu de M. Pomponne, que même pour les âmes les

¹ Terme du jeu de Brelan.
² SÉVIGNÉ, t. VI, p. 60.
³ SÉVIGNÉ, *Lettres* (29 novembre 1679), t. VI, p. 36.

moins portées aux vanités de la puissance, la vie de
cour avait une séduction à laquelle il n'était pas facile de
se soustraire : « M. de Pomponne aura besoin de toute
sa raison pour oublier parfaitement ce pays-là, et pour
reprendre la vie de Paris. Savez-vous bien qu'il y a un
sort dans ce tourbillon, qui empêche d'abord de sentir le
charme du repos et de la tranquillité? Puisqu'il est de cet
avis, il faut croire sa solide sagesse[1]. » Mais, comme madame de Sévigné connaît la sincère piété de son ami, elle
estime que sa disgrâce sera le chemin de son salut, et
croit pouvoir assurer « qu'il ne perdra guère de temps à
se jeter dans la solitude[1]. » En effet, le ministre disgracié, voulant faire une retraite complète, avait formé le
dessein d'aller se fixer sur les bords de la Marne, dans
son château ou plutôt sa maison de *Pomponne*, et il
n'attendait pour partir que la liquidation de la finance
de sa charge, c'est-à-dire le remboursement de ce qu'il
avait eu à payer en remplaçant M. de Lyonne. Quoique
dépendant du choix et de la confiance la plus directe du
prince, les charges de secrétaires d'État étaient, comme
tous les emplois, soumises au régime de la vénalité.

Mais ici encore une appréhension vint traverser l'esprit, ou mieux, le cœur de madame de Sévigné. Elle
craint « que le séjour de *Pomponne*, que son ami a aimé si
démesurément, et qui a causé tous ses péchés véniels, ne
lui devienne insupportable par un caprice qui arrive souvent. » « Cette trop grande liberté d'y être, ajoute-
t-elle, lui donnera du dégoût, et le fera souvenir que
ce *Pomponne* a contribué à son malheur. Ne sera-ce

[1] *Ib d.* (12 janvier), p. 102.
[2] *Ibid.* p. 39.

point comme l'abbé d'Effiat, qui, pour marquer son chagrin contre Veret, disoit qu'il avoit épousé sa maitresse?
Mais non, car tout cela est fou et M. de Pomponne est
sage. [1] » C'était un sage, en effet.

Le 12 janvier, enfin, M. de Pomponne reçut son argent
et paya ses dettes. Il sortait des affaires plus pauvre
qu'il n'y était entré. Cela était rare. Il en reçut plus de
louange et plus d'estime : supérieurs à lui en génie et en
services, Colbert et Louvois, qui le renversaient, ne
peuvent se parer, devant l'histoire, d'un pareil désinté-
ressement.

Avant de partir pour son exil volontaire, il restait à
M. de Pomponne une épreuve à subir. Il avait à prendre
congé du roi qui, lui ayant fait attendre une audience
près de trois mois, la lui accorda enfin le lundi, 5 février. Il faut encore emprunter à madame de Sévigné
le récit de cette dernière entrevue du souverain déjà
calmé et radouci , et du ministre fidèle et attendri , et,
on le sent, toujours estimé d'un maître qui s'en sépare
à regret :

« ... Il y eut une bien triste scène lundi, et que vous
comprendrez aisément : M. de Pomponne est enfin allé
à la cour. Il craignoit fort cette journée : vous pouvez
vous imaginer tout ce qu'il pensa par le chemin, et lorsqu'il revit les cours de Saint-Germain , lorsqu'il reçut
les compliments de tous les courtisans dont il fut accablé.

---

[1] SÉVIGNÉ, *Lettres*, t. VI, p. 40. Déjà, le 4 août 1677, madame
de Sévigné, avait raconté cette anecdote : « Vous savez ce que dit
l'abbé d'Effiat (exilé dans sa maison de Veret); il a épousé sa maitresse ; il aimoit Veret quand il n'étoit pas obligé d'y demeurer; il
ne peut plus y durer parce qu'il n'ose en sortir. » (T. V, p. 170.)

Il étoit saisi : il entra dans la chambre du roi qui l'attendoit. Que peut-on dire? et par où commencer? Le roi l'assura qu'il étoit toujours content de sa fidélité, de ses services; qu'il étoit en repos de toutes les affaires secrètes dont il avoit connoissance; qu'il lui feroit du bien et à sa famille. M. de Pomponne ne put retenir quelques larmes, en lui parlant du malheur qu'il avoit eu de lui déplaire : il ajouta que, pour sa famille, il l'abandonnoit aux bontés de Sa Majesté; que toute sa douleur étoit d'être éloigné d'un maître auquel il étoit attaché autant par inclination que par devoir; qu'il étoit difficile de ne pas sentir vivement cette sorte de perte; que c'étoit celle qui le perçoit, et qui faisoit voir en lui des marques de faiblesse, qu'il espéroit que Sa Majesté lui pardonneroit. Le roi lui dit qu'il en étoit touché; qu'elles venoient d'un si bon fond qu'il ne devoit pas en être fâché. Tout roula sur ce point, et M. de Pomponne sortit avec les yeux un peu rouges, et comme un homme qui ne méritoit pas son malheur. Il me conta tout cela hier au soir; il eût bien voulu paroître plus ferme, mais il ne fut pas le maître de son émotion. C'est la seule occasion où il ait paru trop touché; et ce ne seroit pas mal faire sa cour, s'il y avoit encore une cour à faire. Il reprendra la suite de son courage, et le voilà quitte d'une grande affaire: ce sont des renouvellements que l'on ne peut s'empêcher de sentir comme lui. Madame de Vins a été à Saint-Germain; bon Dieu, quelle différence! on lui a fait assez de compliments, mais c'étoit son pays, et elle n'y a plus ni feu ni lieu : j'ai senti ce qu'elle a souffert dans ce voyage [1]. »

---

[1] Sévigné, *Lettres* (7 février 1680), t. VI, p. 154.

En dehors de madame de Sévigné, nous trouvons peu de choses sur ce renvoi de M. de Pomponne qui tient tant de place dans sa correspondance. L'ancien valet de chambre de l'abbé de La Rochefoucauld, devenu successivement, à force de justesse d'esprit, de droiture de cœur, d'intelligence, d'habileté et surtout de probité, secrétaire de l'auteur des *Maximes*, intendant du prince de Condé, ministre plénipotentiaire, conseiller d'État, et surtout riche à millions, Gourville, dans cette affaire, cherche un peu à justifier tout le monde, mais cependant plutôt Louvois que Colbert[1]. Il rend d'abord justice à la manière dont M. de Pomponne s'acquittait de sa charge. Il montre l'entreprenant Louvois cherchant, dès le début, à s'immiscer dans les questions étrangères, et « prenant occasion, quand il la pouvoit trouver, de faire voir au roi qu'il en savoit plus que les autres. » Mais il nie qu'il ait été pour quelque chose dans la disgrâce de son collègue, attribuée par Gourville au fait unique du courrier de Bavière, qu'il raconte comme madame de Sévigné, et à propos duquel il donne de justes louanges à la patience de Louis XIV. Il n'affirme pas l'hostilité active de Colbert; néanmoins son ton réservé l'accuse plus qu'il ne le justifie. « Il se peut bien faire, dit-il, que M. Colbert ne se soit pas mis beaucoup en peine d'excuser M. de Pomponne, cela n'étant guère d'usage entre les ministres; car, entre amis particuliers, M. Colbert auroit envoyé un cavalier à M. de Pomponne pour l'avertir de la peine où étoit le roi, et il ne falloit pas plus de trois heures pour cela[2]. »

Bienvenu partout, Gourville fut un des premiers re-

---

[1] *Mémoires de Gourville* (collection Michaud, t. XXX, p. 591).
[2] *Ibid.*, p. 592.

çus par M. de Pomponne. A l'en croire (et la connaissance de son caractère comme le ton de ses mémoires
portent à la confiance), le ministre l'accueillit comme un
ami, l'embrassa, et lui communiqua pour en avoir son
sentiment la lettre qu'il écrivait au roi, cette lettre dont
parle madame de Sévigné, où Pomponne cherchait à
excuser ou plutôt à expliquer sa conduite, et demandait l'appui du roi pour sa famille. A deux reprises et
malgré les contestations de Gourville, M. de Pomponne
lui avoua « qu'il croyoit que M. de Louvois étoit cause
de sa perte. » Le grand argument de Gourville, sans
aucun doute de bonne foi, était que Louvois, « en l'ô-
tant de là, ne devoit pas espérer d'en mettre un autre
en sa place, et même pouvoit craindre que celui sur
qui le roi jetteroit les yeux, ne lui fît peut-être plus de
peine que lui [1]. » Gourville semble croire qu'il avait
fini par convaincre son interlocuteur. Mais il y a lieu
d'en douter, en voyant madame de Sévigné, pendant
trois mois écho persistant de la maison affligée, attribuer à l'ambitieux Louvois la principale part, l'initiative ancienne dans la disgrâce de M. de Pomponne,
soit qu'il eût voulu mettre à sa place, comme on l'a prétendu, M. Courtin, son ami, soit, comme on l'a dit
encore, qu'il eût espéré se faire adjuger le portefeuille
des affaires étrangères [2].

Après Gourville, l'abbé de Choisy et Saint-Simon
sont presque les seuls qui parlent encore de M. de Pomponne, le premier avec une sévérité excessive, le second
avec cette plénitude dans la louange, qui est chez lui la
contre-partie de son impitoyable critique.

[1] *Mémoires de Gourville* (collection Michaud, t. XXX, p. 591.)
[2] *Corresp. de Bussy*, t. V, p. 18.

Suivant l'abbé de Choisy, M. de Pomponne aurait eu
de grandes obligations à sa mère : « Elle avoit, dit-il, un
an durant, montré au roi de belles lettres qu'il lui écrivoit de Suède, et cela n'avoit pas peu contribué à le faire
ministre. Il est vrai que, ces belles lettres, il étoit trois
mois à les faire ; et quand il fut en place, on s'aperçut
bientôt que c'étoit un bon homme, d'un génie assez
court[1]. » L'historien de *Port-Royal* a raison de dire que
l'abbé de Choisy, « quand il tranche à ce point, est une
autorité légère[2]. »

Quant à Saint-Simon, il a tracé de ce ministre, si parfaitement honnête homme, ce qui n'est pas synonyme de
bon homme, un portrait qui est un de ses mieux réussis
dans l'éloge, chose plus difficile, surtout pour lui, de
réussir en louant que d'exceller dans l'invective.

« C'étoit, dit-il, un homme qui excelloit surtout par
un sens droit, juste, exquis, qui pesoit tout et faisoit
tout avec maturité, mais sans lenteur ; d'une modestie,
d'une modération, d'une simplicité de mœurs admirables, et de la plus solide et de la plus éclairée piété. Ses
yeux montroient de la douceur et de l'esprit ; toute sa
physionomie, de la sagesse et de la candeur ; un art, une
dextérité, un talent singulier à prendre ses avantages en
traitant ; une finesse, une souplesse sans ruse qui savoit
parvenir à ses fins sans irriter ; une douceur et une patience qui charmoit dans les affaires ; et, avec cela, une
fermeté, et, quand il le falloit, une hauteur à soutenir
l'intérêt de l'État et la grandeur de la couronne, que rien

---

[1] *Mémoires de l'abbé de Choisy* (coll. Michaud, t. XXXII,
p. 644).

[2] *Port-Royal*, par M. Sainte-Beuve, Paris, 1859, t. V, p. 49.

ne pouvoit entamer. Avec ces qualités il se fit aimer de
tous les ministres étrangers, comme il l'avoit été dans les
divers pays où il avoit négocié. Il en étoit également estimé,
et il en avoit su gagner la confiance. Poli, obligeant, et
jamais ministre qu'en traitant, il se fit adorer à la cour,
où il mena une vie égale, unie, et toujours éloignée du
luxe et de l'épargne, et ne connaissant de délassement
de son grand travail qu'avec sa famille, ses amis et ses
livres. La douceur et le sel de son commerce étoient
charmants, et ses conversations, sans qu'il le voulût,
infiniment instructives. Tout se faisoit chez lui et par
lui avec ordre, et rien ne demeuroit en arrière, sans jamais altérer sa tranquillité [1]. »

Saint-Simon pense que la disgrâce de M. de Pomponne fut principalement due à des considérations religieuses, et il affirme aussi, par la tradition conservée jusqu'à lui, que Louvois et Colbert, dès longtemps ligués en
semble, furent les véritables instigateurs de sa chute.

Les qualités de M. de Pomponne formaient, selon lui, un
trop grand contraste avec celles des deux autres ministres, plus brillants mais moins aimables, pour en pouvoir être souffertes avec patience. « Chacun d'eux vouloit
ambler sur la besogne d'autrui. » Ils désiraient surtout
avoir la main dans les affaires étrangères. Mais, au dire de
Saint-Simon, la grande connaissance qu'avait M. de
Pomponne de la situation de l'Europe et du personnel
des cours, lui avait maintenu, pour les questions exté-
rieures, la première place dans le conseil du roi. De là

[1] *Mémoires complets et authentiques du duc de Saint-Simon*, etc., collationnés sur le manuscrit original par M. Chéruel,
et précédés d'une notice par M. Sainte-Beuve, de l'Académie française. Paris, 1856-58, chez Hachette et Cie, t. IV, p. 160.

chez ses collègues le désir de s'en débarrasser, afin de le
remplacer par un homme plus docile. Saint-Simon déclare
nettement que le jansénisme fut leur prétexte et leur
moyen. Se relayant dans leurs attaques, « allant l'un après
l'autre à la sape, » ils décidèrent enfin le roi « au sacrifice, » mais non « sans une extrême répugnance [1]. » Louis
de Brienne est plus formel encore sur la part qu'eut dans
le renvoi de M. de Pomponne la crainte du jansénisme.
« Le cardinal d'Estrées, dit-il, donna avis à Sa Majesté
que M. Arnauld seroit infailliblement cardinal s'il vouloit l'être, et si elle ne l'empêchoit. Ce fut la principale
cause de la disgrâce de son neveu... Je suis persuadé,
quant à moi, que le jansénisme et la peur qu'eurent les
jésuites de voir M. Arnauld cardinal ont contribué plus
que toute autre chose à la perte de M. de Pomponne [2].

Comme madame de Sévigné, Saint-Simon appelle
l'incident du courrier de Bavière, « la dernière goutte
d'eau. » Aux détails que nous connaissons déjà, il ajoute
deux particularités. Madame de Soubise, « alors dans
le temps florissant de sa beauté et de sa faveur, »
bien instruite de tout ce qui se tramait contre M. de
Pomponne, son ami, et présente, sans doute, lorsque
celui-ci reçut son courrier, l'aurait conjuré de ne
point retourner à *Pomponne*, et probablement d'aller
avertir le roi de l'arrivée d'une correspondance si impatiemment attendue, en même temps qu'il l'envoyait déchiffrer. Comme elle n'osa s'expliquer davantage, M. de
Pomponne partit pour sa maison des champs, pensant
pouvoir le lendemain satisfaire la curiosité du roi. Mais

---

[1] SAINT-SIMON, *Mémoires*, t. II, p. 320.
[2] *Mémoires de Brienne.*

le commis qui déchiffrait habituellement les depèches étrangères, profitant de l'absence de son maître, était allé se divertir à l'Opéra. Il ne revint de Paris à Saint-Germain, à l'hôtel ministériel où se faisaient les déchiffrements, que le lendemain, et ce contre-temps ajouta encore aux trop longs délais que l'absence du ministre devait entraîner [1]. »

Le duc de Saint-Simon termine l'article qu'il a consacré à la disgrâce de M. de Pomponne par cette anecdote réellement piquante si elle est vraie. — « Ce grand coup frappé, Louvois, dont Colbert, qui avoit ses raisons, avoit exigé de ne pas dire un mot de toute cette menée à son père (*le chancelier*), se hâta d'aller lui conter la menée et le succès : « Mais, lui répondit froidement « l'habile Le Tellier, avez-vous un homme tout prêt pour « mettre en cette place? — Non, lui répondit son fils, on « n'a songé qu'à se défaire de celui qui y étoit, et main-« tenant la place vide ne manquera pas, et il faut voir « de qui la remplir. — Vous n'êtes qu'un sot, mon fils, « avec tout votre esprit et vos vues, lui répliqua Le Tel-« lier; M. Colbert en sait plus que vous, et vous verrez « qu'à l'heure qu'il est, il sait le successeur et il l'a pro-« posé; vous serez pis qu'avec l'homme que vous avez « chassé, qui, avec toutes ses bonnes parties, n'étoit pas, « au moins, plus à M. Colbert qu'à vous : je vous le ré-« pète, vous vous en repentirez [2]. » Saint-Simon ajoute que Louvois en fut brouillé plus que jamais avec Colbert. Gourville, de son côté, dit tenir de M. de Pomponne, que « ses enfants ayant pris le parti de la guerre, M. de

---

[1] SAINT-SIMON, *Mémoires*, t. II, p. 326.
[2] SAINT SIMON, *Mémoires*.

Louvois les avoit aidés en tout ce qu'il avoit pu ; » par un
remords, sans doute, de sa conduite envers leur père, ou
plutôt par dépit du succès de Colbert, son rival [1].

Il nous reste à reproduire une dernière explication de
la chute de M. de Pomponne. Celle-ci devrait être la véritable, si l'on considère l'autorité dont elle émane. Il
n'en est pas de plus haute.

On sait que Louis XIV, voulant laisser au Dauphin
son fils un monument de son expérience et de son affection, avait entrepris des Mémoires qui, malgré le concours de Pellisson et surtout de son lecteur, devenu pré-
cepteur du Dauphin, M. de Périgny, ne purent être
menés à fin, soit difficulté du sujet soit inconstance de
l'auteur, et fatigue de ses interprètes. Une nouvelle et
complète édition de cette œuvre de forme indigeste
mais remarquable à tant d'autres titres, permet de juger
Louis XIV, non peut-être tel qu'il était, mais tel qu'il
voulait paraître aux yeux de la postérité plus encore qu'à
ceux de son fils [2]. Ce qu'il prépare à celui-ci, c'est une
théorie du pouvoir royal, réalisant son idéal du parfait
souverain et de la vraie grandeur. Il lui recommande
surtout, ce dont il faisait montre, la fermeté, la force

---

[1] *Mémoires de Gourville.* (Coll. Michaud, t. XXX, p. 592). — La
nouvelle édition de la *Biographie Michaud* attribue à madame
de Sévigné un jugement sur ces Mémoires de Gourville, tiré d'une
lettre de madame de Coulanges du 7 juillet 1703. (Voy t. X, p. 290
des *Lettres de madame de Sévigné*, éd. Monmerqué).

[2] Voy. MÉMOIRES *de Louis XIV, pour l'instruction du Dauphin*,
première édition complète, d'après les textes originaux, avec une
étude sur leur composition, des notes et des éclaircissements, par
M. Charles Dreyss, 2 vol. in-8°. Paris, 1860, chez Didier et compagnie.

d'âme, la résistance aux suggestions de la bonté, quand parle le bien de l'État, ou l'intérêt de la royauté, ce qui, dans son esprit, est synonyme. C'est à ce propos que, dans un morceau fameux sur *le Métier de roi,* après avoir résumé avec grandeur son système des devoirs royaux, il donne à son fils, comme un exemple de faiblesse à éviter, et que par conséquent il se reproche, sa condescendance à conserver M. de Pomponne au ministère, même longtemps après s'être aperçu de son insuffisance et de son peu d'aptitude à représenter au dehors la politique d'un roi tel que lui. Le lecteur ne nous blâmera point de mettre, en entier sous ses yeux ce fragment déjà donné une première fois par Voltaire, qui dans sa lettre de remerciment au maréchal de Noailles, qui le lui avait procuré, l'appelle « un des plus beaux monuments de la gloire de Louis XIV, qui est bien pensé, bien fait, qui montre un esprit juste et une grande âme [1].» Toujours écrivain, même lorsqu'il copie, Voltaire, n'a pu s'empêcher de marquer de sa touche ce morceau souvent remanié, mais que le dernier et scrupuleux éditeur des *Mémoires* de Louis XIV, a eu le bon esprit de reproduire en lui laissant à la fois toute la saveur et toute l'incorrection d'un premier jet. Voici donc, avec son orthographe si étrange, ce chapitre sur *le Métier de roi,* qui appartient à l'histoire du renvoi de M. de Pomponne :

« Les roys sont souvent obligés à faire des choses contre leur inclination et qui blesse leur bon naturel. Ils doivent aimer à faire plesir et il faut qu'ils chatie souvent et perde des gens à qui naturellement ils veulent du

[1] Lettre de remerciment à M. de Noailles, du mois d'octobre 1749.

bien. L'interest de l'Estat doit marcher le premier. On
doit forser son inclination et ne ce pas mettre en estat
de ce reprocher dans quelque chose d'important qu'on
pouvoit faire mieux, mais que quelques interet particuliers en ont empesché et ont destourné les veues qu'on
devoit avoir pour la grandeur, le bien et la puissance de
lEstat. Souvent où il y a des endroits qu'ils font peine
il y en a de délicats qu'il est difficile à desmesler[1]. On a
des idées confuses. Tant que cela est on peut demeurer
sans ce determiner. Mais dès que l'on s'est fixé l'esprit
à quelque chose et qu'on croit voir le meilleur party il
le faut prendre. C'est ce qui m'a fait réussir souvent dans
ce que jay fait. Les fautes que jay faites et qui m'ont
donné des peines infinies ont esté par complaisance ou
pour me laisser aller trop nonchalament aux avis des autres. Rien naist si dangereux que la foiblesse de quelque
nature qu'elle soit. Pour commander aux autres il faut
seslever au-dessus d'eux et après avoir entendu ce qui
vient de tous les endroits on ce doit desterminer par le
jugement qu'on doit faire sans préocupation et pensant
toujours à ne rien ordonner[2] qui soit indigne de soy du
caractère qu'on porte ny de la grandeur de l'Estat. Les
princes qui ont de bonnes intentions et quelque connoissance de leurs affaires soit par expérience soit par étude
et une grande application à ce rendre capables trouve
tant de différentes choses par lesquelles ils ce peuvent
connoistre qu'ils doivent avoir un soing particulier et

[1] Nous reproduisons, entre crochets, les notes de M. Dreyss et les
variantes et corrections relevées par lui.
[On lit d'abord ici de la main de Louis XIV : A *débrouiller* » ; il a
corrigé aussitôt.]
[2] [On lit d'abord : « *à ne rien executer ny ordonner.* »]

une aplication universelle à tout. Il faut ce garder contre soy mesme prendre garde à toute inclination et estre toujours en garde contre son naturel. Le mestier de roy est grand noble et délitieux quand on ce sent digne de bien s'acquister de toutes les choses auxquelles il engage. Mais il naist pas exempt de peines, de fatigues et d'inquiestudes. L'incertitude désespère quelquefois et quand on a passé un temps raisonnable [1] à examiner une affaire il faut se desterminer et prendre le party qu'on croit le meilleur [2]. Quand on a l'Estat en veue on travaille pour soy. Le bien de l'un fait la gloire de l'autre. Quand le premier est heureux élevé et puissant celuy qui en est cause en est glorieux et par [3] conséquent doit plus gouster que ses sujets par raport à luy et à eux tout ce qu'il y a de plus agréable dans la vie. Quand on c'est mespris il faut resparer [4] la faute le plus tost qu'il est possible et que nulle considération en empesche pas mesme la bonté. En 1671 un ministre [5] mourut qui avoit une charge de secrétaire d'Estat ayant le despartement des étrangers. Il estoit homme capable mais non pas sen défaut. Il ne laissoit pas de bien remplir ce poste qui est très-important. Je fus quelque temps à penser à qui je ferois avoir sa charge et après avoir bien examiné je

[1] [Louis XIV avait écrit : « *un temps honneste aux affaires.* » Les mots définitifs sont de la main qui corrige] (M. Dreyss attribue les corrections du premier jet de Louis XIV à M. de Périgny.)

[2] [Louis XIV, primitivement, continuait et finissait la phrase avec ces mots : « *qu'on croit le meilleur pour l'Estat,* » quand l'idée de la phrase suivante lui est venue.]

[3] [Ce mot « *par* », que Louis XIV avait oublié est de la main qui corrige.]

[4] [Louis XIV avait mis : « *restablir.* »]

[5] [On lit d'abord de la main du roi : « *un homme.* »]

treuvé qu'un homme [1] qui avoit longtemps servy dans les ambassades estoit celuy qui la rempliroit le mieux. Je l'envoïé querir. Mon choix fut aprouvé de tout le monde ce qui n'arrive pas toujours. Je le mis en possession de la charge à son retour. Je ne le connaissois que de réputation et par les commissions dont je l'avois chargé qu'il avoit bien exécutées [2]. Mais l'employ que je luy ay donné s'est trouvé trop grand et trop estendu pour luy. J'ai soufer plusieurs ennées de sa foiblesse de son opiniastreté et de son inaplication [3]. Il m'en a cousté des choses considérables. Je nay pas profité de tous les avantages que je pouvois avoir et tout cela par complaisance et bonté. Enfin il faut [4] que je lui ordonne de ce retirer, parce que tout ce qui passe par luy perd de la grandeur et de la force qu'on doit avoir en exécutant les ordres d'un roy de France qui naist pas malheureux. Ci j'avois pris le party de l'esloigner plus tost j'aurois esvité les inconvéniens qui me sont arrivés et je ne me reprocherois pas que ma complaisance pour luy a pu nuire à l'Estat. Jay fait ce destail pour faire voir une exemple de ce que jay dit cy devant. [5] »

Louis XIV reproche à Pomponne « son opiniâtreté et son inapplication » ; la marquise de Sévigné, qui recueille

[1] [Louis XIV avait mis : « *que Pompone.* »]

[2] [Louis XIV avait mis : « *que je luy avois donné, dont il s'estoit bien acquitté.* »]

[3] [Louis XIV avait d'abord ajouté, et il a effacé ces mots : « *et enfin de son manque de dignité.* » Je ne suis pas sûr du dernier mot : l'idée reparaît plus loin.]

[4] [Nous gardons ici le temps du présent dont s'est servi Louis XIV; ce n'est qu'en corrigeant qu'on a mis dans cette phrase le passé ou l'imparfait partout où il y avait d'abord le présent.]

[5] *Mémoires* de Louis XIV, t. II, p. 518-421.

tous les bruits relatifs à son ami, nous a dit également qu'on l'accusait, depuis deux ans, « d'être opiniâtre au conseil, d'aller trop souvent à Pomponne, ce qui lui ôtoit l'exactitude [1]. » On pourrait croire que les secrétaires de Louis XIV, ceux qui étaient chargés de donner habituellement à ses pensées une allure littéraire dont la postérité se fût bien passée, ont divulgué les motifs indiqués par lui à son fils de la disgrâce de M. de Pomponne, dans cette tirade qui paraît écrite au jour même de l'événement; à moins que le roi, ce qu'on doit peu supposer de sa discrétion habituelle, n'ait fait entendre à son entourage les reproches qu'il croyait pouvoir adresser à son ministre.

Mais, à douze ans de là, Louis XIV, un peu moins enivré de son grand succès de Nimègue, se chargea de justifier en quelque sorte contre lui-même, M. de Pomponne, en lui restituant avec honneur sa place dans le conseil [2].

[1] Voy. *supra*, p. 413.

[2] Sur cette chute de M. de Pomponne, conférez encore : VOLTAIRE, *Siècle de Louis XIV*, chap. XXVI ; SAINTE-BEUVE, *Port-Royal*, t. IV, p. 160 et 402 ; t. V, p. 49 et 136. Pour les relations de madame de Sévigné avec son ami, conférez WALCKENAER, *Mémoires*, etc., t. II, p. 206 et 265; III, p. 387, et V, p. 467.

Mais un ouvrage, entre tous, destiné à faire apprécier M. de Pomponne, ce sont ses Mémoires nouvellement imprimés, et que nous ne pouvons que mentionner ici. En voici le titre : *Mémoires du marquis de Pomponne, ministre secrétaire d'État au département des affaires étrangères, publiés d'après un manuscrit inédit de la bibliothèque du Corps législatif; précédés d'une introduction et de la vie du marquis de Pomponne* par J. Mavidal. Paris, 1861, chez Benjamin Duprat.

CHAPITRE X.

·1680.

Mariage du prince de Conti à Mlle de Blois. — Chambre de l'Arsenal ou Chambre ardente. — Affaire des poisons. — Emprisonnement du maréchal de Luxembourg. — Fuite de la comtesse de Soissons. — La Voisin accuse Mme de Bouillon. — Le Sage accuse le marquis de Cessac. — Mariage du Dauphin. — Mme de Richelieu nommée dame d'honneur de la Dauphine. — Mme de Soubise se plaint amèrement au roi de n'avoir pas été préférée à Mme de Richelieu et est exilée.

Cette année s'ouvrit par le mariage de mademoiselle de Blois, cette première fille de Louis XIV et de la tendre La Vallière, dont la réputation de beauté, portée au delà les mers, lui avait valu les hommages de l'empereur du Maroc, désireux de devenir son époux [1]. Saint-Simon prétend que son père avait voulu la marier au prince

---

[1] MADAME, duchesse d'Orléans (la Palatine), dit, dans une lettre du 21 janvier 1700 : « Ce n'est pas une fable que le roi de Maroc ait fait demander en mariage la princesse de Conti; mais le roi a nettement repoussé cette proposition. » (*Lettres*, éd. de M. G. Brunet, t. Ier, p. 45.) Voir à ce sujet la curieuse brochure de M. Raymond Thomassy, intitulée : *De la politique maritime de la France sous Louis XIV, et de la demande de Muley-Ismaël pour obtenir en mariage la princesse de Conti.* Paris, 1841.

d'Orange, lequel aurait répondu que, dans sa maison, on avait l'habitude d'épouser des filles et non des bâtardes de roi ; et il ajoute que c'est de là que vint la haine irréconciliable de Louis XIV pour le futur roi de la Grande-Bretagne [1]. Quoi qu'il en soit de cette anecdote, qui demanderait une autre caution pour être crue, le roi s'estimait alors heureux de voir sa fille, la plus chère de celles que ses coupables amours lui avaient données, recherchée par un prince du sang royal, le neveu du grand Condé, dont les solides qualités lui ont fait donner par le grand médisant de ce règne, le nom de Germanicus français, que l'histoire sanctionnerait, s'il n'emportait pas avec lui un injurieux souvenir de Tibère [2].

Le prince de Conti, sortant de l'adolescence, était devenu très-vite et très-passionément amoureux de mademoiselle de Blois, fort jeune aussi, belle, naïve, tendre et fort bien élevée par sa gouvernante, madame Colbert, sans doute sous la direction discrète mais efficace de la douce et pieuse carmélité, qui expiait sous la bure la faute de sa naissance. Outre la satisfaction de sa tendresse paternelle, Louis XIV cherchait dans l'établissement de sa fille aînée, une occasion de donner à celle qu'il avait la première et, à coup sûr, le mieux aimée, une marque qu'elle ne pût refuser de son estime et de sa durable affection. Madame de Sévigné remarque qu'il mariait sa fille comme si elle eût été celle de la reine, qu'il eût mariée au roi d'Espagne, avec une dot de cinq cent mille écus d'or, ainsi qu'on avait l'habitude d'en user avec les couronnes [3].

[1] SAINT-SIMON, *Mémoires*, t. II, p. 39.
[2] SAINT-SIMON, t. 1er, p. 192, et II, p. 77.
[3] Lettre du 29 décembre, t. VI, p. 83.

Nous voudrions pouvoir emprunter à notre inépuisable épistolaire tout ce joli petit roman, ainsi qu'elle l'appelle, des amours enfantines du prince de Conti et de mademoiselle de Blois, dont le monarque, arbitre de l'Europe, s'amusait avec une grâce inattendue et touchante. Mais l'espace qui se resserre de plus en plus nous force à contre-cœur (le lecteur partagera nos regrets) à nous contenter de ces deux extraits.

Voici ce qu'écrit une première fois madame de Sévigné, le 27 décembre 1679 :

« La cour est toute réjouie du mariage de M. le prince de Conti et de mademoiselle de Blois. Ils s'aiment comme dans les romans : le roi s'est fait un grand jeu de leur inclination : il parla tendrement à sa fille, et l'assura qu'il l'aimoit si fort, qu'il n'avoit point voulu l'éloigner de lui : la petite fut si attendrie et si aise, qu'elle pleura. Le roi lui dit qu'il voyoit bien que c'est qu'elle avoit de l'aversion pour le mari qu'il lui avoit choisi : elle redoubla ses pleurs; son petit cœur ne pouvoit contenir tant de joie. Le roi conta cette petite scène, et tout le monde y prit plaisir. Pour M. le prince de Conti, il étoit transporté, il ne savoit ni ce qu'il disoit, ni ce qu'il faisoit; il passoit par-dessus tous les gens qu'il trouvoit en son chemin, pour aller voir mademoiselle de Blois. Madame Colbert ne vouloit pas qu'il la vît que le soir; il força les portes, et se jeta à ses pieds, et lui baisa la main; elle, sans autre façon, l'embrassa, et la revoilà à pleurer. Cette bonne petite princesse est si tendre et si jolie, que l'on voudroit la manger. Le comte de Gramont[1] fit ses compliments,

---

[1] On sait qu'il affectait l'originalité et la familiarité dans ses discours.

comme les autres, au prince de Conti : « Monsieur, je
« me réjouis de votre mariage ; croyez-moi, ménagez le
« beau-père, ne le chicanez point, ne prenez point garde
« à peu de chose avec lui ; vivez bien dans cette famille,
« et je vous réponds que vous vous trouverez fort bien de
« cette alliance. » Le roi se réjouit de tout cela, et marie
sa fille, en faisant des compliments, comme un autre, à
M. le Prince, à M. le Duc (fils de Condé), et à madame
la Duchesse, à laquelle il demande son amitié pour mademoiselle de Blois, disant qu'elle seroit trop heureuse
d'être souvent auprès d'elle, et de suivre un si bon exemple. Il s'amuse à donner des transes au prince de Conti ;
il lui fait dire que les articles ne sont pas sans difficulté ; qu'il faut remettre l'affaire à l'hiver qui vient :
là-dessus le prince amoureux tombe comme évanoui ;
la princesse l'assure qu'elle n'en aura jamais d'autre.
Cette fin s'écarte un peu dans le don Quichotte ; mais,
dans la vérité, il n'y eut jamais un si joli roman. Vous
pouvez penser comme ce mariage et la manière dont le
roi le fait donnent de plaisir en certain lieu [1] ! » Madame
de Montespan, en effet, pensait bien que ses enfants ne
seraient pas différemment traités.

Ce mariage remit pour quelque temps en évidence cette
pauvre La Vallière, déjà bien oubliée, car même celle qui
l'avait remplacée avec tant de faste et d'arrogance, tou-
choit à son déclin. *La timide violette* [2], pendant son
règne tout intime et renfermé, n'avait choqué ni lésé personne. Elle était généralement aimée, et malgré sa faute
avait emporté l'estime publique dans sa pieuse retraite.

---

[1] SÉVIGNÉ, *Lettres*, t. VI, p. 76.
[2] Expression de madame de Sévigné.

On était donc heureux du bien qui lui arrivait dans la personne de sa fille. Tout le monde vint faire compliment « à cette sainte carmélite[1]. » Le grand Condé et son fils, plus courtisans toutefois que sincères, y coururent des premiers. On trouva « qu'elle avoit parfaitement accommodé son style à son voile noir, et assaisonné sa tendresse de mère avec celle d'épouse de Jésus-Christ[2]. »

La marquise de Sévigné avait formé le projet, nous dirions plutôt fait la partie, d'aller la voir avec madame de Coulanges, car on venait là un peu comme à un spectacle intéressant et délicat. Mais la grande MADEMOISELLE, de temps en temps prise de tendre ressouvenir pour une femme, presque une amie, devant qui elle avait pleuré sans contrainte la rupture de son mariage avec Lauzun, voulut faire cette visite avec elle. Comme les autres! madame de Sévigné subit le charme qu'exerçait encore sous son voile *sœur Louise de la Miséricorde*, et sa visite nous a valu une jolie page qui eût manqué à l'histoire de cette amante délaissée par un roi, consolée par un Dieu.

« Je fus hier aux grandes Carmélites avec MADEMOISELLE, qui eut la bonne pensée de mander à madame de Lesdiguières de me mener. Nous entrâmes dans ce saint lieu; je fus ravie de l'esprit de la mère Agnès[3]; elle me parla de vous, comme vous connoissant par sa sœur. Je vis madame Stuart belle et contente. Je vis mademoiselle d'Épernon qui ne me trouva pas défigurée[4]; il y avoit plus de trente ans que nous ne nous étions vues : elle me parut horriblement changée... Mais quel ange m'ap·

---

[1] SÉVIGNÉ, *Lettres* (29 décembre 1679), t. VI, p. 83.
[2] *Ibid.*
[3] Mademoiselle de Bellefonds , sœur de madame de Villars.
[4] Anne-Louise-Christine de Foix de Lavalette-Épernon.

parut à la fin ! car M. le prince de Conti la tenoit au
parloir. Ce fut à mes yeux tous les charmes que nous
avons vus autrefois ; je ne la trouvai ni bouffie, ni jaune ;
elle est moins maigre et plus contente : elle a ses mêmes
yeux et ses mêmes regards ; l'austérité, la mauvaise
nourriture et le peu de sommeil ne les lui ont ni creusés,
ni battus ; cet habit si étrange n'ôte rien à la bonne
grâce, ni au bon air ; pour la modestie, elle n'est pas plus
grande que quand elle donnoit au monde une princesse
de Conti ; mais c'est assez pour une carmélite. Elle me
dit mille honnêtetés, et me parla de vous si bien, si à
propos, tout ce qu'elle dit étoit si assorti à sa personne,
que je ne crois pas qu'il y ait rien de mieux. M. de Conti
l'aime et l'honore tendrement : elle est son directeur ; ce
prince est dévot, et le sera comme son père. En vérité,
cet habit et cette retraite sont une grande dignité pour
elle [1]. »

Le mariage se fit le 16 janvier, et l'on peut en voir
de gracieuses descriptions dans la Correspondance de
madame de Sévigné [2]. Mais, ô vanité des jeunes amours,
ce joli roman ne put aller au delà de six mois. « Que
dites-vous, écrit la marquise désappointée à sa fille dès
le 7 juillet, de ce mariage de la princesse de Conti,
sur qui toutes les fées avoient soufflé ? » Elle s'arrête là,
soit que la mésintelligence des époux fût déjà notoire et
connue même en Provence, soit que les éditeurs de ses
lettres aient fait porter sur ce chapitre leurs habituels et
dommageables retranchements. Mais dans la lettre sui-

[1] SÉVIGNÉ, *Lettres* (5 janvier 1680) t. VI, p. 92.
[2] Lettres des 17 et 24 janvier, t. VI, p. 109, 113 et 120. — Le
Mercure galant a consacré un volume entier (2° tome de janvier
1680), aux cérémonies et aux fêtes qui eurent lieu à cette occasion.

vante, on lit ces mots qui paraissent donner tous les torts
à l'acariâtre fille d'une si douce mère : « M. le Prince est
du voyage (le roi allait partir pour Lille), et cette jeune
princesse de Conti, qui est méchante comme un petit aspic
pour son mari, demeure à Chantilly auprès de madame
la Duchesse ; cette école est excellente [1]. » On comprend
que le prince de Conti dut aussi se refroidir de son côté.

La suite de l'histoire des deux époux peut se faire en
quelques lignes. Leur mariage avait duré cinq ans, en
proie à une incurable mésintelligence, lorsqu'au mois de
novembre 1685, la princesse de Conti fut atteinte de la
petite vérole. Son mari s'enferma avec elle pour la soigner. Elle guérit et sauva même sa beauté, qui dura
longtemps encore, mais le prince prit la même maladie et succomba en peu de jours [2]. « Tel vient de mourir à Paris, dit évidemment à ce propos La Bruyère, de
la fièvre qu'il a gagnée à veiller sa femme qu'il n'aimoit
point [3]. » En annonçant cette mort du prince de Conti madame de Sévigné ajoute : « Sa belle veuve l'a fort pleuré ;
elle a cent mille écus de rente, et a reçu tant de marques de l'amitié du roi, et de son inclination naturelle
pour elle, qu'avec de tels secours personne ne doute qu'elle
ne se console [4]. » Elle se consola, en effet, et les mémoires
du temps sont pleins de ses amours avec le chevalier de
Clermont-Chate. Mais cette liaison devint la cause pour
elle de cuisants chagrins et d'une mortification sanglante,

---

[1] Lettres des 7 et 14 juillet, t. VI, p. 361 et 369. — Bussy, dans
une lettre du 25 mars 1680 (t. V, p. 94), donne les premiers détails
sur cette brouille précoce.

[2] SÉVIGNÉ, Lettres (24 novembre 1685) t. VII, p. 356.

[3] Caractères, chap. XI, de l'homme.

[4] SÉVIGNÉ, Lettres, t. VII, p. 356.

le chevalier de Clermont ayant fait le sacrifice insultant de sa correspondance à l'une de ses filles d'honneur, mademoiselle Chouin, dont il était devenu amoureux [1].

En même temps que la cour prenait part aux fêtes du mariage de la princesse de Conti, et se disputait les places de la maison de la nouvelle Dauphine, qui allait bientôt arriver, on s'entretenait avec curiosité et effroi des révélations qui surgissaient à chaque instant devant la Chambre de l'Arsenal, établie pour juger les nombreuses affaires d'empoisonnement depuis peu découvertes par la justice. Après avoir compromis des noms obscurs, la Voisin et la Vigoureux, dignes émules de la Brinvilliers, mais, de plus quelle, adonnées aux sortiléges et à la magie, indiquèrent des noms plus relevés, et l'instruction judiciaire se crut sur la voie de plus grands coupables. Dans le cours de l'année 1679, à la suite de leurs révélations, on vit arrêter successivement trois prêtres, Le Sage, Mariette et Davot, madame Brissart, femme d'un conseiller au parlement, Françoise Sainctot, femme de M. de Dreux, maître des requêtes, et madame Le Féron, veuve du président de la deuxième chambre des Enquêtes. Au mois d'août, les révélations montant toujours, on arrêta la *dame suivante* de madame la comtesse de Soissons, cette Olympe Mancini la plus italienne des nièces de Mazarin [2]. Parmi les clientes qui la consultaient en qualité de devineresse, la Voisin, avait nommé en même temps, la Sénéchale de Rennes, madame de Canilhac, la comtesse du Roure, la vicomtesse de Polignac, la

---

[1] Conf. MADAME DE CAYLUS (coll. Michaud, t. XXXII); SAINT-SIMON, t. III.

[2] Nouvelles *Causes célèbres,* publiées par M. Fouquier (97ᵉ livraison), *la Chambre ardente.* Paris, 1860, p. 12 et 14.

maréchale de La Ferté, et bientôt la duchesse de Bouillon
et la comtesse de Soissons, les deux sœurs. Pour couron-
ner l'œuvre, la Vigoureux jeta enfin dans l'instruction le
nom du maréchal de Luxembourg. On arrivait au plus
hautes sphères de l'État.

Les deux révélatrices ne mêlaient d'abord ces noms
que dans des opérations de sorcellerie, d'art divinatoire,
de conjurations et de sorts. Mais chez elles l'empoisonneuse
était tellement identifiée à la devineresse, que les avoir
fréquentées était une note qui appelait nécessairement
de la part de la justice de plus amples investigations. Le
22 décembre 1679, le roi justement alarmé, et voulant
avoir le fin mot de ces ténébreuses affaires, où, on le
verra, sa personne était intéressée, avait ordonné à la commission de l'Arsenal (que le peuple désignait sous le nom
de *Chambre ardente*, car elle avait pour mission d'envoyer
au feu les empoisonneurs) « de faire justice exacte, dans
« ce malheureux commerce, sans aucune distinction de
« personnes, de condition et de sexe [1]. » Un mois après
seulement, le 23 janvier, on apprit avec une stupé-
faction facile à comprendre, l'arrestation ou l'ajournement
en justice des plus grands personnages de la cour, la
comtesse de Soissons et sa sœur la duchesse de Bouillon,
le maréchal de Luxembourg et la princesse de Tingry, sa
belle-sœur, la marquise d'Alluye, la maréchale de la
Ferté, mesdames du Fontet et de Polignac, le comte de
Cessac, de la maison de Clermont-Lodève, les marquis
de Thermes et de Feuquières. Ici il faut donner la parole
à madame de Sévigné.

Le mercredi, 24 janvier 1680, elle venait d'envoyer

---

[1] FOUQUIER, *La Chambre ardente*, p. 15.

à la poste une longue lettre pour sa fille. Mais, ayant appris, dans la soirée, ces graves événements, elle reprend la plume et lui adresse ce supplément daté de *dix heures du soir :* « Ma grosse lettre est partie; mais quand il y a de grandes nouvelles, il faut les écrire, quoique vous puissiez les savoir par d'autres. Je vous dirai donc que madame la comtesse de Soissons est partie, cette nuit, pour Liége, ou pour quelque autre endroit qui ne soit pas la France. La Voisin l'a extrêmement marquée, et je pense que Sa Majesté lui a donné charitablement le temps de se retirer. M. de Luxembourg s'est mis volontairement à la Bastille, et se croit assez innocent pour prendre ce ton. On parle de madame de Tingry, de plusieurs autres encore ; mais c'est un chaos, et je vous mande ce qui est positif; à vendredi le reste. On a trompetté madame la comtesse de Soissons *à trois briefs jours*, c'est-à-dire qu'on va lui faire son procès par contumace. Le roi dit à madame de Carignan [1] : « Madame, j'ai bien voulu que madame la « Comtesse se soit sauvée; peut-être en rendrai-je « compte un jour à Dieu et à mes peuples [2] ».

Dans la lettre suivante, du vendredi 26 janvier, on trouve ces détails de l'étrange emprisonnement d'un maréchal de France, d'un Montmorency, du premier général d'alors après Turenne et Condé, impliqué dans une pareille affaire : « M. de Luxembourg étoit mercredi (24) à Saint-Germain, sans que le roi lui fît moins bonne mine qu'à l'ordinaire : on l'avertit qu'il y avoit contre

[1] Veuve du prince de Savoie-Carignan, et belle-mère de la comtesse de Soissons.
[2] SÉVIGNÉ, *Lettres*, t. VI, p. 125.

lui un décret de prise de corps : il voulut parler au roi ;
vous pouvez penser ce qu'on dit. Sa Majesté lui dit que
s'il étoit innocent il n'avoit qu'à s'aller mettre en prison,
et qu'il avoit donné de si bons juges pour examiner ces
sortes d'affaires, qu'il leur en laissoit toute la conduite.
M. de Luxembourg pria qu'on ne l'y menât point, et en
effet il monta aussitôt en carrosse, et s'en vint chez le père
de La Chaise : Mesdames de Lavardin et de Mouci, qui
venoient ici, le rencontrèrent dans la rue Saint-Honoré,
assez triste dans son carrosse : après avoir été une heure
aux Jésuites, il fut à la Bastille, et remit à Bezemaux (le
gouverneur) l'ordre qu'il avoit apporté de Saint-Germain.
Il entra d'abord dans une assez belle chambre. Madame
de Mecklembourg (sa sœur) vint l'y voir, et pensa
fondre en larmes; elle s'en alla, et une heure après
qu'elle fut sortie, il arriva un ordre de le mettre dans
une des horribles chambres grillées qui sont dans les
tours, où l'on voit à peine le ciel, et défense de voir qui
que ce fût. Voilà, ma fille, un grand sujet de réflexion :
songez à la fortune brillante d'un tel homme, à l'honneur qu'il avoit eu de commander les armées du roi, et
représentez-vous ce que ce fut pour lui d'entendre fermer
ces gros verrous, et, s'il a dormi par excès d'abattement,
pensez au réveil. Personne ne croit qu'il y ait du poison
à son affaire. Je vous assure que voilà une sorte de
malheur qui en efface bien d'autres [1]. » La belle-sœur du
maréchal, qui avait quitté l'état religieux pour devenir,
l'année d'avant, dame du palais de la reine et princesse
de Tingry,[2] recevait en même temps assignation de com-

---

[1] SÉVIGNÉ, *Lettres*, t. VI, p. 130.
[2] SAINT-SIMON, t. I, p. 136.

paraître à bref délai devant le commission de l'Arsenal.

Soit qu'elle se sentît coupable, soit, comme on le lui a fait dire, par crainte de la haine de Louvois, qui, selon elle, la voulait perdre, la comtesse de Soissons ne se sentit ni la volonté ni le courage *d'envisager la prison*[1]. Voici comment la marquise de Sévigné raconte sa disparition : « Elle jouoit à la bassette mercredi ; M. de Bouillon entra ; il la pria de passer dans son cabinet, et lui dit qu'il falloit sortir de France, ou aller à la Bastille. Elle ne balança point : elle fit sortir du jeu la marquise d'Alluye ; elles ne parurent plus. L'heure du souper vint ; on dit que madame la Comtesse soupoit en ville ; tout le monde s'en alla, persuadé de quelque chose d'extraordinaire. Cependant on fit beaucoup de paquets ; on prit de l'argent, des pierreries ; on fit prendre des justaucorps gris aux laquais et aux cochers ; on fit mettre huit chevaux au carrosse. Elle fit placer auprès d'elle dans le fond la marquise d'Alluye, qu'on dit qui ne vouloit pas aller, et deux femmes de chambre sur le devant. Elle dit à ses gens qu'ils ne se missent point en peine d'elle, qu'elle étoit innocente, mais que ces coquines de femmes avaient pris plaisir à la nommer. Elle pleura ; elle passa chez madame de Carignan, et sortit de Paris à trois heures du matin[2]... » Bussy-Rabutin, qui, depuis le 11 décembre, avait été autorisé à venir à Paris, pour y suivre deux procès, intéressant, l'un sa femme, l'autre sa fille, transmet ces détails de plus à son futur gendre et futur ennemi, M. de la Rivière : « Le roi envoya M. de Bouillon dire à la comtesse de Soissons que si elle se sentoit inno-

[1] SÉVIGNÉ, *Lettres*, t. VI, p. 140.
[2] SÉVIGNÉ, *Lettres*, t. VI, p. 132.

cente, elle entrât à la Bastille, et qu'il la serviroit comme
son ami dans le procès qu'on lui feroit; mais que si elle
étoit coupable, elle se retirât où elle voudroit. Elle manda
au roi qu'elle étoit fort innocente, mais qu'elle ne pouvoit
souffrir la prison, et ensuite elle partit avec la marquise
d'Alluye, avec deux carrosses à six chevaux; elle va,
dit-on, en Flandre[1]. » Le marquis de Cessac s'empressa
aussi de quitter la France, en même temps qu'Olympe
Mancini et la marquise d'Alluye.

Bussy, dont il faut, dans cet exposé, rapprocher, ce
qu'on n'a point fait encore, la correspondance de celle de
sa cousine, est plus expressif et plus dur, et il formule
en termes très-crus les accusations dont la plupart des personnes nommées étaient l'objet et qui étaient accueillies
comme vérité par une portion du public : « On dit, écrit-il
dans la première et plus fiévreuse semaine, que le crime
de M. de Luxembourg est d'avoir fait empoisonner, à
l'armée, un intendant des contributions de Flandre,
duquel il avoit tiré l'argent du roi. La comtesse de Soissons [est accusée d'avoir empoisonné son mari[2]]; la
marquise d'Alluye, son beau-père, Sourdis; la princesse
de Tingry, des enfants dont elle étoit accouchée; madame
de Bouillon, un valet de chambre qui savoit ses commerces amoureux[3]. » Et Bussy, acceptant pour plus que
probable tout ce qu'on dit, ajoute : « On n'a jamais vu
tant d'horreurs en France, parmi les gens de qualité,

[1] *Correspondance de Bussy-Rabutin* (lettre du 27 janvier 1680),
t. V, p. 44.

[2] Ces mots manquent, et doivent évidemment, dit l'éditeur, être
suppléés.

[3] *Correspondance de Bussy-Rabutin* (lettre du 27 janvier 1680),
t. V, p. 45.

qu'on en voit aujourd'hui [1]. » En province l'effet produit
par cette affaire était plus grand encore, et la mise en
justice seule de si hauts personnages, y semblait une
preuve des crimes que l'opinion leur reprochait. « Je
crois, monsieur (écrit de Laon, le 26 janvier, à Bussy sa
fille, madame de Rabutin), que vous êtes bien surpris
de voir tant de femmes de qualité accusées et quasi convaincues de poison, car il faut qu'il y ait des indices
bien forts contre elles, puisqu'on a donné des prises de
corps [2]. » Un autre correspondant de Bussy, constatant
le retentissement de cette affaire au dehors, et étendant
outre mesure la solidarité de tels faits, lui écrit de Semur : « Voilà la cour de France bien décriée dans les
pays étrangers, grâce aux dames et aux courtisans [3].

[1] *Corr. de Bussy*, t. V, p. 48.

[2] *Ibid.*, p. 47.

[3] *Corresp. de Bussy*, t. V, p. 49. — Dans une lettre adressée
M. de Guitaud, de celles qui ne se trouvent encore que dans le
volume de Millevoye, lettre écrite à la même date, madame de Sévigné résumant avec quelques variantes ce qu'elle a déjà mandé à sa
fille, écrit ceci qui semble monté au ton de son cousin : « Mais à propos de justice et d'injustice, ne vous paroît-il pas de loin que nous
ne respirons tous ici que du poison, que nous sommes dans les sa-
criléges et les avortements ? En vérité, cela fait horreur à toute l'Europe, et ceux qui nous liront dans cent ans, plaindront ceux qui
auront été témoins de ces accusations. Vous savez que ce pauvre
Luxembourg s'est remis de son bon gré à la Bastille : il a été l'officier qui s'y est mené, il a lui-même montré l'ordre à Bezemaux.
Il vint de Saint-Germain, il rencontra madame de Montespan en
chemin ; ils descendirent tous deux de leurs carrosses pour parler
plus en liberté ; il pleura fort : il vint aux Jésuites, il demanda plusieurs pères, il pria Dieu dans l'église, et toujours des larmes. Il
paroissoit un peu qu'il ne savoit à quel saint se vouer ; il rencontra Mlle de Vauvineux, il lui dit qu'il s'en alloit à la Bastille, qu'il
en sortiroit innocent ; mais qu'après un tel malheur il ne reverroit

Quant aux personnes simplement ajournées sans être détenues, le marquis de Feuquières, la comtesse du Roure cette compagne intime de la Vallière, connue sous le nom de mademoiselie d'Attigny, la vicomtesse de Polignac, mère du futur cardinal de ce nom, la maréchale de La Ferté, de la famille d'Augennes, la princesse de Tingry, et la duchesse de Bouillon, elles furent interrogées à diverses reprises par la Chambre de l'Arsenal, et madame de Sévigné tient avec son soin accoutumé sa fille au courant de tout ce qui transpirait dans le public, curieux et inquiet, sur cette incroyable affaire. Elle put lui redonner en entier, dans la forme piquante où on le rapportait, l'interrogatoire de la duchesse de Bouillon, et on peut affirmer, sans le savoir, qu'il n'a dû rien perdre en malice en passant par la plume qui l'a reproduit.

« Madame de Bouillon entra comme une petite reine dans cette chambre ; elle s'assit dans une chaise qu'on

---

jamais le monde. Il fut d'abord mis dans une chambre assez belle ; deux heures après, il est venu un ordre de le renfermer. Il est donc dans une chambre d'en haut très-désagréable ; il ne voit personne ; il a été interrogé quatre heures par M. de Bezons et M. de la Reynie. Pour madame la comtesse de Soissons, c'est une autre manière de peindre, elle a porté son innocence au grand air ; elle partit la nuit, et dit qu'elle ne pouvoit envisager la prison, ni la honte d'être confrontée à des gueuses et à des coquines. La marquise d'Alluye est avec elle : ils prennent le chemin de Namur ; on n'a pas dessein de les suivre. Il y a quelque chose d'assez naturel et d'assez noble à ce procédé ; pour moi, je l'approuve. On dit cependant que les choses dont elle est accusée ne sont que de pures sottises qu'elle a redites mille fois, comme on fait toujours quand on revient de chez ces sorcières ou soi-disantes. Il y a beaucoup à raisonner sur toutes ces choses : on ne fait autre chose ; mais je crois que l'on n'écrit pas ce que l'on pense. » (Édition Klostermann, p 50.)

lui avoit préparée, et au lieu de répondre à la première question, elle demanda qu'on écrivît ce quelle vouloit dire ; c'étoit : « Qu'elle ne venoit là que par le respect « qu'elle avoit pour l'ordre du roi, et nullement pour la « chambre, qu'elle ne reconnaissoit point, ne voulant « point déroger aux priviléges des ducs. » Elle ne dit pas un mot que cela ne fût écrit ; et puis elle ôta son gant et fit voir une très-belle main. Elle répondit sincèrement jusqu'à son âge. — Connaissez-vous la Vigoureux ? — Non. — Connaissez-vous la Voisin ? — Oui. — Pourquoi voulez-vous vous défaire de votre mari ? — Moi, m'en défaire! vous n'avez qu'à lui demander s'il en est persuadé ; il m'a donné la main jusqu'à cette porte. — Mais, pourquoi alliez-vous si souvent chez cette Voisin ? — C'est que je voulois voir les Sibylles qu'elle m'avoit promises ; cette compagnie méritoit bien qu'on fît tous les pas. — N'avez-vous pas montré à cette femme un sac d'argent ? — Elle dit que non, par plus d'une raison, et, tout cela d'un air fort riant et fort dédaigneux. — Eh! bien, messieurs, est-ce là tout ce que vous avez à me dire ? — Oui madame. Elle se lève, et en sortant, elle dit très-haut : « Vraiment, je n'eusse « jamais cru que des hommes sages pussent demander tant « de sottises. » Elle fut reçue de tous ses parents, amis et amies avec adoration, tant elle était jolie, naïve, naturelle, hardie, et d'un bon air et d'un esprit tranquille.[1] » On ajoutait dans le public qu'interrogée par un des juges si elle avait vu le diable chez la Voisin, madame de Bouillon lui avait répondu que oui, lui en décrivant le costume semblable à celui de son interrogateur[2].

[1] SÉVIGNÉ, *Lettres* (31 janvier 1680), t. VI, p.140.
[2] VOLTAIRE : *Siècle de Louis XIV*, chap. XXVI.

Madame de Sévigné est un fidèle écho des rumeurs et des impressions de la grande société parisienne, aux prises avec un mystère dans lequel se trouvaient compromis un si grand nombre de ses membres. En face de l'humble public, de cette masse qui, jusque là, n'avait point été habituée à voir de tels personnages accusés de tels crimes, un sentiment involontaire de solidarité s'empare d'une partie des hautes classes. Dans le premier moment de surprise on avait cru tout possible; on avait tout accepté, même les crimes les plus énormes. Au bout de quelques jours, une réaction en sens contraire se manifestait déjà : la marquise de Sévigné la subit et la constate.

« Mesdames de Bouillon et de Tingry furent interrogées lundi à cette Chambre de l'Arsenal. Leurs nobles familles les accompagnèrent jusqu'à la porte. Il ne paroît pas jusqu'ici qu'il y ait rien de noir aux sottises qu'on leur impute; il n'y a pas même du gris brun. Si on ne trouve rien de plus, voilà de grands scandales qu'on auroit pu épargner à des personnes de cette qualité. Le maréchal de Villeroy dit que ces messieurs et ces dames ne croient pas en Dieu et qu'ils croient au diable. Vraiment on conte des choses ridicules de tout ce qui se passoit chez ces abominables femmes. La maréchale de La Ferté alla par complaisance (*chez la Voisin*) avec madame la Comtesse et ne monta point. M. de Langres étoit avec la maréchale; voilà qui est bien noir : cette affaire lui donne un plaisir qu'elle n'a pas ordinairement, c'est d'entendre dire qu'elle est innocente [1]. La

---

[1] La maréchale de La Ferté était renommée pour ses galanteries.

duchesse de Bouillon alla demander à la Voisin un peu de
poison pour faire mourir un vieux et ennuyeux mari
qu'elle avoit, et une invention pour épouser un jeune
homme qu'elle aimoit. Ce jeune homme étoit M. de
Vendôme, qui la menoit d'une main, et son mari de l'autre; et de rire. Quand une *Mancine* ne fait qu'une folie
comme celle-là, c'est donné; et ces sorcières vous rendent
cela sérieusement, et font horreur à toute l'Europe d'une
bagatelle. Madame la comtesse de Soissons demandoit
si elle ne pourroit point faire revenir un amant qui
l'avoit quittée; cet amant étoit un grand prince, et on
assure qu'elle dit que, s'il ne revenoit à elle, il s'en re-
pentiroit : cela s'entend du roi, et tout est considérable
sur un tel sujet. Mais voyons la suite : si elle a
fait de plus grands crimes, elle n'en a pas parlé à ces
gueuses-là. Un de nos amis dit qu'il y a une branche
aînée au poison, où l'on ne remonte point, parce qu'elle
n'est pas originaire de France; ce sont ici de petites
branches de cadets qui n'ont pas de souliers. La Tingry
fait imaginer quelque chose de plus important, parce
qu'elle a été maîtresse des novices [1]. Elle dit : J'admire
le monde; on croit que j'ai eu des enfants de M. de
Luxembourg. Hélas! Dieu le sait. Enfin, le ton aujour-
d'hui c'est l'innocence des nommées et l'horreur de la
diffamation; peut-être que demain ce sera le contraire.
Vous connoissez ces sortes de voix générales, je vous en
instruirai fidèlement; on ne parle ici d'autre chose; en
effet, il n'y a guère d'exemples d'un pareil scandale
dans une cour chrétienne. On dit que cette Voisin mettoit dans un four tous les petits enfants dont elle faisoit

---

[1] A l'Abbaye-aux-Bois.

avorter; et madame de Coulanges, comme vous pouvez
penser, ne manque pas de dire, en parlant de la Tingry, *que c'étoit pour elle que le four chauffoit*[1]. » On
dirait que le public impartial, auquel appartient évidemment madame de Sévigné, est tiraillé entre deux partis, dont l'un exagère et l'autre amoindrit tout, et qui
l'emportent chacun à leur tour, les jolis mots comme
les mots cruels allant leur train et brochant sur le
tout.

L'affaire du maréchal duc de Luxembourg semblait
prendre une tournure plus sérieuse. On n'en parlait pas
sur ce ton léger; non que l'opinion du plus grand nombre
lui fût contraire, mais la sévérité dont il était l'objet,
pouvait tout faire croire et tout faire craindre. Ce que
l'on racontait même de son attitude humble et pusilla-
nime ne contribuait pas peu à alarmer les amis qui lui
restaient. Nous ne pouvons omettre ce chapitre relatif
au futur vainqueur de Steinkerque, chapitre si extraordinaire dans la correspondance de madame de Sévigné
des mois de janvier et de février 1680, qui forme (on
ne trouve ces détails que là) l'histoire *extérieure* de l'affaire des Poisons, dont nous verrons tout à l'heure la réalité judiciaire.

« Il faut reprendre (mande-t-elle à madame de Grignan, le 31 janvier) le fil des nouvelles que je laisse
toujours un peu reposer quand je traite le chapitre de
votre santé. M. de Luxembourg a été deux jours sans
manger; il avait demandé plusieurs jésuites; on les lui
a refusés : il a demandé la *Vie des Saints,* on la lui a
donnée : il ne sait, comme vous voyez, *à quel Saint se
vouer.* Il fut interrogé quatre heures, vendredi ou sa-

[1] SÉVIGNÉ, *Lettres* (31 janvier 1680), t. VI, p. 136.

medi, je ne m'en souviens pas; il parut ensuite fort
soulagé, et soupa. On croit qu'il auroit mieux fait de
mettre son innocence en pleine campagne, et de dire qu'il
reviendroit quand ses juges naturels le feroient revenir. Il
fait grand tort au duché en reconnoissant cette Chambre;
mais il a voulu. obéir aveuglément à Sa Majesté [1]. » (En
sa double qualité de duc et de pair, le maréchal de Luxembourg avait le privilége de ne pouvoir être jugé que
par la grand'chambre du Parlement, avec l'adjonction
des pairs de France.) Avant de clore sa lettre, la consciencieuse nouvelliste est allée une dernière fois par la
ville à la chasse aux propos, et voici ce qu'elle en rapporte à la confusion plus grande du maréchal prisonnier :
« M. de Luxembourg est entièrement déconfit; ce n'est
pas un homme, ni un petit homme, ce n'est pas même
une femme, c'est une vraie femmelette. « Fermez cette
« fenêtre — allumez du feu — donnez-moi du chocolat
« — donnez-moi ce livre — j'ai quitté Dieu, il m'a aban-
« donné. » Voilà ce qu'il a montré à Bezemaux et à ses
commissaires, avec une pâleur mortelle. Quand on n'a
que cela à porter à la Bastille, il vaut bien mieux gagner
pays, comme le roi, avec beaucoup de bonté, lui en
avoit donné les moyens, jusqu'au moment qu'il s'est enfermé; mais il faut en revenir, malgré soi, à la Providence; il n'étoit pas naturel de se conduire comme il a
fait, étant aussi foible qu'il le paroît [2] ».

D'un naturel prompt à accuser, et, de plus, ulcéré par
son éternelle disgrâce, et envieux-né de tous les maréchaux, ses cadets à l'armée, Bussy accueille et enregistre
sans hésiter toutes les rumeurs les plus absurdes comme

[1] SÉVIGNÉ, *Lettres*, t. VI, p. 137.
[2] *Ibid.* p. 144.

les plus noires sur M. de Luxembourg. Pour lui, il est en plein avec une étonnante crédulité dans le parti des pessimistes ; et c'est un curieux symptôme de ce temps, de voir cet esprit qui n'est pas ordinaire et sans distinction, ne pas croire impossible l'existence et la puissance de la magie. « Le bruit est qu'on recherche M. de Luxembourg, écrit-il à Jeannin de Castille, sur les concussions aussi bien que sur les empoisonnements et sur la magie... Ses amis se moquent de l'accusation qu'on lui fait d'avoir fait des pactes avec le diable, et disent qu'on ne punit point de mort, au Parlement de Paris, le crime de sorcellerie. Il est vrai, mais on punit les maléfices, et ce fut pour cela qu'on fit brûler le maréchal de Raiz [1] ; et qu'on feroit mourir M. de Luxembourg, si par la sorcellerie, il avoit fait mourir quelqu'un [2]. » Bussy paraît très-consolé à l'avance de tout ce qui peut advenir de plus sinistre au maréchal. C'est sur le même ton que ses correspondants lui donnent la réplique. Faisant allusion à Boutteville, père du maréchal, décapité en 1627 pour cause de duel, et au duc de Montmorency, qui paya de sa tête, cinq ans après, sa révolte contre Louis XIII, ou plutôt contre Richelieu, madame de Rabutin, une femme ! mande à son père ce mot cruel qui semble promettre au bourreau la tête du prisonnier : « Si M. de Luxembourg étoit convaincu, il passeroit mal son temps aussi bien que son père : *on dit que l'échafaud est substitué dans cette maison* [3] ; » c'est-à-dire que la hache y est héréditaire.

[1] Gilles de Laval, seigneur de Raiz, exécuté sous Charles VII.
[2] *Corr. de Bussy* (lettre du 22 février, 1680, t. V, p. 64).
[3] *Lettre* du 26 janvier, *Corresp. de Bussy*, t. V, p. 47.

Ce grand procès criminel marchait trop lentement au gré de la galerie avide de nouvelles et d'émotions. Le 2 février madame de Sévigné annonce avec un certain regret que la Chambre ne travaillera de vingt jours, soit pour faire des informations nouvelles, soit pour faire venir de loin des gens accusés, « comme, par exemple, cette Polignac, qui a un décret, ainsi que la comtesse de Soissons [1]. » Pour le plus grand nombre, les charges, à ce que l'on répétait, étaient bien légères. « Feuquières et madame du Roure, écrit madame de Sévigné, toujours des peccadilles. » Madame de La Ferté (redit-elle, car elle tient à son mot), « ravie d'être innocente une fois en sa vie, a voulu à toute force jouir de cette qualité. » Quoiqu'on l'eût laissée libre de ne pas venir s'expliquer devant la Chambre de l'Arsenal, elle insista pour être entendue ; « et cela fut trouvé encore plus léger que madame de Bouillon. » Aussi la marquise ajoute-t-elle que « l'on continue à blâmer un peu la sagesse des juges, qui a fait tant de bruit, et nommé scandaleusement de si grands noms pour si peu de chose [2]. »

Le premier feu des suppositions calmé, et dans le silence de l'œuvre mystérieuse des magistrats, la fatigue ou plutôt la légèreté parisienne finit par prendre entièrement le dessus. On ne voulut plus s'occuper de cette affaire, qui avait trompé l'attente publique, à moins de quelque grosse et très-certaine révélation. « On recommencera à travailler à cette Chambre plus tôt qu'on ne pensoit (mande le 7 février, madame de Sévigné) : on assure qu'il y a bien des confrontations à faire. Il nous faut quelque chose de nouveau pour nous réveiller; on s'en-

[1] SÉVIGNÉ, Lettres, t. VI, p. 151.
[2] SÉVIGNÉ, Lettres, t. VI, p. 150.

dort; et ce grand bruit est cessé jusqu'à la première occasion. On ne parle plus de M. de Luxembourg : j'admire
vraiment comme les choses passent; c'est bien un vrai
fleuve qui emporte tout avec soi. On nous promet pourtant
encore des scènes curieuses [1]. » Le surlendemain, même
absence de nouvelles, si ce n'est qu'il n'y aura pas de
tragédie : « L'affaire des Poisons est tout aplatie; on
ne dit plus rien de nouveau. Le bruit est qu'il n'y aura
point de sang répandu [2].» Le 14 février, la marquise annonce que la Chambre ardente a repris ses travaux, et
que M. de Luxembourg a été mené deux fois à Vincennes, où étaient détenus notamment la Voisin, Le Sage
et la Vigoureux, pour leur être confronté; mais « qu'on
ne sait point le véritable état de son affaire. » Le 16,
elle se plaint toujours que « les juges sont muets [3]. »

Dans ce mutisme sans doute recommandé, et les choses
semblant perdre chaque jour de leur gravité, après
avoir accusé les magistrats de trop de précipitation, on s'é-
gaya à leurs dépens au moyen de l'interrogatoire de la
duchesse de Bouillon, qui, selon M. de La Rivière, se ven-
geait comme elle pouvait en se moquant de ses juges [4].
M. de Bouillon parlait de l'envoyer dans toute l'Europe,
« où l'on pourroit croire que sa femme est une empoisonneuse [5]. » Bussy apprend à La Rivière que cette conduite « avoit fort fâché le roi contre elle, car cela donne
un grand ridicule à la chambre de justice [6]. « Aussi, dix

<hr>

[1] Sévigné, *Lettres*, VI, p. 154.
[2] Sévigné, *Lettres*, t. VI, p. 158.
[3] Sévigné, *Lettres*, t. VI, p. 160, 164 et 167.
[4] *Corresp. de Bussy*, *Lettre*, du 23 février, t. V, p. 69.
[5] Sévigné, *Lettres*, t. VI, p. 150.
[6] *Corresp. de Bussy*, t. V, p. 5.

jours après , la marquise de Sévigné annonce à sa fille
que madame de Bouillon s'était si bien vantée des ré-
ponses par elle faites aux juges, qu'elle s'était attiré une
bonne lettre de cachet pour aller à Nérac, où elle fut,
en effet obligée de se rendre [1].

Le 21 février madame de Sévigné constate qu'on « ne
parle plus de M. de Luxembourg[2]. » Revenant sur la
comtesse de Soissons, elle rapporte à sa fille le bruit qui
courait qu'on lui avait fermé les portes de Namur et
d'Anvers, et de plusieurs autres villes de Flandre, en
disant : *Nous ne voulons point de ces empoisonneuses.*
Avec un sérieux mêlé d'amertume elle ajoute : « C'est
ainsi que cela se tourne; et désormais un François, dans
les pays étrangers, et un empoisonneur, ce sera la même
chose[3]. » Dans la lettre suivante, elle redonne à madame
de Grignan, d'après La Rochefoucauld, un incident gro-
tesque et insultant de cette triste odyssée d'Olympe Mancini, où l'on voit bien l'horreur que cette affaire inouïe
avait provoquée dans toute l'Europe : « M. de La Rochefoucauld nous conta hier qu'à Bruxelles la comtesse de
Soissons avoit été contrainte de sortir doucement de l'é-
glise, et que l'on avoit fait une danse de chats liés ensemble, où, pour mieux dire, une criaillerie par malice,
et un sabbat si épouvantable, qu'ayant crié en même
temps que c'étoient des diables et des sorciers qui la
suivoient, elle avoit été obligée, comme je vous dis, de
quitter la place, pour laisser passer cette folie, qui ne
vient pas d'une trop bonne disposition des peuples[4]. »

---

[1] SÉVIGNÉ, *Lettres* (16 février 1680), t. VI, p. 166.
[2] SÉVIGNÉ, *Lettres*, p. 171.
[3] SÉVIGNÉ, *Lettres*, p. 172.
[4] SÉVIGNÉ, *Lettres*, p. 180.

Enfin, le 22 février, la Voïsin fut brûlée en place de
Greve. « Elle ne nous a rien produit de nouveau, dit
madame de Sévigné ; » c'est-à-dire qu'elle trompa le public, qui, voyant qu'elle n'avait rien établi de péremp-
toire dans le cours de la procédure contre les personnages dénommés par elle, l'attendait aux révélations
in extremis, aux inspirations de l'échafaud. La marquise
de Sévigné la vit passer des fenêtres de l'hôtel Sully,
situé rue Saint-Antoine, en compagnie de mesdames de
Sully, de Chaulnes, de Fiesque et de « bien d'autres.» Au
retour elle fait à sa fille ce récit connu des dernières heures
et du supplice de la condamnée, dont nous n'empruntons que les dernières et terribles lignes : « A Notre-
Dame, elle ne voulut jamais prononcer l'amende honorable, et à la Grève elle se défendit autant qu'elle put
de sortir du tombereau : on l'en tira de force ; on la mit
sur le bûcher assise et liée avec du fer, on la couvrit de
paille ; elle jura beaucoup ; elle repoussa la paille cinq ou
six fois ; mais enfin le feu s'augmenta, et on la perdit de
vue, et ses cendres sont en l'air présentement. Voilà la
mort de madame Voisin, célèbre par ses crimes et par
son impiété [1]. »

On ne trouve plus dans madame de Sévigné que deux
ou trois détails, à grande distance, sur ce procès des
Poisons qui avait débuté avec tant de bruit. Le 1ᵉʳ mai,
elle fait connaître la sortie de prison de madame de Dreux,
après avoir été « *admonestée*, qui est une très-légère
peine, avec cinq cents livres d'aumône. »—« On croit,
ajoute-t-elle, que M. de Luxembourg sera tout aussi bien
traité que madame de Dreux.... et c'est une chose ter-

---

[1] SÉVIGNÉ, *Lettre* du 23 février, t. VI, p. 175-177.

rible que le scandale qu'on a fait, sans pouvoir convaincre les accusés : cela marque aussi l'intégrité des juges [1]. » Le 18 mai, enfin, elle apprend à madame de Grignan que dans l'affaire du maréchal, il n'y a que son intendant de condamné; qu'il a fait amende honorable et justifié son maître. Sa lettre toutefois est pleine de sous-entendus : « Il y auroit extrêmement à causer, dit-elle, à raisonner, à admirer sur tout cela [2]. » Elle rend compte à peu près dans les mêmes termes à M. de Guitaud de cette solution qui surprenait quoiqu'elle ne déplût pas : « On me mande (elle est à la campagne) que l'intendant de M. de Luxembourg est condamné aux galères; qu'il s'est dédit de tout ce qu'il avoit dit contre son maître : voilà un bon ou un mauvais valet; pour lui, il est sorti de la Bastille plus blanc qu'un cygne; il est allé pour quelque temps à la campagne. Avez-vous jamais vu des fins et des commencements d'histoires comme celles-là ? Il faudroit faire un petit tour en litière sur tous ces événements [3]. »

Faisons, en compagnie des pièces originales, ce tour en litière que souhaitait madame de Sévigné pour s'expliquer sans réticences sur la fin d'une affaire qui lui semblait prêter autant à causer, à raisonner, à s'étonner. Elle était plus grosse, en effet, que ne l'a fait supposer son issue. L'histoire conventionnelle l'a traitée avec une légèreté et un vague dont était complice la royauté elle-même, peu désireuse de révéler au public de grands desseins avortés, des périls personnels conju-

[1] SÉVIGNÉ, *Lettres*, t. VI, p. 242 et 244.
[2] SÉVIGNÉ, *Lettres*, p. 279.
[3] *Lettres inédites*, éd. Klostermann, p. 61.

rés. Une publication spéciale qui, sous la direction d'un
esprit sagace, laborieux et exact, s'occupe des anciennes causes criminelles, en même temps que des procès nouveaux, vient de répandre sur l'affaire des Poisons une lumière inattendue, grâce à la découverte faite
à la bibliothèque du Corps législatif (découverte pour
nous, et non pour le savant membre de l'Institut qui ad-
ministre ce riche dépôt[1]) d'un résumé de la procédure
instruite devant la Chambre de l'Arsenal[2]. Malgré
l'ordre donné, dit-on, par Louis XIV d'en livrer
les actes au feu, une partie fut retrouvée, en 1789,
dans les archives de la Bastille, et de là portée à la
bibliothèque de l'Arsenal, où M. Monmerqué a pu
s'en servir en 1819 pour les notes de son édition des
Lettres de madame de Sévigné, qui nous offrent quelques courtes analyses de ces précieux documents[3].
M. Dufey (de l'Yonne) les a utilisés aussi pour la composition de son Histoire de la Bastille[4]. « Disparus aujourd'hui, ajoute M. Fouquier, enlevés non-seulement
à la curiosité publique, mais même à la France, on
pense que si l'on pouvait les retrouver (ces papiers) ce

[1] M. Miller, de l'Académie des Inscriptions et Belles-Lettres.
[2] Voy. *Causes célèbres de tous les peuples*, par A. Fouquier,
continuateur de l'*Annuaire historique* dit de Lesur (La *Chambre
Ardente*, 1679-1682). Paris, 1860, chez Lebrun et compagnie.
[3] « Une grande partie des pièces originales de ce procès, disait-il, est
conservée parmi les manuscrits de la bibliothèque de l'Arsenal.
L'éditeur y a puisé des éclaircissements. (*Note à la lettre du
26 janvier* 1680, t. VI, p. 130.)
[4] *La Bastille, ou Mémoires pour servir à l'histoire secrète
du gouvernement français depuis le quatorzième siècle jusqu'en* 1789.

serait en Russie qu'il faudrait les chercher[1]. » Les documents conservés à la bibliothèque du Palais Bourbon
consistent en une analyse des cartons de la *Chambre
ardente*, trouvés dans la succession du lieutenant de
police M. de la Reynie. On y lit les noms de plus de
deux cents personnes dont la Chambre a eu à s'occuper,
avec des détails qui autorisent celui qui a eu la bonne
fortune de les consulter le premier, à dire que, grâce à
ce document irrécusable, nous pouvons aujourd'hui
connaître l'histoire vraie et jusqu'à présent ignorée de
ce scandaleux procès. On le peut surtout en y joignant
un travail récent de M. Michelet, où se remarquent
plus qu'en aucun de ses écrits les défauts excessifs et les
rares qualités de sa méthode historique, et le solide ouvrage consacré par M. Rousset à la vie et à l'administration de Louvois, qui a eu dans la direction de la procédure des *Poisons* une part ignorée jusqu'ici[2].

[1] *La Chambre ardente*, p. 9.

[2] MICHELET, *Procès de la Brinvilliers* (Revue des Deux Mon-
des, avril 1860). CAMILLE ROUSSET, *Histoire de Louvois et de son
administration politique et judiciaire.* Paris, 1861.
Voici ce que dit M. Fouquier de l'*excellent sommaire* du procès
des Poisons qu'il lui a été donné de consulter :
« C'est un manuscrit conservé à la bibliothèque du Corps législatif sous les lettres et numéros suivants : B $\frac{105}{577}$ g de 200 pages environ, non toutes remplies entièrement, mais couvertes en partie
de résumés écrits d'une écriture très-fine et serrée. Ce manuscrit a
pour titre : CHAMBRE ARDENTE, *tenue les années* 1679, 80, 81, 82.
*Extrait fait par Me Brunet, notaire, de 12 cartons remis entre
les mains de M. le chancelier garde des sceaux, par les héritiers de La Reynie.* Voilà donc, enfin, une source authentique,
abondante. Le registre s'ouvre par une liste alphabétique de 226
décrétés, dont 138 femmes. Parmi ces noms brillent, presque à

Le peu d'espace qui nous reste ne nous permet pas
de faire nous-mêmes une pareille histoire. Le lecteur
pourra facilement recourir aux sources que nous lui in-
diquons, et il reconnaîtra la portée politique de cette té-
nébreuse affaire, et les efforts du gouvernement pour
l'étouffer et l'amoindrir.

Dès la fin de l'année 1679, Le Sage avait demandé à
faire des révélations. Louvois fut chargé de les recevoir
et de lui promettre la vie sauve s'il les jugeait complètes :
l'exil dont cet accusé fut seulement frappé prouve que le
ministre fut suffisamment édifié sur la sincérité de ses
aveux. M. Rousset publie une lettre adressée à Louis XIV
dans laquelle Louvois apprécie, sans les reproduire, les
indications fournies à la justice par ce principal complice
de La Voisin. D'après ses conversations avec lui, il si-
gnale au roi le danger de la présence de certains personnages à la Cour. Ce qui prouve l'importance des révélations de Le Sage, c'est que ce fut bientôt après, le 23
janvier, qu'eurent lieu les arrestations ou les ajourne-
ments qui produisirent dans Paris une si profonde émotion.

Celle qui reste le plus sérieusement chargée, soit dans
les documents conservés à la bibliothèque du Corps lé-

chaque page, ceux de ces seigneurs, de ces grandes dames, de ces
parlementaires, de ces prêtres qu'on avait, disait-on, prudemment
soustraits à la juridiction de la Chambre. Les révélations les plus
inattendues y sollicitent le regard, et on y entrevoit de singuliers
et sinistres jours sur l'histoire secrète de la cour de Louis XIV.
Comme Me Brunet, le patient et véridique notaire, nous nous con-
tenterons du rôle effacé de greffier et d'abréviateur, nous permet-
tant seulement de mettre en ordre et en œuvre ces notes précieuses. » (La Chambre ardente, p. 10.)

gislatif soit dans les trop courts extraits empruntés par M. de Monmerqué au dossier aujourd'hui disparu de la bibliothèque de l'Arsenal, est la comtesse de Soissons. Soumise à la question le 17 février, deux jours avant sa condamnation, La Voisin avait déclaré qu'il était très-vrai que la comtesse était venue chez elle avec la maréchale de La Ferté et la marquise d'Alluyes ; que lui ayant dit, d'après l'inspection de sa main, qu'elle avait été aimée d'un grand prince, madame de Soissons lui avait demandé si cela reviendrait, ajoutant : « Qu'il fallait bien « que cela revînt d'une façon ou d'autre..... et qu'elle por- « teroit sa vengeance plus loin, et sur l'un et sur l'autre, « et jusqu'à s'en défaire [1]. » Dans le résumé de Me Brunet, analysé par M. Fouquier, on trouve nettement formulée, à la charge de la comtesse de Soissons, l'accusation d'avoir fait préparer un placet contenant un poison en poudre très-subtil qu'elle devait remettre au roi en se jetant à ses genoux, et le résumé ajoute même que, pendant que le roi l'aurait lu, la comtesse devait encore glisser dans ses poches de cette poudre empoisonnée [2].

La Voisin, sur la sellette, s'était expliquée sur le compte de la duchesse de Bouillon. Elle ne chargea pas comme sa sœur cette seconde nièce de Mazarin : elle dit qu'en effet elle était venue chez elle, mais uniquement pour satisfaire un motif de curiosité. M. de Monmerqué a reproduit une partie de l'interrogatoire subi par madame de Bouillon, le 29 janvier, cinq jours après le

[1] SÉVIGNÉ, *Lettres*, t. VI, p. 139. Extrait de la procédure de l'Arsenal.

[2] FOUQUIER, *la Chambre ardente*.

départ de sa sœur. Cette pièce ressemble peu au piquant
dialogue recueilli par madame de Sévigné, et où la duchesse semblait avoir mis tant de persiflage et de hauteur. Elle est ici suffisamment humble et parfaitement
sérieuse, car Le Sage, dans ses révélations, l'avait accusée d'avoir voulu obtenir par la magie la mort de son
mari, afin d'épouser le duc de Vendôme. Madame de
Bouillon fut obligée d'avouer qu'en effet elle était allée
chez La Voisin pour y consulter *un très-habile homme*,
que celle-ci disait connaître, et « qui savoit faire des
merveilles, » lequel n'était autre que Le Sage. La duchesse était partie en compagnie du duc de Vendôme,
du marquis de Ruvigny, de madame de Chaulieu et de
l'abbé de ce nom. « Étant passée, déclara-t-elle, où
étoit ledit Le Sage, elle lui demanda ce qu'il savoit faire
d'extraordinaire, et ledit le Sage lui ayant dit qu'il feroit
brûler en sa présence un billet, et qu'après cela il le feroit
retrouver où elle voudroit, et elle répondante lui ayant dit
sur cela qu'il n'en falloit pas davantage, ledit Le Sage lui
dit qu'il falloit écrire quelques demandes ; sur quoi M. le
duc de Vendôme en écrivit deux, dont l'une étoit pour
savoir où étoit alors M. le duc de Nevers, et l'autre si
M. le duc de Beaufort étoit mort ; lequel billet ayant été
cacheté, ledit Le Sage le lia avec du fil ou de la soie,
et y mit du soufre avec quelques enveloppes de papier ;
après quoi M. de Vendôme prit ledit billet qu'il fit brûler lui-même en la présence d'elle répondante, sur un réchaud, dans la chambre de La Voisin, et après cela ledit
Le Sage dit à elle répondante qu'elle retrouveroit ce billet
brûlé dans une porcelaine chez elle, ce qui n'arriva pas
néanmoins. Mais deux ou trois jours après Le Sage vint
chez elle et lui rapporta ledit billet, ce qui la surprit

extrêmement, et de le voir cacheté comme il étoit, et au même état que lorsqu'il fut remis audit Le Sage. » Surpris d'un pareil fait, les mêmes voulurent recommencer l'expérience. Un nouveau billet fut, à quelques jours de là, remis à Le Sage, et pareillement brûlé par lui. Mais, comme il tardait à le rapporter, la duchesse de Bouillon envoya plusieurs fois chez lui, « et y passa elle-même. » Après plusieurs excuses, Le Sage « vint trois ou quatre jours après chez elle répondante, où il lui dit que les sibylles (qu'il disait consulter) étoient empêchées. » La duchesse ajoute dans son interrogatoire que depuis elle n'avoit pas revu Le Sage, et qu'elle trouva la chose si ridicule qu'elle la raconta à plusieurs personnes et en écrivit même à son mari, alors à l'armée. L'un des commissaires, la mettant en présence de la déclaration de Le Sage qui la concernait, lui demanda s'il n'était pas vrai que dans l'un des billets donnés par elle ou en son nom il eût été question de la mort du duc de Bouillon, elle répondit que non, « et que la chose étoit si étrange qu'elle se détruisoit d'elle-même [1]. »

Le fait de Le Sage n'était qu'un vulgaire tour de passe-passe, que le dernier de nos bateleurs accomplit chaque jour sans faillir aux yeux ébahis de la foule. Quant à l'accusation portée contre la duchesse de Bouillon, eût-elle été prouvée, elle ne constituait qu'un fait de prétendue magie, et, quoi qu'on en dise, quoi qu'en semble penser Bussy, ni Louis XIV, ni ses ministres, ni les juges ne pensaient que l'on pût, par les pratiques de la sorcellerie, amener la mort de quelques personnes; au point de vue religieux, au point de vue même de la législation ei-

[1] SÉVIGNÉ, notes de la Lettre 707, t. VI, p. 141.

vile qui punissait l'impiété et le blasphème, on pouvait
être reconnu coupable de magie, mais non d'homicide
par magie. La duchesse de Bouillon alla donc, pour quelque temps, expier à Nérac sa trop grande curiosité, peut-
être son désir trop hâtif de devenir veuve, mais surtout
sa légèreté de paroles, au sortir d'un interrogatoire où
elle semble avoir eu trop de peur pour y mettre tant d'esprit.

Les rigueurs extrêmes furent réservées aux personnes
convaincues ou très-fortement soupçonnées d'avoir eu
recours au poison. C'est ce qui explique la différence du
traitement fait aux deux nièces de Mazarin. Après une
courte absence, l'une reparut à la Cour ; mais la comtesse
de Soissons ne put jamais rentrer en France, et mourut
en exil, léguant sa vengeance à son avant-dernier fils,
qui malheureusement se trouva être un homme de génie,
et fit cruellement connaître à Louis XIV le nom du
prince Eugène.

Un regrettable et charmant écrivain a voulu désinté-
resser Olympe Mancini dans toutes les accusations
dont elle a été l'objet, et, tout en avouant son amour
pour Louis XIV et son ardent désir de reconquérir un
empire perdu, rejeter sur l'implacable et aveugle ani-
mosité de Louvois sa sortie-déshonorante de la France
et son exil sans fin. Un peu de passion galante pour les
nièces de Mazarin, et un sentiment de générosité vis-à-
vis d'une femme perdue par la tradition populaire, l'ont
égaré [1]. L'analyse de la procédure de l'Arsenal, qui nous
a été transmise par le notaire Brunet, incrimine cette

[1] Conf. AMÉDÉE RENÉE, *les Nièces de Mazarin* (chapitre d'O-
lympe Mancini); Paris, chez MM. Firmin Didot, 1858, un vol. in-8°.

femme d'une façon bien autrement grave et précise que les extraits uniques conservés par M. de Monmerqué. Il est un fait, ensuite, dans lequel il est bien difficile de la justifier entièrement : c'est l'empoisonnement de la reine d'Espagne, la malheureuse Louise d'Orléans. Saint-Simon en accuse formellement la comtesse de Soissons. En effet, ses liaisons avec l'ambassadeur d'Autriche, le comte de Mansfeld, auteur présumé du coup, sa fuite précipitée de Madrid, au lendemain de la mort de la reine, sont de grands indices contre elle ; nous disons indices, car il a été dans la destinée d'Olympe Mancini d'être soupçonnée de tous les crimes, sans avoir été convaincue d'aucun.

L'un des plus compromis par les révélations de Le Sage était le marquis de Cessac. A l'en croire, ce crédule et peu scrupuleux personnage était venu plusieurs fois le trouver pour lui demander le secret de gagner, ou pour mieux dire de tricher sûrement au jeu du roi ; un moyen de se défaire en cachette de son frère, le comte de Clermont, et une recette pour se faire aimer de sa belle-sœur [1]. Resté hors de France pendant dix ans, le marquis de Cessac, en 1690, vint se constituer prisonnier à la Bastille, et en sortit avec un arrêt favorable, qui l'acquitta sans trop le réhabiliter.

Madame du Roure avait été accusée par La Voisin d'être venue la consulter pour se faire aimer du roi, et amener la mort de mademoiselle de La Vallière. Mais, confrontée avec son accusatrice, elle n'en fut pas reconnue, et La Voisin déclare, pour expliquer son manque

[1] *Extraits de la procédure de l'Arsenal.* (SÉVIGNÉ, t. VI, p. 137.)

de mémoire, que les faits énoncés par elle remontaient déjà à quatorze ans [1].

Dans un extrait de l'interrogatoire de Marie de La Marc, femme du marquis de Fontet, mestre de camp d'un régiment de cavalerie, tiré des mêmes manuscrits de l'Arsenal, on trouve quelques détails qui ne sont point dépourvus d'intérêt, sur certains faits relatifs au marquis de Feuquières et au maréchal de Luxembourg. Ce qui concerne ce dernier doit d'autant plus fixer l'attention, que les pièces de son dossier, distinctes des documents consultés par M. de Monmerqué à la bibliothèque de l'Arsenal, n'ont pas, selon le même, « été retrouvées parmi celles de l'affaire des Poisons qui existent à la bibliothèque de MONSIEUR » [2]. Seraient-ce les mêmes pièces qui auraient passé du cabinet de MONSIEUR, le comte d'Artois à cette époque (1819), dans la bibliothèque du Corps législatif? C'est un doute, un fait à vérifier.

Après avoir gardé un silence presque absolu dans son premier interrogatoire du 23 janvier 1680, la marquise de Fontet, le 6 mars suivant, fit connaître aux commissaires « qu'ayant appris que l'instruction que l'on faisoit regardoit le service du roi, la considération du bien public l'obligeoit de déclarer que le duc de Luxembourg et M. le marquis de Feuquières étoient venus chez elle, un jour que Le Sage (qui se faisait appeler du Buisson) s'y trouvoit. » Ils montèrent tous trois dans une chambre haute, avec un laquais qui portait un réchaud de feu. « Ils firent sortir le laquais, ne demeurèrent pas long-

---

[2] SÉVIGNÉ, t. VI.
[2] Ibid.

temps dans cette chambre, et sortirent ensuite, sans
parler à madame de Fontet, et sans qu'elle ait su ce qui
s'étoit passé chez elle. » On y avait brûlé des billets
dont le contenu n'est point constaté, et il paraît que ni le
maréchal, ni M. de Feuquières, n'avaient été satisfaits des
tours de Le Sage, car, le 12 mars, madame de Fontet,
complétant ses souvenirs, déclara aux magistrats instruc-
teurs « qu'ayant revu le duc de Luxembourg quelques
jours après, il lui dit que Le Sage étoit un fripon, qui ne
savoit rien. » Elle ajouta que le marquis de Feuquières,
regrettant sans doute les pistoles arrachées à sa crédulité,
lui avait dit, de son côté, « que Le Sage étoit un escroc. »
L'historien de la maison de Montmorency, Dézormeaux,
donne à cette scène un tour plus favorable pour le maréchal. Celui-ci, on le sait, publia pour sa défense une
lettre où il rappelait avec hauteur et noblesse les services de sa famille. On lui imputait d'avoir fait un pacte
avec le diable, dans un écrit remis à Le Sage, et cela
pour obtenir trois choses : la découverte de titres éga-
rés ou dérobés, et qui devaient lui faire adjuger des biens
considérables qu'il réclamait en justice comme ayant autrefois appartenu à sa maison ; les moyens d'arriver à de
grands commandements militaires et à de hautes fonctions dans l'État, et, comme moyen de fortune assurée,
la réussite du dessein qu'on lui attribuait de faire épouser à son fils la fille de Louvois, celle que nous venons
de voir mariée au petit-fils de la Rochefoucauld. C'est à
ce dernier point que le duc de Luxembourg, dans sa
lettre, a fait cette réponse que l'histoire a recueillie et
admirée : « Quand Matthieu de Montmorency épousa
« la veuve de Louis le Gros, il ne s'adressa point au
« diable, mais aux états généraux, qui déclarèrent que,

« pour acquérir au roi mineur l'appui des Montmo-
« rency il fallait faire ce mariage [1]. » Voltaire a pris
le ton de cette lettre, écrite après coup, pour le ton de
l'interrogatoire de Luxembourg. Il ne s'annonce point
ainsi dans le consciencieux travail de M. Fouquier : sa
tenue y est trop conforme à celle que nous a révélée la
correspondance de madame de Sévigné. Dans sa lettre
déjà citée, Louvois, dès le lendemain de son entretien
avec Le Sage, avait fait connaître au roi ces mêmes im-
putations sur lesquelles fut basée la procédure suivie contre le maréchal. Les hommes de guerre, avides de fortune et de gloire comme lui, courtisaient à l'envi un ministre dont l'influence était si considérable : rien ne fait
donc obstacle à la réalité du projet matrimonial attribué
au duc de Luxembourg.

Le Sage, le chargeant d'un crime vulgaire, l'avait en
outre accusé d'avoir voulu faire empoisonner une comédienne, la Dupin, entre les mains de laquelle se trouvaient ses titres perdus, et qui refusait de les rendre.
Ceci était plus grave qu'un pacte avec le diable pour les
retrouver, et l'on comprend l'indignation avec laquelle
Luxembourg rejeta une pareille accusation. On lui représenta l'écrit, signé de lui, dans lequel il se vouait au
diable pour obtenir son appui. Il reconnut sa signature,
mais il dénia, comme œuvre d'une main étrangère, le
corps de l'écriture. Le jugement intervenu dans son affaire mit au compte de son intendant Bonnard ces lignes accusatrices. Bonnard fut convaincu de les avoir
ajoutées au pouvoir signé en blanc que son maître disait

---

[1] VOLTAIRE, Siècle de Louis XIV, chap. XXVI ; FOUQUIER, la
Chambre ardente.

lui avoir remis pour arriver à la découverte des papiers intéressant sa fortune. Mis hors de cause par arrêt en date du 14 mai 1681, le maréchal de Luxembourg reçut le 18 l'ordre de se rendre à vingt lieues de Paris dans ses terres, d'où il ne fut rappelé qu'au mois de juin de l'année suivante.

Quant aux autres personnes de distinction comprises dans la procédure des Poisons, et que nous avons nommées, mesdames de La Ferté, de Cœnishac, du Fontet, de Polignac, de Tingry, MM. de Thermes, de Feuquières, etc., elles s'en tirèrent encore à meilleur marché que le maréchal, les premières investigations n'ayant mis à leur charge que des faits de puérile curiosité, ou de croyance ridicule, mais fort commune, en la puissance de la magie. C'est là ce qu'il est peut-être permis de reprocher au vainqueur de Fleurus ; car, pour des crimes, nul ne peut y songer. D'ailleurs la manière dont Louis XIV le traita par la suite indique qu'il l'avait surtout reconnu pur de tout mauvais dessein, de tout complot contre sa personne, comme son inflexible sévérité à l'égard de la comtesse de Soissons prouve qu'il l'en croyait capable, sinon coupable.

Si l'on en croit le document conservé à la bibliothèque du Corps législatif, c'est au même motif qu'il faudrait attribuer la rigueur persistante dont fut l'objet le surintendant Fouquet ; et c'est ici la partie nouvelle et vraiment imprévue du travail de M. Fouquier. Il a recueilli dans le résumé de Mᵉ Brunet des indices nombreux, nous n'oserions dire des preuves, que, pendant de longues années, du fond de sa prison, Fouquet organisa, ou mieux inspira une conjuration permanente contre la personne de Louis XIV, lorsqu'il eut acquis la conviction,

partagée par quelques-uns de ses amis, que la mort seule
du roi pourrait le rendre à la liberté. Déjà son nom avait
été prononcé dans le procès de la Brinvilliers. Il n'en fut
nullement question dans le public en cette dernière circonstance, et la marquise de Sévigné n'eut ni le chagrin
d'entendre accuser son ami, ni l'occasion, sans nul doute
chaleureusement saisie, de le défendre : mais il faut finir
cet article déjà trop long de ces mémoires. Nous renvoyons donc à la *Chambre ardente* de M. Fouquier le
lecteur désireux d'approfondir la grave accusation portée
contre un homme, que la science historique nouvelle
a déjà assez maltraité, et que de plus complètes recher-
ches finiraient peut-être par accabler [1].

Quelle conclusion y a-t-il à tirer de toute cette affaire
quant au temps qui en fut témoin? Faut-il, comme M. Michelet, condamner un régime tout entier pour des faits
individuels quoique trop nombreux, et y voir une preuve
de la gangrène générale d'une société parée, au dehors,

[1] Conf. surtout la Notice sur Fouquet placée par M. P. Clément en tête de son Histoire de Colbert.

L'équité veut toutefois qu'on n'accepte qu'avec la plus extrême
prudence les révélations, les allégations de misérables, accusés et
surtout convaincus de grands crimes, et qui peut-être pensaient
pouvoir se sauver en impliquant dans leurs soi-disants aveux des
personnages éminents ou des noms fameux. M. de Monmerqué n'a-
t-il pas lu à la bibliothèque de l'Arsenal un interrogatoire de La
Voisin, où celle-ci déclare « qu'elle a connu la demoiselle du Parc,
comédienne, et l'a fréquentée pendant quatorze ans, que sa belle-
mère, nommée de Gordo, lui avoit dit que c'étoit Racine qui l'a-
voit empoisonnée? » (SÉVIGNÉ, *Lettres*, t. VI, p. 176.) Racine un
empoisonneur! cette accusation est d'un grand prix pour toutes
les personnes compromises par La Voisin. Mademoiselle du Parc
était morte en 1668, après avoir créé avec éclat, l'année précédente,
le rôle d'*Andromaque*.

de tout l'éclat du génie, de toutes les grâces de la civilisation la plus polie? Nous aimons mieux (ce sera plus juste et plus vrai) dire avec Voltaire : « Cette abomination ne fut que le partage de quelques particuliers, et ne corrompit point les mœurs adoucies de la nation [1]. »

Après les premières émotions de l'affaire des Poisons, la Cour porta toute son attention sur le mariage de l'héritier de la couronne, qui devait être l'occasion de grâces nombreuses et de la création de nouvelles charges fort enviées et chaudement disputées. Madame de Maintenon eut la haute main dans la composition de la maison de la Dauphine, et on vit bien alors quel chemin elle avait fait dans l'esprit plutôt que dans le cœur d'un prince qui s'éloignait chaque jour davantage de madame de Montespan, et que mademoiselle de Fontanges, eût-elle vécu, n'eût pu garder longtemps avec sa beauté sans esprit.

L'histoire de madame de Maintenon à cette époque décisive de sa vie est fort mêlée à celle du mariage du Dauphin ; mais, seule, madame de Sévigné nous en fait connaître quelques particularités. Ailleurs on la voit tout d'un coup établie souveraine ; madame de Sévigné nous fait compter les pas et mesurer les degrés de cette élévation lente, continue et sans pareille. Ses renseignements étaient sûrs. Par madame de La Fayette et M. de La Rochefoucauld, elle savait ce que pouvait en dire le prince de Marsillac, ce demi-favori du roi, depuis qu'il s'était décidé à ne plus avoir de favori en titre ; et par madame de Coulanges elle pénétrait dans l'intérieur de madame de Maintenon. Dès le 29 novembre 1679, diligente à renseigner

---

[1] Voltaire, *Siècle de Louis XIV*, chap. XXVI.

sa fille sur la situation du thermomètre de la Cour, elle lui écrit : « Madame de Coulanges a été quinze jours à la Cour ; madame de Maintenon étoit enrhumée, et ne vouloit pas la laisser partir..... *Quanto* et *l'enrhumée* sont très-mal ; cette dernière est toujours parfaitement bien avec le centre de toutes choses, et c'est ce qui fait la rage. Je vous conterois mille bagatelles si vous étiez ici [1]. » Le 13 décembre elle ajoute : « Nous saurons bientôt ceux qui seront nommés pour madame la Dauphine ; c'est à l'arrivée de ce dernier courrier qu'on les déclarera. Il y en a qui disent que madame de Maintenon sera placée d'une manière à surprendre ; ce ne sera pas à cause de *Quanto*, car c'est la plus belle haine de nos jours. » Et, rendant justice à un mérite par elle pratiqué et bien connu, madame de Sévigné termine par cette observation : « Elle n'a vraiment besoin de personne que de son bon apprêt [2]. »

Les colères de madame de Montespan n'étaient pas faites pour ramener le roi. Ces transports produisaient un effet tout contraire à celui qu'en attendait peut-être une femme dont la passion troublait l'esprit, si clairvoyant autrefois. Madame de Caylus, bien au courant de cet intérieur troublé, a dit avec raison : « L'esprit qui ne nous apprend pas à vaincre notre humeur devient inutile, quand il faut ramener les mêmes gens qu'elle a écartés, et si les caractères doux souffrent plus longtemps que les autres, leur fuite est sans retour [3]. » Pendant qu'à la vue de son empire croulant, madame de Mon-

---

[1] SÉVIGNÉ, *Lettres*, t. VI, p. 33.

[2] SÉVIGNÉ, *Lettres*, t. VI, p. 65.

[3] *Souvenirs de madame de Caylus.* (Coll. Michaud, t. XXXIII, p. 487.)

tespan s'abandonnait aux désagréables éclats de sa colère, la supériorité de sa rivale s'établissait par le contraste de sa douceur, de son égalité d'âme, qualités inestimables pour un homme lassé des passions orageuses, et cherchant le port au sein d'une affection paisible et solide. La nièce de madame de Maintenon a parfaitement mis en relief cette différence des deux caractères, donnant à sa tante les mêmes louanges que l'histoire a consacrées : « Le roi trouva une grande différence dans l'humeur de madame de Maintenon ; il trouva une femme toujours modeste, toujours maîtresse d'elle-même, toujours raisonnable, et qui joignoit encore à des qualités si rares les agréments de l'esprit et de la conversation [1]. »

C'est sans doute à un temps voisin du mariage du Dauphin qu'il faut placer cette sorte de ligue formée par Louvois et le prince de Marsillac, de concert avec madame de Montespan, pour perdre madame de Maintenon dans l'esprit du roi, ligue dont parle seulement madame de Caylus. Mêlant ensemble leurs intérêts et leurs passions, ils voulurent, dit-elle [1], dégoûter le roi, « mais ils s'y prirent trop tard ; l'estime et l'amitié qu'il avoit pour elle avoient déjà pris de trop fortes racines. Sa conduite étoit d'ailleurs trop bonne et ses sentiments trop purs pour donner le moindre prétexte à l'envie et à la calomnie. J'ignore les détails de cette cabale, dont madame de Maintenon ne m'a parlé que très-légèrement, et seulement en personne qui sait oublier les injures, mais qui ne les ignore pas [2]. »

[1] *Souvenirs de madame de Caylus.* (Coll. Michaud, t. XXXIII, p. 487.)

[2] *Id.*, p. 490.

Voulant distinguer, même au déclin de son amour,
dans madame de Montespan, la mère des enfants qu'il
se proposait de reconnaître, Louis XIV lui avait donné,
quelque temps auparavant, la grande place de Surinten-
dante de la maison de la reine, dont la comtesse de
Soissons avait été forcée de se démettre. Par une sorte
de balance égale entre la femme qu'il ménageait encore
avant de l'abandonner, et celle qu'il estimait de plus en
plus, il désira que madame de Maintenon trouvât, dans
la maison de la Dauphine, un état indépendant, car
jusque-là elle n'avait eu à la cour d'autre position que
celle de gouvernante des enfants du roi et de madame
de Montespan. Elle eût pu prétendre à la première place,
celle de dame d'honneur; elle aima mieux y faire nommer une ancienne amie, la duchesse de Richelieu, alors
dame d'honneur de la reine. Le même emploi auprès de
l'épouse jeune et inexpérimentée de l'héritier de la couronne, était d'une importance supérieure à cause de l'influence qui devait s'y attacher.

La veuve de Scarron, et ce lui fut un honneur dans
sa mauvaise fortune, avait été fort bien accueillie à l'*hôtel Richelieu*, sorte de doublure et d'héritier de l'*hôtel
Rambouillet*, dont l'abbé Testu était le Voiture, où elle
avait rencontré madame de Sévigné, et où brillait madame de Coulanges, ce qui fut l'origine de leur intimité[1].
« Sans bien, sans beauté, sans jeunesse, et même sans
beaucoup d'esprit, madame de Richelieu avait épousé
par son savoir-faire, au grand étonnement de toute la
Cour et de la reine-mère, qui s'y opposa, l'héritier du cardinal de Richelieu; un homme revêtu des plus grandes

---

[1] MADAME DE CAYLUS, p. 492.

dignités de l'État, parfaitement bien fait, et qui, par son âge, auroit pu être son fils; mais il étoit aisé de s'emparer de M. de Richelieu : avec de la douceur, et des louanges sur sa figure, son esprit et son caractère, il n'y avoit rien qu'on ne pût obtenir de lui [1]. » Le duc de Richelieu fut fait chevalier d'honneur de la Dauphine en même temps que sa femme était mise à la tête de la maison de la nouvelle princesse. La bonne renommée de la duchesse de Richelieu fut aussi l'une des raisons de l'appui de madame de Maintenon, comme la vertu reconnue de la marquise de Montchevreuil, une autre amie, fut cause qu'elle la fit nommer gouvernante des filles d'honneur formant *la Chambre* de la Dauphine, bien aise de se parer devant la Cour de ses honorables et anciennes amitiés [2]. Les filles de la reine furent mesdemoiselles de Laval, depuis duchesse de Roquelaure; de Biron et de Gontaud, deux sœurs, mariées, la première au marquis de Nogaret, et la seconde au marquis d'Urfé; de Tonnerre, devenue madame de Musy; de Rambure, qui épousa M. de Polignac, et mademoiselle de Jarnac, morte jeune sans être mariée : « Toutes de grande naissance et sans nulle beauté extraordinaire, » dit madame de Sévigné [3]; Louis XIV n'avait pas voulu mettre à côté de son fils les séductions qui avaient entraîné sa jeunesse.

La marquise de Sévigné entretient sa fille de tout un épisode se rattachant à la formation de la maison de la Dauphine et relatif à la duchesse de Soubise. Ce nom semble venir là pour compléter le nombre des femmes, des

[1] MADAME DE CAYLUS, p. 492.
[2] *Id.*, p. 494.
[3] MADAME DE SÉVIGNÉ, *Lettres* (2 février 1683), t. VI, p. 147. MADAME DE CAYLUS, *Mémoires*, p. 495.

sultanes qui se disputaient la faveur du maître. Avide
d'honneur et surtout d'argent, l'ambition rangée de madame de Soubise avait prétendu à la place de dame d'honneur de la reine, laissée vacante par la duchesse de Richelieu. Mais Louis XIV, désireux sans doute de rompre
tous ses anciens liens, n'avait pas voulu donner les mains
à un arrangement qui eût placé chaque jour devant ses
yeux, avec tous les priviléges et les facilités de l'intimité,
madame de Soubise. Celle-ci jouissait depuis longtemps
de la confiance de la reine, qui, dans sa simplicité et sa
crédulité, insistait vivement afin de l'avoir pour dame
d'honneur : mademoiselle de Montpensier dit « qu'elle
la préféroit à tout le monde ¹. » Le roi fut inflexible.
Madame de Soubise se plaignit; MADEMOISELLE ajoute
même qu'elle écrivit à Louis XIV une lettre « fort emportée, » ce qui lui valut un exil momentané dans ses
terres. Naturellement la duchesse évincée dut s'en prendre à celle dont l'influence avait fait préférer madame de
Richelieu, et que les courtisans commençaient à appeler
madame de *Maintenant,* et peut-être est-ce à elle qu'elle
en avait dans cette lettre qui la fit éloigner de la Cour,
où elle ne reparut plus dans cet état de faveur demi-
voilée qui servait à la fois ses intérêts et sa réputation ².

¹ *Mémoires.* (Coll. Michaud, t. XXXIII.)
² Sur cet épisode de la duchesse de Soubise, conf. SÉVIGNÉ,
Lettres des 29 décembre 1679, 3, 5, 10, 17, 19 et 28 janvier, et 2
février 1680, t. VI, p. 82, 88, 94, 99, 108, 117, 130 et 145.

FIN DU TOME SIXIÈME.

NOTE DE LA P. 117.

Sainte Chantal écrivait à Marie de Coulanges : « O ma très-chère fille, je ne doute point que votre pauvre cœur ne soit en peine de sentir votre mari dans les hasards de la guerre... Je supplie Dieu vous conserver avec votre petite bien-aimée. » C'était Marie de Rabutin-Chantal.

Après la mort du baron de Chantal, sainte Chantal écrivait à sa belle-fille Marie de Coulanges : « Conservez-vous, ma très-chère fille, pour élever en la crainte du Seigneur ce cher gage qu'il nous a donné de ce saint mariage, et le tenez seulement comme un dépôt, sans y attacher par trop votre affection, afin que la divine bonté en prenne un plus grand soin, et soit elle-même toute chose à ce cher petit enfant. » (Lettres publiées par M. Ed. Barthélemy.)

Sainte Chantal écrit encore à Philippe de Coulanges et à sa femme qui avaient recueilli leur fille et leur petite-fille après la mort du baron de Chantal et les remercie « de l'incomparable amour » qu'ils avoient eu pour lui, mais aussi « des soins qu'ils donnent si pater-« nellement et si maternellement à cette pauvre petite orpheline. »

Mme de Chantal écrivait à la mère de Puylaurens : « Je vous re-mercie de tout mon cœur, des prières que vous avez offertes à Dieu pour feu ma très-chère fille, le départ de laquelle je pense que j'ai ressenti, aussi vivement que sauroit faire une mère, le trépas de sa fille qu'elle aimoit uniquement. Mais qu'y a-t-il à dire quand Dieu parle ?... Espérons que sa douce bonté sera père, mère, et toutes choses, à la petite que cette chère défunte a laissée. »

A Mme de Coulanges, sainte Chantal écrivait : « Pour notre petite orpheline, je ne la plains pas, tandis qu'il plaira à Dieu de conserver mon très-honoré frère, et vous, ma très-chère sœur, car je sais que

plus que jamais vous lui serez vrais père et mère, et que messieurs vos enfants la chériront toujours. »

« Le cœur m'attendrit fort quand je la regarde dans ce dépouil-
lement de père et de mère ; mais je la remets de bon cœur entre
les mains de Dieu et de sa sainte Mère. »

Dans une autre lettre à Philippe de Coulanges, elle le remercie
« de sa singulière amitié et de sa tendresse d'amour pour la pauvre
petite orpheline. »

Finissons ces citations par ce fragment d'une lettre de sainte
Chantal à M. de Coulanges :

« D'une façon ou d'autre avant le trépas de notre très-chère
fille, vous eûtes beaucoup de plaisir et de contentement, et voilà
que Dieu a fait retourner les afflictions... Les larmes me sont venues aux yeux voyant la grande affliction où est ma pauvre très-
chère sœur. Si par mon sang et martyre je le pouvois soulager en
son mal et vous en vos douleurs de cœur, croyez, mon très-cher
frère, que j'en fournirois d'un grand cœur ce qui en seroit requis
et en mon pouvoir. Nous commençâmes, dès le lendemain que nous
eûmes reçu vos lettres, une neuvaine qui finira demain... Je com-
munie journellement à cette intention, car j'ai un grand désir que
cette âme soit soulagée pour plusieurs raisons qui me touchent le
cœur, entre lesquelles celle de l'éducation de notre chère petite
tient un bon rang. Vous me consolez bien des nouvelles que vous
me dites de cette petite orpheline. Qu'elle sera heureuse si Dieu
vous conserve et ma pauvre très-chère sœur, pour lui continuer
votre sage et pieuse conduite ! C'est la vérité que j'aime cette enfant, comme j'aimais son père, et tout pour le ciel. *Je me réjouis de
la grâce qu'elle aura à communier à Pâques*, j'en aurai bien
mémoire, et prie Dieu qu'à cette réception de notre doux Sauveur
il lui plaise de prendre une si entière possession de cette petite
âme qu'à jamais elle soit sienne. Que je vous suis obligée en cette
petite créature ! Notre-Seigneur en sera votre récompense. »

TABLE SOMMAIRE

DES CHAPITRES DE CE VOLUME.

—

CHAPITRE PREMIER. — 1676.

CHAPITRE II. — 1676.

Ouverture de la campagne de cette année. — Madame de Sévigné voit partir son fils et le chevalier de Grignan. —

CHAPITRE III. — 1676.

CHAPITRE IV. — 1676.

FIN DE LA TABLE DES CHAPITRES.

www.ingramcontent.com/pod-product-compliance
Lightning Source LLC
Chambersburg PA
CBHW050550270326
41926CB00012B/1990